keir

BIBLE STUDY(Ⅰ)

케이르 성경공부

| 국제커넬선교회 성경연구원 |

| **박태문** 지음 |

큼란출판사

추천사

먼저 「케이르 성경공부(*Keir Bible Study*)」 교재가 세상에 나오게 된 것을 진심으로 환영합니다. 성경은 신비하고도 깊은 내용을 담고 있는 책이어서, 어떤 시각에서 성경을 읽느냐에 따라 또 다른 진리를 발견할 수 있기 때문에 성경 교재는 다양하게 개발되어야 합니다. 그런데 「케이르 성경공부」 교재는 총 26과에 걸쳐서 신앙인이 알아야 할 기본적인 진리를 잘 다루고 있을 뿐 아니라, 그 내용을 다루는 깊이가 또한 깊고 넓어서 이 교재를 공부하기만 하면 기독교의 기본 진리를 폭 넓고 깊게 알 수 있게 구성되었습니다.

저자가 서문에서 밝히고 있듯이 이 책은 "에스라의 성경연구 이상을 모델로 에스라식 성경연구를 통해 말씀 위에 정립된 바른 신앙과 바른 삶, 바른 신학, 바른 영성운동, 바른 선교 훈련을 목표"로 하고 있습니다.

「케이르 성경공부」 교재는 그동안도 개 교회나 선교지에서 널리 사용되면서 대단한 호평을 받고 있던 것을 이번에 책으로 묶어서 발간하게 된 것으로 알고 있습니다. 그러므로 이제 책 발간을 계기로 이 성경 교재가 더 널리 사용되어질 뿐 아니라, 저자가 의도한 대로 모든 그리스도인들이 이 교재를 공부하므로 신앙의 기초가 더욱 든든해지며, 그 신앙이 삶으로 승화되어 사회를 변화시키며, 그 삶이 선교로 확산되고, 선교지에서도 이 교재가 좋은 선교 자료로 쓰일 것을 기대합니다. 이 교재를 저술하신 박태문 목사님은 교재에서 기대하는 것과 같이 본인이 성경공부에 전념해 왔고, 동시에 선교에 정열을 쏟아 오신 분이십니다.

다시 한번 「케이르 성경공부」 교재 출간을 환영하며, 좋은 성경공부 교재를 저술해 주신 박태문 목사님에게 감사를 드립니다. 그리고 교재가 널리 사용되어 우리들의 신앙의 뿌리가 견고해지며, 그리스도인의 삶이 사회로부터 선교지에까지 더 크게 확산되어 가기를 희망하면서 여러분에게 추천하는 바입니다.

2006년 9월 20일

달라스 빛내리교회 담임목사/말씀목회연구원 원장

이 연 길

추천사

나는 미국인이지만 설의돈이라는 한국 이름으로 한국전쟁 직후인 1953년부터 1965년까지 한국에서 선교 활동을 했습니다. 특히 미래 영적 지도자 훈련을 위해 기독교 고등학교와 성경학원을 세워 전쟁 후의 열악한 환경에서 공부하려는 젊은이들의 신앙교육과 학문교육에 헌신했습니다. 그 학생들 중에서 오늘날 한국 교회의 성장과 선교 발전에 크게 기여한 훌륭한 여러 지도자들이 있는 것이 매우 자랑스럽습니다.

이번에 저의 동역자 박태문 목사님이 선교 현장에서 원주민 영적 지도자 훈련을 위해 사용하시던 교재를 모아 「케이르 성경공부」라는 제목의 한국어판 교재를 출간하게 된 것을 축하드립니다. 이 책은 기독교의 성경적 복음 진리를 머리로 정리하고, 가슴으로 뜨겁게 체험하며, 손으로 행할 수 있도록 체계적으로 만들어진 책입니다.

제가 한국에서 선교 활동하던 당시에 이런 좋은 교재가 있었더라면 훨씬 더 효과적으로 선교 활동하며 더 많은 영적 지도자들을 양육할 수 있었을 것입니다. 이 「케이르 성경공부」 교재가 미국과 한국 교회의 성장과 선교 발전을 위해 잘 사용될 수 있기를 바랍니다.

2006년 9월 20일

미국 유대인선교회 회장/미주 세선회 이사

벤 셀던 목사(Rev. Benjamin Sheldon)

박태문 목사님이 교회와 선교 현장의 영적 지도자 훈련을 위해 쓰신 교재 「케이르 성경공부(*Keir Bible Study*)」는 기독교 복음과 성경의 핵심적 진리를 누구나 알기 쉽게 체계적으로 정리한 책입니다. 복음의 내용을 도표를 통해 주제별로, 체계적으로, 성서적으로 명쾌하게 설명합니다. 개인적 신앙 성장은 물론 영적 지도자와 선교사 훈련을 위해 신학교와 교회뿐 아니라 선교 현장에서 효과적으로 사용할 수 있는 책이라고 믿습니다.

저희 미주 세선회는 한국의 세선회와 협력하여 중남미 여러 나라 선교 현장의 영적 지도자 훈련에 주력하고 있는데 「케이르 성경공부」는 이미 이곳에서 효과적으로 잘 사용되어 왔습니다.

제가 미국 아카디아 대학(Arcadia University) 대학원에서 상담학을 가르칠 때 제자 중의 한 사람이며, 저의 좋은 선교 동역자로 박태문 박사가 쓴 이와 같이 훌륭한 책을 추천하는 것이 저의 자랑이며 귀한 특권입니다.

2006년 9월 20일

전 미국 장로교 브라질 선교사/미주 세선회 회장

황 문 규 목사(Rev. Matthew Whang)

추천사

박태문 목사님은 일본 선교와 복음화를 위해 헌신하는 분입니다. 평소 존경하는 박태문 목사님의 저서 「케이르 성경공부」가 출간됨을 진심으로 기뻐하며 축하드립니다.

본서는 성경 전체를 주제별로 나누어 간단 명료하게 정리하고 설명한 책으로 아주 효과적으로 성경공부를 할 수 있도록 구성된 책입니다.

특별히 선교지의 현지 지도자들을 단시간 내에 체계적으로 올바르게 훈련시키는 사역에 크게 도움이 될 뛰어난 교재라고 생각하며, 기대를 걸고 이 책을 추천합니다. 말씀을 통해 역사하시는 하나님을 찬양하며 더욱 많은 사람들이 「케이르 성경공부」를 통해 말씀의 토대 위에 굳건히 서게 되기를 기도합니다.

2006년 9월 20일

일본 민족복음화운동협의회 총재/제3세계 선교회협의회 위원장/

일본 선교사 훈련센터 소장/선교학 박사

오쿠야마 미노루 목사(Rev. Dr. Okuyama Minoru)

우리는 '정보의 바다'를 헤엄치고 다닌다고 할 정도로 인터넷이나 각종 방송 매체 등을 통해 지구촌 구석구석의 온갖 정보들을 실시간으로 접하며 살고 있습니다. 홍수같이 밀려드는 수많은 정보들, 그 가운데는 세상을 더욱 혼탁하게 만드는 쓰레기 같은 정보들이 너무 많아 자식을 키우는 부모들이, 학생을 가르치는 교사들이 고민하는 세상이기도 합니다. 그런데 목회 현장도 사단의 활동이 점차 강해지면서 이런 저런 쓰레기 같은 거짓 교리들과 거짓된 말씀들이 영적 분별력을 제대로 갖추지 못한 성도들을 타락시키고, 잘못된 멸망의 길로 인도하는 사례들이 점차 많아져, 뜻있는 목회자와 성도들을 긴장시키고 있기도 합니다. 이렇듯 '풍요 속에 빈곤'이란 말처럼 홍수같이 쏟아져 나오는 수많은 정보들 가운데 성도들을 올바로 양육하여 제자 삼게 하고, 교회의 좋은 일꾼으로 성장케 해줄 수 있는 좋은 성경공부 자료를 찾기란 쉽지 않습니다. 그런 가운데 이번에 박태문 목사께서 「케이르 성경공부」라는 좋은 책을 출간하게 된 것을 진심으로 축하합니다. 남다른 열정으로 복음 사역에 힘쓰며 후학들의 교육을 위해, 성도들의 올바른 신앙을 위해 가르치기에 최선을 다하시더니 이제는 땀 흘려 연구하며 가르치던 말씀들이 교재로 출판되었습니다. 목회자와 성도들에게 좋은 성경공부 교재를 제공하여 진리를 배우고 익히게 되었으니 귀한 일이 아닐 수 없습니다.

「케이르 성경공부」에서 '케이르'는 헬라어의 '손'을 의미합니다. 이 교재를 통하여 성경을 공부하는 성도들이 오순절 성령 임재 사건처럼 성령을 충만히 받고 능력 받아 복음의 손(행 2:32), 예배의 손(행 2:42), 기도의 손(행 2:42; 딤전 2:8), 교제의 손(행 2:42), 말씀 연구의 손(행 2:42), 봉사의 손(행 2:42), 찬양의 손(행 2:47; 시 134:2), 도움의 손(행 3:6~7), 치료의 손(행 4:30), 축복의 손을 펴서 땅 끝까지 복음을 전파하는 데 앞장서기를 바라는 심정으로, 이 책을 저술하신 박 목사님의 비전과 꿈이 이루어지기를 기도하면서 교회와 성도 여러분에게 이 귀한 책을 추천합니다.

2006년 9월 20일
온누리 성결교회 담임목사/성결신학대학교 교수/
아가피아 대안학교 이사
임 세 빈 목사

나는 오랫동안 신학교 교수와 목사로서 신학을 강의하고 성경을 가르치며 또한 설교를 해왔다. 그러나 실제로 말씀의 능력과 성령의 은혜를 온 몸으로 체험한 것은 서재에서 말씀 연구할 때나 강의실에서 열강할 때, 또는 교회에서 말씀을 선포할 때가 아닌 선교 현장에서였다. 선교지는 정말로 치열한 영적 전투의 현장이었다. 우리는 가서 단순히 복음을 전하고 작은 사랑을 나누었는데 사람들은 눈물로 회개하며 귀신들이 소리치며 떠나가고 병 고침의 은사와 기적의 역사가 나타났다. 그런가 하면 몇 시간 동안이라도 서서 그칠 줄 모르고 온 몸으로 뜨겁 게 찬양하는 원주민들의 모습을 보면서 스스로 놀라는 일이 한 두 번이 아니었다.

"믿는 자들에게는 이런 표적이 따르리니 저희가 내 이름으로 귀신을 쫓아내며 새 방언을 말하며 뱀을 집으며 무슨 독을 마실 지라도 해를 받지 아니하며 병든 자에게 손을 얹은즉 나으리라"(막 16:17-18)라는 예수님의 약속을 선교 현장에서 실제로 체험하였다. 그들에게 나 자신이 무엇을 해준 것이 아니고 그들의 순수한 신앙의 열정과 소박한 인간미를 통해 오히려 나 자신이 많은 은혜를 받고 돌아오기에 나는 영적 전투가 치열한 선교 현장을 좋아한다. 선교의 현장에서는 선교가 하나님의 일이요 성령의 역사라는 사실이 실증되곤 한다. 그곳에서 우리는 인종과 문화의 장벽을 뛰어 넘어 주 안에서 하나 되는 깊은 사랑을 나눌 수 있다. 이러한 감격과 기쁨은 선교하는 사람이라면 누구나 아는 일이다. 그러나 그 승리의 감동을 간직하고서 다음에 다시 그 선교 현장을 방문했을 때 놀라운 현상을 발견하고 허탈감에 빠지게 되었다. 사단은 자신의 포로와 점령지를 순순히 내어 놓고 철수한 것이 아니었다. 사단은 이단과 사이비 종교 집단들을 통해 새로운 모습으로 더 강력하게 그들을 지배하고 있었다. 뜨거운 열정은 있지만 지속적인 진리 말씀의 양육이 없기에 신비주의나 거짓 복음에 빠져들게 되는 그들을 교정하는 일은 참으로 힘든 일이었다.

이런 현상은 비단 선교지뿐만은 아니다. 미국 청소년 지도자 한 분은 청소년 수련회나 대 규모 집회를 통해 은혜받고 감격적으로 헌신을 결단하는 수많은 미국 청소년들이 지속적인 영적 교육의 부재로 신앙의 바른 기초 없이 가정과 사회에서 건전한 영적 열매를 거두지 못하고 연례적인 이벤트 행사 참여로 끝나게 되어 너무나 안타깝다고 고백했다. 그들의 뜨거운 열정은 금방 식게 되고 대학에 가거나 취업을 하게 되면 불신자들과 똑같이 거대한 인본주의 사회문화 속으로 휩쓸려 가고 만다. 그리고 교인들은 자신의 취향에 따라 수평적 이동을 하면서 교회들은 점차 종교화, 세속화, 인본주의화되어 간다. 그리하여 지속적이고도 체계적인 신앙 교육과 영적 지도자 양성의 필요성이 절감되었다. 그러나 문제는 선교지에서 지속적으로 신앙의 기본 진리를 훈련할 성서적인 교재뿐만 아니라 시간과 비용이 턱없이 부족하다는 것이었다. 그래서 신앙적 기본 진리를 머리로 쉽게 이해하고 가슴으로 뜨겁게 체험하여 그 믿음의 내용들을 자신의 손으로 실제 행동할 수 있는 "케이르 성경 공부" 교재를 만들어 가르치기 시작했다. 이 교재를 통해 소수의 원주민 영적 지도자들을 정기적으로 집중 교육하였고 그들의 지도력 아래 있는 수많은 사람들을 그들 자신이 직접 전달 교육하도록 훈련했다. 이런 영적 지도자 훈련 교육을 통해 그들이 외부의 큰 도움 없이도 자립하며 건전하게 성장해 나가는 바람직한 모습들을 볼 수 있었다.

예를 들어보자. 가까운 그리스도인들에게 하나님, 기독교, 복음, 믿음, 구원, 천국, 지옥 등 신앙의 기본 진리에 대해 다른 사람에게 자신 있게 설명해 줄 수 있는 지 물어 보라. 그들이 기독교 복음과 세상 종교의 차이점을 알고 있는가? 시대는 변해가도 사단이 가장 무서워 하는 강력한 무기는 하나님 말씀과 성령의 능력과 사랑의 인격, 그리고 선교 열정이라는 사실을 나는 확신한다. 우리는 신앙의 거품을 제거하고 착각에서 벗어나 겸손하게 신앙과 복음 진리의 기본으로 돌아갈 필요가 있다. 안주하려는 종교적 제도의 틀을 깨고서 심령 내부로부터 강한 변화가 일어나야만 한다. 스페인어, 일본어, 중국어 영어로 번역되어 선교지에서 사용되어 오던 "케이르 성경 공부" 교재가 한국어로 출판되어 각 개인이나 교회 그룹의 성경 공부 교재로 사용될 수 있게 되어 하나님께 감사드리며 매우 기쁘게 생각한다.

주님이 다시 오실 날은 임박한데 한 일도 없이 주님 앞에 서게 되면 어떻게 하나 생각할 때마다 하나님께 너무나 죄송하고 조급한 마음이 들곤 한다. 그러나 부족하고 연약한 나를 때를 따라 사용해 주시는 하나님 은혜에 오직 감사할 따름이다. 열악한 선교 현장에서 복음을 전하기 위해 온 몸으로 헌신하면서도 행복해 하는 현지의 신실한 선교사들이 정말 존경스럽다. 케이르 성경 공부 출판을 위해 원고를 정리해 준 아내와 많은 격려와 조언을 해준 선후배 동역자들, 사랑하는 원주민 영적 지도자들과 국제커넬선교회의 모든 회원들, 그리고 너무나 부족한 목사를 위해 항상 기도와 사랑으로 후원해 주는 필라델피아 서울 장로교회 성도들과 출판을 도와주신 쿰란출판사 모든 직원들과 이형규 장로님께 진심으로 감사드린다.

2006년 9월 20일

박 태 문

국제커넬선교회 성경연구원

커넬이란 헬라어로 '겨자씨같이 작은 씨앗'을 뜻하며 진실한 믿음, 미약한 시작, 조용한 변화, 자기 희생, 생명력, 꾸준한 성장, 불굴의 인내, 결실의 비전, 특히 복음의 능력을 의미하는 단어이다(막 4:30-32). 국제커넬선교회(Global Kernel Mission)의 성경연구원(Bible Academy)은 에스라의 성경연구 이상을 모델로 에스라식 성경연구를 통해 말씀 위에 정립된 바른 신앙과 바른 삶, 바른 신학, 바른 영성 운동, 바른 선교 훈련을 목표로 한다. 주님이 직접 말씀하신 세 가지 제자도를 따르며(마 16:24), 땅에 떨어진 하나의 밀알(kernel)처럼 자기 희생을 통해 구원을 완성하신 주님의 생애를 본받아(요 12:24) 주님의 지상 명령(마 28:18-20)인 선교의 사명을 감당할 수 있도록 한다. 새 시대에 필요한 성령 충만한 영적 지도자와 평신도 지도자를 훈련하고, 지원하고, 복음의 동역자로 협력하는 동시에 유능한 미래의 영적 지도자를 양육하고 훈련하여 복음 전파 사역을 계승하도록 한다.

에스라 시대는 이스라엘 민족의 암담한 암흑기요, 고통의 환난기요, 정치적, 종교적, 경제적, 도덕적으로 혼란한 시기였다. 하나님의 일꾼인 에스라는 당시 성경학자요 제사장으로(스 7:6) 진실한 영적 지도자였다. 그는 하나님께 인정받아 은혜를 입은 자로(스 7:6) 나라와 백성의 죄 문제를 안고 슬퍼하며 회개했던 의로운 사람, 사랑의 사람, 기도의 사람이었다. 그의 중심은 언제나 하나님의 뜻인 말씀을 증거하려는 불타는 열정으로 가득 차 있었다. 그는 그 시대의 암흑과 민족적 고난과 도덕적 타락의 원인이 어디에 있는지 바로 직시하고 있었으며 그 처방책도 알고 있는 비전의 사람이었다. 그는 모든 문제를 하나님의 언약과 말씀에 비추어 진단하고 해석하고 평가했다. 문제는 백성들이 하나님의 말씀에 무지하여 하나님과의 관계를 상실하고 신실하신 하나님의 언약을 불순종했던 것이다. 하나님의 말씀에 무지하여 삶의 기준을 상실한 백성들은 가장 밑바닥부터 흔들리고 있었다. 또한 외적인 환난과 미혹에 대처할 능력도 상실했다.

이 혼란의 암흑시대에 희망의 새 아침이 동터오도록 하는 것은 말씀을 통해 온전한 하나님의 사람이 되고(being) 하나님의 사람으로 바르게 살게 하는(doing) 영적 대각성 운동이라는 것을 에스라는 알고 있었다(딤후 3:16-17). 그리하여 바울 선생보다 훨씬 이전에, 마틴 루터의 종교개혁보다 까마득하게 훨씬 이전에 에스라는 말씀으로 돌아가(returning to the Bible) 영적 각성 운동, 새 삶의 복음 운동을 단행했다. 그리하여 복음주의 기독교 계보의 뿌리를 형성했다. 에스라 7장 10절은 바로 에스라의 말씀을 통한 새사람, 새생활 운동을 핵심적으로 요약해 주고 있으며 커넬 성경연구원의 모토가 될 뿐 아니라 에스라식 성경연구의 기초를 이루고 있다.

> "에스라가 여호와의 율법을 연구하여 준행하며 율례와 규례를 이스라엘에게 가르치기로 결심하였었더라"(스 7:10).

1. 자기로부터의 개혁

"에스라가"라는 말은 말씀을 통한 개혁 운동이 바로 에스라 자신에게서 시작되었음을 보여준다. 그는 이 시대의 혼란과 문제에 대한 책임을 남에게 전가하지 않았다. 바로 자신에게 돌리면서 책임감을 무겁게 느끼고 이러한 말씀 운동과 기도 운동이 자신에게서 일어나야 된다고 생각했다. 조용히 자기 한 사람만 변하면 가정이 변하고 교회가 변하고 사회가 변한다. 불순종과 방황과 원망은 지난날로 족하다. 남 탓할 것 없이 나의 고정 관념을 깨고 내가 변해야 한다. 그렇지 않으면 세상 모든 것이 변한다 해도 아무것도 변할 것이 없다. 하나님은 다른 사람이 아닌 바로 나 한 사람이 변화하기를 원하고 계신다. 예수님은 "한 알의 밀이 땅에 떨어져 죽지 아니하면 한 알 그대로 있고 죽으면 많은 열매를 맺느니라"(요 12:24)고 하며 나 한 사람이 죽어야 하나님의 뜻이 이루어지고 여러 사람이 살 수 있음을 말씀하셨다. 그리하여 사도 바울은 "내가 그리스도와 함께 십자가에 못 박혔나니 그런즉 이제는 내가 산 것이 아니요 오직 내 안에 그리스도께서 사신 것이라 이제 내가 육체 가운데 사는 것은 나를 사랑하사 나를 위하여 자기 몸을 버리신 하나님의 아들을 믿는 믿음 안에서 사는 것이라"(갈 2:20)고 자기 변화의 새생활을 결단했다. 개혁은 항상 '나에게서, 지금부터' 조용히 시작되어야만 한다.

2. 하나님 말씀 기준

말씀관에 따라 삶의 질과 방법, 인생의 방향이 결정되기 때문에 에스라는 성경 말씀을 신앙과 생활의 기준이 되는 하나님의 말씀으로 못 박았다. "여호와의 율법"이라는 말은 성경 말씀이 인간의 종교적 창작품이 아니고 인간 사고의 결집서가 아닌 철저히 하나님께 기원을 둔 하나님의 계시 말씀임을 보여준다. 이 말씀관을 가장 잘 깨닫고 계승한 사람은 구약의 에스라와 신약 시대의 바울이었고(딤후 3:15-17) 후대의 마틴 루터였다(Bible says). 이들은 말씀의 철학화, 윤리화, 인본주의화를 단호히 거절한다. 성경 말씀은 하나님 자신이 계시자이시며 말씀 그 자체가 권위 있고, 말씀 그 자체가 올바른 해석자이며 구원과 변화의 능력이 있기에 살아 있는 인격적인 말씀이다. 그러므로 말씀을 대할 때 경외하는 자세의 절대 믿음과 순종하는 겸손한 마음이 요청된다.

말씀과의 대화를 통해 경청하려는 자세가 요청되는 동시에 성령님의 조명과 깨달음을 위한 기도가 필요한데 이것을 말씀 연구의 특별 원칙이라고 한다. 또한 인간이 이해할 수 있는 인간 언어 수단을 통해서 말씀을 주셨기 때문에 인간의 위치에서 겸손하고 조심스럽게 있는 그대로 말씀의 사실을 관찰하고 의미를 해석하고 삶에 적용하는 것을 성경연구의 일반 원칙이라고 한다. 국제커넬선교회 성경연구원에서는 성경에 관한 것들(about Bible study)보다는 성경이 무엇을 말하고 있는지 그 자체(in Bible study) 연구에 관심이 있고 성경으로 돌아가는 데(Bible says) 그 목표가 있다.

3. 말씀 연구의 경건생활

"연구하여"라는 단순한 한 마디의 단어는 에스라가 율법에 정통한 학자였지만 자신의 지혜, 은사, 환경과 열정을 총동원하여 겸손하게 말씀을 깊이 연구하였음을 보여주고 있다. 하나님의 말씀을 연구하고 가까이 교제하고 묵상하고 기도하고 하나님의 뜻에 초점을 맞추는 경건한 삶이 그의 생활이었다. 이 경건한 삶이 지혜와 능력의 원천이 되었고 고상한 인격과 아름다운 삶의 힘이 되었다. 그는 경건의 모양은 있으나 경건의 능력은 없는 종교인들과 전혀 다른 진정한 하나님의 사람이었다.

4. 말씀의 실천 의지

"준행하며"라는 말은 내 삶의 변화와 말씀 실천의 동기로 말씀을 연구하였음을 밝혀준다. 말씀의 지식적 연구가 많이 이루어지고 있는데 역동적인 삶의 변화가 없는 것은 말씀 연구의 동기가 잘못되었기 때문이다. 지식의 축적, 과정의 이수, 교육적 목적, 프로그램의 진행 등 여러 가지 성경연구의 동기가 있는데 말씀 순종의 근본적인 동기가 아니면(시 119:34) 지식화의 자기 교만과 비판적인 머리만 키우는 위험에 빠질 염려가 있다. 금세기 사단의 고등 전략은 "말씀을 연구하라. 그러나 실천만은 하지 말라"고 속삭인다. "하나님의 말씀을 듣고 지키는 자가 복이 있느니라"(눅 11:28)는 주님의 말씀처럼 말씀을 믿고 순종하여 행동에 옮길 때 비로소 확신이 생기고 기도가 응답되고(요일 3:22) 말씀의 복과 은혜와 능력이 나타나기 시작한다(계 1:3). 에스라식 성경연구의 목표는 내 삶의 변화를 위한 말씀의 적용과 준행의 동기를 분명히 하도록 인도해 주는 데 있다.

5. 재생산의 사명

"율례와 규례를 이스라엘에게 가르치기로"라는 말은 에스라가 다른 사람들이 하나님의 사람이 되고 하나님의 사람답게 살 수 있도록 하나님의 뜻을 가르쳐주고 증거하는 생산적인 사명감을 가지고 있었음을 보여준다. 말씀이 임하고 그 말씀이 지배를 받는 곳에 하나님의 나라가 임하며 하나님의 뜻이 이루어져 하나님의 나라가 확대된다. 그는 바른 신앙 정립과 성장, 그리고 지도자 양성의 사명을 위해서 말씀 연구의 비전을 가지고 생산적인 방향에 목표를 설정했다(딤전 4:16). 말씀 연구와 제자 훈련은 생산적, 발전적으로 다시 다른 사람을 가르칠 수 있을 때(딤후 2:2) 제대로 되는 것이다. 배우기 위해 배우는 자는 배우다가 끝나버리지만 가르치기 위해 배우는 자는 교육에 큰 효과가 있다. 국제커넬선교회 성경연구원은 말씀에 대한 바른 신앙교육과 재생산하는 평신도 지도자 양성, 성령운동과 선교에 그 목표가 있다는 사실을 명심해야 한다. 신앙 지식은 소유가 아니라 나누는 사명의 지식이다. 국제커넬선교회 성경연구원은 신앙을 사명화, 재생산화할 것을 강조한다.

6. 헌신의 결단

언제나 끝과 마무리가 중요하다. 에스라는 끝으로 자기 책임 아래 하나님 계시의 말씀을 연구하고 준행하고 가르치는 일에 자신을 헌신하기로 각오하고 자신의 옥합을 깨는 결단을 했다. 많은 사람들이 말씀 연구의 기쁨과 제자훈련의 능력을 체험하지 못하고 도중에 실패하는 중요한 이유는 무엇일까? 그것은 자신의 시간과 노력을 투자하려는 헌신의 결단 없이 너무 쉽게 접근하고 쉽게 물러나기 때문이다. 그리하여 바울은 "네가 진리의 말씀을 옳게 분변하며 부끄러울 것이 없는 일꾼으로 인정된 자로 자신을 하나님 앞에 드리기를 힘쓰라"(딤후 2:15)고 권면했다. 그는 "나의 달려갈 길과 주 예수께 받은 사명 곧 하나님의 은혜의 복음 증거하는 일을 마치려 함에는 나의 생명을 조금도 귀한 것으로 여기지 아니하노라"(행 20:24)고 말했다. 바울이 사명을 위해서는 언제 죽어도 좋다는 순교의 각오를 한 사명의 사람이었음을 고백한 것이다. 예수님의 제자로서 하나님의 일은 생각지 않고 사람의 일만 생각하여 자신의 욕망만 추구했기 때문에 사단에게 미혹되었던 제자들에게 주님은 "아무든지 나를 따라오려거든 자기를 부인하고 자기 십자가를 지고 나를 좇을 것이니라"(마 16:24)고 말씀하셨다. 우리는 이러한 주님의 경고를 귀담아 들어야 한다. 하나님은 설익은 제자 가룟 유다같이 잔머리 굴리는 재주꾼이나 교만한 부자나 헌신되지 않은 유능한 자를 쓰시지 않는다.

주님은 "내가 여기 있나이다 나를 보내소서"(사 6:8)라고 하나님의 부르심에 응답한 이사야처럼 철저하게 사명에 헌신한 자에게 능력을 주셔서 역동적으로 사용하신다. 따라서 주님의 참된 일꾼은 언제나 소수라는 사실을 알아야 한다.

에스라식 성경연구 원리

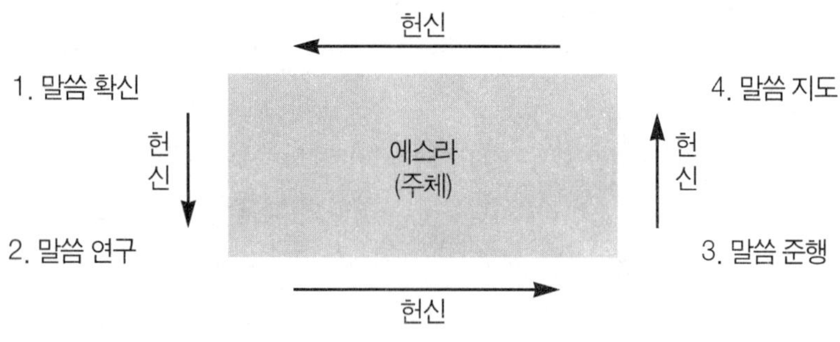

케이르 성경공부 학습 요령

"진리를 알지니 진리가 너희를 자유케 하리라"(요 8:32). 성경은 기쁨과 자유, 구원과 복, 사랑과 행복, 그리고 승리의 비밀들을 담고 있는 하나님의 말씀이다. 말씀 속에 담겨진 오묘한 진리의 비밀들을 체계적으로 관찰, 해석, 적용할 때 신비하고 경이로운 말씀의 은혜와 삶의 변화를 체험할 것이다(히 4:12; 시 19:7-10). 그리고 진리로 무장하여 그리스도의 좋은 군사로 승리하게 될 것이다. 케이르 성경공부는 그리스도인의 바른 믿음을 정립해 주고 바른 생활관을 세워준다. 자신의 변화를 통해 가정과 교회와 사회에 영향을 끼치는 사명적인 그리스도인이 되도록 도우므로 영적 지도자 훈련을 목적으로 한다. 본 교재는 일대일 양육이나 8명 정도의 소그룹 학습 또는 강의나 세미나식 교육에 다양하게 활용하도록 꾸며져 있다.

1. 학습자는 먼저 말씀의 비밀을 깨닫고 말씀의 진리가 자신을 변화시키도록 기도해야 한다. 학습 전에 먼저 말씀의 권위에 지배를 받고 인도자를 따르도록 하라.
2. 각 과는 방대한 내용을 집약하고 있으나 각 학습 주제가 있고 그에 따른 5가지의 핵심 요점으로 구성되어 있으므로 반드시 각 주제와 5가지 핵심 요소를 먼저 파악하는 것이 매우 중요하다. 그 다음 학습 주제를 염두에 두고 주어진 학습 교안에 밑줄을 치면서 충분히 읽어야 한다. 꼭 읽은 횟수를 기록해 보라. 예습을 잘하는 만큼 학습 토론 시간을 풍성하게 활용할 수 있다.

3. 가능하면 학습 주제에 나오는 성경 구절을 모두 찾아 읽고 밑줄을 그어 표시를 해놓도록 한다. 별도 노트에 학습 주제에 따른 참조 성경 구절을 기록해 놓는다.
4. 미리 학습 교안을 읽으며 예습할 때 합리적 이성에 관계된 왼쪽 뇌의 기능을 활용하여 학습 지식을 습득하도록 하라. 지식은 믿음의 방향을 설정해준다. 교재를 계속 읽는 것이 제일 중요하다.
5. 학습 교안을 예습한 후 질문지의 답을 준비하여 소그룹의 학습에서 토론 시간이 풍성해지도록 하며 자신의 깨달음을 함께 나누도록 하라.
6. 질문지의 질문은 감정과 체험을 담당하는 오른쪽 뇌를 활용하여 실제적이고 감정적인 체험들을 반영하도록 하라.
7. 케이르 성경공부는 학습 교안을 통해 신앙과 성경의 지식 체계(information)를 갖추도록 하는 동시에 진리를 삶에 적용함으로 체험과 변화(transformation)를 목표로 한다는 사실을 잊지 말라.
8. 학습 교안에서 이해가 안 가는 부분이나 기타 질문을 메모해 두었다가 지도자에게 교정받도록 하라.
9. 학습 교안의 5포인트 빈칸은 연필로 기록하여 학습하고 지도자와 학습할 때 볼펜으로 미리 확인 기록하도록 하라. 또는 예습을 위해 한 주 전, 또는 두 주 전에 교안의 빈칸을 지도자에게 미리 알아보는 것이 좋다.
10. 학습에 적극적으로 참여하며 다른 회원을 섬김으로 친교를 원활히 할 수 있도록 수평적인 관계에 유의하라.
11. 효과적으로 배우는 방법은 가르치는 것이다. 배운 것을 곧바로

다른 사람(자녀들이나 친구)에게 일대일로 전달 교육하거나 학습 내용을 가지고 가정 예배를 인도하여 지도자로서 지도력을 키워 보라.

12. 케이르 성경공부의 5대 원칙은 ① **오직 예수를 향하여** ② **진리의 말씀으로부터** ③ **전심의 기도로** ④ **은혜로운 찬양과 더불어** ⑤ **사명화의 믿음 실천**이라는 사실을 기억하라. 성령의 역사의 변화에 자신을 맡기도록 한다.

13. 케이르 성경공부를 성공적으로 마친 후에는 **국제커넬선교회 본부**에서 다른 사람을 말씀으로 지도할 수 있는 **영적 사역자 증명서와 수료 증서**를 발급 받는다.

케이르 성경공부 인도자를 위한 제언

1. 말씀을 함께 연구하는 시간이 유쾌하고 유익한 시간이 될 수 있도록 먼저 조원들을 위한 기도로 준비하라. 특히 인도자는 교육을 받고 국제커넬선교회 본부에서 공식적인 수료증을 받아야 한다.
2. 신앙 지식과 사랑에 자라가도록 하는 양육, 친밀한 사귐의 공동체적 교제, 하나님을 향한 예배, 복음을 나누는 증거가 8명 정도의 소그룹 학습에 종합적으로 포함되어야 한다는 사실을 인식하라.
3. 강의 주제를 정확히 파악하고 강의 내용에 대한 충분한 준비와 학습을 위한 확인 질문도 준비해야 한다. 지도자는 학습 원리의 보존과 계승을 저해하지 않도록 학습자에게 본 교재만 사용하라.
4. 문제에 너무 얽매이지 말고 필요하다면 학습의 기본 주제와 5가지 핵심내용의 전체적인 학습 흐름이 깨어지지 않는 범위에서 융통성을 발휘하여 문제를 삭제, 변경, 보충하거나 보조 질문을 준비하여 진행을 원활히 하라. 그러나 교재 중심의 내용이 변경되어서는 안 된다.
5. 은혜로운 학습 환경을 미리 조성하고 제 시간에 시작하여 정한 시간에 끝내도록 하라.
6. 학습을 시작하고자 할 때 학습 주제와 목적을 주지시킨 후 진행하도록 하라.
7. 학습 전의 질문은 주제에 관한 것이며 학습 후의 질문은 5가지 핵심내용의 대답으로 학습 내용을 확인하는 것이다. 교재의 질문을 그대로 사용하거나 자신의 말로 바꾸어 표현해도 무방하다. 그러나 지엽적인 질문을 반복하여 시간을 소모하지 않도록 하라.

8. 인도자가 말을 너무 많이 하거나 자신의 질문에 자신이 답하여 모임이 수동적이 되지 않도록 활성화하라.
9. 처음 얼마 동안은 이야기를 주저하는 사람들에게 너무 부담을 주지 말라.
10. 단 하나의 대답으로 만족하지 말고 다른 의견도 충분히 들어보라.
11. 명백히 틀린 답을 말하더라도 "어떤 근거로 그런 결론을 내리셨습니까? 다른 분은 어떻게 생각하십니까?" 하는 식으로 일단 긍정적으로 받아들이고 결코 거부하거나 무안하게 하지 말라.
12. 논쟁을 두려워하지 말라. 문제를 완전히 해결하지 못한다 해도 낙심할 필요는 없다. 다음에 특별한 시간을 이용하여 더 깊게 다루기로 하고 다음 문제로 진행해 가라.
13. 학습자가 학습 교안을 스스로 읽고 학습 적용 질문을 미리 준비하고 발표하도록 하며, 학습 시간에 주제를 벗어나거나 불필요한 비약으로 시간을 낭비하지 말라.
14. 학습 후 학습 주제와 내용을 간단히 요약 정리해 주는 것을 잊지 말라.
15. 가능하면 학습 전 사회나 당번을 정해서 인도하도록 하고 은혜로운 찬양으로 분위기를 조성하며 학습 전 대표 기도를 짧게 하도록 한다. 학습이 끝난 후에 함께 기도할 때는 통성 기도나 대화식 기도로 마치고 서로 열린 마음으로 친교할 수 있도록 하라.
16. 다른 사람을 비난하거나 정죄하거나 부정적으로 말하지 말고, 물질에 청렴하며 말에 진실되고 도덕적으로 순결하여 선교적인 삶에서 섬기는 지도자로서의 모범을 보여라.

17. 학습자들이 교회를 잘 섬길 수 있도록 돕고 결코 교회를 파괴하거나 분리하는 일에 참여하지 않도록 철저히 결단시켜라.
18. 전체적으로 교육을 끝냈을 때 국제커넬선교회 본부에 수료증 발급을 신청하여 학습자에게 수여하고 교육을 온전히 수료시켜라.
19. 지도자에게 ① 사명감 ② 능력 ③ 사랑의 인격 ④ 성실성 ⑤ 하나님 영광, 이 5가지 요소가 필요하다는 사실을 항상 명심하라.
20. 모세의 장점은 후계자 여호수아를 양육한 것이요, 여호수아의 최대 약점은 계승자를 양육하지 못한 것이다. 그래서 그의 사후에 영적 암흑기인 사사시대에 돌입하게 된 것이다. 섬기는 지도자로서 인도할 뿐만 아니라 학습 계승자를 철저히 양육하여 영적 지도자를 재생산하라.

"또 네가 많은 증인 앞에서 내게 들은 바를 충성된 사람들에게 부탁하라 저희가 또 다른 사람들을 가르칠 수 있으리라"(딤후 2:2).

케이르 성경공부 소개 (Keir Bible Study)

케이르 성경공부는 ① 성경적 ② (　　　　　) ③ 핵심적 ④ 실제적인 ⑤ 52개의 (　　　　　) 성경공부이다. 케이르(Keir)란 헬라어로 '손'을 의미한다. 머리의 지식으로 연구한 성경공부는 가슴으로 뜨겁게 체험되어야 하며 그것이 손의 행동을 통해 나타나야만 한다. 케이르 성경공부는 손을 사용하여 주제별 성경공부를 쉽게 기억하고 전달할 수 있도록 훈련하는 에스라 성경 연구 방법에 근거한(스 7:10) 학습 방법이다.

케이르 성경공부는 성경 말씀과 신앙을

① 체계화(벧전 3:15)

② (　　　　　)(잠 4:23; 갈 2:20)

③ 경건화(딤전 4:5-10)

④ (　　　　　)(막 10:45) ⑤ 균형화(약2:22)

⑥ 성숙화(엡 4:15) ⑦ (　　　　　)(약 1:22)

⑧ 재생산화(딤전 4:6; 딤후 2:1-2)

⑨ 제자화(마 16:24)

⑩ (　　　　　)(행 20:24)하는 10대 목표를 가지고 있다.

그러므로 단지 성경을 더 잘 알기 위해서가 아니라 하나님의 말씀이 실생활에 어떻게 관계되며 나에게 어떤 삶을 요구하고 있는지 밝히고 신앙과 삶이 일치된 능력 있는 그리스도인의 삶으로 인도하기 위하여 이 교재를 만들었다(딤후 3:14). 특히 평신도 사역자나 선교지의 원주민 지도자들에게 단기간에 집중적으로 기독교의 핵심 진리와 영적 지도력을 훈련하는 교재로 만들었다. 그러나 영적 지도자는 물론 제직훈련, 교사훈련, 또는 청장년의 그룹 성경공부나 일대일 제자훈련 교재로도 사용할 수 있다.

보통 손은 마음과 생각의 행동 수단, 능력 또는 의사 소통의 표현 도구이기도 하다. 그리고 손가락은 정교한 재주(시 8:3)를 의미하며 인류 최초의 컴퓨터로서 계산과 기억의 도구였다(출 25:25; 왕상 7:26; 렘 52:21; 단 5:5; 요 8:6). 하나님은 손가락으로 돌판 위에 하나님의 백성들이 기억해야 할 십계명을 기록하셨다(출 31:18). 또한 **"메네 메네 데겔 우바르신"**이라고 벽에 글을 새겨 교만한 바벨론 벨사살 왕의 심판을 경고하기도 하셨다(단 5:25-28). 특히 초대교회에서는 세워진 세 손가락은 성부, 성자, 성령, 삼위일체 하나님을 상징했으며 나머지 두 손가락은 구원자인 예수 그리스도의 신성과 인성을 상징했다고 한다.

성경에서 신인 동형론적인 하나님의 손은 창조와 구원 능력(사 48:3; 시 8:3, 20:6, 144:7; 행 7:50) 그리고 주권적 섭리(눅 24:46; 요 10:29)와 도움(사 40:10; 신4:35)을 의미한다. 하나님의 손은 심판의 징계(겔 25:13; 히 10:31)나 복(전 2:24; 눅 24:50) 또는 치료(눅 13:13)와 위로(계 1:17)를 의미하기도 한다. 그러나 손은 기본적으로 하나님의 권능과 관련이 있다(눅 11:20; 마 12:28)

태초에 하나님은 말씀으로 하늘과 땅과 바다 그리고 동식물의 아름다운 자연을 창조하셨다(창 1:1-31; 히 11:3). 그리고 **"보시기에 좋았더**

라"(창 1:21)고 거듭 만족함을 표현하셨다. 그러나 하나님은 직접 자기의 손으로 흙을 빚어 자신의 형상을 따라 손을 가진 인간의 형상을 만들었다(창 2:7; 욥 10:8, 34:19; 시 119:73). 그리고 특별히 그 코에 생기와 사랑을 불어넣어 생각을 손으로 옮겨 행동하는 인격적인 존재로 창조의 최대 걸작품인 인간을 만드셨다(창 2:7; 사 64:8). 그 다음에 하나님은 인간의 손에 복을 주셨다(잠 10:4, 12:24; 시 128:1-2). 그리하여 영적으로 하나님을 섬기며 그 손으로 다른 사람을 사랑하며 서로 도와 함께 삶의 기쁨을 누리게 하셨다. 손으로 땅을 정복하여 문화를 개발하고 생물을 다스려 자연을 관리하며 농작물을 경작하며 풍성한 식물을 먹게 하셨다(시 8:6-8). 이렇게 손을 가진 인간을 창조하시고 하나님은 **"보시기에 심히 좋았더라"(창 1:31)**고 기쁨을 표하셨다.

그러나 하나님의 기쁨과 인간의 행복은 인간의 손 때문에 그리 오래 가지 못했다. 사단의 미혹을 받아 처음 인간이 손을 잘못 사용함으로 죄를 범했다. 그 이후 하나님의 기쁨은 슬픔으로, 인간의 행복은 불행으로 변해 버렸다. **선악과를 따먹으면 하나님같이 될 수 있다**는 사단의 미혹(창 3:5)을 받고 자신의 욕망을 손으로 옮겨 하나님이 금하신 선악과를 따먹고 죄를 지었다. 죄를 짓기 전에는 행복했지만 마음과 손으로 저지른 죄로 말미암아 결국 이 세상에는 무서운 죽음과 불행이 시작되었다(약 1:15; 롬 5:12). 이제 인간들은 생수의 근원이신 하나님을 버리고 스스로 웅덩이를 파는 두 가지 악을 행하여 세상은 온통 어두워졌다(렘 2:13). 하나님을 섬겨야 할 손이 우상을 만들었고 사랑해야 할 손이 살인의 흉기를 들었다. 남을 도와주어야 할 손이 오히려 도둑질을 하고 세상을 아름답게 가꿔야 할 손이 오히려 황폐하게 만드는 데 사용되었다. 하나님을 등지고 손에 주신 축복을(시 128:1-2) 상실한 인간들이 마음에 품은 죄악과 손의 악행으로 이 땅은 급격히 타락되고 황폐하게 되었다. 그리하여 하나님은 **"이 땅에는 진실도 없고 인애도 없고 하나님을 아는 지식도 없고 ① 오직 저주와 ② 사위(거짓말)와 ③ 살인과 ④ 투절(강도질)과 ⑤ 간음뿐이요 ⑥ 강포(포악)하여 ⑦ 피가 피를 뒤대임이라"(호 4:1-2)**고 탄식하셨던 것이다.

그리하여 천지를 창조하신 하늘의 하나님이 사랑하는 자기 백성을 구원하고 이 땅을 치료하기 위해 예수라는 이름으로 이 땅에 오셨다(마 1:21). 십계명과 성경을 기록하신 하나님처럼 예수님은 현장에서 잡힌 간음한 여인을 비난하는 사람들에게 **"너희 중에 죄 없는 자가 먼저 돌로 치라"(요 8:7)**고 손가락으로 땅에 글을 써서 죄인을 보호해주셨다. 그리고 **"나도 너를 정죄하지 아니하노니 가서 다시는 죄를 범치 말라"(요 8:11)**고 말씀하셨다. 예수님은 과거를 묻지 않고 그녀의 밝은 미래를 보고 그녀를 용서해 주신 것이다. "빛이 있으라"고 말씀하셨던 창조의 하나님처럼 그분의 말씀은 새 창조의 능력이 있어 **"네 손을 내밀라"(막 3:5)**고 말씀하시자 한편 손 마른 자의 손이 온전해졌다. 그분의 손은 또한 신비한 치유의 능력이 있어서 18년 동안 귀신들려 고생하던 여인을 안수하여 귀신을 내쫓고 치료해 주셨다(눅 13:11-13). **"에바다"** 하시며 손을 대시니 귀먹고 벙어리 된 자가 말하기 시작했다(막 7:34-35). 눈에 손을 대시니 눈먼 자의 눈이 열려 아름다운 아침 태양을 보게 되었다(막 8:25). 잠자는 아이를 깨우듯 죽은 아이의 손을 잡고 **"아이야 일어나라"(눅 8:54)**고 말씀하시자 죽은 아이가 다시 살아났다. 물고기 두 마리와 떡덩이 다섯 개로 손을 들어 기도하신 후 오천여 명을 먹이고도 남는 풍성한 광야 식탁을 마련해 주시기도 하셨다(막 6:41-

44). 어린아이를 안고 머리 위에 안수하여 축복해 주셨고(막 10:16) 손을 들어 베드로 장모의 열병을 고쳐주시기도 하셨다(마 8:15). 또한 물 위로 걸어오셔서 손을 내밀어 풍랑에 빠진 베드로를 구원해 주셨다(마 14:30-31). 12년 혈루병으로 고생하던 여인이 믿음으로 예수님의 옷자락에 손을 댔을 때 **"딸아 네 믿음이 너를 구원하였으니 평안히 가라 네 병에서 놓여 건강할지어다"(막 5:25-34)**라고 치료해 주셨다. 죄 많은 여인이 회개의 눈물로 발을 적시며 향유를 부어드릴 때 **"저의 많은 죄가 사하여졌도다 이는 저의 사랑함이 많음이라……네 믿음이 너를 구원하였으니 평안히 가라"(눅 7:47, 50)**고 위로해 주셨다. 그리고 예수님의 죽음에 대한 진리를 깨닫고 두 손으로 귀한 옥합을 깨어 아낌없이 쏟아 부은 무명의 여인을 **"온 천하에 어디서든지 이 복음이 전파되는 곳에는 이 여자의 행한 일도 말하여 저를 기념하리라"(마 26:13)**고 아름다운 헌신을 칭찬해 주시기도 하셨다. **"만일 네 손이 너를 범죄케 하거든 찍어 버리라 불구자로 영생에 들어가는 것이 두 손을 가지고 지옥 꺼지지 않는 불에 들어가는 것보다 나으니라(막 9:43; 마 5:30)**고 말씀하시며 죄를 단호히 물리치고 철저히 회개할 것을 경고하셨다. 예수님을 붙잡아 끌고가려는 병사를 보고 흥분하여 칼을 빼든 베드로에게 **"네 검을 도로 집에 꽂으라 검을 가지는 자는 다 검으로 망하느니라"(마 26:52; 요 18:11)**고 책망하시며 떨어진 말고의 귀를 도로 붙여 치료하셨다.

그러나 사람들은 오히려 신성모독죄, 성전모독죄, 내란선동죄, 경제사범죄, 국가원수 모독죄 등 각종 정치적, 종교적 죄목을 붙여 죄 없는 예수님을 체포했다. 설익은 제자 가룟 유다는 예수님을 은전 30냥의 헐

값으로 팔아먹고 양심이 가책되어 자기 손으로 목매어 자살했다. 끝까지 따르겠노라고 큰소리 뻥뻥 치던 제자들은 모두 다 도망가 버렸다. 예수님은 홀로 십자가를 지고 고난의 길을 가셔야 했다. 사람들은 주먹으로 치고 손바닥으로 때리며 예수님을 조롱했다(마 26:67). 옷을 벗겨 온 몸을 잔인하게 채찍질하고 머리에는 가시 면류관을 씌웠다(마 27:28~31). 예수님은 자기 십자가를 지고 골고다로 끌려가 십자가에 달려 양손에 못이 박혔다(요 19:17-18). 그러나 "십자가에 못 박아 죽이라"고 외쳐대는 광란에 찬 무리를 위하여 예수님은 십자가 위에서 "아버지여 저희를 사하여 주옵소서 자기의 하는 것을 알지 못함이니이다"(눅 23:34)라고 조용히 용서의 기도를 드리셨다. 그리고 "내 영혼을 아버지 손에 부탁하나이다"(눅 23:46), "다 이루었다"(요 19:30)라는 최후의 말씀을 마치신 후 33년 고난의 지상 생애를 마감하셨다. 십자가에 달려 조롱당하며 인간들의 손에 처참하게 죽은 예수님이 천지창조의 하나님이라는 사실을 아무도 알지 못했다.

한 로마 병사가 창으로 예수님의 심장을 찔러 죽음을 확인했을 때 물과 피가 소낙비처럼 쏟아져 내렸다(요 19:34). 가시 면류관을 쓰신 이마에서도, 못 박힌 두 손에서도 붉은 피가 끝없이 흘러내렸다. 천지창조의 하나님이 죄인들의 심판을 받아 십자가에서 흘리는 보혈은 이렇게 은혜의 강물이 되어 죄악 많은 세상에 흘러내렸다. 예수님의 심장에서 흘러내리는 붉은 피는 죄인들의 마음과 영혼을 정결케 했다. 가시 면류관을 쓰신 머리에서 흘러내리는 보혈은 죄인들의 악한 생각을 바르게 해주셨다. 그리고 못 박힌 두 손에서 흘리는 보혈은 죄인들의 손을 치료해 주셨다. 이렇게 예수님의 온 몸에서 흘리신 보혈은 죄인들을 용서하시고 새롭게 하시는 하나님의 능력과 사랑을 증명해 주셨다(사 53:5). 십자가에서 흘리신 예수님의 보혈 때문에 하늘의 하나님은 닫혔던 천국 문을 여시고 죄인들을 용서하여 다시 그 손에 축복을 주시기 시작하셨다(시 28:9). 그리하여 땅에서는 이 보혈의 기쁜 소식이 전해지는 곳마다 믿는 자에게 치유와 회복과 자유, 그리고 놀라운 새 삶의 변화가 일어났던 것이다(눅 2:14; 행 19:19-20).

천국의 왕이요 생명을 주관하시는 성자 하나님 예수를 지상 무덤의 사망 권세가 감당할 수 없어 무덤이 열리고 예수님은 사흘 만에 부활하여 부활의 첫 열매가 되셨다(롬 1:4; 고전 15:20). 그리고 의심하는 도마에게 "네 손가락을 이리 내밀어 내 손을 보고 네 손을 내밀어 내 옆구리에 넣어보라 그리하여 믿음 없는 자가 되지 말고 믿는 자가 되라"(요 20:27)고 확실한 부활의 믿음을 심어 주셨다. 승천하시기 전 예수님은 제자들에게 "너희는 온 천하에 다니며 만민에게 복음을 전파하라 믿고 세례를 받는 사람은 구원을 얻을 것이요 믿지 않는 사람은 정죄를 받으리라 믿는 자에게는 이런 표적이 따르리니 곧 저희가 내 이름으로 귀신을 쫓아내며 새 방언을 말하며 뱀을 집으며 무슨 독을 마실지라도 해를 받지 아니하며 병든 사람에게 손을 얹은즉 나으리라"(막 16:15-18)고 선교적 사명과 영권을 주셨다. 또한 "오직 성령이 너희에게 임하시면 너희가 권능을 받고 예루살렘과 온 유대와 사마리아와 땅 끝까지 이르러 내 증인이 되리라"(행 1:8)고 성령 시대가 도래할 것이라는 놀라운 약속도 하셨다. 그리고 다시 오시겠다고 약속하시며 두 손 들어 제자들을 축복하신 후 승천하셨다(눅 24:50-51).

하나님은 죽기까지 순종하신 예수님을 지극히 높여 보좌 우편에 앉게 하시고 뛰어난 이름을 주셨다(행 2:33; 빌 2:9). 하늘에 있는 자들과 땅 아래 있는 자들이 모든 입으로 예수 그리스도를 주라 시인하여 하나님 아버지께 영광을 돌리게 하셨다(빌 2:10-11). 영광의 보좌에 앉으신 예수님은 약속하신 성령을 아버지께 받아 오순절 날 마가의 다락방에 모여 전심으로 기도하던 남종과 여종들에게 부어 주셨다(행 2:1-13, 33). 그리하여 성령의 새 시대가 시작되었다. 하나님은 오늘도 탕자를 기다리는 아버지의 심정으로 온종일 구원의 손을 펴시고 기다리신다(사 65:2).

오순절 성령 임재 사건으로 성령 충만했던 사람들은 능력을 받아 복음의 손(행 2:32), 예배의 손(행 2:42), 기도의 손(행 2:42; 딤전 2:8), 교제의 손(행 2:42), 말씀연구의 손(행 2:42), 봉사의 손(행 2:42), 찬양의 손(행 2:47; 시 134:2), 도움의 손(행 3:6-7), 치료의 손(행 4:30), 축복의 손이 회복되어 봉숭아 꽃씨처럼 흩어져 온 세계에 복음을 증거했다. 소아시아 안디옥 지역의 이방인들은 예수님의 손 역할을 하는 이들을 예수쟁이, 즉 예수를 소유하고 예수를 닮은 "그리스도인"이라고 불렀다(행 11:26). 그리하여 창세기 3장 15절의 원복음 언약을 믿고 따르는 사람들에게 A.D. 40년경 세상 사람들에 의해서 드디어 기독교라는 이름이 붙여지게 되었던 것이다. 오늘도 예수님은 "**네 손을 내밀라(에크테이논 텐 케이라 쑤: stretch out your hands)**"고 말씀하시며 여러분의 손을 사용하여 세상을 변화시키길 원하고 계신다.

1. **능력의 손** : 주의 손가락으로 만드신 주의 하늘과 주의 베풀어 두신 달과 별들을 내가 보오니 사람이 무엇이관대 주께서 저를

생각하시며 인자가 무엇이 관대 저를 권고하시나이까 저를 천사보다 조금 못하게 하시고 영화와 존귀로 관을 씌우셨나이다 주의 손으로 만드신 것을 다스리게 하시고 만물을 그 발아래 두셨으니(시 8:3-6).

2. **구원의 손** : 내가 저희에게 영생을 주노니 영원히 멸망치 아니할 터이요 또 저희를 내 손에서 빼앗을 자가 없느니라 저희를 주신 내 아버지는 만유보다 크시매 아무도 아버지 손에서 빼앗을 수 없느니라(요 10:28-29, cf. 요 3:35-36).

3. **인도의 손** : 두려워 말라 내가 너와 함께함이니라 놀라지 말라 나는 네 하나님이 됨이라 내가 너를 굳세게 하리라 참으로 너를 도와주리라 참으로 나의 의로운 오른손으로 너를 붙들리라(사 41:10).

4. **언약의 손** : 여호와께서 너를 위하여 하늘의 아름다운 보고를 열으사 네 땅에 때를 따라 비를 내리시고 네 손으로 하는 모든 일에 복을 주시리니 네가 많은 민족에게 꾸어줄지라도 너는 꾸지 아니할 것이요(신 28:12; cf. 시 128:1-2).

5. **축복의 손** : 아론이 백성을 향하여 손을 들어 축복함으로 속죄제와 번제와 화목제를 필하고 내려오니라(레 9:22).

6. **승리의 손** : 모세가 손을 들면 이스라엘이 이기고 손을 내리면 아말렉이 이기더니 모세의 팔이 피곤하매 그들이 돌을 가져다가 모세의 아래에 놓아 그로 그 위에 앉게 하고 아론과 훌이 하나는 이편에서, 하나는 저편에서 모세의 손을 붙들어 올렸더니 그 손이 해가 지도록 내려오지 아니한지라(출 17:11-12).

7. **찬양의 손** : 성소를 향하여 너희 손을 들고 여호와를 송축하라

(시 134:2).

8. **기도의 손** : 내가 주의 성소를 향하여 나의 손을 들고 주께 부르짖을 때에 나의 간구하는 소리를 들으소서(시 28:2; cf. 딤전 2:8).

9. **자력의 손** : 또 너희에게 명한 것같이 종용하여 자기 일을 하고 너희 손으로 일하기를 힘쓰라(살전 4:11).

10. **도움의 손** : 베드로가 가로되 은과 금은 내게 없거니와 내게 있는 것으로 네게 주노니 곧 나사렛 예수 그리스도의 이름으로 걸으라 하고 오른손을 잡아 일으키니 발과 발목이 곧 힘을 얻고 뛰어 서서 걸으며 그들과 함께 성전으로 들어가면서 걷기도 하고 뛰기도 하며 하나님을 찬미하니(행 3:6-8).

제1과 성경은 어떤 책인가?

학습목표 : 여러분은 본과를 학습한 후 성서적인 세계관을 가지고 기독교의 토대인 성경의 중요성과 5대 특징을 확실하게 이해하게 될 것이다. 그리고 "성경은 어떤 책인가?"의 물음에 대해 다른 사람들에게 자신 있게 설명하고 지도할 수 있게 될 것이다.

요절말씀 : 또 네가 어려서부터 성경을 알았나니 성경은 능히 너로 하여금 그리스도 예수 안에 있는 믿음으로 말미암아 구원에 이르는 지혜가 있게 하느니라 모든 성경은 하나님의 감동으로 된 것으로 교훈과 책망과 바르게 함과 의로 교육하기에 유익하니 이는 하나님의 사람으로 온전케 하며 모든 선한 일을 행하기에 온전케 하려 함이니라(딤후 3:15-17)

영어를 배우려면 영어책이 필요하고 항해를 잘하려면 나침반이 필요하다. 마찬가지로 기독교가 무엇인지 이해하고 그 세계를 여행하려면 기독교의 경전과 나침반이 되는 성경을 모르고는 기독교나 건전한 신앙을 논할 수 없을 것이다. 오직 성경만이 기독교와 바른 신앙의 토대가 되기 때문이다. 그리스도인이란 성경적인 세계관을 가지고 성경 말씀을 따라 신앙생활하는 사람들이다. 처음부터 말씀에 기준하여 바르게 배워야지 나중에 잘못된 것을 고쳐서 배우기란 정말 힘들다.

인간은 보이는 현상 세계와 보이지 않는 세계를 종합적으로 인식할 수 있는 마음의 눈을 가진 영적인 존재이다. 육신의 눈인 **육안**은 현상 세계를 보고, 마음의 눈인 **심안**은 보이지 않는 세계를 보며, 지식의 눈인 **지안**은 예술과 학문의 세계를 보고, 영적인 눈인 **영안**은 영적 세계를 본다. 인간과 세계와 역사를 바라보고 생각하는 견해의 종합적인 근본체계(frame)를 세계관, 또는 패러다임(paradigm)이라고 한다. 세계관에 따라 그 의미가 주어지고 판단이 생기며 그 판단에 따라 행동하게 되고 삶이 형성된다. 그러므로 그 사람의 세계관에 따라 가치관, 인생관은 물론 삶의 질이 달라지는 것이다. 그리고 인간관, 자연관, 사회관, 경제관, 과학관, 예술관, 우주관도 달라진다. 성경에 의하면 인류 역사의 무대에 영향을 주는 근본적인 핵심 주체는 하나님과 인간과 자연 만물이다. 이 세 가지의 기본 요소에 따라서 하나님 중심의 세계관, 인간 중심의 세계관, 자연 중심의 세계관으로 나눌 수 있다.

첫째, **하나님 중심의 세계관(God-centered world-view)**은 하나님이 온 우주와 인간과 자연을 창조하시고 주관하시고 섭리하시고 역사를 이끌어 가시는 주체가 되신다고 믿고 있다. 이 때 인간은 자연관리의 청지기요, 자연은 하나님의 지혜와 능력과 풍성함을 보여주는 연구 대상이지 섬김이나 파괴의 대상은 아니다. 특히 하나님 자신과 역사 속에 실현해 가시는 하나님의 뜻과 계획을 성경을 통해 계시로 보여주셨기 때문에 **성경 중심의 세계관(biblical world-view)**이라고도 한다. 하나님이 예수 그리스도의 구속을 통해 인류를 구원하실 뿐만 아니라 역사를 종결하는 그리스도 중심의 구속사가 성경의 중심 내용이다. 또한 그리스도인들은 하나님 중심의 세계관으로 살기 때문에 이를 **기독교적 세계관**이라고도 한다.

성경 중심의 역사관은 세상이 진화론적으로 발전해 가거나 끝없이 윤회적으로 반복되는 무한한 것이 아니라 분명한 목적과 시작과 과정과 끝이 있는 직선적인 인류 타락의 하강사이다. 성경 중심의 세계관으로 보면 인간은 어떤 존재이며 어디에서 와서 어디로 가는지에 대한 의문은 물론 우주의 시작과 종말에 관해 명백한 해답을 가지고 있다. 달걀이 먼저인지 아니면 닭이 먼저인지, 그리고 진화론이 맞는지 창조론이 맞는지 분명한 해답이 보인다.

성경은 16세기경 코페르니쿠스가 지동설을 주장하여 과학적 새 시대의 패러다임을 전환하기 몇천 년 전에 이미 처음부터 공중에 떠 있는 둥근 지구의 공전과 자전을 기록하고 있다(욥 26:7-10). 20세기에 엘빈 토플러가 초고속 인터넷 정보화 시대를 예고하기 몇천 년 전에 다니엘은 이미 초고속 정보화 시대를 예언했다(단 12:4). 현대 기업의 최고 경영인(CEO)들이 브레인스토밍(brain-storming)이나 플러씽(plussing) 경영법칙을 사용하기 몇천 년 전에 이미 요셉과 여호수아, 느헤미야 등 성경의 지도자들은 이러한 방법들을 사용했다. 성경이 현대인들에게 영향을 줄 수 없는 오래된 책에 불과하다고 생각하는 사람들은 어리석은 사람들이다. 역사에 크게 쓰임받은 많은 위대한 과학자, 정치가, 예술가, 역사가들은 모두 하나님 중심의 세계관, 성서중심의 세계관을 갖는 것이 지혜와 지식의 근본이라고 믿었다(잠 1:7; 시 111:10). 가톨릭도 하나님 중심의 세계관을 가지고 있으나 성경 중심의 세계관을 가지지 못해서 기독교와는 다르다. 유대교나 이슬람교의 세계관도 유일신을 믿어 인간이나 자연 중심의 세계관은 극복했지만 예수 그리스도의 구속사를 믿지 않기 때문에 성경 중심의 기독교 세계관과는 다른 것이다.

둘째, 자연 중심의 세계관(nature-centered world-view)은 모든 것이 모체인 자연에서 시작되어 결국 자연으로 돌아가며 인간도 자연의 일부로 자연의 절대적 지배를 받고 순응하며 살아갈 수밖에 없다고 믿는다. 원시시대의 사람들은 자연 세력을 인격화하거나 신격화했다. 하늘신, 땅신, 바다신, 바람신 등의 자연신을 믿고 자연을 숭배하는 애니미즘과 샤머니즘 신앙을 가지고 있었다. 이집트, 바벨론, 인도, 중국 등의 고대 문명의 핵심 사상이 바로 자연 중심의 세계관 특징을 공유하고 있었다. 자연 중심의 세계관은 자연이 생성 소멸하고 태양이 반복해서 뜨고 지는 것처럼 윤회적인 역사관을 가지고 있다. 힌두교, 불교, 도교나 유교에서는 인간 사색의 결과로 자연 숭배에서 벗어나 자연 현상을 초월한 높은 차원의 궁극적 실체를 전제하고 숭배하는 이념 중심 세계관을 발전시켰다.

인간 중심의 세계관(man-centered world-view)은 인간이 역사의 주체로 이성의 능력을 극대화하여 과학 기술을 발전시키고 자연을 정복하고 역사를 발전시켜 간다는 인본주의 세계관이다. 이집트, 바벨론, 로마, 중국, 등 옛날의 황제들은 자신을 신격화하여 절대적인 권력을 행사하기도 했다. 인간 중심의 세계관은 인간 역사가 인간의 이성과 지성과 사상의 진화론적 발전사요, 인간의 발전사라고 믿고 있다.

우리는 세 가지의 기본적인 세계관을 살펴보면서 성경적 세계관이 얼마나 중요한 것인지 생각하지 않을 수 없다. 그렇다면 사람들과 삶의 질을 변화시키는 **하나님 중심의 세계관, 그리스도 중심의 세계관, 기독교의 세계관, 성경 중심의 세계관**을 제공하는 성경은 어떤 책인지 5가지 성경의 중요성과 특징을 살펴보면서 성경을 주제로 케이르 성경공부를 시작하기로 하자.

1.(벧후 1:21): ____________

성경을 어떻게 보느냐에 따라 성경을 대하는 태도가 달라진다. 성경은 성부 하나님의 계시와 성자의 내용과 성령의 영감에 의해 성경 저자들을 통하여 구원의 지침서로 주신 변개할 수 없는 하나님의 말씀이다(벧후 1:21). 하나님은 기록된 하나님의 말씀을 통해 오늘도 우리를 만나주시고 우리와 함께 계시며 그 음성을 들려주시고 구원의 능력을 베푸신다. 말씀을 통해서 하나님의 뜻을 알려주시고 영적인 성장을 도와주신다. **성경은 하나님의 말씀으로서 완벽하여 빠진 것이 없다.** 모두 그

짝이 있어 이해를 더해주며 오류를 방지하기 때문에 모순이나 오류가 없다. 다만 사람들의 해석과 번역상의 문제가 있을 뿐이다. 신구약 66권 성경은 하나님께 영감받은 40여 명의 다양한 저자들에 의해 1600년 간에 걸쳐 아시아, 아프리카, 유럽 3개 대륙에서 **구약의 대부분은 히브리어로, 신약은 헬라어로 기록**되었다. 이 엄청난 방대함과 다양성 속에서도 서로 상치되거나 모순됨이 없다. 마치 꿰어놓은 구슬처럼 **'예수 그리스도를 통한 인류 구속사'(창 3:15)**를 주제로 조직적이고 체계적으로 쓰여져 놀라운 통일성을 가지고 있다. 그러므로 **하나님의 말씀인 성경 자체가 최종 해석자로 절대적 권위를 갖고 있다.** 따라서 문맥에 따라 좀더 구체적인 본문에 비추어 해석하며 성경이 가는 데까지 가서 성경이 멈추는 데서 멈춰야만 한다. 하나님께서 인간에게 허락하신 최대의 선물은 특별 계시로 **첫째, 예수님을 이 땅에 보내 구원을 완성**하신 것이다(롬 5:8). **둘째, 성령님을 통해 구원의 사실을 믿고 내적으로 거듭나게** 하신 것이다(고전 12:3; 롬 8:9). **셋째, 신앙과 생활의 표준인 성경**을 주신 것이다(딤후 3:16-17). 성경은 하나님이 인간에게 허락하신 최대의 선물이고 사랑의 표현이다. 성경이 없었다면 인간의 구원도, 그리스도인으로서의 삶도 불가능했을 것이다. 하나님의 영감으로 된 성경이야말로 인간의 비극적인 운명을 바꾸어 놓았을 뿐만 아니라 삶과 죽음의 해답까지도 제시해 주는 세상에서 최대, 최상, 최고의 유일한 책인 것이다. 하나님의 말씀인 성경은 ① 성령의 내적 조명 없이(고전 2:13) 자신의 주관적인 선입관을 정당화하기 위해 ② 억지로 풀거나(벧후 3:16) ③ 사사로이 풀 수 없다(벧후 1:20-21). ④ 또한 가감할 수 없으며(계 22:18-19) ⑤ 기록된 본문을 벗어나(고전 4:6) ⑥ 과장할 수 없고(요이 1:9) ⑦ 혼잡하게 해서는 안 된다(고후 2:17, 4:2). 우리의 성경 지식은 완전할 수 없기 때문에 항상 ① **겸손(고전 13:9-10)**, ② **경외**, ③ **사모**, ④ **경청**, ⑤ **순종하는 태도**로 말씀을 대해야 한다. 성경을 가까이 하지 않고서는 결코 하나님의 사람이 될 수 없으며 하나님의 사람으로서 살아갈 수도 없다(딤후 3:16-17).

1) **디모데후서 3:16** : 모든 성경은 하나님의 감동으로 된 것으로 교훈과 책망과 바르게 함과 의로 교육하기에 유익하니.
2) **베드로후서 1:21** : 예언은 언제든지 사람의 뜻으로 낸 것이 아니요 오직 성령의 감동하심을 입은 사람들이 하나님께 받아 말한 것임이니라(cf. 눅 1:37).
3) **데살로니가전서 2:13** : 이러므로 우리가 하나님께 쉬지 않고 감사함은 너희가 우리에게 들은 바 하나님의 말씀을 받을 때에 사람의 말로 아니하고 하나님의 말씀으로 받음이니 진실로 그러하다 이 말씀이 또한 너희 믿는 자 속에서 역사하느니라.
4) **고린도후서 2:17** : 우리는 수다한 사람과 같이 하나님의 말씀을 혼잡하게 하지 아니하고 곧 순전함으로 하나님께 받은 것같이 하나님 앞에서와 그리스도 안에서 말하노라.
5) **예레미야 36:4** : 이에 예레미야가 네리야의 아들 바룩을 부르매 바룩이 예레미야의 구전대로 여호와께서 그에게 이르신 모든 말씀을 두루마리 책에 기록하니라(cf. 신 31:19-22; 삼하 23:2).
6) **히브리서 4:12** : 하나님의 말씀은 살았고 운동력 있어 좌우에 날선 어떤 검보다도 예리하여 혼과 영과 및 관절과 골수를 찔러 쪼개기까지 하며 마음의 생각과 뜻을 감찰하나니.

2.(요 5:39): ______________

성경은 다양하고 복잡하지만 그 중심에 예수 그리스도를 통한 구속사(창 3:15)로 통일성을 이루고 있다. 하나님의 말씀은 세 가지 의미가 있는데 그 첫째는 계시된 하나님의 말씀으로 하나님의 참 모습을 보여

주신 예수 그리스도요, 둘째는 계시된 말씀을 기록한 신구약 성경 말씀, 셋째는 하나님의 종들을 통해 오늘 이 시대에 선포되는 말씀으로 설교를 의미한다. 선포된 하나님의 말씀도 기록된 말씀에 근거하여 그 중심에 계시된 하나님의 말씀인 예수 그리스도를 품고 있어야 한다. 그래서 예수님은 성경의 주인공으로 처음과 나중이요, 그 중심이며 성경 이해의 열쇠이다. 그러므로 성경의 어느 골짜기를 파도 예수의 생수가 솟아 나온다.

성경 속에서 예수님은 여인의 후손(창 3:15), 아담과 하와의 가죽옷(창 3:21), 노아 방주(창 7:1), 유월절 어린양(요 1:29), 성전(요 2:21), 대제사장(히 8:1), 떡(요 6:51) 등으로 예시되어 있다. 길이요 진리요 생명이신 예수님을 간절히 사모하고 찾는 마음으로 성경을 읽으라. 하나님이 계시한 말씀으로 예수 그리스도가 계신 곳에는 죽음이 변하여 생명이 되고 어둠이 변하여 빛이 되며 은혜와 영광이 넘친다(요 1:16). 성경에서 하나님의 비밀인 그리스도를 발견하게 되면(엡 3:4) 그 안에 신앙과 삶의 지혜와 지식의 모든 보화가 감추어져 있다(골 2:2-3). 성경을 통해 예수님을 알고 예수님을 통해 하나님을 알면 영생을 얻게 된다(요 17:3). 예수님 자신이 하나님 말씀이요(요 1:1), 예수님의 또 다른 이름이 하나님의 말씀이다(계 19:13). 바리새인들과 제사장들은 성경의 전문가들이었으나 예수님이 성경의 주인공이라는 해석에 실패했기 때문에 예수님을 배척하고 십자가에 못 박고야 말았다.

1) **요한복음 5:39** : 너희가 성경에서 영생을 얻는 줄 생각하고 성경을 상고하거니와 이 성경이 곧 내게 대하여 증거하는 것이로다.

2) **요한복음 1:45** : 빌립이 나다나엘을 찾아 이르되 모세가 율법에 기록하였고 여러 선지자가 기록한 그이를 우리가 만났으니 요셉의 아들 나사렛 예수니라(cf. 요 5:46; 눅 24:44).

3) **누가복음 24:25-27** : 가라사대 미련하고 선지자들의 말한 모든 것을 마음

에 더디 믿는 자들이여 그리스도가 이런 고난을 받고 자기의 영광에 들어가야 할 것이 아니냐 하시고 이에 모세와 및 모든 선지자의 글로 시작하여 모든 성경에 쓴 바 자기에 관한 것을 자세히 설명하시니라(cf. 고전 15:3-4).

4) **누가복음 24:44-45** : 또 이르시되 내가 너희와 함께 있을 때에 너희에게 말한 바 곧 모세의 율법과 선지자의 글과 시편에 나를 가리켜 기록된 모든 것이 이루어져야 하리라 한 말이 이것이라 하시고 이에 저희 마음을 열어 성경을 깨닫게 하시고.

5) **마가복음 1:1** : 하나님의 아들 예수 그리스도 복음의 시작이라.

6) **요한계시록 19:13** : 또 그가 피 뿌린 옷을 입었는데 그 이름은 하나님의 말씀이라 칭하더라.

3.(딤후 3:15):

교회나 종교적 교리가 구원을 주는 것이 아니다. 정성어린 헌신이나 선행으로 보상받는 것도 아니다. 더욱이 구원은 돈을 주고 사거나 노력으로 쟁취하는 것이 아니다. 구원은 인간의 손에 달려 있는 것이 아니므로 인간은 구원받는 일에 아무것도 기여하지 못한다. 구원은 오직 하나님 손에 달려 있기 때문에 하나님의 은혜요, 선물일 뿐이다(요 10:28-29). 그리고 하나님 은혜의 방편은 오직 성령의 역사와 말씀의 능력에서 나오는 믿음이기 때문에 말씀 없이 구원의 길은 없다(계 2:7, 11, 17). 말씀을 적용시키는 **성령님이 구원의 말씀을 들을 수 있는 귀를 열어주시고 말씀을 들으면 믿음이 생기고 믿음이 생기면 구원을 받기 때문에 성령의 말씀이기도 하다. 그러므로 성령과 말씀과 들음과 믿음의 공동역사**로 구원이 이루어지는 것이다(엡 1:13-14; 벧전 3:15; 눅 8:12).

성경은 그리스도 안에 있는 믿음으로 말미암아 구원의 지혜를 주는 책이다. 구원의 믿음은 들음에서 나며 들음은 하나님의 말씀으로 말미암기에 복음을 전하는 전도자의 발길이 아름다운 것이다(롬 10:17). 우리는 말씀으로 우리 속에 있는 소망에 관하여 묻는 자들에게 대답할 것을 항상 준비하고 있어야 한다(벧전 3:15; 딤후 4:2).

선택 →	말씀 →	믿음 →	행함 →	축복
(행 15:7)	(벧전 1:23)	(행 4:4, 13:46-48)	(약 2:22)	(눅 11:28)

1) **디모데후서 3:15** : 또 네가 어려서부터 성경을 알았나니 성경은 능히 너로 하여금 그리스도 예수 안에 있는 믿음으로 말미암아 구원에 이르는 지혜가 있게 하느니라.
2) **에베소서 1:13-14** : 그 안에서 너희도 진리의 말씀 곧 너희의 구원의 복음을 듣고 그 안에서 또한 믿어 약속의 성령으로 인치심을 받았으니 이는 우리의 기업에 보증이 되사 그 얻으신 것을 구속하시고 그의 영광을 찬미하게 하려 하심이라(cf. 눅 8:12; 롬 10:17).
3) **베드로전서 1:23** : 너희가 거듭난 것이 썩어질 씨로 된 것이 아니요 썩지 아니할 씨로 된 것이니 하나님의 살아 있고 항상 있는 말씀으로 되었느니라.
4) **시편 19:7-8** : 여호와의 율법은 완전하여 영혼을 소성케 하고 여호와의 증거는 확실하여 우둔한 자로 지혜롭게 하며 여호와의 교훈은 정직하여 마음을 기쁘게 하고 여호와의 계명은 순결하여 눈을 밝게 하도다.
5) **로마서 10:17** : 그러므로 믿음은 들음에서 나며 들음은 그리스도의 말씀으로 말미암았느니라(cf. 벧전 3:15).

4.(딤후 3:16-17):

진리가 무엇인가? 진리란 신앙과 생활의 변함없는 참된 표준을 말한다. 성경이 곧 신앙과 생활의 표준인 진리이다. 성경은 지식과 상식을 위한 책이 아니요, 신앙과 생활의 규범이요, 지침서요, 나침반이며, 거울이다(고전 10:11). 성경은 최선의 삶(best way)을 제시하고 잘못된 삶을 깨닫도록 책망하며 바르게 교정하기도 하고 계속 바른 삶을 살 수 있도록 힘을 주는 책이다(딤후 3:16-17). 그래서 성경이 없이는 하나님의 사람이 될 수 없고(being), 하나님의 사람으로 온전하게 살아갈 수도 없다(doing). 삶의 변화 없이, 지식을 위한 성경공부만큼 비극적인 것도 없다. 이것이 사단의 고등전략이다(고후 4:4). 사단의 고등전략은 말씀 방해의 거부운동이요(마 13:19), 신앙과 생활의 기준이 되는 **말씀의 추가, 삭제, 변개와 혼합 정책**이다(마 13:25; 고후 2:17, 4:2).

요시야 왕과 에스라 학사의 말씀 운동을 계승한(스 7:10) 마틴 루터는 성경에 근거하여 **오직 말씀, 오직 예수, 오직 은혜, 오직 믿음, 오직 하나님 영광**이라는 기치를 들고 종교개혁을 감행했다(롬 1:16-17). 지상의 모든 사람들이 옳다고 만장일치로 결정한 사실이라도 성경이 아니라고 말한다면 아닌 것이다. 성경보다 신앙과 생활의 확실한 표준이 될 만한 진리는 없기 때문이다. 문제는 사람들이 성경 말씀을 표준으로 삼는 것이 아니라 자기의 생각이나 세상 이론을 표준으로 삼고 살아간다는 것이다. 진리를 믿지 않으면 반드시 거짓된 것을 믿게 되어 있다(요 8:45).

1) **시편 119:11** : 내가 주께 범죄치 아니하려 하여 주의 말씀을 내 마음에 두었나이다.
2) **시편 119:105** : 주의 말씀은 내 발에 등이요 내 길에 빛이니이다.
3) **고린도전서 4:6** : 형제들아 내가 너희를 위하여 이 일에 나와 아볼로를 가지고 본을 보였으니 이는 너희로 하여금 기록한 말씀 밖에 넘어가지 말라 한 것을 우리에게서 배워 서로 대적하여 교만한 마음을 먹지 말게 하려 함이라.
4) **디모데후서 3:16-17** : 모든 성경은 하나님의 감동으로 된 것으로 교훈과 책망과 바르게 함과 의로 교육하기에 유익하니 이는 하나님의 사람으로 온전

케 하며 모든 선한 일을 행하기에 온전케 하려 함이니라(cf. 롬 15:4).

5) **요한복음 8:31-32** : 그러므로 예수께서 자기를 믿은 유대인들에게 이르시되 너희가 내 말에 거하면 참 내 제자가 되고 진리를 알지니 진리가 너희를 자유케 하리라.

5.(신 8:3):

인간은 영과 육의 존재로서 육신은 빵을 먹어야 살지만 성경 말씀은 하나님의 자녀로 거듭난 그리스도인들이 영적 성장을 위하여 날마다 섭취해야 하는 영혼의 양식이다(마 4:4). 성경을 통해 생명력과 은혜와 능력을 풍성하게 공급받아야 건강한 신앙생활을 할 수 있다. 구원받은 후 성령께서 계속 마음의 문을 열어주시고 정신적으로 소화할 수 있는 능력에 따라 성경 말씀을 더 잘 깨닫게 하여 신앙이 성장하도록 하신다. 영혼의 양식인 말씀을 먹지 않고서는 성숙한 그리스도인이 될 수 없다(벧전 2:2; 히 5:12-14). 주님과 교제하며 풍성한 삶을 누릴 수 없고(요일 3:24) 영적 전투에서 마귀를 능히 대적할 수도 없다(엡 6:10-17).

성경연구 생활의 손(엡 6:17), 즉 ① 성경 읽기(계 1:3) ② 성경 듣기(롬 10:17) ③ 성경연구(스 7:10) ④ 구절 암송(시 119:11) ⑤ 말씀 묵상(시 119:97) ⑥ 생활 순종(시 119:34)의 여섯 가지 방편으로 말씀을 날마다 먹어야 한다. 성경은 축복의 책으로(시 1:1-3) 언제나 열려 있으나 사람들이 읽지 않는 데 문제가 있다. 매일 영혼의 양식인 성경을 읽고 경건생활을 할 것을 결단하라. 매일 3장씩, 매주일은 5장씩 읽으면 최소한 1년에 한 번이라도 성경을 완독할 수 있다. 주님은 우리를 위해 모든 것을 주셨는데 사랑하는 주님의 음성을 듣기 위해 하루 24시간의 100분의 1인 15분도 드릴 수 없는가? 의미를 모르더라도 계속 읽으면 신앙은 영적으로 콩나물처럼 계속 성장하며 성령의 감동으로 분명하게 깨달아질 때가 있다. 중요한 것은 지속적으로 매일 읽는다는 것이다.

성경의 두 가지 접근 방법은 자신이 주체가 되어 말씀(로고스)의 지식과 정보를 습득하는 객관적인 지식 훈련(information)과 말씀이 주체가 되어 살아 있는 말씀(레마)을 통해 하나님의 음성을 들으며 그 말씀의 권위 앞에 자신을 굴복해서 변화의 능력과 풍성한 은혜와 강한 생명력을 깊이 체험하는 주관적인 변화 훈련(transformation)이다. 말씀을 읽으면서 하나님의 음성에 귀를 기울여라. 귀납법적으로 말씀을 ① **관찰하고** ② **해석하고** ③ **생활에 적용하여 실천하면 은혜를 받는다**. 성경 말씀은 실천하는 만큼 깨달아지고 은혜를 받고 능력이 나타난다. 우리가 말씀을 지킬 때 말씀은 우리를 지켜주신다(행 20:32). 그러나 자기 나름대로 성경을 보고 자기 나름대로 해석하는 것은 매우 위험한 일이다(벧후 1:20, 3:16). 영적 지도자에게 지도를 받으면서 읽고 또 읽으면서 지도를 받는 것이 매우 중요하다(행 8:31). 특별히 성경 해석에 유의해야만 한다. 해석이란 생각의 활동이기 때문에 올바른 사고력, 비교분석력, 종합력, 어휘력, 판단력, 추리력, 논리력이 필요하다.

성경 해석의 원리에는 ① 성령조명 원칙(요 16:3; 고전 2:12) ② 성경통일성 원칙(창 3:15; 요 5:39; 눅 24:27) ③ 성경 자해 원칙(계 12:9) ④ 문맥 원칙(눅 17:20-21) ⑤ 어휘명료 원칙(사 34:16) ⑥ 문법 원칙(계 17:9-10) ⑦ 문학비평 원칙(마 13:24-30) ⑧ 역사, 문화 배경과 지리 연구 원칙(삼상 12:17; 약 5:7) ⑨ 저자의도 원칙(요 20:31) ⑩ 구원교리 보존 원칙(행 16:31) ⑪ 영해 원칙(막 16:17-18) ⑫ 메시의 점진적 해석 원칙(창 3:15; 사 7:14, 9:6; 마 1:21-25) ⑬ 사랑의 원칙(마 22:37-40) ⑭ 본문과의 대화 원칙(합 2:1-4)이 있다. 자신이 해석한 어떤 성경 구절이 진리와 같아 보여도 성경 전체가 제시하는 진리에 비춰볼 때 그 해석이 틀릴 수 있으므로 성경 전체 진리와 부분 진리는 모순이 없어야만 한다. 그리고 **시대적 정황의 예외적인 가변 진리와 영원한 구원의 불변 진리**를 구별할 수 있어야 한다(고전 11:6, 14:34-35; 딤전 2:12).

1) **신명기 8:3** : 사람이 떡으로만 사는 것이 아니요 여호와의 입에서 나오는 모든 말씀으로 사는 줄을 너희로 알게 하려 하심이라(cf. 마 4:4).
2) **베드로전서 2:2** : 갓난아이들같이 순전하고 신령한 젖을 사모하라 이로 말미암아 너희로 구원에 이르도록 자라게 하려 함이라.
3) **요한계시록 10:10** : 내가 천사의 손에서 작은 책을 갖다 먹어버리니 내 입에는 꿀같이 다나 먹은 후에 내 배에서는 쓰게 되더라.
4) **에스라 7:10** : 에스라가 여호와의 말씀을 연구하여 준행하며 율례와 규례를 이스라엘에게 가르치기로 결심하였었더라.
5) **요한계시록 1:3** : 이 예언의 말씀을 읽는 자와 듣는 자들과 그 가운데 기록한 것을 지키는 자들이 복이 있나니 때가 가까움이라.
6) **야고보서 1:22** : 너희는 도를 행하는 자가 되고 듣기만 하여 자신을 속이는 자가 되지 말라(cf. 딤후 3:5-7).

어떻게 하면 신앙생활을 가장 잘할 수 있는가? 그 해답은 배우고 확신한 말씀을 따라 사는 삶이다(딤후 3:14). 말씀을 따라 살면 ① 은혜와 축복을 받는다(계 1:3). ② 예수님을 만나고(요 5:39) ③ 구원받고(벧전 1:23; 약 1:28) ④ 영생을 얻는다(요 8:51; 요일 5:13). ⑤ 믿음이 생기고(롬 10:17; 요 20:31) ⑥ 성령을 체험한다(행 10:44). ⑦ 기도가 응답되고(요일 3:22) ⑧ 사랑 받아(요일 2:5, 요 15:10) ⑨ 최선의 삶을 살 수 있다(딤후 4:16-17). ⑩ 지혜가 생기고(골 3:16; 시 119:99-100) ⑪ 거룩해지고(딤전 4:5) ⑫ 평강과(빌 4:9; 시 111:65) ⑬ 승리(엡 6:17)와 ⑭ 자유(요 8:31-32)를 누린다. 또한 ⑮ 위로(시 119:50)와 ⑯ 보호를 받으며(행 20:32; 시 119:11) ⑰ 죄를 깨달으며(요 8:9) ⑱ 성장하고(벧전

2:2) ⑲ 부흥하여(행 12:24) ⑳ 소망을 가질 수 있다(롬 15:4; 시 119:49).

그러나 말씀을 거부하거나(마 13:4, 19) 거역하거나(롬 16:17) 배반해서는(히 6:4-6) 안 된다. 말씀을 혼합(고전 2:17)하고 변질(마 13:24-25)시키고 가감해서도 안 된다(계 22:18-19). 과장(요이 1:9)하여 초월(고전 4:6)하거나 억지로 풀고(벧후 3:16) 사사로이 해석(벧후 1:20-21)하는 것은 물론 행함 없는 믿음이나(약 1:22) 신앙의 성장 실패(히 5:12-13)는 엄히 경고를 받는다. 하나님의 최대 징계는 사사시대 말기의 엘리 제사장 때처럼 말씀을 주지 않고 침묵하시는 것이다(삼상 3:1). 하나님의 말씀 없는 영적 암흑시대의 비극에 대해 아모스는 **"주 여호와께서 가라사대 날이 이를지라 내가 기근을 땅에 보내리니 양식이 없어 주림이 아니며 물이 없어 갈함이 아니요 여호와의 말씀을 듣지 못한 기갈이라"(암 8:11)**고 탄식했다. 우리는 이 시대를 어떻게 평가하고 있는가? 환난에 처해 있을 때 최선의 처방책은 항상 말씀으로 돌아가는 것이다. 요시야 왕의 개혁과(대하 34:21, 30-31) 에스라의 개혁(스 7:10), 그리고 16세기 루터의 종교개혁이나 1903년 웨일즈의 부흥운동은 모두 다 말씀에서 시작되어 가정과 사회에 놀라운 영향을 끼친 영적 부흥운동들이었다. 말씀은 변화하는 능력이 있다(렘 23:29; 히 4:12).

예수님이 부활하시고 제일 먼저 하신 일은 제자들에게 말씀을 깨우쳐 주신 것이었다. 이때 엠마오의 두 제자는 "길에서 우리에게 말씀하시고 우리에게 **성경을 풀어주실 때에 우리 속에서 마음이 뜨겁지 아니하더냐"(눅 24:32)**라고 말씀의 감동을 고백했다. **"나로 깨닫게 하소서 내가 주의 법을 준행하며 전심으로 지키리이다"(시 119:34)**라고 기도하며 결단하는 시편 기자의 심정으로 우리 자신이 말씀으로 변화받고 말씀으로 무장하여 증거해야 한다. 말씀으로 자녀를 가르쳐(신 6:4-9) 신앙을 계승하고 복음의 말씀으로 가정과 사회를 변화시키는 말씀의 사역자가 되어야 한다(사 50:4). "네가 진리의 말씀을 옳게 분변하며 부끄러울 것이 없는 일꾼으로 인정된 자로 자신을 하나님 앞에 드리기를 힘쓰라"(딤후 2:15), "배우고 확신한 일에 거하라"(딤후 3:14).

[공동 기도문 : 통성기도]

전능하신 하나님,

성경 말씀을 저희에게 선물로 주셔서 구원받게 하심을 감사합니다. 그리고 하나님의 뜻을 따르며 최선의 삶을 살게 해주셔서 진심으로 감사합니다. 그동안 말씀에 깊은 관심을 갖지 못한 것을 용서해 주옵소서. 목마른 사슴이 시냇물을 찾듯이 헐떡이며 사모하는 마음으로 이제 케이르 성경공부를 시작합니다. 말씀을 공부하는 가운데 하나님의 음성을 듣게 하옵소서. 말씀으로 나를 깨우치소서. 지혜와 능력을 주셔서 잘 깨닫고 잘 배울 수 있도록 축복해 주옵소서. 말씀의 진리를 잘 깨달아 하나님의 뜻에 순종할 수 있기를 간절히 바라옵나이다. 예수 그리스도의 이름으로 기도합니다. 아멘. (말씀 기도훈련: 느 1:9; 요 15:7)

[질문] 기독교 말씀의 손으로 성경 말씀의 5대 중요성을 간단히 설명해 보라.

1. 베드로후서 1:21
2. 요한복음 5:39
3. 디모데후서 3:15
4. 디모데후서 3:16-17
5. 신명기 8:3

[나눔] 언제, 어떤 말씀으로 은혜를 받았는가?

[토론] 여자의 머리에 수건을 쓰라(고전 11:7), 여자는 교회에서 잠잠하라(고전 14:34-35), 여자가 가르치는 것은 허락되지 않는다(딤전 2:11-12) 등의 성경 구절에 나타나는 여자의 사역에 관한 찬반을 논의하라.

[성경암송 요령]

들은 것은 하루가 지나가면 35%도 기억에 남지 않는다고 한다. 그러나 암송하는 것은 100% 다 기억할 수 있다. 성경암송은 하나님의 명령이다(신 6:6; 골 3:16). 매일 경건한 삶을 인도받는 방편으로(시 119:105) 언제든지 조용히 말씀을 묵상할 수 있고(시 1:1-2) 죄를 이길 수도 있다(시 119:11). 문제를 반복하여 생각하면 걱정이 생기지만, 하나님의 말씀을 자꾸 반복하여 생각하면 묵상이 되어 걱정 근심을 물리칠 수 있다(시 77:12, 119:97). 말씀 묵상을 계속하면 하나님의 음성을 들을 수 있다. 또한 항상 준비되어(벧전 3:15) 상황에 맞게(잠 16:24, 25:11) 담대히 복음을 증거할 수 있도록 도와준다(행 4:31). 이스라엘 백성은 하나님의 말씀을 암송했고(신6:4-9) 예수님도 암송의 모범을 보여주셨다(마 4:4). 사단도 말씀을 도용하여 역사하기 때문에(마 4:6) 사단에게 승리하기 위하여 성령의 검, 곧 말씀의 검을 가져야 하므로(마 4:7-11; 엡 6:17) 성경의 암송은 매우 중요한 것이다. 성경암송을 위한 다음 몇 가지 실제적인 제안을 고려하면 암송에 도움이 된다.

(1) 먼저 필요한 암송 구절이나 장을 선택하라.
(2) 문맥 속에서 내용을 충분히 이해하라.
(3) 성경에 암송 구절을 표시하라.
(4) 주제를 정하고 암송하라.

(5) 한 문장씩 사고 단위에 따라서 반복 암송한 후 한꺼번에 암송하라.
(6) ① 주제, ② 요절, ③ 내용, ④ 요절의 순서로 암송하라.
(7) 조직적으로 암송하라.
(8) 암송할 동료 짝을 구하여 서로 암송하고 확인하라.
(9) 암송 말씀을 자주 묵상하고 활용하라.
(10) 암송의 최대 비결은 꾸준한 반복뿐이라는 것을 잊지 말라.

(암송 예문) ① 주제 : 하나님의 오른손 / ② 요절 : 이사야 41장 10절 말씀 / ③ 내용 : 두려워 말라 / 내가 너와 함께함이니라 // 놀라지 말라 / 나는 네 하나님이 됨이니라 // 내가 너를 굳세게 하리라 //참으로 너를 도와주리라 // 참으로 나의 의로운 오른 손으로 / 너를 붙들리라 // ④ 요절 : 이사야 41장 10절 말씀

[읽어보기]

하나님은 착한 사람이든 악한 사람이든 모든 사람들이 이 땅에서 살아갈 수 있도록 기본적이고 공평한 은혜를 주셨다(마 5:45). 이것을 **하나님의 일반 은총(general grace)**이라고 한다. 믿든지 믿지 않든지 간에 아무도 하나님의 은혜 없이 살아갈 수는 없다. 일반 은총은 하나님이 죄악된 세상을 심판하기 전까지의 잠정적인 은혜이다(고후 5:10; 벧후 3:7). 이 하나님의 일반 은총기간은 **하나님이** 아무도 멸망 받지 않고 회개하여 돌아오기를 참고 기다리시는 인내의 시간이다(벧후 3:9). 그리고 죄인에게 **"네 마음대로 살아 보아라"**고 주신 자유 의지 활용의 기회이다. 선과 악이 공존하고 악령이 더불어 활동할 수 있는 유예기간이다

(마 13:24-40). 그러나 그리스도인들에게는 예수님을 닮아가는 성화와 선교의 기간이기도 하다(벧후 3:11-14).

하나님의 일반 은총은 **인간의 본성, 가정, 정부, 자연 그리고 역사 섭리**의 다섯 가지 예를 들어 설명할 수 있다. 하나님은 인간 타락 후에도 짐승과 구별되는 이성을 허락하셨다. 이성을 통해 합리적으로 판단하고 연구하여 일반 학문과 의학과 과학, 그리고 예술과 문화를 발전시켜 더 편리하고 행복한 삶을 추구하게 하셨다. 본능적으로는 생존과 자기 실현의 욕망을 추구하지만 선한 양심으로 악한 마음을 억제하고 도덕적인 삶을 살 수 있도록 하신 것도 하나님의 일반 은총이다(전 3:11; 롬 2:15). 인간 본성에 있는 **하나님께 대한 막연한 향수로 영원을 사모하는 종교심을 주셔서 신적 존재를 찾아 영혼의 안식을 추구하게 하신 것도 일반 은총에 속하는 것**이다(전 3:11; 행 17:22-27; 롬 8:19-20). 남녀가 사랑으로 가정을 이루고 자녀를 양육하며 협력하여 함께 사는 행복을 누리게 하신 것도 하나님의 은혜이다(창 2:22-24; 엡 5:22-23). 자연 질서의 섭리뿐 아니라 일용할 양식을 주셔서 생존케 하시는 것도 하나님의 일반 은총이다(마 5:45; 전 2:24). 국가 정부의 통치를 통해 악한 세상과 사회 폭력에서 질서와 평화를 유지하고 안정된 삶을 보호받게 하신 것도 하나님의 일반 은총이다(롬 13:1-7). 개인적인 죽음이나 나라의 흥망성쇠를 통해 죄악 된 세상을 이끌어 가시는 역사 섭리도 하나님의 일반 은총이다(단 2:21).

값없이 주시는 일반 은총에는 분명한 하나님의 목적이 있다. 일반 은총을 통해 하나님의 사랑(마 5:45)과 능력과 심판(롬 1:18-21), 그리고 공급(행 14:15-17)하심과 통치(단 2:21)와 영광(시 19:1)을 보여주시려고 한다. 그리하여 인간의 본성과 양심에서 하나님을 찾고 회개하고 돌아와 하나님을 경외하며 감사와 영광을 돌리게 하려는 것이다(전

3:14; 롬 1:19-20). 이와 같은 일반 은총에 목표하신 하나님의 계시를 **일반 계시(general revelation)**라고 한다.

그러나 하나님의 일반 은총과 일반 계시의 목적에 대한 반응은 인간의 악한 본성과 욕망과 사단의 역사로 전혀 엉뚱하게 나타났다. 죄는 인간 본성을 마비시켜서 하나님과 인간 사이를 근본적으로 단절시켰다(사 59:2). 사단은 하나님의 계시를 보지 못하도록 사람들의 영안을 가려버렸다(고전 4:4). 절제하지 못하는 욕망은 하나님의 간섭을 밀어내고 자신을 극대화시켜 인본주의 세계를 만들었다(롬 1:24). 선한 양심은 악에 굴복당하여 공의를 행하는 곳에서도 악이 있었다(전 3:16). 이성은 교만해져서 가공할 핵무기를 만들고 인간 복제까지 시도하는 어리석은 잔꾀를 부리고 있다(전 7:29). 타락한 마음은 악한 생각들로 가득 차 냄새가 난다(렘 17:9). 하나님을 찾아 영광을 돌려야 하는 종교심은 우둔하게 되어 오히려 마음내키는 대로 많은 우상과 이름 모를 잡신까지 만들어 경배함으로 마귀에게 속임을 당했다(롬 1:21-23; 행 17:22-23; 고전 10:20). 하나님을 아는 지식이 없는 세상은 있어야 할 진실과 사랑은 없고 없어야 할 저주와 거짓, 살인, 도둑질, 간음과 폭력으로 피 흘림만 반복되었다(호 4:1-2). 인간이 생명의 근원이신 하나님을 버리고 스스로 무덤을 파는 두 가지 죄악으로 세상은 온통 황폐해졌다(렘 2:23). 그리하여 성령의 영감을 받은 다윗은 **"여호와께서 하늘에서 인생을 굽어 살피사 지각이 있어 하나님을 찾는 자가 있는가 보려 하신즉 다 치우쳤으며 함께 더러운 자가 되고 선을 행하는 자가 없으니 하나도 없도다"(시 14:2-3)**라고 탄식했다. 이제 죄인들이 스스로 돌아오기를 기대하신 하나님의 일반 은총과 일반 계시는 오히려 하나님의 진노와 심판의 명분이 되어 버렸다. 그리하여 사도 바울은 **"혹 네가 하나님의 인자하심이 너를 인도하여 회개케 하심을 알지 못하여 그의 인자하심과 용납하심과 길이 참으심의 풍성함을 멸시하느뇨 다만 네 고집과 회개치**

아니한 마음을 따라 진노의 날 곧 하나님의 의로우신 판단이 나타나는 그 날에 임할 진노를 네게 쌓는도다"(롬 2:4－5)라고 최후 경고를 하고 있다.

그리하여 전능하신 하나님은 창세 전에 예정하신 자들만이라도 구원하시기 위해 일반 은총을 초월하는 **특별 은총(special grace)**을 베푸셨다. 일반 계시를 초월하여 자신의 구원 계획을 행하시기 위해 **특별 계시(special revelation)**를 주셨다. 하나님의 특별 은총이요 특별 계시는 바로 ① **예수 그리스도와** ② **성령과** ③ **신구약 66권의 성경**이다. 하나님 자신을 보여주시는 특별 계시로 예수님을 이 땅에 보내 십자가의 대속으로 구원을 완성하셨다(롬 5:8). 그리고 성령님을 통해 예수님을 구세주로 믿고 영적으로 거듭나 하나님의 자녀가 되게 하셨다(고전 12:3; 롬 8:9). 그리고 최종적으로 하나님의 선택한 백성이 되고 하나님의 백성으로 살아가는 신앙과 생활의 표준으로 성경을 주신 것이다(딤후 3:15-17).

특별 계시로서의 성경이 우리에게 전달되기까지는 몇 과정을 거쳐야 했다. 첫째는 성경의 근원으로 하나님이 사람에게 보여주시는 **계시(revelation of discovery)**이다. 둘째는 성경 기자들이 보고 들은 계시를 종이에 문자로 기록하게 하신 **영감(inspiration of communication)**으로, 성경 기록의 영감은 구원 진리가 충분하기 때문에 66권 성경 기록으로 종결되었다. 셋째로 기록된 원 말씀을 복사한 많은 **사본(texts of copy)**들이 나와 성경의 진리가 보존되었다. 넷째는, 원 성경 말씀을 각 나라의 다른 언어로 번역한 다양한 **번역본(translated version)**이 나와 세계 선교가 이루어지고 있다. 다섯째는 오늘날 성경을 대하는 사람들이 성경을 있는 그대로 **관찰(observation)**하고 그 의미를 **해석(interpretation)**하는 것이다. 성경을 해석하는 방법과 기술을 연구하는 것을 **해석학**(*hermeneutics*)이라고 한다. 구약의 히브리어와 신약의 헬라어 원문의 뜻을 연구하여 저자의 의도를 밝혀내는 원문 해석을 **주경**(*exegesis*)이라고 하며 또한 현대어로 의미를 알기 쉽게 설명하는 해석을 **주해**(*exposition*)라고 한다. 그리고 성경을 해석하고 설명해 놓은 책을 **주석**(*commentary*)이라고 한다. 주석에는 원문을 풀이한 주경 주석과 현대어로 쉽게 풀이한 주해 주석, 그리고 설교자를 돕기 위한 경건 주석이 있고 종합적인 것도 있다. 성경의 본래 의미는 하나지만 인간의 해석은 다양하고 오류가 있을 수 있기 때문에 성경 해석에는 많은 주의가 요청된다. 특히 영적 지도자가 연구하고 해석한 말씀을 그 시대의 청중에게 생생한 하나님의 말씀으로 선포(proclamation)할 때 이것을 보통 **설교**(*preaching*)라고 한다. 그리고 설교의 다른 의미로 결단과 행동을 촉구하는 뜻의 Sermon이라는 단어를 사용하기도 한다. 그리고 설교하는 기술과 방법을 연구하는 것을 **설교학**(*homiletics*)이라고 하는데 청중을 나와 같이 만드는 기술자(making you just like me)라는 뜻의 헬라어에서 나온 말이다. 기록된 말씀이나 설교로 선포된 말씀을 성령님이 각자의 마음에 깨달아지도록 깨우쳐 주시는 것을 **조명**(*illumination for understanding*)이라고 한다. 성령의 조명으로 성경 말씀이 우리의 마음에 깨닫게 될 때 그 말씀의 의도를 우리의 삶에 실천하게 되는데 이것을 **적용**(*application*)이라고 한다. 모든 성경연구와 해석의 목표는 적용에 있고 개인에게 부딪치는 레마(hrema)의 말씀이 삶에 적용되어 변화를 이룰 때 **은혜**(*grace*)를 받았다고 말하는 것이다.

특별 계시로 성경은 하나님으로부터의 계시와 기록자를 위한 영감, 사본, 다양한 번역본, 올바른 해석, 선포된 설교의 과정을 거쳐 최종적으로 성경 말씀을 내 마음에 깨닫게 하시는 성령의 조명을 통해 삶에 적용할 수 있다. 말씀이 우리에게 전해진 이 모든 과정이 하나님의 놀라운 은혜이다. 하나님의 특별 계시를 통해 예수 그리스도를 믿고 구원받은 그리스도인들을 하나님의 선택을 받은 자들이라고 한다. 누가 하나님께 예정되고 선택된 자인가 하는 것은 아무도 알 수 없으나 특별 계시를 받아들여 하나님을 선택하는 자들에 의하여 확인되는 것이다.

> "죄를 중히 지고 여러 가지 욕심에 끌린 바 되어 항상 배우나 마침내 진리의 지식에 이를 수 없느니라"(딤후 3:6-7).

제2과 어떻게 기도할 것인가?

학습목표 : 본과를 학습하고 나면 여러분은 기도가 왜 중요한지 이해하고 이방 종교의 기도와 기독교의 기도가 어떻게 다른지 구별할 수 있다. 담대하게 대표기도와 중보기도의 사명을 감당하며 깊은 기도생활로 능력과 은혜를 체험할 수 있다. 주기도문을 따라 5가지 기도 요령을 다른 사람에게 설명할 수 있다.

요절말씀 : 일을 행하는 여호와 그것을 지어 성취하는 여호와 그 이름을 여호와라 하는 자가 이같이 이르노라 너는 내게 부르짖으라 내가 네게 응답하겠고 네가 알지 못하는 크고 비밀한 일을 네게 보이리라(렘 33:2-3).

습관이 그 사람의 성품을 나타내고 성공과 실패의 운명을 결정하기에 성공하려면 습관을 성공적인 습관으로 바꾸어야 한다. 그리하여 스티븐 코비(Stephen R. Covey)는 첫째, 주도적이 되라. 둘째, 목표를 확립하고 행동하라. 셋째, 소중한 것부터 먼저 하라. 넷째, 상호이익을 추구하라. 다섯째, 경청한 다음에 이해시켜라. 여섯째, 상호협력(synergy) 효과를 이용하라. 일곱째, 심신을 단련하라. 여덟째, 리더십을 가지라고 '성공적인 삶을 위한 8가지 습관' 의 패러다임 전환을 주장하고 있다. 그러나 성경은 성공자가 되기 위해 먼저 **하나님과의 관계를 최우선적**으로 삼고 **기도하는 거룩한 습관**을 가져야 한다고 말한다. 왜 둥지의 제비 새끼는 입을 크게 벌리며, 왜 독수리는 공중 높이 날고, 왜 사람은 밥을 먹고 호흡을 해야 하는가를 묻는다면 매우 어리석은 질문이다. 마찬가지로 그리스도인의 삶 그 자체가 기도와 연결된다. 성도가 왜 기도해야 하는

가를 묻는다면 어리석은 질문이다.

기도의 기본 개념은 **하나님과의 대화와 인격적인 교제**이다. 주님의 명령이요(마 7:7-8), 하나님 자녀의 특권일 뿐만 아니라(마 6:9; 롬 8:15-16; 계 1:6) 주님의 모범을 따라 사는 길이다(막 1:35; 눅 11:1). 기도는 은혜(겔 36:37; 히 4:16)와 성령 충만(눅 11:13; 행 1:14)과 성화(딤전 4:5)와, 승리(마 26:41)의 방편이다. 하나님의 뜻을 성취하는 길이요(마 26:39), 천국 문을 여는 비결일 뿐만 아니라(눅 3:21) 나의 필요 충족과 소원과 문제 해결의 방법인 것이다. 기도는 영적 전투에서 하나님께서 나를 위해 대신 싸우도록 위탁하는 전적 믿음의 표현이다(출 17:11-12). **영혼의 호흡**이기 때문에(살전 5:17) 아무리 강조해도 지나치지 않는다. 기도는 모든 것의 우선순위가 될 만큼 중요하다. 다니엘(단 6:10), 모세(출 14:13-14), 예수님(막 1:35), 베드로(행 3:1) 등 믿음의 선진들은 모두가 기도의 거룩한 습관을 가지고 있었다.

그러므로 그리스도인이 기도생활을 등한히 하거나 무지함으로 효과적인 기도를 하지 못한다면 그 손해는 엄청나다. 기도 없이 신앙생활을 하려는 사람은 마치 차에 기름을 넣지 않고 장거리 여행을 하려는 사람과 마찬가지다. 바른 기도의 기준은 잘 하느냐 못 하느냐에 달려 있지 않고 믿음과 진실과 간절함에 있다. 사람을 인식하며 유창하게 잘 하려고 하지 말고 어린아이가 사랑하는 아버지와 대화하고 그 무엇을 구하는 것처럼 자연스럽게 기도해 보라.

주기도문은 **"어떻게 기도할 것인가?"**라는 간절한 소원을 가지고 진지하게 기도를 배우기 원하는 예수님의 제자들에게 예수님이 직접 가르쳐 주신 영광스런 기도의 내용이다(마 6:5-13). 주기도문에 비추어 기도의 5대 요소를 살펴보도록 하자. 능력 있는 기도는 기도가 무엇이며 어떻게 기도해야 하는가를 아는 것에서 시작된다.

1.(마 6:9):

제자들은 예수님과 함께 다니면서 예수님의 영광과 능력이 기도하는 삶에서 나온다는 것을 알았다. 그리하여 능력 있는 기도의 삶을 열망하며 **능력 있는 기도의 비결을 가르쳐 주옵소서**라고 요청했다(눅 11:1). 예수님은 그리스도인들이 기도할 때 "하늘에 계신 우리 아버지여"(마 6:9)라고 먼저 기도의 대상을 부를 것을 가르쳐 주셨다. 기도의 가장 큰 선물은 하나님 자신을 우리에게 주셔서 관계를 맺으시고 마주 대하시며 대화하시고 교제하신다는 사실이다. 기도는 하나님과 함께하는 교제 시간으로서 전능하신 하나님을 체험하며 그 권능으로 우리는 하나님의 형상을 닮아갈 수밖에 없다. 하늘은 하나님의 편재하심과 무한한 능력과 거룩하심을 나타내는 말이다. 그리고 **"우리 아버지여"**라는 부름은 **기도의 대상은 하늘에 계신 성삼위 하나님뿐이시며 기도하는 자는 하나님을 아버지라고 부를 수 있는 하나님의 자녀**라는 사실을 알려준다.

거룩한 성삼위 하나님은 아무의 기도나 응답해 주시는 것이 아니라 예수님의 피로 거듭나서 하나님을 아버지로 믿는 하나님 자녀들의 기도만 응답해 주신다. 기도의 진정한 첫째 본질은 하나님과의 교제요, 친밀한 관계인 것이다. 이것이 기도 사이클의 첫 번째 원리이다(요 1:12, 8:44). 그래서 기도는 **사랑하는 아버지와의 대화**이다. 기도하지 않는다면 아버지 하나님과 대화가 단절되고 관계가 멀어져서 하나님의 은혜와 능력을 누릴 수가 없다. 기도는 하나님께 관심과 사랑을 쏟는 사랑의 표현이다. 모든 종교는 기도가 있고 바알신, 알라신, 마리아, 천지신명, 고목 나무, 정한수 등 기도의 대상이 있기 마련이다. 그러나 종교인 850명과 단독으로 기도의 결투를 벌였던 갈멜산의 엘리야처럼(왕상 18:16-46) 그리스도인들은 오직 여호와 하나님만 기도를 응답해 주실 수 있다는 믿음으로 모든 문제와 소원을 하나님 앞에 가지고 나아간다.

하나님은 자녀들에게 자신의 능력과 사랑에 근거하여 자신의 이름과 명예를 걸고 풍성한 것으로 응답해 주실 것을 약속하셨다(렘 33:2-3). 하나님의 주권과 능력과 신실하심과 사랑에 대한 믿음이 바로 기도의 힘이다.

1) **예레미야 33:2-3** : 일을 행하는 여호와 그것을 지어 성취하는 여호와 그 이름을 여호와라 하는 자가 이같이 이르노라 너는 내게 부르짖으라 내가 네게 응답하겠고 네가 알지 못하는 크고 비밀한 일을 네게 보이리라(cf. 엡 3:20-21).
2) **느헤미야 1:5** : 가로되 하늘의 하나님 여호와 크고 두려우신 하나님이여 주를 사랑하고 주의 계명을 지키는 자에게 언약을 지키시며 긍휼을 베푸시는 주여 간구하나이다.
3) **야고보서 1:5** : 너희 중에 누구든지 지혜가 부족하거든 후히 주시고 꾸짖지 아니하시는 하나님께 구하라 그리하면 주시리라.
4) **시편 20:1-5** : 환난 날에 여호와께서 네게 응답하시고 야곱의 하나님의 이름이 너를 높이 드시며 성소에서 너를 도와주시고 시온에서 너를 붙드시며 네 모든 소제를 기억하시며 네 번제를 받으시기를 원하노라 (셀라) 네 마음의 소원대로 허락하시고 네 모든 도모를 이루시기를 원하노라 우리가 너의 승리로 인하여 개가를 부르며 우리 하나님의 이름으로 우리 기를 세우리니 여호와께서 네 모든 기도를 이루시기를 원하노라.
5) **시편 34:4** : 내가 여호와께 구하매 내게 응답하시고 내 모든 두려움에서 나를 건지셨도다(cf. 시 4:1).
6) **이사야 44:17** : 그 나머지로 신상 곧 자기의 우상을 만들고 그 앞에 부복하여 경배하며 그것에게 기도하여 이르기를 너는 나의 신이니 나를 구원하라 하는도다.

2.(빌 4:6):

기도의 둘째 개념은 하나님의 은혜에 대한 감사 표현이기에 능력 있는 기도에 있어서 무엇보다도 중요한 요소는 감사와 찬양이다(단 6:10; 빌 4:6). 이방인의 기도는 기도의 응답이 하나님께서 주시는 은혜의 선물이 아니라 쟁취해서 얻어내야 할 보상의 대가로 생각한다. 공덕 종교 사상을 가지고 있어서 인간의 노력이 응답을 좌우한다고 믿는다(마 6:5-7). 기도의 실패 원인은 기도의 우선순위가 바뀌어 하나님의 영광보다 자신의 소원과 필요의 충족을 위해서만 기복적으로 구하기 때문이다. 기도할 때 하나님은 "왜 내가 네 기도를 응답해 주어야 하느냐, 응답 받으면 무엇을 하려고 하느냐?"라고 기도의 목적과 사명을 물으신다. 이때 여러분은 주기도문에서 가르쳐 주신 대로 **기도를 응답해 주시면 ① 성삼위 하나님의 거룩하신 이름과 영광을 위해 살겠습니다, ② 하나님의 뜻이 나를 통해 이 땅에 이루시도록 헌신하겠습니다, ③ 하나님 나라 확장을 위해 살겠습니다** 라고 대답해야 한다(마 6:9-10). 이것이 바로 하나님의 소원이시다. 이것이 또한 세상 종교와 다른 기독교적인 기도인 것이다. 자기 변화나 자기 결단과는 전혀 상관없이 자기 소원 성취만 구하는 샤머니즘적 기복 기도는 정욕으로 쓰기 위해 잘못 구하는 기도이다. 먼저 성삼위 하나님의 뜻에 초점을 맞출 때 하나님의 관심을 끌어 응답받는 기도가 된다. **"나의 원대로 마옵시고 아버지의 원대로 하옵소서" (마 26:39)라고 기도하신 예수님의 겟세마네 기도처럼 기도는 나의 뜻을 하나님께 관철시키는 것이 아니라 나의 뜻을 포기하고 나를 통해 하나님의 뜻이 이루어지기를 구하는 것**이다(히 5:7-10). 그리하여 하나님의 위대하신 성품을 찬양하고 은혜에 감사하며 하나님의 영광을 위해 살겠다는 기도 목표가 기도의 두 번째 요소에 포함되어야 한다.

1) **다니엘 6:10** : 다니엘이 이 조서에 어인이 찍힌 것을 알고도 자기 집에 돌아

가서는 그 방의 예루살렘으로 향하여 열린 창에서 전에 행하던 대로 하루 세 번씩 무릎을 꿇고 기도하며 그 하나님께 감사하였더라

2) **빌립보서 4:6-7** : 아무것도 염려하지 말고 오직 모든 일에 기도와 간구로 너희 구할 것을 감사함으로 하나님께 아뢰라 그리하면 모든 지각에 뛰어나신 하나님의 평강이 그리스도 예수 안에서 너희 마음과 생각을 지키시리라(cf. 골 4:2).
3) **데살로니가전서 5:16-18** : 항상 기뻐하라 쉬지 말고 기도하라 범사에 감사하라 이는 그리스도 예수 안에서 너희를 향하신 하나님의 뜻이니라.
4) **요한계시록 4:11**: 우리 주 하나님이여 영광과 능력과 존귀를 받으시는 것이 합당하오니 주께서 만물을 지으신지라 만물이 주의 뜻대로 있었고 또 지으심을 받았나이다 하더라.

3.(요일 1:9):

셋째로 기도는 하나님 앞에서 자신의 죄와 허물을 고백하고 용서받는 유일한 방편이다. 거룩하신 하나님께 기도할 때 가장 큰 장애물은 죄의 문제다. 죄를 품고 기도하면 응답받을 수 없다. 죄의 쓰레기는 빨리빨리 처리하는 것이 중요하다. 처음 하나님 앞에 죄를 고백하여 원죄에서 용서받는 것을 회개(repentance)라고 하는데 뉘우치고 돌아선다는 말이다. 신앙생활하면서 실수할 때마다 허물과 연약함을 반복적으로 하나님 앞에 내어놓는 것을 자백(confession)이라고 한다. 자신이나 다른 사람의 기준에 비추어 자신은 회개할 것이 없는 자라고 생각한다면 거룩하신 하나님의 존재와 말씀 앞에서 자신을 비추어 보라. 이때 죄는 밝히 드러난다(사 6:1-8). 죄(하마르티아)란 화살이 표적에서 벗어나듯 하나님의 거룩하신 의와 말씀에 못 미치거나 지나쳐 버려 목표에 이르지 못하는 것이다. 하나님은 눈물의 고백기도를 소중하게 생각

하신다(사 38:5). 기도자의 최우선 과제는 하나님과의 관계 회복이며 거룩한 도덕적 삶이다. 죄를 회개하거나 자백하면 용서의 복을 받는데 용서란 망각을 의미한다(사 43:24-25). 예수님은 하나님 보좌 우편에서 항상 우리를 위하여 먼저 기도하고 계실 뿐만 아니라(히 7:25; 롬 8:34) 우리가 범죄할 때마다 하나님 앞에서 우리를 위해 대언자로 기도해 주신다(요일 2:1-2).그러므로 기도는 우리를 위해 먼저 기도해 주시는 예수님의 기도에 우리가 동참해서 하나님의 뜻 안에서 기도의 열매를 맺게 하는 것이다(요 15:7).

1) **이사야 59:2** : 오직 너희 죄악이 너희와 너희 하나님 사이를 내었고 너희 죄가 그 얼굴을 가리워서 너희를 듣지 않으시게 함이니(cf. 시 66:18).
2) **이사야 1:18-20** : 여호와께서 말씀하시되 오라 우리가 서로 변론하자 너희 죄가 주홍 같을지라도 눈과 같이 희어질 것이요 진홍같이 붉을지라도 양털 같이 되리라 너희가 즐겨 순종하면 땅의 아름다운 소산을 먹을 것이요 너희가 거절하여 배반하면 칼에 삼키우리라 여호와의 입의 말씀이니라.
3) **요한1서 1:9-10** : 만일 우리가 우리 죄를 자백하면 저는 미쁘시고 의로우사 우리 죄를 사하시며 모든 불의에서 우리를 깨끗게 하실 것이요 만일 우리가 범죄하지 아니하였다 하면 하나님을 거짓말하는 자로 만드는 것이니 또한 그의 말씀이 우리 속에 있지 아니하니라.
4) **이사야 43:24-25** : 네 죄 짐으로 나를 수고롭게 하며 네 죄악으로 나를 괴롭게 하였느니라 나 곧 나는 나를 위하여 네 허물을 도말하는 자니 네 죄를 기억지 아니하리라(cf. 시 66:18).
5) **시편 51:17** : 하나님의 구하시는 제사는 상한 심령이라 하나님이여 상하고 통회하는 마음을 주께서 멸시치 아니하시리이다.
6) **요한1서 2:1** : 만일 누가 죄를 범하면 아버지 앞에서 우리에게 대언자가 있으니 곧 의로우신 예수 그리스도시라.
7) **히브리서 7:25** : 그러므로 자기를 힘입어 하나님께 나아가는 자들을 온전히

구원하실 수 있으니 이는 그가 항상 살아서 저희를 위하여 간구하심이니라 (cf. 롬 8:34).

4.(요일 3:22):

기도의 네 번째 요소는 소원과 필요와 문제 해결을 하나님께 구하는 것이다. **인간의 문제란 소원은 있는데 이룰 수 있는 능력이 없고 문제가 있는데 스스로 그 문제를 해결할 수 없다는 건**이다. 주기도문에서 지적하는 인간의 네 가지 문제와 약점은 첫째가 일용할 양식의 경제적 문제요, 둘째가 죄 용서의 문제, 셋째가 시험의 문제, 넷째가 악의 주체 세력인 마귀의 문제이다. 필요와 소원과 문제 해결을 하나님께 구하라(마 7:7-12). 얻지 못하는 것은 구하지 않기 때문이요, 정욕으로 쓰려고 잘못 구함이다(약 4:2-3). **하나님은 우리의 필요를 채워 주시지만 정욕까지 만족시켜 주시지는 않는다.** 기도는 단순한 내 욕망의 추구가 아니다. 하나님과 함께 세상을 변화시키는 일에 동참하는 것이다. 그러므로 하나님 아버지와 자녀의 사랑 관계는 필요와 소원 간구 그 이상의 일이다. 소원과 필요와 문제 해결을 간구하는 것은 기도의 일부분일 뿐이다. 기도하는 동안에 성령은 우리의 기도를 중보하여 하나님의 뜻대로 기도해 주신다(롬 8:26-27). 그러므로 기도는 모든 것이 협력하여 선을 이루게 하는(롬 8:28) 하나님의 능력이시다. 하나님의 뜻대로 구하라(요일 5:14-15). 예수 이름으로 구하라(요 14:14; 히 4:15-16; 롬 8:32). 성령 안에서 구하라(엡 6:18). 우리의 기도는 연약하지만 성령님의 중보 기도를 통해 하나님은 우리의 기도를 응답해 주신다. 응답의 확신을 가지고 믿음으로 구하라(약 1:6-7; 요1 5:15; 막 11:24). 의인의 기도는 역사하는 힘이 있다(약 5:16). 구체적으로 구하라(롬 8:26-27). 감사함으로 구하라(빌 4:6-7). 계명을 순종하며 구하라(요일 3:22). 겸손하게 구하라

(약 4:6). 끈질기게 간절히 구하라(눅 18:11; 행 1:14). 그러나 기도는 하나님과의 인격적인 교제와 대화라는 기본 개념을 잊지 말라.

1) **마태복음** 7:7-12 : 구하라 그러면 너희에게 주실 것이요 찾으라 그러면 찾을 것이요 문을 두드리라 그러면 너희에게 열릴 것이니 구하는 이마다 얻을 것이요 찾는 이가 찾을 것이요 두드리는 이에게 열릴 것이니라 너희 중에 누가 아들이 떡을 달라 하면 돌을 주며 생선을 달라 하면 뱀을 줄 사람이 있겠느냐 너희가 악한 자라도 좋은 것으로 자식에게 줄 줄 알거든 하물며 하늘에 계신 너희 아버지께서 구하는 자에게 좋은 것으로 주시지 않겠느냐 그러므로 무엇이든지 남에게 대접을 받고자 하는대로 너희도 남을 대접하라 이것이 율법이요 선지자니라.
2) **시편** 50:15 : 환난 날에 나를 부르라 내가 너를 건지리니 네가 나를 영화롭게 하리로다.
3) **역대상** 4:9-10 : 야베스는 그 형제보다 존귀한 자라 그 어미가 이름하여 야베스라 하였으니 이는 내가 수고로이 낳았다 함이었더라 야베스가 이스라엘 하나님께 아뢰어 가로되 원컨대 주께서 내게 복에 복을 더하사 나의 지경을 넓히시고 주의 손으로 나를 도우사 나로 환난을 벗어나 근심이 없게 하옵소서 하였더니 하나님이 그 구하는 것을 허락하셨더라.
4) **요한1서** 3:22 :무엇이든지 구하는 바를 그에게 받나니 이는 우리가 그의 계명들을 지키고 그 앞에서 기뻐하시는 것을 행함이라.
5) **고린도전서** 3:9 : 우리는 하나님의 동역자들이요 너희는 하나님의 밭이요 하나님의 집이니라(cf. 고전 4:1).
6) **에베소서** 3:20 : 우리 가운데서 역사하시는 능력대로 우리의 온갖 구하는 것이나 생각하는 것에 더 넘치도록 능히 하실 이에게.
7) **로마서** 8:26-27 : 이와 같이 성령이 우리의 연약함을 도우시나니 우리가 마땅히 빌바를 알지 못하나 오직 성령의 말할 수 없는 탄식으로 우리를 위하여 친히 간구하시느니라 마음을 감찰하시는 이가 성령의 생각을 아시나니

이는 성령이 하나님의 뜻대로 성도를 위하여 간구하심이니라(cf. 롬 8:28).

5.(막 11:24):

기도의 다섯 번째 개념은 하나님을 향한 사랑과 그 믿음의 표현으로서 능력 있는 기도는 응답의 확신과 위탁의 믿음을 요구한다(렘 33:2; 막 11:24). 왜냐하면 "나라와 권세와 영광이 아버지께 영원히 있사옵나이다 아멘"이라는 주기도문의 마지막 기도문은 **응답의 확신과 결과 위탁**에 대한 것이다. 이 기도문은 오늘날 "예수님의 이름으로 기도드립니다 아멘"과도 같은 의미이다. 이것은 주님과 함께, 교회와 함께 드리는 기도요, 주님의 이름을 위해 살겠다는 헌신의 약속인 것이다. 우리는 기도할 자격도, 응답받을 의도 없다. 다만 예수 그리스도의 공로에 의지하여 그 이름으로 기도하고 응답받는 것이기에 응답을 확신할 수 있다. 하나님의 응답 원칙은 **"좋은 것으로(best thing)"**이다. 성령님은 성도에게 **기도의 능력을 주시고(롬 8:26–28) 도와주시기에(롬 8:16; 갈 4:6) 성령 안에서 기도해야 한다(엡 6:18). 천사는 소중한 기도를 금 향로에 받아서 하늘 보좌로 운반하며(계 8:3–4) 하늘 보좌 우편에서 예수님은 하늘 성소의 대제사장으로 우리의 기도를 중보하신다(롬 8:34). 그리고 하나님은 그 이름의 명예와 자존심을 걸고(렘 33:2–3) 천사를 통해 기도를 응답해 주시는 우주적인 대사건**이다(계 8:3-4). 기도함으로 하나님의 역사와(고전 3:9) 예수 그리스도의 중보 기도에 동참하여 기도의 열매를 맺고(히 7:25; 롬 8:34) 성령의 중보 기도 도움을 받아(롬 8:26-27) 모든 것이 합력하여 선을 이루는 하나님의 능력을 체험하는 것이다(롬 8:28). 거룩하신 성삼위 하나님의 기도 응답은 **"그래(yes: 즉시 응답)", "안 돼(no: 사랑의 무응답)", "기다려(wait: 나중 응답)", "더 좋은 것으로(better substitution: 대**

체 응답)"의 4가지로 다양하게 응답하시기 때문에 한 가지 응답만 찾으려고 애쓰지 말아야 한다. 말씀이나 사건이나 환경이나 엉뚱한 사람을 통해서도 예기치 않게 응답된다. 응답받고도 모르는 경우가 있으므로 기도 일기를 쓰는 것도 좋다. 특히 무응답은 하나님이 나보다 더 좋은 계획을 가지고 계신다는 사랑의 응답임을 잊지 말라. 기도는 내가 하지만 응답은 거룩하신 성삼위 하나님의 소관이므로 응답의 아름다운 비전을 확신하며 하나님 뜻에 위탁하는 것이 매우 중요하다. 기도 응답의 약속에도 불구하고(마 7:8-11; 요 15:7) 응답받지 못하는 경우는 구하지 않기 때문이요(약 4:2), 정욕으로 쓰려고 잘못 구함이다(약 4:3). 주님의 뜻대로 구하지 않고(요일 5:14) 기도의 목표 없이 중언부언하기 때문이다(마 6:7). 마음에 죄악을 품거나(시 66:18) 가정불화가 있거나(벧전 3:7), 용서가 없거나(막 11:25), 삶의 질을 높이는 순종하는 기도의 삶이 없거나(요일 3:22), 응답의 확신이 없거나(약 1:6), 믿고 기다리는 인내가 없다면(합 2:3) 기도 응답은 기대하지 말라. 그러므로 기도 응답의 위탁인 마지막 "아멘"이 중요한 것이다.

1) **마태복음 7:11** : 너희가 악한 자라도 좋은 것으로 자식에게 줄 줄 알거든 하물며 하늘에 계신 너희 아버지께서 구하는 자에게 좋은 것으로 주시지 않겠느냐.
2) **요한복음 14:13** : 너희가 내 이름으로 무엇을 구하든지 내가 시행하리니 이는 아버지로 하여금 아들을 인하여 영광을 얻으시게 하려 함이라(cf. 요 16:24).
3) **요한1서 5:14-15** : 그를 향하여 우리의 가진 바 담대한 것이 이것이니 그의 뜻대로 무엇을 구하면 들으심이라 우리가 무엇이든지 구하는 바를 들으시는 줄을 안즉 우리가 그에게 구한 그것을 얻은 줄을 또한 아느니라.
4) **야고보서 1:6-8** : 오직 믿음으로 구하고 조금도 의심하지 말라 의심하는 자는 마치 바람에 밀려 요동하는 바다 물결 같으니 이런 사람은 무엇이든지 주

께 얻기를 생각하지 말라 두 마음을 품어 모든 일에 정함이 없는 자로다.

5) **마태복음** 26:39 : 내 아버지여 만일 할 만하시거든 이 잔을 내게서 지나가게 하옵소서 그러나 나의 원대로 마옵시고 아버지의 원대로 하옵소서 하시고.

6) **예레미야** 33:2-3 : 일을 행하는 여호와, 그것을 지어 성취하는 여호와, 그 이름을 여호와라 하는 자가 이같이 이르노라 너는 내게 부르짖으라 내가 네게 응답하겠고 네가 알지 못하는 크고 비밀한 일을 네게 보이리라.

기도는 하나님의 명령이다. 기도는 특권이다. 기도는 하나님과의 영광스런 대화이다. 기도는 축복이다. 기도는 기적이다. 기도는 영적 전쟁이다. 기도는 승리이다. 기도 응답을 받으려면 "무엇이든지 구하는 바를 그에게 받나니 이는 우리가 그의 계명들을 지키고 그 앞에서 기뻐하시는 것을 행함이라"(요일 3:22)고 사도 요한이 말한 것처럼 먼저 삶의 질을 높여야 한다. 어떤 대가를 지불하든지 말로 한 기도에 책임을 지고 행동으로 옮기려는 결심이 필요하다. "오늘날 일용할 양식을 주옵시고"라고 기도를 했다면 주신 줄로 믿고 열심히 일해야만 한다. 불신자의 영혼을 위해 기도하는 사람은 복음 전도자로서 이웃을 찾아가야 한다. 구체적이고 실천적인 기도를 하면서 자신이 무엇을 해야 할지 결단해야 한다.

한 젊은이가 노인이 젓는 배를 타고 가다가 한 쪽 노에 "기도하라", 다른 한 쪽에 "일하라"고 쓰여진 글을 보았다. 그는 "할아버지, 사람이 일을 하면서도 기도할 필요가 있나요?"라고 물었다. 노인이 아무 말 없이 "기도하라"고 쓰여진 노를 멈추자 배는 그 자리에서 원을 그리며 맴돌기만 하였다. "일하지 않고 기도만 한다면 아무것도 이룰 수 없고 기도 없이 일만 해도 마찬가지라네. 배가 앞으로 나아가기 위해 두 개의 노가 필요한 것처럼 기도하면서 일할 때에 하나님의 도움으로 우리의 뜻을 이룰 수 있다네"라고 노인은 말했다.

기도 응답으로 바다가 갈라졌고(출 14:13-14) 다니엘의 기도로 사자의 입이 막혔으며(단 6:10) 모세는 기도로 전쟁에서 대승리를 거두었다(출 17:12). 기도함으로 여호수아는 태양을 멈추게 했으며(수 10:13) 솔로몬은 지혜를 얻었고(왕상 3:12-13) 히스기야 왕은 죽을 병을 치료받았다(왕하 20:5-6). 에스더는 기도함으로 멸망의 위기에서 민족을 구원했고(에 4:16) 한나는 아들을 얻었다(삼상 1:28). 바울의 기도에 옥문이 열리고 사슬이 풀렸으며(행 12:5) 초대 교인들은 성령 충만한 능력을 받았다(행 1:14). 기도는 페르시아 제국의 이민 2세였던 무명의 느헤미야를 바벨론 왕궁의 실권자인 총독이 되게 했다(느 1:11). 가난한 유복자로 천대받던 야베스는 기도로 유다 지파의 최고 재벌이 되었고(대상 4:9-10), 기도의 능력은 거듭 실패한 에이브러햄 링컨을 미국의 가장 위대한 대통령으로 백악관의 주인이 되게 했던 것이다. 수영함으로 수영을 배우듯이 기도함으로만 기도를 배울 수 있다. 능력 있는 그리스도인이 되기 위하여 기도의 거룩한 습관을 가져라. 예수님은 오늘도 우리에게 말씀하신다. **"시험에 들지 않게 깨어 있어 기도하라 마음에는 원이로되 육신이 약하도다"(마 26:41).**

[공동 기도문 : 통성기도]

우리의 필요를 아시고 풍성한 것으로 채워 주시는 하나님 아버지,

예수님의 십자가 고난을 통해 나에게 놀라운 기도의 특권을 주셔서 감사합니다. 그러나 자신과 가정과 이웃을 위해 기도하지 못한 것을 용서하여 주옵소서. 나에게 기도의 능력을 주사 시험에 들지 않도록 깨어 기도하게 하옵소서. 풍성한 은혜의 삶을 살며 영적

전쟁에서 승리하게 하옵소서. 예수님의 이름으로 기도드립니다. 아멘. (주기도문 훈련 : 마 6:9-13)

[질문 1] 기도의 손으로 기독교의 기도 5대 의미와 요소를 설명하라.

1. 엄지 : 마태복음 6:9
2. 검지 : 빌립보서 4:6
3. 중지 : 요한1서 1:9
4. 환지 : 요한1서 3:22
5. 약지 : 마가복음 11:24

[질문 2] 다음 기도문에서 응답받는 능력의 기도 5대 요소를 찾아보라.

1. **하나님 아버지**, 건강과 새 날을 주신 은혜와 사랑을 **감사합니다.**
항상 깨어 기도하지 못하고 말씀대로 순종하지 못한 연약함을 **용서하옵소서.**

저의 기도가 응답되어 하나님께 영광돌리고 하나님 나라 확장의 도구가 되게 하시며 이 땅에서 하나님 뜻을 이루게 하옵소서. 날마다 일용할 양식을 주시사 감사하면서 살게 하옵소서.

저의 허물을 용서해 주심같이 다른 사람을 사랑하며 용서하게 하옵소서. 시험에 들지 말게 하시고 악과의 **영적 전쟁에서 승리하게 하옵소서.** 나라와 권세와 영광이 하나님의 것이기에 기도 **응답을 확신합니다.** 그러나 내 뜻대로 마옵시고 하나님의 뜻대로 하옵소서.

예수님의 이름으로 기도드립니다. 아멘.

2. 전능하신 하나님 아버지, 오늘 우리가 주님의 이름으로 함께 모여서 케이르 성경공부를 할 수 있도록 인도하심을 감사합니다.

영적인 지식이 부족하여 하나님의 뜻을 헤아려 알지 못하고 내 주관대로 살아온 것을 용서하여 주옵소서. 오늘도 우리의 모임 가운데 계셔서 말씀의 은혜를 받고 성령의 능력을 체험하게 하옵소서. 케이르 성경공부를 은혜 중에 마칠 수 있도록 건강을 주시고 환경을 마련해 주시고 물질적으로 복 주옵소서. 예수님의 이름으로 기도합니다. 아멘.

[질문 3] 5대 기도 요소를 사용하여 주일예배 대표 기도문, 전도 대상을 위한 기도문을 간단하게 작성해 보라. 고대 수도원의 관상 기도와 기독교의 야다 기도를 설명해 보라.

[나눔] 최근에 응답받은 기도의 은혜를 함께 나눠보라.

[토론] 다른 종교의 기도와 기독교의 기도가 무엇이 다른지 토론해 보라.

[읽어보기]

사단이 위기의식을 느끼고 복음의 급속한 발전에 대해 긴급 대책회의를 소집했다. 사단은 악령들에게 인간들이 예수를 모르게 하라고 먼저 강력한 지시를 내렸다. 그러자 악령들은 이 세상에 성경과 전도자가 있어 이미 예수를 알고 있는데 어떻게 하느냐고 반문했다. 사단은 그리스도인들에게 핍박을 가해 신앙을 포기시키면 되지 않느냐고 자신만만하게 말했다. 그러자 악령들은 “두목, 그것은 욥에게 써보았던 것인데 이미 실패한 전략입니다. 그들은 핍박을 받으면 더 열심히 기도하고 점점 더 강해집니다”라고 실망한 표정으로 대답했다. “그러면 모두 죽여버리면 되잖아.” 사단이 흥분해서 탁자를 치며 소리쳤다. “그것은 더욱 안 됩니다. 그들은 순교를 최고의 영광으로 알고 있으니까요. 한 알의 밀알이 땅에 떨어져 죽으면 많은 열매를 맺는 것처럼 한 사람이 순교하면 훨씬 더 많은 예수쟁이들이 탄생합니다. 이것이 바로 스데반 집사의 임상 실험에서 드러났습니다"라고 악령들은 일제히 반대를 했다. "그렇다면 도대체 산불처럼 번져가는 복음의 역사를 어떻게 막을 수 있단 말인가? 답답한지고." 사단은 이제 곤혹스런 표정을 지었다. 묘책이 나오지 않자 악령들은 입을 다문 채 서로 바라보고만 있었다. 이때 침묵을 깨고 노련한 악령 하나가 기독교를 무너뜨리는 묘책을 내 놓았다. "두목, 예수쟁이들을 그냥 편안하게 내버려두십시오. 이것은 과거에 신앙의 영웅 삼손을 무너뜨릴 때 효과적으로 써먹었던 들릴라 전법입니다. 이것은 맞서서 싸우지 않고도 승리하는 방법입니다. 우리는 강력한 삼손을 들릴라의 무릎에 편안히 잠재워 그의 머리카락을 잘라 힘을 빼버렸습니다. 나중에는 눈까지 빼어 감옥에서 짐승처럼 맷돌이나 돌리는 폐인으로 만들 수 있었습니다. 그들은 그냥 편안하게 내버려두면 무능한 예수쟁이가 되어 스스로 무너지고 맙니다. 그들이 교회에 열심히 출석하고 성경 공부도 하고 장로, 집사가 되도록 내버려두되 한 가지 아주 중요한 것은 기도만은 못하게 하는 것입니다.

우리가 대적 다니엘을 모함하여 사자 굴속에 넣었을 때 그가 기도하는 것을 막지 못하여 결국은 막판에 역전패 당했던 아픈 기억이 있습니다. 기도하지 않는 성도, 집사, 교사가 되면 인간 중심의 신앙으로 교만해질 것입니다. 그리하여 자기들끼리 비판하고 싸우느라 아무 일도 못하다가 결국 스스로 무덤을 파고 망하게 될 것입니다. 또한 그들의 무력한 삶과 명분없는 신앙 싸움이 다른 사람들을 실망시키고 기독교에 거부감을 느끼게 하여 전도 방해에 아주 큰 파급효과를 가져올 수도 있습니다. 기도는 하나님을 가까이 하고 시험을 이기는 능력의 비밀이며 기도할 때만 기도를 온전히 배울 수 있다는 사실을 예수쟁이들이 모르게만 하면 우리가 노력하지 않아도 성공할 수 있습니다." 이 말을 들은 사단은 만면에 회심의 미소를 지으며 "바로 그것이다. 빨리 가서 인간들에게 시행하라"라고 지시를 내렸다. 그리하여 그리스도인들에게는 기도의 비상사태가 벌어졌다. 예수님은 "시험에 들지 않도록 깨어 기도하라"고 경고하셨다. 시간 가는 줄 모르고 TV를 볼 시간은 있어도 바빠서 기도할 시간이 없다면 이미 당신은 악령들의 암호명인 **"들릴라 비밀 작전"**에 말려든 것이 아닌지 의심해 보아야만 한다.

예수님의 일생은 한마디로 기도의 생애였다. 요한에게 세례받을 때도 기도하셨고(눅 3:21) 공생애의 메시아 사역을 시작하기 전에도 기도로 준비하셨다(마 4:1-2). 새벽 미명에 한적한 곳에서 기도하시고 전도하셨으며(막 1:35) 산상 설교에서 기도의 중요성을 말씀하셨다(마 7:7-12). 변화산에서 신성의 영광스런 모습으로 변화하기 전에도 기도하셨다(눅 9:28). 예수님의 다락방 강화 후에도 사역의 완성과 제자들을 위해 긴 중보의 기도를 하셨다(요 17:1-26). 십자가 구속 사건을 앞두고 예수님은 겟세마네 동산에서 "만일 할 만하시거든 이 잔을 내게서 지나가게 하옵소서 그러나 나의 원대로 마옵시고 아버지의 원대로 하옵소서" 하시며 밤새워 기도하셨다(마 26:39). 그리고 "시험에 들지 않게 깨어 있어 기도하라"고 말씀하셨다(마 26:41). 주님은 십자가 운명 직전에도 "아버지여 저희를 사하여 주옵소서 자기의 하는 것을 알지 못함이니이다"(눅 23:34), "내 영혼을 아버지께 부탁하나이다"(눅 23:46)라고 기도하시며 지상 생애의 구속 사업을 마치셨다. 그리고 부활 승천하신 예수님은 오늘도 하나님 보좌 우편에서 우리를 위해 영원한 대제사장으로 기도하고 계신다(롬 8:34; 히 4:14-16).

주님이 기도하시는 영광스런 모습을 지켜보았던 제자들은 인간의 필요와 연약함에 부딪칠 때마다 기도의 필요성과 중요성을 느끼고 기도의 목마름으로 "주여 우리에게 기도를 가르쳐 주옵소서"라고 올바른 기도를 배우기 원했던 것이다(눅 11:1). 이런 제자들의 기도에 대한 열망에 응답하여 예수님은 "이렇게 기도하라"(마 6:9)고 기도의 정신과 모범이 되는 주기도를 가르쳐 주셨다. 그러므로 주기도란 주께서 가르쳐 준

모범적인 기도이다. "주여, 나에게도 기도를 가르쳐 주옵소서"라는 열망으로 매일매일 기도생활을 한다면 우리는 기도가 주는 능력과 평안과 영광으로 충만한 복의 삶을 살 수 있을 것이다. 그러나 이 엄청난 주기도를 나의 기도로 삼지 않고 주문처럼 암송만 한다거나 예배 마지막의 형식으로만 사용하는 것은 잘못된 것이다. 기도는 하나님의 명령에 대한 순종으로 예수님의 기도 모범을 따라 우리도 기도하는 것이 마땅하다. 문제는 "어떻게 기도해야 하는 것인가?"이다. 주기도문은 이 문제에 대한 바른 해답을 제공해 준다. 주기도문은 ① 기도의 대상 ② 하나님을 위한 기도 ③ 인간을 위한 기도 ④ 기도 응답의 확신과 위탁 네 부분으로 되어 있다.

주기도문의 의미를 이해하고 기도한다면 기도의 열심, 기도의 태도, 기도의 언어, 기도 응답의 확신이 달라질 것이다. 가슴에 기도의 열심이 불타오를 때 걱정, 근심의 모든 잡초들은 자랄 수 없게 될 것이다.

기도 실습

"아무것도 염려하지 말고 오직 모든 일에 기도와 간구로 너희 구할 것을 감사함으로 하나님께 아뢰라 그리하면 모든 지각에 뛰어난 하나님의 평강이 그리스도 예수 안에서 너희 마음과 생각을 지키시리라" (빌 4:6-7).

성경공부 그룹을 위한 대표 기도문을 작성해 보라.

요 소	기도 내용
대상 부름	
감사 찬양	
죄의 고백	
간구 (소원과 문제)	
결과 위탁	

제3과 기독교 복음과 세상 종교는 어떻게 다른가?

학습목표 : 본 학습을 통하여 종교 다원화 사회 속에서 종교인이 아니라 그리스도인으로서의 자기 정체성(identity)를 정립하고 기독교 복음과 세상 종교 사상과 철학이 어떻게 다른지 그 차이를 바르게 이해함으로 기독교 복음의 종교화나 혼합화를 경계할 수 있다. 특히 기독교 복음의 영맥(godly line)과 세상 종교의 육맥(secular line)을 성경적으로 이해하고 기독교와 세상 종교의 5대 특성을 다른 사람에게 설명할 수 있다.

요절말씀 : 바울이 아레오바고 가운데 서서 말하되 아덴 사람들아 너희를 보니 범사에 종교성이 많도다 내가 두루 다니며 너희의 위하는 것들을 보다가 알지 못하는 신에게라고 새긴 단도 보았으니 그런즉 너희가 알지 못하고 위하는 그것을 내가 너희에게 알게 하리라(행 17: 22-23).

오늘의 세계를 특징짓는 것들 중에서 빠른 정보 통신과 종교 다원화 사회를 그 누구도 부정할 수는 없을 것이다. 정보 통신과 인쇄술, 그리고 교통이 급속도로 발전하여 이전에 생각하지 못했던 규모로 지리적, 인종적, 종교적, 문화적, 언어적 경계선들이 무너지고 온 세계는 급박하게 지구촌 공동체가 되어 가고 있다. 사람들은 서로 왕래하며 정보를 나누고 한 나라 안에 타민족, 타문화, 타종교권의 사람들과 함께 이웃하며 **종교적 다원화 사회**에 살게 되었다. 이제 세계는 다양한 문화적 갈등과 배타적 종교의 충돌로 긴장과 전쟁과 재난을 겪었던 역사적 사실을 반성하고 있다. 세계의 정치, 종교 지도자들은 서로의 존재를 이해하고 미래의 충돌을 예방하는 방향으로 노력하고 있다.

자기만의 절대 진리를 주장할 수 없고 서로의 다양성을 상대적으로 인정해야 하는 포스트 모더니즘(post-modernism) 시대에 모든 종교는 자기 종교만이 참 종교이고, 유일한 구원 진리를 가지고 있다는 유일성(uniqueness)을 주장할 수 없다. 자기들의 가르침만이 모든 사람에게 적용되어야 한다는 보편성(universality)을 자위하며 배타적, 폐쇄적으로 안주할 수만은 없게 되었다. 그래서 각 종교들은 각각 문을 열고 타 종교에 관심을 가지고 대화를 하려고 한다. 이제는 타종교를 연구하기 위해 멀리 가지 않아도 가톨릭 성당, 불교 사원, 유대교의 시나고그, 이슬람의 모스크, 힌두교 사원을 우리 주변 가까이서 흔히 볼 수 있으며 가톨릭, 불교, 유교, 그리고 힌두교, 이슬람교, 무속신앙까지 다양한 종교들을 쉽게 접촉할 수가 있다.

이러한 다종교 사회 속에서 그리스도인들은 어떻게 자신의 정체성을 확립하고 다종교 사회의 도전을 대처할 수 있을까? 다종교의 시대에 살고 있는 사람들에게 기독교의 유일성과 기독교의 배타성을 어떻게 설명할 수 있을까? 정말 모든 종교가 참된 구원의 길을 제공하고 있는가? 기독교는 정말로 구약의 유대교나 가톨릭에서 나왔는가? 기독교는 세계 많은 종교들 중 하나인가? 기독교는 로마 가톨릭, 그리스정교, 개신교 이 세 종류로 나뉘어 있는가? 모든 종교가 같은 구원의 목표에 이르는 다양한 길인가? 도대체 세상 종교와 기독교의 복음은 무엇이 어떻게 다른 것인가? 이런 여러 가지 의문에 대한 대답을 본 과에서 다루려고 한다.

기독교를 종교 가운데 하나로 보고 기독교를 포함한 모든 종교들이 똑같이 구원의 진리에 이르는 참된 길을 제시한다고 주장하는 것을 종교 다원주의라고 한다. 그리고 그런 주장을 하는 사람들을 종교 다원주의자라고 한다. 종교 다원주의 신학자인 폴 니터(Paul F. Knitter)는 타 종교에 대한 기독교의 입장을 **보수적 복음주의 진영의 배타주의(*exclusivism*), 진보적 에큐메니컬 진영의 포용주의(*inclusivism*), 상대적 종교 다원주의 진영의 다원주의(*pluralism*)**의 세 가지 유형으로 분류하여 종교 다원주의 입장을 밝히고 있다.

배타주의 입장은 성경만이 구원에 이르는 유일한 방법을 제시하는 하나님의 계시의 책으로 절대 권위가 있다고 주장한다. 구원은 유일한 중보자이신 예수 그리스도의 대속적 죽음과 부활을 통해서만 이루어지기 때문에 **예수만이 구원의 유일한 길(*the only way*)**이라고 주장한다. 그러므로 타종교는 개종을 목표로 하는 선교의 대상일 뿐 대화가 필요치 않다는 것이다. 사실 이것은 종교개혁자들과 복음주의자들의 견해였다. 이 견해의 대표자인 칼 바르트(Karl Barth)는 일반 종교들이란 신을 알기 위한 인간 주도의 헛된 노력으로 예수 그리스도를 통한 하나님의 자기 계시와 구원의 은혜에 정면 대치된다는 견해를 가지고 있다. 하나님의 은혜와 계시로 기독교는 참된 종교의 입장에 있으나 타종교와의 관계에서 우월감이나 자만심은 가질 수 없다는 것이다. 기독교를 포함하여 모든 종교들이 타락한 인간성의 심각한 죄 문제로 하나님의 심판 아래 놓여 있기 때문이다. 그러므로 타종교에 대하여 하나님의 오래 참으심과 은혜에서 찾을 수 있는 관용이 필요하다고 말하고 있다. 바르트는 기독교와 타종교와의 관계를 이해하는 방법으로 지구를 비추는 태양의 비유를 들어 다음과 같이 설명했다.

> "태양과 같이 그리스도의 빛은 지구의 한 부분을 밝히나 다른 부분은 흑암 중에 있게 한다. 따라서 그리스도의 빛이 타종교 자체를 변화시키지 않는 것이다. 이것은 그리스도의 빛이 거룩한 선택 행위에 따라, 여기는 비치고 저기는 비치지 않는 데서 오는 결과이다. 기독교와 다른 종교들 사이의 차이점은 기독교는 태양 빛 아래에 서 있고 다른 종교들은 그림자 속에 서 있다는 것이다"(*Haroid Coward, Pluralism: Challenge to world religions*, p. 25).

포용주의는 배타주의와 다원주의의 중도적인 입장에 있다. 타종교도 하나님의 일반 계시에 대한 인간의 반응으로 하나님의 자기 계시 도구이며 타종교의 신앙과 기독교의 신앙은 연속성(continuity)이 있다고 보는 것이다. 그리하여 계시적 경험에 기초한 종교적 영성과 도덕적 윤리성, 문화적 심미성의 가치를 인정하고 타종교와의 대화는 상호 유익하다고 생각한다. 포용주의자들은 타종교의 체험과 불완전한 구원 진리가 예수 그리스도의 복음 진리를 통해 완전하게 계시되었기 때문에 기독교와의 관계에 있어서 기독교의 완전한 길과 타종교의 불완전한 길로 비유한다. 포용주의자 칼 라너(Karl Rahner)는 실제 복음을 듣지 못한 사람들, 타종교인들, 그리고 기독교 밖의 사람들도 하나님의 보편적 구원 은혜에 의해 구원받을 가능성이 있다고 한다. 구원은 그리스도만을 통해서 가능하므로 유대교인들이나 힌두교인들처럼 타종교인들은 익명의 그리스도인으로 구원받을 것이라고 주장한다. 그리스도 중심의 구원관을 재해석하여 하나님의 구원 은혜가 타종교에도 있다는 것을 인정하는 것이 타종교에 대한 관용과 겸손의 태도라는 것이다. 이렇게 본다면 기독교는 예수님이 구원의 **유일한 길(the only way)이 아니요, 최선의 길(the best way)**일 뿐이다. 이들은 타종교도 구원 가능성이 있으나 구원 진리의 왜곡이나 모호성, 또는 우상화의 위험이 있다고 본다.

종교 다원주의는 산의 정상은 하나지만 각 방향에서 동일한 정상을 향해 오르는 여러 길이 있듯이 신의 궁극적 실체는 하나지만 그 신의 계시에 응답하는 종교는 같은 목표를 가지고 역사적, 문화적 맥락에 따라서 다양하게 나타난다는 것이다. 그러므로 모든 종교는 다양하지만 같은 구원 목표를 지향하고 같은 실체를 체험하며 똑같이 상대적 입장에 있기 때문에 기독교도 하나의 종교로서 기독교만의 구원과 계시의 유일성을 인정할 수 없다고 주장한다. 특히 **종교 다원주의에서는 하나님 중심주의를 강조하고 그리스도와 역사적 예수를 분리시켜 그리스도는 초월**

적, 우주적 존재로 인간의 다양한 문화와 종교성에 따라 모든 종교에서 다양한 모습으로 나타난다고 말한다. 그리스도의 성육신 사건은 한 번만 일어난 것이 아니고 모든 종교들은 그리스도의 보편적 은총에 의한 것이다. 기독교는 예수 그리스도로, 불교는 붓다로, 힌두교는 크리쉬나로, 이슬람교는 마호메트로 나타났다고 주장한다. 이렇게 **우주적 그리스도론이나 신 중심의 접근을 시도하여 예수 그리스도에 의한 구원의 유일성을 상대화하고 부정하는 것**이다.

종교 다원주의자인 에른스트 트뢸취(Ernst Troeltsch), 존 힉(John Hick), 또는 윌프레드 캔트웰 스미스(Wilfred Cantwell Smith)에 의하면 모든 종교는 같은 궁극적 실체인 하나님을 반영하는 다양한 문화적, 역사적 산물이다. 따라서 세계 종교 공동체의 일원으로 각 종교는 개방적이고 다양하고 자유로운 자기 성찰과 타종교와의 토론을 통해서 진리를 깊이 이해하고 하나님에 대한 지식을 더 풍성하게 할 수 있다고 믿는다. 그리하여 종교 다원주의에 따르면 예수를 통한 구원은 유일한 길이 아니라 **여러 구원의 길 중에 하나의 길(just one way)**일 뿐인 것이다.

기독교 복음은 종교나 사상이나 철학이 아니다

이러한 타종교에 대한 세 가지 입장은 기독교를 종교들 중의 하나로 간주하고 기독교라는 종교와 세상 종교라는 타종교를 비교하여 **기독교를 참 종교, 가장 좋은 종교, 세상 종교와 같은 일반 종교 중 하나**라는 입장을 취하고 있다. 그러나 성경에 의하면 이러한 견해는 모두 잘못된 것이다. 기독교는 일반 다른 종교와 같이 하나님을 찾기 위해 땅에서 인간들이 만들어낸 것이 아니다. 하나님께서 하늘에서 인간을 찾아오셔서 특별 은총과 특별 계시를 주신 구원의 기쁜 소식, 즉 복음이기 때문이다. 세상에는 인간들이 만들어낸 다양한 종교가 많으나 하늘에서 하나님이 시작하신 복음은 오직 하나뿐이다. **기독교 복음을 종교의 영역에 두어**

다른 종교와 비교할 수 없다. 또한 기독교의 복음은 타종교를 배타하거나 포용하거나 타종교와의 대화를 거부하지도 않으며 더욱이 종교 다원주의와는 전혀 상관이 없는 것이다. 일반 종교는 합리적으로 생각하는 이성과 영원을 사모하는 영성, 선을 추구하는 인간 양심의 일반 은총에서 나온 것이다. **세상에서 차원 높은 삶에 대한 일부 진리를 가질 수 있으며 특별한 신앙체험도 할 수 있으나 근본적으로 인간의 죄성과 사단의 영향권 아래에 있기 때문에 구원과는 상관이 없는 것이다.** 그러나 기독교의 복음은 잠정적 은혜인 일반 은총과 상관없이 하나님의 주권에 의한 구원의 특별 은총과 특별 계시에 속한다.

종교 다원화 사회에서 가장 중요한 것은 중생한 그리스도인들이 자기가 믿고 있는 기독교가 무엇인지 그 정체성을 먼저 분명히 아는 것이다. 그 다음 세상 종교와 기독교가 무엇이 다른지 이해해야 타종교인에 대한 바른 입장을 정리할 수 있다. 여러분은 다른 종교인에게 **"당신이 믿는 바를 3분 내의 짧은 시간에 간단하게 말씀해 주실 수 있나요? 저도 짧은 시간에 제가 믿는 기독교의 기본 진리를 간단히 설명해 드리겠습니다"**라고 자신 있게 말할 수 있는가? 여기에서 하나님의 특별 은총과 계시에 근거해서 기독교의 복음과 세상 종교가 어떻게 다른지 살펴보도록 하자.

1.(창 3:4):

성경에 의하면 에덴 동산에 나타난 사단이 인간에게 한 첫 약속은 **"너희가 결코 죽지 아니하리라"(창 3:4)**는 자력적 영생의 문제였다. 그러나 이 약속은 "선악을 알게 하는 나무의 실과는 먹지 말라 네가 먹는 날에는 정녕 죽으리라"(창 2:17)는 하나님의 말씀에 정면으로 대응하는 것이다.

KEIR BIBLE STUDY

시간과 함께 시작되는 것은 결코 영원할 수 없다. 오직 하나님만 영원하기 때문에 영생이란 하나님의 생명에만, 즉 하나님의 삶에만 붙일 수 있는 단어이다. 그러므로 영생한다는 말은 하나님의 삶에 참여한다는 말이다. 하나님은 인간이 죄인의 상태로 영생하지 못하도록 생명 나무로 가는 길을 막으셨다(창 3:24). 하나님은 죄인의 자력적 구원이나 영생을 용납지 아니하셨다. "내가 너로 여자와 원수가 되게 하고 너의 후손도 여자의 후손과 원수가 되게 하리니 여자의 후손은 네 머리를 상하게 할 것이요 너는 그의 발꿈치를 상하게 할 것이니라"(창 3:15)며 저주받아 죽을 인간에 대한 유일한 해결책을 약속해 주셨다. 이 언약은 신약에서 구체적으로 "하나님이 세상을 이처럼 사랑하사 독생자를 주셨으니 이는 저를 믿는 자마다 멸망치 않고 영생을 얻게 하려 하심이니라"(요 3:16)고 밝혀졌다. 인간은 사단이 약속한 것처럼 죽지 않고 영원히 살 수 있는 존재가 아니다. 스스로 대안을 세워 어떤 방법으로 노력을 한다 해도 영원히 살 수 있는 것이 아니다. 태엽을 감아놓은 시계처럼 죄인은 때가 되면 죽을 수밖에 없는 존재이기 때문에 성경은 "한 번 죽는 것은 사람에게 정하신 것이요 그 후에는 심판이 있으리니"(히 9:27)라고 단호하게 결론을 내리고 있다. 이 죽음의 원인은 육체의 노쇠 현상이나 신적 존재에서 이탈하여 생긴 자연적인 것도 아니다. 인간의 죄로 인한 영혼의 죽음에서 왔기 때문에(롬 5:12) 죄의 문제가 해결되어 영혼이 소생하기 전까지는 인간에게 어떤 해결 방법도 없는 것이다. 오직 이 문제를 위해 하나님이 마련하신 복음은 예수 그리스도의 피로 죄를 대속하는 방법뿐이었다. **기독교 복음의 특징은 하나님의 특별 은총과 특별 계시로 오신 예수 그리스도를 통한 유일한 구원의 방법(only one way)인 것이다. 구약 시대에는 여호와 하나님의 약속에 근거하여 오직 오실 예수 그리스도를 믿고 구원받았으며(창 3:15) 신약 시대에는 오신 예수 그리스도를 믿고 구원을 받았다(요 3:16). 그러므로 오직 십자가에서 죄인을 대속해 주신 예수 그리스도를 구세주로 영접함으로 얻는 구원은 그 어떤**

것과도 타협할 수 없는 기독교 복음의 핵심 진리이다.

그러나 "너희가 결코 죽지 아니하리라"(창 3:4)는 사단의 유혹이 오늘날의 모든 종교와 철학 사상 영역에도 동일하게 나타난다는 것은 놀라운 일이다. 인간의 죽음이 육체의 노쇠 현상으로 일어나거나 인간의 영이 물질적인 육체에 속박되어 일어나는 것이 아님에도 불구하고 일반적으로 오늘날의 대부분 종교들은 인간의 노쇠를 저지하거나 인간의 영이 육을 벗어나게 하는 수련을 통해 인위적으로 영생을 추구하려고 노력한다. 도교는 노쇠 방지의 단약을 먹거나 도를 닦아 육체를 벗어난 신선이 되는 불로 불사를 꿈꾸고 있다. 영지주의, 힌두교, 불교, 뉴에이지는 깨달음을 통해 영이 육체를 벗어나 윤회를 거듭하여 우주와 합일을 이루고 영생한다고 생각한다. 또한 라엘리언 운동(Raelian Movement)은 과학적으로 유전자 코드를 복제하여 영생할 수 있다고 믿고 있다. 장수하고 영생하는 것은 인간의 원초적인 욕망이다. 그러나 인간의 종교적 노력이나 수행, 또는 물질적인 방법으로는 결코 영생할 수 없다. 사단은 인간의 욕망과 종교심을 이용하여 죄의 문제를 해결하지 않고 영생불사를 추구하게 하고 삶의 질과는 상관없이 장수를 구하는 현세 기복적인 태도에 빠지게 한다. 처음부터 사단은 거짓말쟁이었다(요 8:44). **인간의 공동 운명인 죄와 죽음의 문제는 세상의 종교나 사상이나 철학으로 해결되는 것이 아니라 오직 예수 그리스도의 보혈로만 해결될 수 있다.** 이렇게 종교와 복음은 완전히 다르며 기독교는 세상의 종교 중 하나가 아니다. 죽음과 영생 문제의 해답을 가지고 있는 오직 유일한 복음인 것이다.

1) **요한복음 14:6** : 예수께서 가라사대 내가 곧 길이요 진리요 생명이니 나로 말미암지 않고는 아버지께로 올 자가 없느니라(cf. 요 19:30).

2) **빌립보서 3:8-9** : 또한 모든 것을 해로 여김은 내 주 그리스도 예수를 아는

지식이 가장 고상함을 인함이라 내가 그를 위하여 모든 것을 잃어버리고 배설물로 여김은 그리스도를 얻고 그 안에서 발견되려 함이니 내가 가진 의는 율법에서 난 것이 아니요 오직 그리스도를 믿음으로 말미암은 것이니 곧 믿음으로 하나님께로서 난 의라.

3) **사도행전 4:12** : 다른 이로서는 구원을 얻을 수 없나니 천하 인간에 구원을 얻을 만한 다른 이름을 우리에게 주신 일이 없음이니라 하였더라.
4) **로마서 1:16-17** : 내가 복음을 부끄러워하지 아니하노니 이 복음은 모든 믿는 자에게 구원을 주시는 하나님의 능력이 됨이라 첫째는 유대인에게요 또한 헬라인에게로다 복음에는 하나님의 의가 나타나서 믿음으로 믿음에 이르게 하나니 기록된 바 오직 의인은 믿음으로 말미암아 살리라 함과 같으니라(cf. 엡 2:8).
5) **히브리서 3:1** : 그러므로 함께 하늘의 부르심을 입은 거룩한 형제들아 우리의 믿는 도리의 사도시며 대제사장이신 예수를 깊이 생각하라.
6) **갈라디아서 1:8** : 그러나 우리나 혹 하늘로부터 온 천사라도 우리가 너희에게 전한 복음 외에 다른 복음(another Gospel)을 전하면 저주를 받을지어다.
7) **고린도후서 11:3-4** : 뱀이 그 간계로 이와를 미혹케 한 것같이 너희 마음이 그리스도를 향하는 진실함과 깨끗함에서 떠나 부패할까 두려워하노라 만일 누가 가서 우리의 전파하지 아니한 다른 예수(another Jesus)를 전파하거나 혹 너희의 받지 아니한 다른 영(another Spirit)을 받게 하거나 혹 너희의 받지 아니한 다른 복음(another Gospel)을 받게 할 때에는 너희가 잘 용납하는구나(cf. 고후 4:3).

2.(창 3:5):

사단은 에덴 동산의 처음 인간에게 '선악과를 따먹는 날에는 눈이 밝아진다' 라고 두 번째 약속을 했다(창 3:5). 눈이 밝아진다는 말은 '눈이 열린다, 눈을 뜬다' 라는 의미이다. 체험의 각성을 통해 새로운 자기 발견과 자기 이성의 능력을 인식하게 된다는 것이다. 선악과를 따먹은 인간에게 일어난 첫 현상은 눈이 밝아져서 마치 사단의 약속이 성취된 것처럼 보였다(창 3:7). 그러나 하나님처럼 되겠다고 이성의 눈을 뜬 결과는 기대와는 달리 **"이에 그들의 눈이 밝아 자기들의 몸이 벗은 줄을 알고 무화과나무 잎을 엮어 치마를 하였더라"(창 3:7)**는 성경의 증언처럼 죄로 인한 두려움과 영적인 부끄러움이었다. 처음 인간은 하나님께 의존하여 자기의 한계를 초월한 총체적인 인식 능력을 가진 영광스런 존재였다(창 1:28-30, 2:19-20). **그러나 불순종으로 하나님과의 교제가 단절된 독립적 인간은 하나님과의 교제로 인한 총체적인 인식 능력을 상실해버리고 자기 이성의 합리성으로 인식의 능력을 제한받았다. 영과 육의 존재인 인간의 전체적인 인식 기능의 한 부분으로 봉사하던 인간의 이성은 근본적인 영적 인식 기능의 상실로 말미암아 제한된 자기 이성의 불완전한 인식 기능으로 남게 되었다. 그러므로 그 사람의 수준은 그 사람의 이성과 감정의 수준이라는 말이 옳다.**

세상 종교나 철학 사상은 인간의 제한된 이성을 유일한 진리 기준으로 삼고 이성의 깨달음을 강조하며 제한된 인식 기능을 초월하는 논리적 비약과 부적합성을 신비주의적 경험으로 정당화한다. 죄로 인한 하나님과의 단절에서 발생한 인간의 불안과 영적인 수치심과 무력함을 인간 스스로 해결하기 위해 인간이 최선의 방법을 찾아낸 것이 나뭇잎으로 옷을 만들어 입는 것이었다. **종교**가 이렇게 **인간 이성의 합리성에 근거한 최선**이라면 **기독교의 복음**은 인간 이성이나 합리성에 근거한 것이 아니라 **하나님의 계시 말씀에 근거한 하나님의 최선**이라고 할 수 있다. 하나님은 무력한 인간 스스로 그들의 문제를 해결하도록 맡겨놓지 않으시고 처방책을 말씀으로 직접 계시하셨다(창 3:15). 그리고 자신의 행동으로 구원을 실천하여 짐승을 잡아 죄인에게 가죽옷을 지어 입히셨다(창

3:21). 그러므로 종교가 인간 이성의 합리성이나 과학주의 또는 인간적 신비주의에 근거한다면, 기독교의 복음은 철저히 하나님의 계시의 말씀에 근거하고 있다(마 5:18).

구원의 특별 은총과 특별 계시는 1과에서 언급한 것처럼 세 가지이다. **첫째는** 구원의 근거와 신앙과 생활의 표준이 되는 **계시의 말씀**을 주신 것이다(딤후 3:15-17). 기독교는 하나님의 계시 말씀에 바탕을 두고 있기 때문에 절대 흔들림이 없다. **둘째는** 약속대로 하나님의 비밀인 **예수 그리스도를** 이 땅에 보내어 구원을 완성하시고 구원 계시를 온전히 이루신 것이다(롬 5:8). **셋째는 성령님을 통해** 구원 사실을 믿고 내적으로 거듭나서 하나님의 자녀가 되게 하신 것이다(고전 12:13; 롬 8:9). 오직 성경만이 기독교의 토대가 되고 모든 판단의 기준이 된다. 그러므로 그리스도인이란 성경 말씀을 결코 일점 일획도 변치 않는 하나님의 절대적 계시 말씀으로 믿고 성경적 세계관을 가지고 말씀을 따라 사는 사람들이다. 이들은 말씀에 의하여 대제사장 되신 예수 그리스도의 이름으로 하나님께 직접 나아갈 길을 발견한 천국 백성들이다(히 4:14-16).

복음과 종교의 대조

기독교의 유일한 복음(특별 은총)	세상의 다양한 종교(일반 은총)
의존적인 인간	독립적인 인간
하나님 주도(타력)	인간 주도(자력)
영적 계시/진리 기준(완전)	영적 계시/상실(불안, 혼돈)
육적 이성/순종	육적 이성/진리 기준(불완전)
총체적 사물 인식	제한적 사물 인식/신비주의
자기 초월(개방성)	자기 제한(폐쇄성)
하나님의 가죽옷 비유	인간의 나뭇잎옷 비유

1) **창세기 3:5** : 너희가 그것을 먹는 날에는 너희 눈이 밝아 하나님과 같이 되어 선악을 알 줄을 하나님이 아심이니라.
2) **창세기 3:7** : 이에 그들의 눈이 밝아 자기들의 몸이 벗은 줄을 알고 무화과 나무 잎을 엮어 치마를 하였더라.
3) **창세기 3:21** : 여호와 하나님이 아담과 그 아내를 위하여 가죽옷을 지어 입히시니라.
4) **디모데후서 3:15-17** : 또 네가 어려서부터 성경을 알았나니 성경은 능히 너로 하여금 그리스도 예수 안에 있는 믿음으로 말미암아 구원에 이르는 지혜가 있게 하느니라 모든 성경은 하나님의 감동으로 된 것으로 교훈과 책망과 바르게 함과 의로 교육하기에 유익하니 이는 하나님의 사람으로 온전케 하며 모든 선한 일을 행하기에 온전케 하려 함이니라.
5) **요한계시록 22:18-19** : 내가 이 책의 예언의 말씀을 듣는 각인에게 증거하노니 만일 누구든지 이것들 외에 더하면 하나님이 이 책에 기록된 재앙들을 그에게 더하실 터이요 만일 누구든지 이 책의 예언의 말씀에서 제하여 버리면 하나님이 이 책에 기록된 생명 나무와 및 거룩한 성에 참예함을 제하여 버리시리라.
6) **고린도전서 4:6** : 형제들아 내가 너희를 위하여 이 일에 나와 아볼로를 가지고 본을 보였으니 이는 너희로 하여금 기록한 말씀 밖에 넘어가지 말라 한 것을 우리에게서 배워 서로 대적하여 교만한 마음을 먹지 말게 하려 함이라.
7) **이사야 40:18-19** : 그런즉 너희가 하나님을 누구와 같다 하겠으며 무슨 형상에 비기겠느냐 우상은 장인이 부어 만들었고 장색이 금으로 입혔고 또 위하여 은사슬을 만든 것이니라.
8) **이사야 42:8** : 나는 여호와니 이는 내 이름이라 나는 내 영광을 다른 자에게, 내 찬송을 우상에게 주지 아니하리라(cf. 출 3:14-15).
9) **이사야 43:10-11** : 나 여호와가 말하노라 너희는 나의 증인, 나의 종으로 택함을 입었나니 이는 너희로 나를 알고 믿으며 내가 그인 줄 깨닫게 하려 함이라 나의 전에 지음을 받은 신이 없었느니라 나의 후에도 없으리라 나 곧

나는 여호와라 나 외에 구원자가 없느니라.

3.(창 3:5):

에덴 동산에 등장한 사단은 처음 인간에게 가장 매력적인 세 번째 약속을 했는데 그것은 '너도 하나님같이 된다' 라는 것이었다(창 3:5). 피조물인 인간은 절대로 하나님이 될 수 없다. 그러나 사단은 하나님과 인간 사이의 경계인 선악과의 법을 파괴하여 하나님과 동등한 존재가 되라고 인간의 교만을 충동질한 것이었다. 이 헛된 욕망 때문에 인간의 불행은 시작되었다.

그러나 놀라운 사실은 대부분의 세상 종교들은 이와 같이 인간의 신격화나 궁극적 신적 존재와 인간의 신비한 합일 사상을 추구하고 있다는 사실이다. 동양과 서양을 막론하고 피조물인 인간을 우주의 궁극적 실체와 동일시하는 범신론적인 신비주의 종교와 사상이 수천 년 동안 전해 내려온 것이다. 자연 만물도 신이고, 그 자연에 속한 인간도 신이며, 모든 것이 하나의 신이라는 일신교(monotheism), 또는 범신론(pantheism)을 주장한다. 자신이 신적 존재라는 신적 지식을 깨닫고(각성) 수행의 과정을 통해 신비한 신적 체험을 시도한다. 신성을 개발하여 결국 궁극적인 신적 실체와 신비한 합일로 세상의 고통에서 해방되는 구원을 이룬다는 것이다. 힌두교, 불교, 요가, 탄트라, 영지주의, 뉴에이지 운동, 기 사상 등이 바로 인간 이성과 자존심은 물론 신비체험의 욕구를 채워 주는 강력한 매력을 가진 세상 종교들이다. 그러나 기독교의 복음은 인간의 신격화나 물질의 신격화를 우상 숭배로 금하고 있다. 인간은 피조물이며 타락한 죄인에 불과하며 결코 신이 될 수 없다. 창조주 하나님께서 만드신 천사 같은 영적 존재나 그 어떤 동·식물도 결코 삼위일체 하나님을 대신하여 신이 될 수는 없다. 이것이 바로 기독교의 복음과 세상 종교의 차이점이다.

신비주의 범신론적 종교관

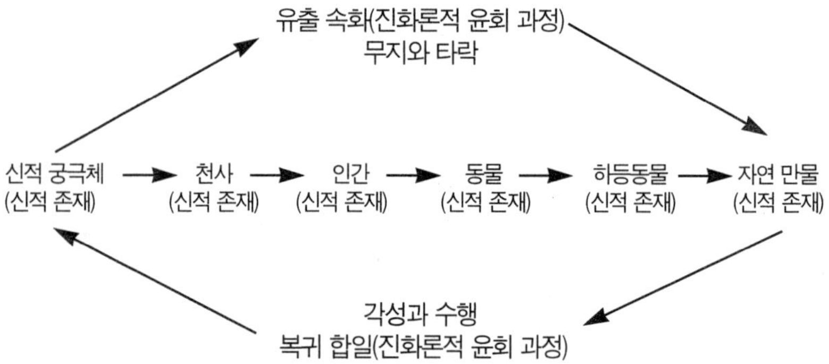

1) **창세기 3:5** : 너희가 그것을 먹는 날에는 너희 눈이 밝아 하나님과 같이 되어 선악을 알 줄을 하나님이 아심이니라.
2) **고린도전서 8:5-6** : 비록 하늘에나 땅에나 신이라 칭하는 자가 있어 많은 신과 많은 주가 있으나 그러나 우리에게는 한 하나님 곧 아버지가 계시니 만물이 그에게서 났고 우리도 그를 위하며 또한 한 주 예수 그리스도께서 계시니 만물이 그로 말미암고 우리도 그로 말미암았느니라.
3) **출애굽기 20:7** : 너는 너의 하나님 여호와의 이름을 망령되이 일컫지 말라 나 여호와는 나의 이름을 망령되이 일컫는 자를 죄 없다 하지 아니하리라.
4) **이사야 42:8** : 나는 여호와니 이는 내 이름이라 나는 내 영광을 다른 자에게, 내 찬송을 우상에게 주지 아니하리라.
5) **출애굽기 20:3** : 너는 나 외에는 다른 신들을 네게 있게 말지니라.
6) **이사야 14:13-14** : 네가 네 마음에 이르기를 내가 하늘에 올라 하나님의 뭇 별 위에 나의 보좌를 높이리라 내가 북극 집회의 산 위에 좌정하리라 가장

높은 구름에 올라 지극히 높은 자와 비기리라 하도다.

7) **에스겔 28:2** : 인자야 너는 두로 왕에게 이르기를 주 여호와의 말씀에 네 마음이 교만하여 말하기를 나는 신이라 내가 하나님의 자리 곧 바다 중심에 앉았다 하도다 네 마음이 하나님의 마음 같은 체할지라도 너는 사람이요 신이 아니어늘.

4.(창 3:5):

에덴 동산에 나타난 사단이 처음 인간을 미혹한 네 번째 약속은 '**선악을 알게 된다**'라는 말이었다(창 3:5). 이 말은 매우 타당한 것처럼 들린다. 그러나 성경적으로 조금만 생각해 보면 이 말은 허구에 불과하다. 하나님의 형상대로 창조된 인간(창 1:27)은 물론 도덕적 선을 추구하려는 내적인 양심을 가지고 있다(딤전 1:5; 히13:18; 벧전 3:16). 그러나 자신의 기준에 의하여 선을 평가하고 악을 정죄할 수 없다. 왜냐하면 자기 기준으로 의롭고 선한 행위라고 생각한 것이 자기 의도와는 상관없이 결과적으로 불의한 일이 될 수 있기 때문이다. 그리하여 성경은 "어떤 길은 사람이 보기에 바르나 필경은 사망의 길이니라"(잠 14:12)고 말한다. 인간이 보기에는 상식적으로, 논리적으로, 또는 윤리적으로 바른 것 같으나 결국은 사망에 이를 정도로 잘못된 것이 될 수도 있다. 그러므로 **미래의 모든 것을 아는 전지함과 그 미래의 결과를 통제하고 책임질 수 있는 전능한 능력이 있어야 선악을 안다고 말할 수 있다. 선악에 대해 바르게 알고 판단하는 능력은 피조물인 인간에게는 불가능하며 전지 전능하신 삼위일체 하나님께만 가능한 것이다(마 19:16-17).** 인간이 선악과를 따 먹고 범죄한 후에 성삼위 하나님께서 "이 사람이 선악을 아는 일에 우리 중 하나같이 되었으니"(창 3:22)라고 하신 말씀은 선악을 판단하여 정죄하거나 의롭다고 평가할 수 있는 하나님 같은 존재로 인간 자신이 착각하게 되었다는 말로 해석해야 한다.

그러나 일반 종교의 특징 중 하나는 선한 행위의 도덕적 완성을 인간 구원의 기준으로 최고의 가치를 두고 있다는 점이다. 그리하여 인간 내부의 도덕적 선에 대한 욕구나 선악의 본질을 알고 싶어하는 인간의 욕구를 충족시켜 주려고 노력한다. 윤리 도덕을 제일 덕목으로 하는 유교나 선한 율법을 구원의 제일 조건으로 하는 유대교나 이슬람교가 특히 그런 종교적인 특징을 가지고 있다. 반면에 불교나 영지주의에서는 선악의 대립이 깨닫지 못한 자들의 물질 세계에서만 존재하며 깨달음의 신적 초월 세계에서는 선악의 개념을 초월한 경지에 이른다고 말한다.

이러한 경향은 선악의 절대적 윤리 척도는 없으며 상대적인 상황에 따라 변한다는 현대 윤리학의 상대적 상황윤리에도 나타나고 있다. **선악의 본질이 흐려지면 죄나 대속, 또는 회개의 개념이란 있을 수 없다.** 그러므로 현대 종교는 죄보다는 무지, 악보다는 부조화, 회개보다는 깨달음이라는 단어를 즐겨 사용하는 경향이 있다. 도덕적 선행의 보상으로서 구원을 받는 율법주의 사상, 또는 도덕적 선악의 개념을 초월한 신적 신비의 세계나 상대적 상황 윤리를 주장하는 것은 인간이 하나님처럼 선악을 알게 된다는 사상에 속하는 것이다. 기독교의 복음은 이런 율법주의, 도덕주의 구원관을 단호히 거부한다(갈 3:10, 22). 모든 사람은 죽을 죄인으로(롬 5:12), 세상에 의인은 하나도 없다(롬 3:10). 물에 빠져 죽어가는 사람이 물에 빠진 다른 사람을 구원할 수 없듯이 율법의 행함으로는 아무도 구원받을 수 없다고 단언한다(롬 3:20). 세상 종교의 행위 구원과는 반대로 기독교의 복음은 하나님이 은혜로 주시는 구원의 선물을 믿음으로 수납하는 것이다(엡 2:8; 롬 6:4). **은혜라는 말은 행위 종교에서는 결코 사용할 수 없는 기독교 복음의 핵심적인 단어이다.**

세상의 모든 건전한 종교는 선행을 추구하기 때문에 수준 높은 도덕적 삶을 살게 한다. 왜냐하면 그 선행이 축적되어야 나중에 구원받을 수 있다고 믿기에 억지로라도 그 일을 하기 때문이다. 그러나 **기독교 삶의 특징은 구원받기 위해 선행하는 것이 아니다. 하나님의 은혜와 예수 그리스도의 대속으로 이미 구원을 받았기 때문에 그 결과로 은혜에 감사하는 변화된 삶의 모습이다. 선한 행위로 하나님께 영광돌리고(마 5:16) 창조의 목적이 성취되며(엡 2:10) 신앙이 성장하고(엡 4:5) 믿음의 진실성이 증거된다.** 그리스도인들의 선행과 봉사와 선교는 구원의 기쁨과 주님의 은혜와 사랑을 감사한 마음으로 다른 사람에게 나누는 일이다. 그래서 그리스도인의 삶은 정직하고 성실하며 자원적인 사랑의 섬김과 받은 은혜를 나눔으로 나타나는 것이다.

세계에는 약 4만여 개의 종교들이 있다. 각각 신앙 체계가 아무리 복잡하다 하더라도 구원의 방법은 세 가지로 요약될 수 있다. 첫째는 불교와 같이 오직 **행위 구원의 길**이요, 둘째는 로마 가톨릭이 신봉하는 **믿음과 행위를 혼합한 구원의 길**이다. 이 두 방법은 전체적이든 부분적이든 자신의 구원은 자신의 노력에 달려 있다는 행위 구원으로 4만여 개의 종교들이 대부분 가지고 있는 구원관이다. **각자 구원을 각자가 책임지는 행위 구원 종교에는 믿음도, 은혜도, 기쁨도, 하나님 안에서의 안전도 확신할 수 없다.** 자신의 선행을 신뢰하는 종교적 구원관에 대하여 성경은 사람들이 보기에는 합리적이고 바른 길 같으나 결국은 사망의 길이라고 밝히고 있다(잠 14:12). 행위 구원의 병폐는 죄책감, 낮은 자존감, 두려움, 구속적인 압박감과 부정적인 감정, 대인 관계의 장애로 계속 내면적인 고통을 경험하는 것이다.

그러나 내가 나 자신을 구원한다는 자기 구원주의와는 완전히 반대로 셋째로 **하나님의 은혜에 의한 믿음의 길**이 있다. 이것은 **기독교만이 가지고 있는 유일한 구원관**이다. 하나님이 마련하신 방법으로 오직 예수 그리스도를 믿음으로만 구원받는다는 **은혜의 방법**인 것이다. 은혜란 받을 만한 자격과 갚을 능력이 없는 자에게 무조건 무료로 주는 선물을 말한다. 세상 지혜의 핵심은 이 세상에 공짜는 없다는 것이다. 그러나 영적 지혜의 핵심은 정반대로 하나님께는 공짜뿐이다. 하나님만 선하시며(막 10:18) 그 기준은 완전하시다(마 5:48). 그러나 인간은 부패하여(렘 17:9) 모두가 죄인으로(롬 3:23, 5:12) 온전한 선을 행할 수 없어(롬 3:12) 한 사람의 의인도 없다(롬 3:10). 만약 하나님이 모든 인간에게 선을 행함으로 천국에 와야 한다고 했더라면 천국은 텅텅 비고 지옥은 이 세상의 훌륭한 선행자들로 만원 사례를 이루었을 것이다. 오직 하나님께서 베풀어 주시는 은혜로만 구원받을 수 있으므로 기독교에서 가장 중요한 용어는 **은혜와 믿음**이라는 단어이다.

행위 종교는 선행, 지식, 물질, 정성, 희생, 노력 등 여러 가지 구원의 대가를 요구한다. 그리고 앞으로 더 쉽고 안전하다고 생각되는 구원 방법들을 계속 더 만들어 낼 것이다. 그러므로 종교의 특징이 속박과 중독이라는 말은 일리가 있다. 그러나 기독교의 절대적 구원 진리는 회개하고 예수 그리스도를 믿는 단 하나의 길이기 때문에 오직 예수 한 분 외에는 구원자가 없다. 이것은 시대를 초월해서 변개할 수 없는 기독교의 핵심 진리요 성경 전체의 주제이다. 이 때문에 예수 믿고 구원받은 사람들을 그리스도인이라고 한다. 종교 다원주의자들이 말하는 것처럼 세상 모든 종교에 구원이 있다는 말은 명백히 잘못된 말이다.

1) **창세기 3:5** : 너희가 그것을 먹는 날에는 너희 눈이 밝아 하나님과 같이 되어 선악을 알 줄을 하나님이 아심이니라.

2) **창세기 3:22** : 여호와 하나님이 가라사대 보라 이 사람이 선악을 아는 일에 우리 중 하나같이 되었으니 그가 그 손을 들어 생명 나무 실과도 따먹고 영생할까 하노라.

3) **잠언 14:12** : 어떤 길은 사람의 보기에 바르나 필경은 사망의 길이니라.

4) **마가복음 10:18** : 예수께서 이르시되 네가 어찌하여 나를 선하다 일컫느냐

하나님 한 분 외에는 선한 이가 없느니라.

5) **로마서 2:12** : 무릇 율법 없이 범죄한 자는 또한 율법 없이 망하고 무릇 율법이 있고 범죄한 자는 율법으로 말미암아 심판을 받으리라.

6) **로마서 3:20** : 그러므로 율법의 행위로 그의 앞에 의롭다 하심을 얻을 육체가 없나니 율법으로는 죄를 깨달음이니라.

7) **갈라디아서 3:10** : 무릇 율법 행위에 속한 자들은 저주 아래 있나니 기록된 바 누구든지 율법 책에 기록된 대로 온갖 일을 항상 행하지 아니하는 자는 저주 아래 있는 자라 하였음이라.

8) **에베소서 2:8** : 너희가 그 은혜를 인하여 믿음으로 말미암아 구원을 얻었나니 이것이 너희에게서 난 것이 아니요 하나님의 선물이라.

9) **로마서 6:14** : 죄가 너희를 주관치 못하리니 이는 너희가 법 아래 있지 아니하고 은혜 아래 있음이니라.

10) **로마서 3:24** : 그리스도 예수 안에 있는 구속으로 말미암아 하나님의 은혜로 값 없이 의롭다 하심을 얻은 자 되었느니라.

5.(창 3:7):

사단의 환상적인 약속과 더불어 욕망이 극대화된 하와의 범죄 동기에 대해 성경은 "여자가 그 나무를 본즉 먹음직도 하고 보암직도 하고 지혜롭게 할 만큼 탐스럽기도 한 나무인지라"(창 3:6)고 묘사하고 있다. 거룩하신 성삼위 하나님을 밀어내고 오직 육신의 정욕과 안목의 정욕과 이생의 자랑을 만족시켜 줄 것만 같은 기복적인 지상 낙원을 건설하고자 헛된 꿈을 꾸고 있는 것이다(요일 2:16).

세상 종교는 일반적으로 인간의 힘과 노력에 의해 지상에 유토피아가 건설될 것이라고 생각하며 세상의 기복과 지상 낙원이나 무위도

식하는 피안의 세계를 약속한다. 그러나 성경에 따르면 인간의 죄성과 욕망과 사단의 역사 때문에 인간의 노력에 의한 지상 유토피아 건설은 불가능하다. 오직 예수 그리스도의 재림 후 하나님의 최종적 심판과 구원에 의해서만 온전한 하나님의 나라가 이루어질 수 있다. 기독교의 천국은 신앙의 최종 목적으로 미래의 천국이라는 것이 복음의 핵심이다. 세상에서의 안정과 평안한 삶은 하나님의 잠정적 일반 은총으로 그리스도인이든지 종교인이든지 일반인이든지 정직과 성실, 그리고 지혜와 전문 지식으로 노력하면 잠시 얻을 수 있는 것이다. 그러나 기독교는 동화 속의 도깨비 방망이 같은 허망한 지상의 복이나 이상적인 지상 낙원 건설 또는 미래 피안의 세계를 목표로 하지 않는다. 기독교의 천국은 어느 곳이든지 하나님과 함께 거하는 곳으로(계 21:3-4), 천국의 주인이신 예수 그리스도를 마음에 영접하여 거듭남으로 이미 이루어졌다(눅 17:20-21). 성령의 내주하심으로 성화의 삶 가운데 현실적으로 누리다가(롬 14:17) 죽을 때 보장받으며(계 14:13; 눅 23:43) 예수 그리스도께서 재림하실 때에 완전히 이루어지는 나라이다(계 21:3-4).

1) **누가복음 17:20-21** : 하나님의 나라는 볼 수 있게 임하는 것이 아니요 또 여기 있다 저기 있다고도 못하리니 하나님의 나라는 너희 안에 있느니라.
2) **로마서 14:17** : 하나님 나라는 먹는 것과 마시는 것이 아니요 오직 성령 안에서 의와 평강과 희락이라.
3) **요한복음 18:36** : 내 나라는 이 세상에 속한 것이 아니라 만일 내 나라가 이 세상에 속한 것이었더면 내 종들이 싸워 나로 유대인들에게 넘기우지 않게 하였으리라 이제 내 나라는 여기에 속한 것이 아니니라.
4) **고린도전서 4:20** : 하나님의 나라는 말에 있지 아니하고 오직 능력에 있음이라.
5) **요한계시록 21:3-4** : 내가 들으니 보좌에서 큰 음성이 나서 가로되 보라 하나님의 장막이 사람들과 함께 있으매 하나님이 저희와 함께 거하시리니 저

희는 하나님의 백성이 되고 하나님은 친히 저희와 함께 계셔서 모든 눈물을 그 눈에서 씻기시매 다시 사망이 없고 애통하는 것이나 곡하는 것이나 아픈 것이 다시 있지 아니하리니 처음 것들이 다 지나갔음이러라.

6) **베드로후서 3:12-13** : 하나님의 날이 임하기를 바라보고 간절히 사모하라 그 날에 하늘이 불에 타서 풀어지고 체질이 뜨거운 불에 녹아지려니와 우리는 그의 약속대로 의의 거하는 바 새 하늘과 새 땅을 바라보도다(cf. 벧후 3:7).

세상 종교와 기독교 복음의 차이

일반 은총의 종교 사상	특별 은총의 은혜 복음
자력 영생	타력 영생
인간의 이성	하나님의 계시
인간의 신격화	타락한 피조물
도덕적 행위 구원	믿음의 은혜 구원
기복주의 지상낙원	재림 천국 보상

기독교를 세상 종교 중의 하나로 생각하고 세상 종교와 비교하는 것은 잘못된 것이다. 기독교는 세상 종교나 철학 사상이 아니다. 기독교는 하나님의 특별한 구원 은혜와 특별한 구원 계시에 근거하는 복음이다. 복음은 세상 종교와는 아주 다른 ① **자력 영생 대 타력 영생** ② **이성 대 계시** ③ **인간 신격화 대 타락한 피조물** ④ **행위 구원 대 은혜 구원** ⑤ **기복적 지상 낙원 대 재림 천국 보상이라는** 5가지 차이점을 가지고 있다. 종교의 5대 특징의 중심은 철저한 인본주의이며 그 배후에 하나님의 존재와 예수 구속의 유일성과 계시의 진리를 혼란시켜 하나님의 구원 계획을 반대하려는 영적 실체가 있다. 그러므로 세상의 다양한 종교나 철학 사상은 예수 그리스도만이 구원의 유일한 길이라고 주장하는 기

독교의 복음의 정반대 편에서 영적 전쟁의 연합전선을 펴고 있음을 알아야만 한다. 가장 치열한 영적 전쟁이 세상 종교와 철학 사상, 그리고 모든 문화와 첨단 정보시스템을 통해서 벌어지고 있는 것이다. **자신이 실상은 거듭나지 못한 종교인에 불과하면서도 그리스도인으로 착각하고 있는 것만큼 끔찍한 일은 없다. 종교와 복음을 분별하지 못하고 스스로 무장해제한 채로 기독교 복음을 종교화, 세속화, 인본주의화하고 또 이에 대처하지 못하는 것은 너무나 불행한 일이다. 하나님은 종교와 복음의 혼합주의를 심판하신다.**

성경에서의 종교(드레스 케이야)란 초월적인 신적 존재와 관계를 맺으려는 인간의 자발적 태도이다. 종교라는 단어는 원래 로마의 신 제사 의식용어 '렐리게레(religere)' 라는 말에서 나왔으며 신과 관계를 맺는다는 뜻이다. 인간 자신이 신적 존재와 관계를 맺으려는 자의적 종교는 원시종교, 고등종교, 신흥종교, 유사종교 등 이 세상에 많이 있고 또 다양하다. 생겼다가 진화론적으로 발전하고 없어지고 다시 계속해서 생기는 것이다. 그러나 **구속, 계시, 동거, 은혜, 재림 천국의 5가지 특징을 가진 기독교는 이런 종교의 영역에 속하지 않으며, 또 종교라는 말도 사용하지 않는다. 기독교는 땅에서 인간들이 주도적으로 하나님과 관계를 맺으려는 노력이 아니라 오히려 반대로 하늘에서 하나님이 죄인인 인간을 찾아오셔서 자신의 정체를 밝혀주시고 관계를 맺으시고 구원해주신 특별한 은혜이다.** 때문에 인간 주도적인 종교라는 말을 사용하지 않고 하나님 주도적인 기쁜 소식, 즉 복음이라는 독특한 단어를 사용한다(롬1:16-17). 그리고 하나님의 특별한 은혜와 계시로 구원받은 성도들의 하나님에 대한 신앙적 태도를 가리켜 종교가 아니라 구약에서는 '경외', 신약에서는 '믿음' 이라는 단어를 사용했다.

다만 종교라는 용어는 신약성경에서 천사 숭배와 같은 잘못된 신앙이나 예배(골 2:18), 그리고 잘못된 종교생활(행 26:5), 또는 미신적 우상숭배(데이시다이온, 행 17:22, 25:19) 같이 부정적 의미로 바울의 선교 과정에서 다섯 번만 사용되었을 뿐이다. 특히 사도 바울은 성령의 감화나 예수 그리스도와 아무런 관계없이 자신이 주관자가 되어 신적 존재를 추구하는 종교를 자의적 숭배(에텔로 드레스 케이아, 골 2:23)라고 표현했으며 기독교 복음과 분명하게 구별하여 "다른 복음"(another Gospel, 갈 1:8; 고후 11:4)이라고 말했던 것이다. 또한 야고보 사도는 "세속적인 자의적 경건"(약 1:26-27)이라는 표현을 사용했다. 하나님은 홍수 심판과 이스라엘 멸망으로 종교와 복음의 혼합을 심판하셨고 최후의 종말 심판을 예고하셨다. 예수님은 유대인들의 잘못된 종교생활을 책망하셨으며(마 23:1-39), 그로 인해 표리부동한 종교인들에 의해 십자가에 처형되셨다.

종교는 하나님의 일반 은총 아래 있는 이 땅의 부패한 인간의 마음 안에서 시작되었으며, 기독교 복음은 하늘의 거룩하신 하나님의 마음에서 시작된 것이다. 지금까지 살펴본 것처럼 성경은 기독교 복음과 세상 종교를 분명하게 구별하고 있다. 그러나 어떤 길은 사람의 눈에 옳게 보이나 사실은 사망의 길이므로 영적으로 분별할 것을 지시한다. 이제 우리는 칼 마르크스(Karl Marx)가 기독교를 포함한 모든 종교에 대하여 "종교는 사회 발전을 저해하는 만인의 아편이다"라고 혹평했을 때 그가 기독교는 종교가 아니라는 사실을 몰랐다는 것을 알 수 있다. 세상 종교는 인간적인 노력과 심신 수련의 방법으로 마음을 비워 죽음을 극복하고 영원히 살 수 있다고 주장한다(창 3:4). 기독교 복음은 인간이 죄 때문에 예수 그리스도를 구세주로 믿기 전에는 죽을 수밖에 없다고 진단한다(히 9:27). 종교는 인간도 신이 될 수 있고 절대자와 신비한 합일을 할 수 있다고 말한다(창 3:5). 그러나 기독교 복음은 인간은 결코 신이 될 수 없으며 절대자와의 신비한 합일도 있을 수 없다고 단언한다. 다만 예배와 기도와 찬양으로 하나님과 인격적인 교제를 나눌 수 있으며 성령에 의한 성화를 통해 신의 성품에 참여할 수 있는 것이다. 종교는 인간의 지성과 과학으로 모든 것을 밝히고 해결할 수 있다고 한다. 그러나 기독교 복음은 인간의 지성으로 하나님과 구원의 방법을 알 수가 없으며 오직 하나님의 계시와 성령의 도움으로만 영적인 일을 분별할 수 있다고 말한다(고전 2:14). 종교는 인간의 노력에 의해 지상 낙원을 건설할 수 있다고 낙관적으로 판단하지만, 기독교 복음은 예수 그리스도의 재림으로 이 세상은 불로 심판을 받으며 그 후에 온전한 하나님의 나라가 이루어진다고 말한다(벧후 3:12-13).

이제 종교와 기독교 복음의 관계를 분명히 알았다면 그리스도인의 정체와 위치를 분명히 해야만 한다. 결론적으로 타종교인들을 어떻게 대하고 종교 다원화 사회의 도전에 어떻게 대처할 수 있는가를 생각해 보자. 중요한 것은 타종교인들을 무시하거나 타종교를 평가하여 비판해서는 안 된다는 것이다. 특히 배타적인 논쟁이나 싸움은 결코 상호간에 유익이 없고 또 타종교에 대한 파괴적인 행위가 충성스러운 신앙도 아니다. 타종교인들도 하나님의 일반적인 은총 가운데 있는 사람들로서 의사, 과학자, 상인, 예술가, 일반인을 대하듯 자연스럽게 대하면 된다. 그들 역시 하나님의 사랑과 은혜의 대상이기 때문이다. 사랑과 친절과 도움을 베풀어라. 하나님이 참고 기다리는 것처럼 참고 기다리는 은혜를 베풀어야 한다. 그들의 높은 도덕적 삶과 선행을 존경하고 칭찬하며 여러분들도 삶의 모습으로 그들 앞에 덕을 세워라. 그들의 말을 경청하여 들어주고 좋은 관계를 맺어라. 겸손하게 그들이 믿는 내용을 존중해주고, 할 수 있다면 짧은 시간에 재미있고 확실하게 여러분이 믿는 기독교 복음의 핵심을 가르쳐 주어라. 그들은 분명한 선교의 대상이지만 억지로 선교하려고 하지 말라. 그들의 고상한 인격과 아름다운 삶을 인정하되 기독교 구원 진리만은 절대로 타협해서는 안 된다. 누구나 대결하지 않고 타종교에 대하여 평가하는 것은 쉬운 일이 아니지만 기독교 복음 진리만은 분명하게 전해 주어야 한다(요 12:42-43). 끝으로 본 과를 마치면서 다음 성경 구절을 다시 한 번 기억하기 바란다.

"악한 자의 임함은 사단의 역사를 따라 모든 능력과 표적과 거짓 기적과 불의의 모든 속임으로 멸망하는 자들에게 임하리니 이는 저희가 진리의 사랑을 받지 아니하여 구원함을 얻지 못함이니라 이러므로 하나님이 유혹을 저의 가운데 역사하게 하사 거짓 것을 믿게 하심은 진리를 믿지 않고 불의를 좋아하는 모든 자로 심판을 받게 하려 하심이니라"(살후 2:9-12).

"만일 우리 복음이 가리웠으면 망하는 자들에게 가리운 것이라 그 중에 이 세상 신이 믿지 아니하는 자들의 마음을 혼미케 하여 그리스도의 영광의 복음의 광채가 비취지 못하게 함이니 그리스도는 하나님의 형상이니라"(고후 4:3-4).

"그리스도께서 우리로 자유케 하려고 자유를 주셨으니 그러므로 굳세게 서서 다시는 종의 멍에를 메지 말라"(갈 5:1).

[공동 기도문 : 통성기도]

거룩하신 하나님 아버지,

세상은 많은 종교와 사상과 철학이 구원 진리와 삶의 지혜를 제시하고 있으나, 우리를 기독교 복음의 길로 불러 바른 길을 가게 하시오니 진심으로 감사합니다. 영안의 눈이 어두워서 종교 사상과 기독교 복음 진리를 구별하지 못하고, 기독교 진리에 확신을 갖지 못했던 것을 용서하여 주옵소서. 기독교 복음 진리에 확신을 갖고 종교생활에 빠지지 않도록 도와주옵소서. 부족한 저희들을 사용하셔서 아직도 진리를 찾지 못하여 여러 종교에서 무거운 짐을 지고 방황하는 많은 사람들을 밝은 복음의 길로 인도하여 주옵소서. 종교에 매여 있는 불쌍한 영혼들에게 악한 세력의 결박을 풀어 주셔서 예수 그리스도의 복음을 믿고 구원받게 하옵소서. 예수님 이름으로 기도합니다. 아멘. (묵상기도 훈련 : 막 1:35; 삼상 1:13)

[질문] 인본주의 종교의 요소는 ① 초월적 절대자 ② 종교의식 ③ 집례자 ④ 구원관 ⑤ 거룩성과 윤리성이다. 그리고 종교의 일반적인 특징은 ① 인위적 영생 추구 ② 인간의 신격화와 신비한 합일 사상 ③ 행위구원 ④ 이성적 합리성 ⑤ 지상 낙원 건설이다. 종교와 비교하여 변개할 수 없는 기독교의 5대 특징을 기독교 복음의 손으로 설명해 보라.

1. 요한복음 14:6
2. 디모데후서 3:16-17
3. 로마서 5:12
4. 에베소서 2:8
5. 고린도후서 5:10

[나눔] 타종교인을 어떻게 대하면 좋을지 자신의 경험을 토대로 좋은 의견들을 나눠보라.

[토론] 다음은 로마 가톨릭 교회의 기독교에 대한 반박문 중 일부이다. 이들의 해명서와 교육 교리를 읽고서 무엇이 잘못되었는지 성경 말씀에 비추어서 살펴보고 로마 가톨릭과 기독교가 무엇이 어떻게 다른지 그 차이를 토론해보라.

해 명 서

같은 주님을 고백하면서 갈라진 형제들에게

어떤 사람들은 로마 가톨릭에 대해 '마리아 교회'라고 엉뚱한 오해를 하고 있다. 마치 마리아를 신앙의 대상으로 삼는 것으로 악선전을 한다. 대단한 오해이며 무지이다. 당연히 가톨릭 교회는 삼위일체 하나님만 유일한 신앙의 대상으로 한다. 다만 마리아는 예수님의 어머니이시고 은총의 협조자이며 신앙의 모델로서 최상의 공경을 드리는 것이다. 누구나 잘 아는 '아베 마리아'라는 노래는 누가복음 1장에 나오는 성서의 내용을 기도문으로 만든 것이다. 요한복음 19장 25-27절에 예수께서 십자가의 죽음 앞에서 제자에게 마리아를 부탁한다고 당부한 사실이 있고 사도행전 1장 14절에서 사도들과 함께 계신 성모님을 발견한다. 요한복음 2장의 가나 혼인잔치 첫 번째 기적은 성모님의 간구에 의해 이루어진다. 오히려 개신교 형제들에게 묻고 싶다. 성서를 공부하는 분이면 성모님 공경이 참으로 성서적이라는 것을 인정할 것이다. 예수님이 탄생하시고 죽을 때까지 따라서 사셨던 성모님을 공경하고 본받는 것이 참된 신앙의 길이 될 것이다.

〈성정 바오로 천주교회 선교부 전도지 일부〉

교리 교재

18장 성모 마리아 편에 이렇게 기록되어 있다.

성모 마리아는 **평생 동정녀**이시며(374년 교황 교령) 성서에 나오는 예수의 형제는 친형제가 아니고 이종 사촌 친척들이다. 예수님이 하나님이시기에 마리아는 **하나님의 어머니**로(430년 교황 교령) **원죄 없이 태**

어났고(1477년 교황 교령) 죽은 다음에 **부활 승천**의 은혜를 받았다(1854년 교황 교령). 성모 승천은 성모 신학에 대한 결론이기에 교회에서는 1950년에 공식으로 이 교리를 선포하였다(1950년 11월 1일 교황 교령: 성경 요 3:13). 성모님은 우리 대신 하나님께 기도하여 주시는 자비와 인자의 어머니시며 언제나 우리 곁에 계시고 인류와 하나님 사이에 가장 중요한 중개 역할을 하신다(1841년 교황 교령). 그래서 우리는 **성모님을 통해서 하나님의 은혜를 간구한다**(딤전 2:5; 요1 2:2; 롬 8:27, 34).

오, 마리아여! 성부, 성자, 성령의 삼위께서 당신에게 한 이름을 주셨으니 모든 인류 위에 뛰어난 이름이시며 하늘에 있는 것들과 땅에 있는 것들과 땅 아래 있는 것들로 모든 무릎을 당신의 이름 앞에 꿇게 하실 이름이니이다(「마리아 영광」, 168쪽: 빌 2:9-10).

우리의 구원은 마리아의 손에 달려 있습니다(1943년 교황 교령).

마리아에 의해 보호받지 못하는 자는 구원을 잃어버리게 될 것입니다(「마리아 영광」, 169-170쪽: 요 10:1, 7, 9)

하늘에 계신 성모 마리아여, **우리에게 한 분의 변호인이 계시니 그 분이 바로 당신입니다**(「마리아 영광」, 168쪽 : 딤전 2:5; 요1 2:1).

마리아를 공경하지 않는 자들은 구원받지 못할 것입니다(「마리아 영광」, 215쪽: 요 10:9).

〈가톨릭 출판사 刊「천주교 교리」일부〉

천주교에서는 374년에 교황 교령으로 영원하신 처녀 마리아, 430년에 하나님 어머니 마리아, 1477년에 마리아 무염시태 공식화, 1854년에는 마리아 무염시태, 1841년에 중보자 마리아, 1943년에 구속자 마리아, 1950년에 마리아 승천 교리를 확정했다. 종교의 규율은 안전한 피난처를 추구하는 사람들에게는 회개와 신앙 결단을 요구하는 복음보다 편하기 때문에 복음을 대신하게 된다. 인본주의 종교는 그것이 자기들의 마음에 만족할 때까지 계속 변형시키는 것이다(골 2:8).

[읽어보기 : 기독교 복음의 영맥과 세상 종교의 육맥]

만약 사람들이 종교의 기원과 발전 과정을 발견할 수 있다면 종교의 본질을 더 잘 이해할 수 있을 것이다. 종교의 기원과 발전 과정을 설명하기 위해서 다양한 학설들이 주장되었으나 어느 것도 종교의 기원을 증명할 조건을 만족시키지 못했다. 그리하여 스트렝(Frederik J. Streng)은 다음과 같이 말했다. **"현재 우리는 최초의 종교 체험들을 형성한 조건들에 대하여 사색할 수 있을 뿐이다. 오늘날 많은 사회과학자들과 역사학자들에게 하나의 종교 기원을 찾아보려는 시도는 완전히 그릇된 문제로 여겨진다. 기원에 관한 연구는 문제의 복합성을 인식한 것 외에는 거의 긍정적인 결론에 도달한 적이 없다"**(*Frederik J. Streng, The Religious Life of Man, pp. 15-23*).

그러나 우리는 성경에서 종교의 기원과 발전 과정을 찾을 수 있고 종교의 본질을 파악할 수 있다. 하나님은 인간을 **의존적 존재**인 하나님의 형상으로 창조하시고 자신과의 관계 속에서 최대의 능력을 발휘하도록 하셨다. 하지만 사단이 처음 인간에게 나타나 하나님에게서 독립하여 자기의 능력을 발휘하도록 미혹했다. 이때 사단은 인간에게 4가지를 약속했다. ① **결코 죽지 않는다(인위적 영생, 창 3:4)**. ② **너희 눈이 밝아진다(합리적 이성, 창 3:5)**. ③ **하나님같이 될 수 있다(인간의 신격화, 신적 존재와의 신비한 합일 사상, 창 3:5)** ④ **선악을 분별할 수 있다(행위구원, 창3:5)**. 이 4가지 약속이 바로 그것이다. 이 말을 들은 처음 인간은 ⑤ **그 나무를 본즉 먹음직도 하고 보암직도 하고 지혜롭게 할 만큼 탐스럽게 보였다(지상낙원 건설 환상, 창 3:6)**. 그래서 선악과를 따먹고 죄를 범한 결과 하나님과의 영적 관계는 파괴되고 영광스런 하나님의 형상을 상실하고 말았다. 눈이 밝아지자 자기의 연약함과 수치를 자각하고 무화과 나뭇잎으로 옷을 만들어 입었다. 그리고 두려움으로 하나님을 피하여 동산에 숨어 버렸다(창 3:7-8). 여기에서 한 가지 생각해야 할 것이 있다. 놀랍게도 세상의 모든 종교와 사상들은 공통적으로 사단이 약속했던 5가지 , 즉 ① **인위적 영생**, ② **합리적 이성**, ③ **인간의 신격화와 합일사상**, ④ **행위 구원**, ⑤ **지상 낙원을 추구**하고 있다는 사실이다. 이것은 기독교의 복음과 반대되는 것이다. 선악과를 따먹었을 때의 결과, 그 첫째는 수치와 연약함을 느낀 것, 둘째, 두려워지는 것, 셋째, 자구책으로 나뭇잎 옷을 해입는 것, 이 모든 것이 바로 인간 종교의 출발점이었다. 그런데 문제는 자구책으로 만든 무화과 나뭇잎 옷을 입고 하나님께 좀더 가까이 나아간 것이 아니라 오히려 하나님을 피해 숨어 버렸다는 점이다. 종교 행위에 깊이 빠지면 빠질수록 하나님께 가까이 나아가는 것이 아니라 오히려 하나님과 더욱 멀어진다는 사실을 단적으로 보여주고 있다. 여기에서 매우 중요한 것은 처음 종교 행위의 배경에는 악한 영이 작용하고 있다는 사실이다. 그 다음의 발전 과정을 보자. 하나님의 방법과 상관없이 가인은 자기 방법으로 곡물로 제사를 드렸으나(창 4:3) 본능적인 죄는 이길 수 없었다. 노아 홍수 후 구스의 아들 **니므롯은 바벨론 나라를 세우고 바벨탑을 쌓아 하나님 없는 종교문화의 중심지로 만들었다**(창 10:8-11:10; 계17:5). 이렇게 종교의 특징은 철저히 인본주의였다. 바벨탑 사건 후 이 종교 문화는 다양한 잡신들과 종교 형태로 온 세상에 흩어졌다. 유일신 신앙은 각 족속의 다양한 신명과 더불어 다신교로 타락해 버렸다고 유추해 볼 수 있다.

사실 모든 종교는 하나님의 일반 은총에서 출발한다. 인간 타락 후에도 하나님은 죄인들이 회개하며 돌아오기를 기다리며 참으시는 가운데 그들에게 잠정적 생존의 일반 은혜를 허락하셨다. **인간 본성을 통해 하나님의 인격을, 자연을 통해 하나님의 능력과 영광을, 가정을 통해**

하나님의 사랑을, 국가를 통해 하나님의 공의를, 그리고 역사를 통해 하나님의 심판을 계시하셨다. 지성의 본능을 통해 참과 거짓을 구별하고 얻은 지식을 통해 과학이나 철학 같은 학문을 발전시킬 수 있다. 감정의 본능을 통해 아름답고 추한 것을 구별하고 음악과 미술 같은 예술의 창작으로 삶의 만족을 느끼게 된다. 의지의 작용은 선악의 행위로 연결되고 선악을 구별하는 법과 도덕의 윤리가 실천된다. 그리하여 인간의 이런 지 · 정 · 의 활동에 의해 삶의 문화가 형성된다.

어느 곳, 어느 시대를 막론하고 인간은 종교를 가지고 살아왔으나 종교의 형태가 다양하고 심오하기 때문에 사실 종교를 올바로 정의 내리기는 어렵다. 그러나 성경에 의하면 하나님의 일반 은총에 의해 종교가 인간의 본능에서 시작되므로 인간은 종교성을 가지고 있다고 보아야 할 것이다. 하나님의 형상을 닮았던 인간은 짐승과는 다르게 타락 후에도 알고자 하는 정신 활동의 이성이 있고 선을 추구하는 양심과 하나님에 대한 향수인 영원을 사모하는 영성이 있다(롬 1:19 ; 전 3:11; 행 17:22-23). 그리하여 막스 뮐러(Max Muller)는 종교를 지적 활동으로 보았고 루돌프 오토(Rudolf Otto)는 종교의 감정적 체험을 중시하여 **"종교는 절대 타자와의 접촉에서 얻어지는 경외와 신비의 감정이다"**라고 말했다. 또한 슐라이에르마헤르(Schleiermacher)는 종교를 절대 의존 감정(a feeling of absolute dependence)이라고 말했다. 임마누엘 칸트(Immanuel Kant)는 종교를 도덕적 실천의 의지와 결부시켰다. 그러나 종교철학자 틸레(Tiele)는 "종교는 인간의 지 · 정 · 의 모든 내용을 포함하는 신과 인간과의 관계"라고 포괄적인 정의를 내리기도 했다.

인간이 만든 종교는 이렇게 하나님의 일반 은총인 인간의 타락한 본성에서 시작되어 일부의 심오한 진리와 신앙 체험의 매력을 가지고 있다. 그러나 인간의 본질적 죄악성과 인간 자력의 한계, 불완전한 신에 대한 지식, 그리고 악령의 교묘한 속임수 때문에 성경은 종교에 대하여 부정적이다. 그래서 아무리 신령한 능력자나 거룩한 성자, 위대한 헌신자라 할지라도 종교인은 구원과 상관없는 일반인일 뿐이다.

기독교 복음	세상 일반 종교
하나님의 특별 은총 영역	하나님의 일반 은총 영역
하나님의 구원 계시 영역	하나님의 존재 계시 영역
하나님의 자원적 은혜	하나님의 참으시는 은혜
하나님의 영원한 은혜	하나님의 잠정적 은혜
예정자의 선택적인 은혜	선악자의 일반적인 은혜
하나님의 절대적 은혜	하나님의 허용적 은혜
천국 삶을 위한 은혜	현실 삶을 위한 은혜
인간의 의지와 행위 부정	인간 의지와 행위 인정
사단의 영향력 금지	사단의 영향력 허용
유일성, 절대성, 완전성, 확실성	다양성, 상대성, 불완전성, 불확실성
하나님 주도의 역사	인간 주도의 역사

그러나 기독교의 복음은 근원과 과정이 종교와 달랐다. 인간이 선악과를 따먹고 타락한 후 구원은 인간 스스로에게 맡겨진 것이 아니었다. 하나님 자신이 마련하신 **창세기 3장 15절의 최초 언약**으로 예수 그리스도를 통한 구원의 언약에서 기독교 복음이 시작되었다. 하나님은 그 약속을 즉각 행동으로 옮겨 예수 그리스도의 대속을 상징하는 양을 잡아 가죽옷을 만드셨다. 그리고 인간 스스로 만든 임시적인 **나뭇잎 옷**을 벗기고 **영원한 가죽옷**을 입혀 기독교 복음을 예표해 주셨다(창 3:21). 그리하여 이 예표를 따라 아벨은 **짐승의 피 제사**를 드려 죄를 용서받고 하나님께 믿음으로 나아갔다(창 4:4; 히 11:4).

노아 홍수사건 후 하나님은 종교문화의 본산지 바벨론 메소포타미아 지역에서 아브라함을 불러내어 아들과 땅의 복음을 구체적으로 약속하셨다(창 12:1-8). 이것은 하나님의 아들 예수 그리스도와 그의 나라 천국의 복음을 예표한 것이었다(갈 3:8). **고대 바벨론이 종교 운동의 근거지였다면 하나님은 세계의 중심지인 가나안 땅 예루살렘을 복음 운동의 근거지로 삼으셨다.** 하나님은 창세기 3장 15절의 약속대로 예수 그리스도를 이 땅에 보내어 종교와 상관없이 베들레헴에서 태어나게 하셨다. 그리고 종교적 규율에 매임 없이 갈릴리에서 사역하시다가 겟세마네 동산의 십자가에서 죄인들을 위해 죽게 하심으로 구원을 완성하셨다(요 19:30). 이것이 A.D. 33년경이었다.

그리고 예수님이 부활 승천하신 후 오순절 날 약속하신 성령님이 강림하심으로 120여 명의 무리들이 기도하는 가운데 성령충만한 능력을 받고 기독교 복음을 증거하기 시작했다(행 2:1-46). 흩어진 제자들이 소아시아 안디옥 지역에서 복음을 증거할 때 사람들은 그들을 예수를 닮은 '그리스도인'이라고 부르기 시작했다(행 11:26). 비로소 **창세기 3장 15절에서 시작된 기독교의 복음이 A.D. 40년경에 가서야 기독교(Christianity)라는 이름이 붙여지게 되었던 것이다.** 그러나 기독교 복음이 종교화되는 위기가 찾아왔다. 첫 번째는 ① **하나님의 증인으로(사 43:10-12) ②하나님의 분명한 이름과(사 42:8) ③하나님의 말씀과(롬 3:2) ④메시아 계보의 언약을 받고(롬 9:5) ⑤역사 계시의 모델로 기독교 복음 전승의 사명을 받은 이스라엘 사람들이 B.C. 500년경 기독교 복음의 해석에 실패하여 기독교 복음을 자기들의 민족 종교로 만들어 배타적인 유대교가 된 것이다.** 이들은 성경해석에 실패하여 예수 그리스도를 배척했고 수백 가지의 전통과 율법을 지키면서도 한 가지의 사랑 계명은 지키지 못했다(요 13:34). 이것은 A.D. 35년경 예수님이 부활 승천과 성령 강림으로 복음 진리를 깨달은 초대교회의 개혁(refomation)에 의해 회복되었다.

그러나 또 한 번의 위기가 닥쳐왔다. A.D. 313년 로마 황제 콘스탄

틴은 자기를 신격화하여 황제 숭배로 절대 권력을 휘두르던 다른 황제들과는 달랐다. 그 당시 강력한 영향력을 가졌던 초대교회의 복음을 종교화하고 구원의 초점을 예수 그리스도로부터 교회로 돌려버리고 말았다. 이들은 로마 종교와 고대 바벨론 종교를 혼합하여 가톨릭 교회라는 **유사 기독교**를 만들어냈던 것이다. 그리고 이를 국교로 삼아 종교를 이용한 정치를 시도하여 기독교 복음을 정치 종교화하게 되었다. 이 가톨릭 교회는 **교회교**로 교회 밖에는 구원이 없다고 주장하여 모든 종교에 배타적이었다. **교황 제도, 마리아 신격화, 연옥설, 성상 숭배, 죽은 자 기도, 고행 제도 등이 특히 기독교 복음과 다른 교리였다. 특히 자기들이 편리한 대로 말씀을 해석하고 변경시키고 권위를 인정하지 않을 뿐 아니라 새로운 교리를 만들어냈다.** 제2 바티칸 공회(1962-1965) 이후 기독교와 세계 종교에 대한 가톨릭 교회의 태도는 개방적으로 변했으나 ① **마리아와 성인 숭배** ② **성경 권위 부정** ③ **예수 그리스도 구원의 유일성 부인** ④ **교황의 신격화** ⑤ **은혜 구원 부정** ⑥ **연옥설 주장** ⑦ **우상숭배와 사자 기도의 미신성 등 7가지 종교적인 교리는 전혀 변하지 않고 더욱 강화되었으며 여전히 기독교의 복음과는 다른 종교로 구별되는 것**이다. 중세까지 유럽과 서방 세계를 지배했던 가톨릭 교회는 성령의 출처문제로 A.D. 1014년 로마 바티칸을 본부로 하는 서방의 가톨릭 교회와 그리스 아테네를 본부로 하는 동방 정교회로 나뉘었다. 그리고 특히 동방 정교회는 러시아를 선교하여 러시아 정교회를 확립시켰다.

그러나 16세기 A.D. 1517년경 마틴 루터(Martin Luther)를 중심한 종교개혁자들이 기독교 복음을 종교로 만든 가톨릭 교회를 개혁하여 ① **오직 말씀** ② **오직 예수** ③ **오직 은혜** ④ **오직 믿음** ⑤ **오직 하나님 영광의 기독교 복음으로 되돌려 놓았다.** 이 개혁 교회를 '개신교(protestant church)' 라고 불렀다. 그러나 이 개신교를 구교인 가톨릭 교회에서 분리된 신교라고 부르는 것은 잘못된 것이다. 기독교는 유대교나 가톨릭 교회의 개혁에서 생긴 것이 아니다. 유대교나 가톨릭 교회가 생기기 전 창세기 3장 15절에 나타난 하나님의 구원 약속에서부터 존재했으며 아브라함같이 이 약속을 믿는 하나님의 백성들에 의하여 계속되다가 이미 A.D. 40년경 초대교회를 세상 사람들은 기독교라고 불렀다. 기독교가 개신교, 가톨릭교, 정교회, 셋이 있다는 견해도 잘못된 것이다. 유대교, 가톨릭교, 정교는 기독교 복음을 혼합 종교로 종교화한 일반 종교일 뿐이다. 그러면 그들에게는 구원이 없다는 말인가? 그런 질문도 말이 안 된다. 구원은 종교나 교리, 또는 교회가 주는 것이 아니라 오직 회개하고 예수 그리스도를 구세주로 믿는 개인적인 믿음에 의하여 결정되기 때문이다. 특히 기독교와 유사한 가톨릭 교회는 기독교 복음이 아니다. 종교의 형식을 갖춘 세속 정치 조직으로 군대를 가지고 전세계에 대사를 보내고 있는 하나의 전제 국가라는 사실을 분명히 알아야 한다. 그러므로 그리스도인을 착각하게 하여 종교인으로 머물게 하는 유사 기독교에 대하여 경계할 필요가 있다(계 18:4).

현대 종교 다원주의 사회에서 세계 종교 통합 운동인 뉴에이지 운동이 매우 활발하다. 이런 종교 연합 세력은 기독교 복음의 핵심인 예수 그리스도 구원의 유일성(uniqueness)에 도전하는 은밀한 영적 전투를 벌이고 있다. 이 뉴에이지 운동은 혼합 종교 형태로 범신론, 단일론, 성선설, 환생 윤회설, 영혼 이탈, 신격화 의식화, 종교 다원주의를 주장하고 있다. 특히 종교들의 평화 일치 운동으로 포장되고 음악, 영화, 소설 등 대중문화를 도구로 사용하기 때문에 현대인들에게 상당히 합리적이고 매력이 있다. 이들은 죄와 예수 그리스도의 대속적 죽음, 그리고 천국과 지옥을 부정하므로 기독교 복음에 대치된다. 성격이 비슷한 세상 종교끼리는 화해와 일치가 가능하나 기독교 복음과는 결국 종교연합 대 복음으로 대치되는 것이다. 이제 우리는 파괴하기 위해 화해와 일치의 이름으로 위장하며 기독교 복음을 반대하기 위해 표면상 기독교를 인정하는 전략, 전술로 기독교 복음에 침투해 들어오는 종교의 영적 세력을 경계해야 한다. 그리고 그들을 ① **분별하고** ② **진리로 무장해서** ③ **진리를 보존하며** ④ **그들과 분리될 뿐만 아니라** ⑤ **그들을 변화시킬 수 있는 대책이 필요하다.** 각기 다른 신을 믿으며 종교 다원주의 신앙을 가지고 있던 천 명의 아내를 통해 하나님 중심 신앙이 흐려졌던 노년의 솔로몬 한 사람 때문에 이스라엘은 분단과 멸망의 비참한 비극을 겪어야만 했다(왕상 11:1-13).

복음과 종교의 기원

기독교 복음의 기원과 발전	세상 종교의 기원과 발전
하나님 마음 속에서 출발	부패한 인간의 마음에서 출발
하나님의 약속 근거(창 3:15)	사단의 약속 근거(창 3:4-5)
하나님의 가죽옷 상징(창 3:21)	인간의 나뭇잎 옷 상징(창 3:7)
아벨의 짐승 피 제사 예표(창 4:4)	가인의 곡물 제사 예표(창 4:3)
아브라함 가나안 예루살렘 중심(갈 3:8)	니므롯 시날 바벨론 중심(계 17:5)
세계 복음화 진행(단일성, 불변성)	세계 종교화 발전(다양성, 변화성)
A.D. 33년 초대교회(예수 중심 복음)	B.C. 500년 유대교(모세 중심 종교)
A.D. 1517년 개혁 교회(말씀 중심 복음)	A.D. 313년 가톨릭 교회(예식교리 종교)

기독교와 뉴에이지 운동

	기독교 복음	뉴 에이지 운동
신	하나님	인간을 포함한 모든 만물
인간	죄인	신적 존재
문제	죄	무지
구원	예수 믿음	의식 개혁
영생	하나님과 동거	신과 연합
사후	부활	윤회
천국	예수 재림 후 새 하늘 새 땅	지상 낙원

지금까지 우리는 성경적으로 기독교 **복음의 영맥**과 세상 **종교의 육맥**을 살펴보았다. 이들은 명백히 서로 구별되므로 기독교는 종교가 아니라는 사실을 분명하게 알게 되었다. 기독교의 가장 큰 문제는 **종교화, 혼합주의화, 세속화**이다. 성경은 하나님이 종교와 복음을 혼합하는 것을 얼마나 싫어하시는지 이스라엘 역사를 통해 명백하게 보여주고 있다. 기독교 안에서도 그리스도인이라고 자부하는 수많은 사람들이 자신의 정체성(identity)을 착각하여 여전히 종교인의 자리에 앉아 있는 것은 너무나 슬픈 일이다. 오늘날 교회가 내부적으로 복잡하고 외부적으로는 무력한 것은 거듭난 그리스도인들이 아닌데도 그리스도인이라고 스스로 속고 있는 종교인들이 너무나도 많기 때문이다. 예수님이 공생애 사역을 시작하시면서(요 2:13-22) 성전을 청결케 하셨고 공생애 사역을 마치실 무렵에는 자신을 배척한 예루살렘 성전의 장래를 내다보시고 성전을 개혁하신 그 의미를 깊이 생각해 보아야 한다(마 21:12-17). 여러분은 지금 기독교 복음의 자리에 속해 있는가, 아니면 종교인의 자리에 그냥 머물러 있는가?

성경적 기독교 복음의 영맥과 세계 종교사상의 육맥(살후 2:9-13)

기독교는 종교가 아니라 복음이다

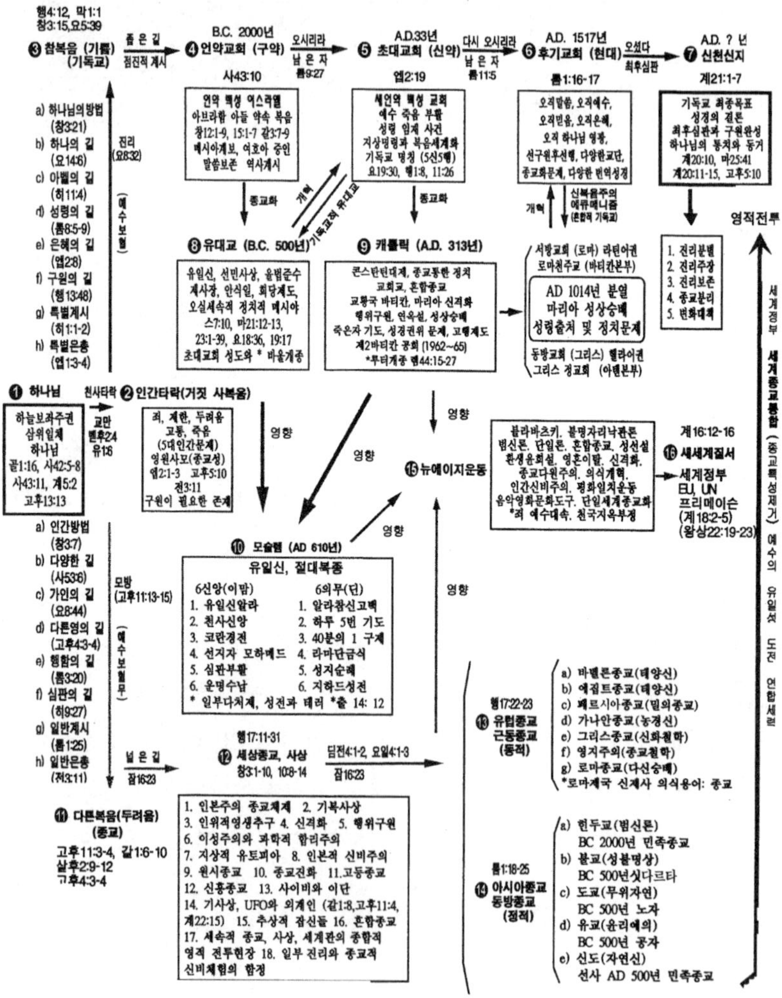

제4과 하나님은 누구신가?

학습목표 : 하나님은 누구시며(who) 왜 하나님을 알아야 하는지(why), 하나님을 어떻게 알 수 있고(how) 하나님을 아는 사람들이 어떻게 살아야 하는지(and then)를 이해하며 분명하게 대답할 수 있다. 그리고 기독교 신앙의 대상자이신 하나님을 바로 알고 신앙을 고백하여 자신의 삶을 하나님께 집중시켜 헌신하는 바른 신앙 생활을 할 수 있다.

요절말씀 : 나는 여호와니 이는 내 이름이라 나는 내 영광을 다른 자에게, 내 찬송을 우상에게 주지 아니하리라(사 42:8).

어쩔 수 없는 미련한 자의 4대 조건은 무지와 고집과 교만, 그리고 착각이다. 윤리 강령인 유교의 하늘님이나 옥황상제, 무위 자연을 주장하는 도교의 신선, 명상과 자업 불교의 석가모니, 일본 신도의 여러 신들, 계급적 운명론을 주장하는 힌두교의 브라만신, 신조와 절대 복종을 주장하는 이슬람의 알라신, 샤머니즘의 혼령, 율법과 선민 사상으로 무장된 유대교의 유일신, 그리스 · 로마 신화의 제우스 신 등 세상에는 수많은 종교와 신이라고 불리는 많은 존재들이 있다(고전 8:5-6). 기독교의 하나님은 이렇게 신이라고 불리는 다른 신들(gods)이나 우상들과 어떻게 다른가? 하나님에 대한 이해가 잘못되면 신앙의 모든 것이 잘못된다. 기독교 신앙의 주체인 하나님은 누구시며 무슨 일을 하셨고 나와 무슨 관계가 있으며 어떻게 예배하며 섬겨야 하는가 하는 것이 정통 신앙의 내용이다. 그리스도인으로서 내가 믿고 있는 하나님은 도대체 누구인가를 정확하게 알고 그분 앞에 신앙고백을 하며 내 삶을 그 분께 집중시켜 헌신하는 하나님의 사람이 바른 신앙생활을 할 수 있다. 신앙 생활에서 가장 우선순위는 하나님을 알고 하나님과의 관계를 정립하는 것이다.

세상에 왜 끊임없이 혼란과 불행이 있으며 왜 그리도 문제가 많은가? 실낙원 후 하나님을 떠난 인간의 총체적인 불행과 방황의 문제는 하나님을 찾아 영원을 사모하는 영혼의 갈증을 주셨으나(전 3:11; 롬 1:19-23) **참된 구원의 하나님 한 분을 찾지 못한 데 있다**고 성경은 지적하고 있다(사 43:11). 예레미야는 인간들이 생명의 근원이신 하나님을 버리고 잡신과 우상을 섬겨 스스로 무덤을 파는 두 가지 악을 행하였기 때문이라고 명백하게 대답했다(렘 2:13). 그리하여 다윗은 "어리석은 자는 그 마음에 이르기를 하나님이 없다 하도다 저희는 부패하고 소행이 가증하여 선을 행하는 자가 없도다 여호와께서 하늘에서 인생을 굽어 살피사 지각이 있어 하나님을 찾는 자가 있는가 보려 하신즉 다 치우쳤으며 함께 더러운 자가 되고 선을 행하는 자가 없으니 하나도 없도다"(시 14:1-3)라고 탄식했다. 호세아 선지도 **"이 땅에는 진실도 없고 인애도 없고 하나님을 아는 지식도 없고 오직 ① 저주와 ② 사위(거짓말)와 ③ 살인과 ④ 투절(도둑질)과 ⑤ 간음뿐이요 ⑥ 강포(포악)하여 ⑦ 피가 피를 뒤대임이라"(호 4:1-2)**라고 애타게 부르짖었다. 그리스도인들이 하나님에 관하여 연구하는 일의 중요함에 대하여 스펄전(Spurgeon) 목사님은 다음과 같이 고백했다.

"하나님에 대해 명상할 때면 우리의 정신을 대단히 확장시키는 무엇인가를 느끼게 된다. 그 주제는 너무나 광대해서 우리의 사고는 그 무한한 공간 속에서 길을 잃어버리고 또한 그것은 너무나 심오해서 우리의 오만함은 무한대 속으로 사라지게 된다. 우리가 이해할 수 있고 논쟁할 수 있는 다른 주제를 다룰 때 우리는 일종의 자기 만족을 느끼며 '보라, 나는 현명하다'라고 스스로 생각한다. 그러나 이 놀라운 학문에 이르게 되면 우리의 다림줄은 그 깊이를 측정할 수 없으며 우리의 날카로운 눈은 그 높이에 미치기 못하기에 '나는 소용이 없어졌으며 이제 아는 것이 없다' 라고 뒤로 돌아가서 진지하게 고백하게 된다. 그러나 그 주제가 우리의 마음을 겸손하게 하는 동안에 또한 우리의 마음을 확장시키는 일도 한다. 신성에 대한 위대한 주제를 놓고 독실하게, 열심히, 끊이지 않고 연구하는 일에서만큼 우리 인간의 영혼을 성장시키고 지적인 능력을 확장시키는 것은 없다."

이렇게 하나님을 아는 지식은 최고의 신앙이요, 최고의 지식이요(잠 9:10), 최고의 복이요, 가장 영광스러운 일이기 때문에 가장 중요한 주제이다. **하나님을 아는 것이 영생이요 구원이다(요 17:3).** 그렇다면 **어떻게 하나님을 알 수 있다는 말인가?** 이 질문에 대하여 성경은 인간의 지혜나 노력으로는 절대 하나님을 알 수 없다고 단정지어 말한다(고전 1:21). 유대인에게 '안다'는 의미의 '야다'라는 말은 단순한 지식이 아니라 체험적인 것이며 지 · 정 · 의 · 전 인격의 반응을 포함한다. 그러므로 하나님을 안다는 것은 하나님을 신뢰하고 교제를 누리며 하나님을 닮아가는 경건한 삶의 반응을 포함한다. 미국의 그 유명한 그랜드 캐니언을 이야기나 글로 아는 것과 가서 직접 보고 체험하는 것과는 얼마나 많은 차이가 있는가? 체험적이 아닌 지식적, 관념적, 추상적인 신앙은 무력한 것이다. 하나님을 어떻게 알고 체험할 수 있을까? 이것이 우리에게 문제가 된다. 하나님을 알려는 인본주의적 시도는 철학적, 종교적, 학문적, 초월 명상적 방법 등 다양하다. 그러나 하루살이가 내일을 결코 알 수 없으며 메뚜기가 겨울이 있다는 것을 모르듯이 제한적이고 유한한 인간의 시도는 사다리를 타고 하늘에 오르려는 것만큼 불가능한 일이다(출 9:16; 욥 37:1-7). 사도 바울은 **"오직 그에게만 죽지 아니함이 있고 가까이 가지 못할 빛에 거하시고 아무 사람도 보지 못하였고 또 볼 수**

없는 자시니 그에게 존귀와 영원한 능력을 돌릴지어다"(딤전 6:16) 라고 말했다.

그렇기 때문에 하나님이 자신을 스스로 알려 주셨는데 이것을 계시(revelation)라고 한다. 계시의 한 방편으로 자연 사건과 자연 세력과 자연 법칙을 통해 하나님의 존재와 섭리와 능력을 보여주셨는데 이것을 **자연 계시(natural revelation), 또는 일반 계시(general revelation)**라고 한다. 사도 바울은 "하나님을 알 만한 것이 저희 속에 보임이라 하나님께서 이를 저희에게 보이셨느니라 창세로부터 그의 보이지 아니하는 것들 곧 그의 영원하신 능력과 신성이 그 만드신 만물에 분명히 보여 알게 되나니 그러므로 저희가 핑계치 못할지니라"(롬 1:19-20), "이는 사람으로 하나님을 혹 더듬어 발견케 하려 하심이로되"(행 17:27) 라고 말했다. 그리고 다윗은 "하늘이 하나님의 영광을 선포하고 궁창이 그 손으로 하신 일을 나타내는도다 날은 날에게 말하고 밤은 밤에게 지식을 전하니 언어가 없고 들리는 소리도 없으나 그 소리가 온 땅에 통하고 그 말씀이 세계 끝까지 이르도다"(시 19:1-4)라고 말했다.

그러나 자연 속에 나타난 일반 계시만으로 하나님의 뜻을 분명히 알고 따를 수가 없다. 왜냐하면 **죄가 인간에게 들어와(롬 5:12)** 인간이 전적으로 타락하고 부패하였기 때문이다(시 14:2-3; 사 48:8; 렘 17:9). 그러므로 인간을 죄에서 구원하기 위해서는 하나님의 **특별 계시(special revelation)**가 필요했다. 이 특별 계시는 구원의 계시인데 **하나님의 구원 계획과 실현 방법을 보여주시는 계시**이다. 하나님이 자신을 특별히 나타내신 객관적 증거는 바로 성경 말씀이며 완전히 자신의 실체를 보여주신 것은 예수 그리스도이시다(요 1:10-12, 14; 히 1:1-3). 그러므로 **하나님의 최종적 완전한 특별 계시는 바로 예수 그리스도이시다.** 사도 바울은 골로새 교회에게 하나님의 비밀인 예수 그리스도 안에 지혜와 지식의 모든 보화가 숨겨져 있다고 말했다(골 2:2-3). 믿는 자마다 영생을 얻게 하시려는 특별 계시의 목적이(요 3:16) 하나님의 능력으로(롬 1:16; 고전 1:18) 예수 그리스도 안에서 이루어진 것이다. 하나님의 비밀인 예수 그리스도는 하나님의 능력과 지혜이다(고전 1:24). 하나님이 자신을 보여주신 **초자연적 특별 계시는 예수님을 통해(요 1:18; 히 1:2; 롬 1:10, 18-19), 체험적으로 하나님의 영인 성령을 통해(벧후 1:21), 그리고 하나님과 인간 관계에 있어서 오직 약속의 말씀을 믿음으로만 알 수 있게 하셨다(히 11:1). ① 믿음으로 성령의 조명을 받고 ② 성령으로 말씀을 깨닫고 ③ 말씀으로 예수님을 바로 알고(히 11:2; 요 1:1-8) ④ 예수님을 통해서 하나님의 소원과 계획, 하나님의 공의와 사랑을 알 수 있다.** 그러므로 하나님의 최종 특별 계시인 예수 그리스도를 모르면 사실 하나님을 알 수 없고 성경도 모르며 성령님도 알 수 없는 것이다(요 14:6; 골 2:2-3). 거듭나지 않고서는 결코 하나님을 알 수 없고(요 3:3-5) 예수님을 통하지 않고서는 하나님을 만날 수 없다는 사실이 기독교의 기본 진리인 것이다(요 14:6; 행 4:12). 하나님을 체험하는 길은 사랑이요(요일 4:8), 청결한 양심(마 5:8)과 기도, 말씀, 사모함, 믿음을 통한 성령의 역사가 필요하다. 하나님의 주권을 따라서 영생을 주시기로 작정된 자는 다 하나님을 믿고 하나님을 알고 영생을 소유하게 된다(행 13:48).

그렇다면 이제 우리가 믿는 **기독교의 하나님은 어떤 분인가,** 신이라고 불리는 다른 종교의 여러 신들이나 우상과 어떻게 다른 분인가 하는 질문을 살펴보기로 하자. 우리가 믿는 **기독교의 하나님은 ① 여호와 하나님 ② 삼위일체 하나님 ③ 창조자 하나님 ④ 사랑의 하나님 ⑤ 아버지 하나님** 5가지로 설명할 수 있다.

1. 이름(사 42:8):

기독교의 하나님은 자신의 이름을 **'여호와'**로 세상의 모든 잡신과 구별하여 이스라엘 백성에게 계시하시고(출 3:14-15; 렘 33:2; 사 42:8), 구원하시며(겔 20:9), 여호와의 증인으로 세우셨다(사 43:10). 여호와 하나님은 자기의 이름을 소중히 아끼시며(겔 36:21) 그 이름에 합당한 영광을 받기 원하신다(시 29:2, 96:8). 하나님은 자기 이름을 성전에 두어 그 이름을 부르며 찬송하고 섬기게 하셨다(왕상 8:18, 29, 48, 9:3; 대하 6:18-20). 하나님은 자신의 이름을 위해 하나님 백성을 구원하시고(시 106:8), 용서해 주셨다(렘 14:7). 기도를 응답해 주시며(렘 33:2-3), 인도하시고(시 23:3), 치료하시며(말 4:2) 복 주셨다(민 6:27). 그리고 그 이름을 예수 그리스도께 주셔서 죄인을 구원하시고(마 1:21), 영권을 주시고(막 16:17-18), 기도에 응답하셨다(요 16:24). 또한 "여호와의 이름을 망령되이 일컫지 말라"(출 20:7)라고 저주를 경고하셨다(말 2:2; 잠 30:9). 이스라엘 백성은 **체험적이고 구체적인 하나님을 알게 될 때마다 여호와 닛시(승리, 출 17:15), 여호와 이레(준비, 창 11:14), 여호와 라파(치료, 출 15:26), 여호와 샬롬(평화, 삿 6:24), 또는 에벤에셀의 하나님(여기까지 도우시는 하나님, 삼상 7:12) 등의 명칭**을 붙였다. 그리고 그 여호와 하나님은 자신의 이름을 소유한 예수님의 지상 생애를 통해 자신의 사랑과 공의를 보여주셨다(마 1:21). 또한 신약 시대 사도들이 "전능하사 천지 만물을 만드신 하나님 아버지"로 믿고 고백했다. 사도 신경에서 고백되는 참 하나님은 전능하신 하나님이요, 천지 창조의 하나님이요, 나를 사랑하시는 인격적인 아버지 하나님인 것이다. 이때 우리는 하나님께 의지하지 않고는 살아갈 수가 없는 연약한 존재요, 피조물인 동시에 하나님의 영광스런 자녀라는 사실을 깨닫는다(엡 3:14-15). 그러므로 기독교의 하나님은 ① **이스라엘 백성에게 계시하시고(사 43:10-12) ② 성경을 통해 분명하게 알려주시**

고(딤전 6:16) ③ 사도들에 의해 고백되고 ④ 예수님을 통해 보여주셨을 뿐만 아니라(요 1:18) ⑤ 성령님을 통해 나의 하나님으로 체험되고(고전 2:10) 믿음으로 고백하는(롬 10:10) 여호와 하나님이시다(출 3:15; 사 40:25, 43:11-12). 그러므로 그리스도인들이 하나님을 모른다는 것은 장성한 자녀들이 자기 아버지를 모른다고 엉뚱한 소리를 하는 것과 마찬가지이다.

절대자 하나님(the absolute god)이란 이 천지간에 비교할 상대가 없는 **유일하신 하나님(the unique god)**이라는 말이다. 절대적 하나님의 초월적 위대하심과 완전하심을 영광이라 한다(출 24:17; 요 1:14; 고후 4:6; 엡 1:12). 이 유일하고 절대적인 기독교의 하나님은 이름이 여호와로 피조물인 다른 신들과 분명하게 자신을 구별하셨다. 왜 하나님이 절대자이며 유일하신가? ① 하나님은 기원에 있어 존재 원인이 없이 스스로 자존하시나 세상 만물과 신이라 불려지는 모든 것에는 존재의 원인과 기원이 있다(출 3:14). ② 오직 하나님의 이름만 **여호와**시며 아무도 이 하나님의 이름을 남용하거나 망령되이 부를 수 없다(렘 33:2; 출 3:15; 사 42:8). ③ 존재 양식상 **삼위일체**시며 어떤 신이나 인간도 삼위일체로 존재할 수가 없다(고후 13:13). ④ 존재에 있어 안 계신 곳 없이 **무소 부재**하시고 **편재**하시나 모든 만물은 시공의 제약을 받는다(시 139:7-10). ⑤ 생존에 있어 하나님은 생명의 본체이시며 하나님만 **영생**하신다(딤전 6:16; 창 2:7; 요 11:25-26). ⑥ 시간에 있어 하나님만 영원하시고(시 90:2) ⑦ 능력에 있어 하나님만 불가능이 없는 전능자이시다(욥 32:8). ⑧ 지혜에 있어 하나님만 모르시는 것이 없이 전지하시다(대하 16:9). ⑨ 활동에 있어서 신비한 **영적 존재**로 아무런 장애와 제약을 받지 않는 자유로운 하나님(Free God)이시다(요 4:24). ⑩ 모습에 있어서 볼 수도 없고 가까이 하지도 못할 **광명한 빛**에 거하신다(사 6:3; 딤전 6:16). 어떤 신적 존재도 피조물인 어떤 인간도 하나님의 이 절대성과 유일성에 비교될 수 없다. 유일하신 하나님과 피조물이 절대적으로 구별(Separation) 되는 것을 **거룩(Holiness)**이라고 한다. 인간 타락사건 후 사단은 절대자 하나님을 상대화시키려고 계속 노력해 왔고 아담 이후 피조물 인간들도 하나님같이 되려는 죄를 끊임없이 범해 왔다. 이것은 자신도 모르고 하나님도 모르는 교만에 근거한다(사 14:12-16). 세상에는 유일하신 절대자 하나님께 비교되는 여러 다양한 신들이 있는 것 같지만 이 잡신(gods)은 모두 인간을 미혹하기 위한 사단의 위장이란 사실을 알아야 한다(딤전 4:1). 기독교인의 **참된 신앙은 하나님과 종교적인 많은 신들 사이에, 또한 인간과 하나님 사이에 비교할 수 없는 절대적 차이가 있다는 것을 인정하는 것**으로부터 시작된다. 진리는 두 가지가 있다. 하나는 **믿을 진리**이고 또 하나는 **행할 진리**이다. 자존, 영생, 영원, 불변, 전지, 전능, 편재, 자유, 광명하신 삼위일체 여호와 하나님은 바로 의심 없이 믿어야 할 하나님의 존재요, 절대적 속성이다(사 7:9). 특히 구약에서는 가나안의 다신 문화에 도전을 받는 이스라엘 백성에게 한 하나님의 유일성이 강조되었다. 오직 이름이 여호와라는 하나님만이 찬양과 영광과 경배를 받아야 하는 기독교의 하나님이시다.

1) **유일**: 그런즉 너희가 하나님을 누구와 같다 하겠으며 무슨 형상에 비기겠느냐(사 40:18).
너는 나 외에는 다른 신들을 네게 있게 말지니라(출 20:3).
나는 여호와니 이는 내 이름이라 나는 내 영광을 다른 자에게, 내 찬송을 우상에게 주지 아니하리라(사 42:8).
나는 여호와라 나 외에 다른 이가 없나니 나밖에 신이 없느니라(사 45:5, cf. 43:11, 44:8).

2) **자존**: 하나님이 모세에게 이르시되 나는 스스로 있는 자니라 또 이르시되 너는 이스라엘 자손에게 이같이 이르기를 스스로 있는 자가 나를 너희에게 보내셨다 하라(출 3:14).

3) **여호와**: 아브라함의 하나님, 이삭의 하나님, 야곱의 하나님 여호와라 하라 이는 나의 영원한 이름이요 대대로 기억할 나의 표호니라(출 3:15).
4) **삼위일체**: 주 예수 그리스도의 은혜와 하나님의 사랑과 성령의 교통하심이 너희 무리와 함께 있을지어다(고후 13:13).
5) **편재**: 내가 주의 신을 떠나 어디로 가며 주의 앞에서 어디로 피하리이까 내가 하늘에 올라갈지라도 거기 계시며 음부에 자리를 펼지라도 거기 계시니이다(시 139:7-8, cf. 렘 23:23-24).
6) **영생**: 오직 그에게만 죽지 아니함이 있고 가까이 가지 못할 빛에 거하시고 아무 사람도 보지 못하였고 또 볼 수 없는 자시니 그에게 존귀와 영원한 능력을 돌릴지어다 아멘(딤전 6:16).
7) **영원**: 산이 생기기 전, 땅과 세계도 주께서 조성하기 전 곧 영원부터 영원까지 주는 하나님이시니이다(시 90:2, cf. 계 1:8).
8) **불변**: 이스라엘의 지존자는 거짓이나 변개함이 없으시니 그는 사람이 아니시므로 결코 변개치 않으심이니이다(삼상 15:29, cf. 약 1:17; 히 13:8).
9) **전능**: 사람의 속에는 심령이 있고 전능자의 기운이 사람에게 총명을 주시나니(욥 32:8, cf 33:4).
10) **전지**: 여호와의 눈은 어디서든지 악인과 선인을 감찰하시느니라(잠 15:3, cf 시 147:4).
11) **영** : 하나님은 영이시니 예배하는 자가 신령과 진정으로 예배할지니라(요 4:24).
12) **영광**: 서로 창화하여 가로되 거룩하다 거룩하다 거룩하다 만군의 여호와여 그 영광이 온 땅에 충만하도다(사 6:3).

2. 존재(고후 13:13):

기독교는 여호와 하나님의 은혜와 계시에서 출발한다. 기독교의 하나님은 세상 여러 잡신들과는 전혀 다른 유일하신 분(the unique god)으로 믿음의 대상이신 하나님이 어떤 분인가를 바로 아는 것은 매우 중요하다. 기독교의 여호와 하나님은 삼위일체로 존재하시며(고후 13:13) 또한 영적 존재로 안 계신 곳 없이 편재하신다(요 4:24).

불교와 힌두교는 하나의 신을 믿지 않는다. 세상 모든 것은 신적 궁극체에서 떨어져 나온 신적 존재들로 결국은 윤회의 과정을 거쳐 점차 신적 존재로 진화해 가는 다양한 모습의 신들이다. 이것을 범신론이라고 한다. 유교는 도덕적 체계로 하늘의 신을 숭상하며 사람이 죽으면 신적 존재가 되어 우주공간을 떠돌아 다닌다고 한다. 가톨릭은 성부, 성자, 성령, 삼위 하나님뿐만 아니라 마리아, 성자들도 사후의 신적 존재로 믿고 그들에게 기도한다. 유대교와 이슬람교는 엄격한 절대적인 하나의 신만 믿는다. 그리하여 예수 그리스도가 하나님이라고 자신의 신분을 밝혔을 때 유일신론자들인 유대인들은 신성 모독죄로 예수를 십자가에 처형했다.

종교란 하나님을 상실한 인간들이 절대적인 신과의 관계를 맺으려는 시도에서 고안한 신념과 행동 체계이다. 영혼이 갈급한 인간들은 신을 찾고 또 스스로 신이 되려고 하며 자기 취향에 맞는 각종 신들을 만들어서 섬기기도 한다. 인간들은 종교라는 제도를 만들어 자기 취향에 맞는 하나님을 찾아 헤매며 여전히 흑암 중에 방황하고 있는 것이다. 인간들이 종교를 통해 신과 바른 관계를 맺으려는 궁극적인 목표는 영생, 복, 행복, 기쁨, 그리고 낙원을 얻는 것이다. 불안한 인간들이 상상하여 자기 취향에 따라 계속 만들어낸 신이라고 불리는 다양한 세상의 잡신들(gods)은 얼마든지 많이 있다. 이런 신이라고 불리는 다양한 인본주의적 잡신들과는 다르게 기독교의 하나님은 여호와라는 이름을 가지시고 성부, 성자, 성령, 삼위일체 하나님으로 존재하신다.

유일신도 아니요, 삼신도 아니요, 하나의 신이 네 가지 역할을 하거나 하나의 신이 네 이름으로 나타나는 것도 아니다. 또한 인간이 만든 종교 안에 머무르실 수 있는 분도 아니다. 삼위일체란 신성의 본질과 능력과 영광에 있어서 동일하고 절대적인 한 하나님이 동시에 세 인격으로 구별되어 존재하신다는 말이다. 1×1×1=1의 공식과도 같이 셋이면서 동시에 합일의 하나인 신비한 존재이시다(요일 5:6-7). 힌두교는 브라만(Brahman), 비슈누(Vishnu), 시바(Shiva)의 3인조(Triads) 신을 믿는다. 고대 이집트인들도 이시스(Isis), 오시루스(Osirus), 호루스(Horus)의 3인조 신을 섬겼으나 이들은 독립된 삼신으로 기독교의 삼위일체 신과는 달랐다. 또한 로마 가톨릭 교회는 절대적인 삼위일체 하나님 사이에 피조물 인간인 마리아를 신격화하여 제 사위 신으로 끼워 넣었다. 세상 모든 종교는 유대교처럼 단일신이나 힌두교처럼 여러 신을 섬기지만 기독교는 삼위로 계신 한 하나님, 즉 삼위일체의 하나님을 섬기는 것이다. 그러나 **구약성경에는 거짓된 다신교 문화에서 이스라엘 백성을 보호하기 위해 성부 하나님의 유일성이 강조되었다(신 6:4). 또한 신약에서는 예수 그리스도의 메시아 되심을 강조하기 위해 예수 그리스도의 유일성이 강조되었다. 구원계시가 열린 오늘날은 전체적으로 삼위일체 하나님을 믿음의 대상으로 하며 다른 종교의 신과는 구별한다.** 삼위일체 여호와 하나님은 유일한 창조자요, 구원자요 그리스도인들에게는 **사랑하는 아버지**로서 교제하는 인격적인 분이시다. 창조자요 구원자요, 아버지 되신 여호와 하나님이 하늘로부터 세우신 기독교는 하나님의 가족이요 백성이다(엡 2:19). 그래서 인간들이 땅에서 만든 많은 종교들과 구별하여 종교라는 말을 쓰지 않고 복음이라고 한다. 세상에는 신들도 많고 종교도 많으나 참 하나님이 만드신 기독교 복음은 오직 하나밖에 없다.

1) 고린도전서 8:5-6 : 비록 하늘에나 땅에나 신이라 칭하는 자가 있어 많은 신

과 많은 주가 있으나 그러나 우리에게는 한 하나님 곧 아버지가 계시니 만물이 그에게서 났고 우리도 그를 위하며 또한 한 주 예수 그리스도께서 계시니 만물이 그로 말미암고 우리도 그로 말미암았느니라.

2) **고린도후서 13:13** : 주 예수 그리스도의 은혜와 하나님의 사랑과 성령의 교통하심이 너희 무리와 함께 있을지어다(cf. 요일 5:6-7).

3) **마태복음 28:19** : 그러므로 너희는 가서 모든 족속으로 제자를 삼아 아버지와 아들과 성령의 이름으로 세례를 주고 .

3. 능력(창 1:1):

여호와 하나님은 하늘과 천사와 인간과 모든 만물을 창조하신 하나님이시기 때문에 그 지혜와 능력이 전지전능하시다. 그리고 만물의 주관자로 다스리시고 통치하신다(계 4:11; 대상 29:11-13; 시 115:3). 하나님은 온 세상의 왕(king)과 주인으로서(lordship) 하늘과 땅의 보이는 것과 보이지 않는 모든 것을 **창조**하시고(creation: 시 148:5; 골 1:16) 보존하신다(preservation: 계 4:11). **협력**케 하시며(cooperation: 롬 8:28) 우주를 다스려 통치하시고(government: 단 4:35; 시 103:19) 공의로 **심판**하신다(judgement: 시 98:9). 계속 피조물의 존재 목적과 하나님의 예정된 목적과 뜻에 맞도록 섭리하신다(providence: 롬 8:29-30). 자연의 운행(시 104:19)과 사단의 활동(욥 1:12, 2:6)과 인간의 국가 정부(잠 21:1; 단 4:35), 그리고 백성의 구원(롬 8:29-30), 그리스도의 수난(눅 22:42; 행 2:23), 그리스도인들의 고난(빌 1:29; 벧전 3:17), 인간의 생사(행 18:21; 롬 15:32), 생활의 가장 사소한 부분들까지(마 10:29) 모두 하나님의 뜻에 의해 주관된다.

세상 모든 일들이 우연히 일어나는 것 같으나 사실 우주의 사령탑인 하나님의 보좌에서 관리하는 데 따라서 움직이므로 세상에 우연은 없다. 하나님은 우주의 창조자요, 통치자요, 역사의 주인공이시며 인간의 운명을 좌우하시는 주권자이시므로 인간은 전적으로 하나님께 의존해 있다. 어떤 일을 성취했다 해도 그것이 하나님의 뜻이 아니라면 실패인 것이다. 실패한 일이라 할지라도 그것이 하나님의 뜻이라면 실패라고 할 수 없으므로 **최선의 삶이란 하나님의 주권적 뜻에 순종하는 삶**이다. 하나님의 주권을 인정할 때에만 인간은 안정을 찾으며 시험을 극복할 수 있고 삶이 자유로워지고 기쁨으로 풍성해질 수 있다. 욥과 하박국이 그러했고(욥 1:22; 합 3:17-19) 성경의 모든 믿음의 조상들이 창조자 하나님의 주권에 순종하며 복된 삶을 살았다. 문제의 해답을 하나님 뜻의 밖에서 찾기 때문에 우리에게는 끝없는 삶의 의문과 갈등과 방황이 있는 것이다. **그리스도인이란 배후에 역사하시는 하나님의 손길을 발견하는 자이다. 자신의 존재와 활동 가운데 역사하시는 하나님을 바라보며 자아 의존을 배제하고 하나님의 은혜를 전적으로 신뢰하는 자이다.** 창조자인 하나님은 우주를 통치하시고 섭리하심에 있어서 기쁘신 뜻대로 계획하신다. 또한 적용하시고 완성하시는 데 제약을 받지 않고 절대 자유로우시다.

1) **창세기 1:1** : 태초에 하나님이 천지를 창조하시니라(cf. 히 3:4).
2) **디모데전서 1:17** : 만세의 왕 곧 썩지 아니하고 보이지 아니하고 홀로 하나이신 하나님께 존귀와 영광이 세세토록 있어지이다 아멘.
3) **시편 89:11** : 하늘이 주의 것이요 땅도 주의 것이라 세계와 그 중에 충만한 것을 주께서 건설하셨나이다.
4) **시편 47:8** : 하나님이 열방을 치리하시며 하나님이 그 거룩한 보좌에 앉으셨도다(cf. 단 4:25).
5) **시편 103:19** : 여호와께서 그 보좌를 하늘에 세우시고 그 정권으로 만유를 통치하시도다(cf. 단 4:35).

6) **요한계시록 4:11** : 우리 주 하나님이시여 영광과 존귀와 능력을 받으시는 것이 합당하오니 주께서 만물을 지으신지라 만물이 주의 뜻대로 있었고 또 지으심을 받았나이다.
7) **로마서 8:28** : 우리가 알거니와 하나님을 사랑하는 자 곧 그 뜻대로 부르심을 입은 자들에게는 모든 것이 합력하여 선을 이루느니라.
8) **로마서 8:30** : 또 미리 정하신 그들을 또한 부르시고 부르신 그들을 또한 의롭다 하시고 의롭다 하신 그들을 또한 영화롭게 하셨느니라.

4. 인격(요일 4:8):

여호와 하나님은 인격(personality)을 가지신 사랑의 하나님이시며 인격을 가진 인간과 사랑의 교제를 나눌 수 있다. 인격의 반대는 비인격이요 물체이다. 인격이란 지(삼상 2:3) · 정(요일 4:8) · 의 · 자아의식 · 생명의 반응을 말한다(렘 10:10). 하나님은 물질이나 힘이나 영향력이 아니다. 하나님은 인격적 존재로서 사랑하시고, 분노하시고, 모든 것을 아시고, 판단하시며 의지로 행동하는 분이시다. 스바냐 선지자는 "너의 하나님 여호와가 너의 가운데 계시니 그는 구원을 베푸실 전능자시라 그가 너로 인하여 기쁨을 이기지 못하여 하시며 너를 잠잠히 사랑하시며 너로 인하여 즐거이 부르며 기뻐하시리라 하리라"(습 3:17)고 고백했다. 그리하여 사도 바울은 "우리가 아직 죄인 되었을 때에 그리스도께서 우리를 위하여 죽으심으로 하나님께서 우리에게 대한 자기의 사랑을 확증하셨느니라"(롬 5:8)고 십자가에 나타난 하나님의 위대한 사랑을 증언했다. 그러므로 하나님의 인격은 거룩하시고(레 11:45), 사랑하시고(요일 4:8), 의로우시다(딤후 4:8). 그리스도인은 자비하시고(엡 2:4), 신실하시고(시 108:4), 선하신(시 136:1) 하나님의 도덕적인 성품을 닮아가야 한다. 살아 계시고 인격적인 하나님을 닮아가고 사랑하며 사모하며 가까이 함으로 교제를 생활화하는 것이 신앙인 것이다(히 11:6). 기독교의 실패는 바로 인격 변화의 실패에 있다.

1) **사랑** : 사랑하지 아니하는 자는 하나님을 알지 못하나니 이는 하나님은 사랑이심이라(요일 4:8).
2) **거룩** : 기록하였으되 내가 거룩하니 너희도 거룩할지어다 하셨느니라(벧전 1:16, cf. 사 6:3).
3) **의로움** : 여호와께서는 그 모든 행위에 의로우시며 그 모든 행사에 은혜로우시도다(시 145:17).
4) **자비** : 여호와는 자비로우시며 은혜로우시며 노하기를 더디하시며 인자하심이 풍부하시도다(시 103:8).
5) **인자** : 여호와께 감사하라 그는 선하시며 그 인자하심이 영원함이로다(시 136:1).
6) **신실** : 그런즉 너는 알라 오직 네 하나님 여호와는 하나님이시요 신실하신 하나님이시라(신 7:9).
7) **자비** : 너희 아버지의 자비하심같이 너희도 자비하라(눅 6:36).
8) 그러므로 사랑을 입은 자녀같이 너희는 하나님을 본받는 자가 되고(엡 5:1)

5. 관계(갈 4:6):

그리스도인들과 하나님의 관계에 대한 가장 위대하고 행복한 개념은 바로 아버지 하나님이시다(눅 15:11-24). 예수 그리스도와 하나님의 관계는 아버지와 아들의 관계이다(요 1:4, 5:17). 이는 하나님과 우리 관계의 모델인 것이다. 본래 인간은 하 나님의 인격적 창조물로 하나님의 자녀였으나(창 1:27, 2:7; 사 64:8) 인간 범죄 후 밀접한 관계가 파괴되었다. 그러나 예수 그리스도의 구속(요 1:12)과 성령의 거듭나게 하심으로 하나님을 아버지라고 부를 수 있는 자격이 다시 회복되었다(롬 8:15-16). **하나님께서 믿는 자를 하나님의 가족으로 인정하시고 아버지라 부를 수 있는 특권을 주신 것이다(엡 3:14-15).** 주님은 감사 기도하실 때(마 11:25-27; 눅 10:21-22), 나사로를 살리실 때(요 11:41-42), 다락방의 대제사장적 기도에서(요 17:1-26), 겟세마네 동산 기도에서(마 26:39), 그리고 십자가상의 기도에서(눅 23:34, 46) 아바 아버지라고 부르며 기도하셨다. 예수님은 자녀들을 사랑하시고 필요를 아시는 아버지 되신 하나님을 먼저 가르쳐 주시고(마 6:8) 주기도문에서 **"하늘에 계신 우리 아버지여"(마 6:9)**라고 기도할 것을 지도하셨다. 이것은 하나님이 인격자로 교제하시며 돌보시고 공급해 주시는 사랑의 아버지가 되심을 알려주는 것이다. 또한 하늘에서 풍성한 것으로 응답하실 능력 있는 하나님이심을 알려준다. 하나님이 우리를 지으신 창조주시요 보호하고 다스리시는 보호자요, 섬겨야 할 주님이시요, 사랑해야 할 아버지라는 사실은 얼마나 큰 복인가? 하나님은 만물의 창조주시지만 특별히 예수 그리스도의 보혈로 거듭난 자녀들을 하나님의 가족으로 삼아 아버지로서 생명과 사랑을 주시고 기도에 응답해 주신다. 하나님을 아버지로 부르며 기도할 수 있는 것은 얼마나 영광된 특권인가? **하나님의 자녀는 하나님의 도움을 받고 하나님을 닮으며 하나님의 일을 한다. 그러나 마귀의 자녀는 마귀의 지원을 받고 마귀를 닮아 마귀의 일을 행한다(요 8:44).**

1) **이사야 64:8** : 그러나 여호와여 주는 우리 아버지시니이다 우리는 진흙이요 주는 토기장이시니 우리는 다 주의 손으로 지으신 것이라.
2) **에베소서 4:6** : 하나님도 하나이시니 곧 만유의 아버지시라 만유 위에 계시고 만유를 통일하시고 만유 가운데 계시도다.
3) **마태복음 6:8-9** : 그러므로 저희를 본받지 말라 구하기 전에 너희에게 있어야 할 것을 너희 아버지께서 아시느니라 그러므로 너희는 이렇게 기도하라

하늘에 계신 우리 아버지여 이름이 거룩히 여김을 받으시오며.

4) **마태복음 7:11** : 너희가 악한 자라도 좋은 것으로 자식에게 줄 줄 알거든 하물며 하늘에 계신 너희 아버지께서 구하는 자에게 좋은 것으로 주시지 않겠느냐.
5) **마태복음 5:48** : 그러므로 하늘에 계신 너희 아버지의 온전하심과 같이 너희도 온전하라.
6) **갈라디아서 4:6-7** : 너희가 아들인고로 하나님이 그 아들의 영을 우리 마음 가운데 보내사 아바 아버지라 부르게 하셨느니라 그러므로 네가 이 후로는 종이 아니요 아들이니 아들이면 하나님으로 말미암아 유업을 이을 자니라 (cf. 롬 8:15-16).
7) **에베소서 3:14-15** : 이러하므로 내가 하늘과 땅에 있는 각 족속에게 이름을 주신 아버지 앞에 무릎을 꿇고 비노니.
8) **고린도후서 6:17-18** : 그러므로 주께서 말씀하시기를 너희는 저희 중에서 나와서 따로 있고 부정한 것을 만지지 말라 내가 너희를 영접하여 너희에게 아버지가 되고 너희는 내게 자녀가 되리라 전능하신 주의 말씀이니라 하셨느니라.
9) **에베소서 1:3-6** : 찬송하리로다 하나님 곧 우리 주 예수 그리스도의 아버지께서 그리스도 안에서 하늘에 속한 모든 신령한 복으로 우리에게 복 주시되 곧 창세 전에 그리스도 안에서 우리를 택하사 우리로 사랑 안에서 그 앞에 거룩하고 흠이 없게 하시려고 그 기쁘신 뜻대로 우리를 예정하사 예수 그리스도로 말미암아 자기의 아들들이 되게 하셨으니 이는 그의 사랑하시는 자 안에서 우리에게 거저 주시는 바 그의 은혜의 영광을 찬미하게 하려는 것이라.
10) **요한복음 8:44** : 너희는 너희 아비 마귀에게서 났으니 너희 아비의 욕심을 너희도 행하고자 하느니라 저는 처음부터 살인한 자요 진리가 그 속에 없으므로 진리에 서지 못하고 거짓을 말할 때마다 제 것으로 말하나니 이는 저가 거짓말쟁이요 거짓의 아비가 되었음이니라.

[하나님을 안 사람들의 결과는 무엇인가?]

하나님을 알고 체험하게 된 결과는 하나의 **구원사건이요 생애의 변화**이다. 안다는 것은 체험과 지 · 정 · 의 · 전인격적 반응을 수반하므로 하나님을 바로 아는 자는 하나님을 신뢰한다(사 43:10). 영광을 하나님께 돌리고(사 43:7), 증거하며(사 43:10), 하나님을 찬양하지 않을 수 없다(사 43:10). 경외함으로 하나님을 예배하고 전적으로 순종하며 감사하게 된다(시 107:1). 하나님을 의지하는 자는 강하고 담대하다(사 41:10). 하나님을 체험했는가? 그렇다면 여러분이 알고 있는 하나님에 대한 반응은 무엇인가? 나의 삶의 모습이 하나님을 바로 아는 것처럼 살아가고 있는지를 생각해 보라. 하나님에 대한 우리의 태도는 언제나 신뢰, 경외, 감사, 영광임을 명심하라. 특별히 하나님을 체험하고 감격했던 하박국처럼 하나님을 체험한 자는 환경과 조건을 초월하여 즐거움과 기쁨이 늘 있게 된다. "여호와여 내가 부르짖어도 주께서 듣지 아니하시니 어느 때까지리이까 내가 강포를 인하여 외쳐도 주께서 구원치 아니하시나이다"(합 1:2), "주께서는 눈이 정결하시므로 악을 참아 보지 못하시며 패역을 참아 보지 못하시거늘 어찌하여 궤휼한 자들을 방관하시며 악인이 자기보다 의로운 사람을 삼키되 잠잠하시나이까"(합 1:13)라고 하박국 선지자는 기도 응답의 더딤과 악한 세상을 방관하시는 하나님께 의문을 품었다. 그러나 하나님을 만나고 체험했을 때 그는 완전히 다른 모습으로 하나님께 감격하며 고백했다. **"비록 무화과나무가 무성치 못하며 포도나무에 열매가 없으며 감람나무에 소출이 없으며 밭에 식물이 없으며 우리에 양이 없으며 외양간에 소가 없을지라도 나는 여호와를 인하여 즐거워하며 나의 구원의 하나님을 인하여 기뻐하리로다 주 여호와는 나의 힘이시라"(합 3:17-19)**. 또한 이사야 선지자는 "오직 여호와를 앙망하는 자는 새 힘을 얻으리니 독수리의 날개치며 올라감 같을 것이요 달음박질하여도 곤비치 아니하겠고 걸어가도 피곤치 아니하리로다"(사 40:31)라고 말했다.

"저희가 하나님을 시인하나 행위로는 부인하니 가증한 자요 복종치 아니하는 자요 모든 선한 일을 버리는 자니라"(딛 1:16; cf.사 29:13). "하나님의 이름이 너희로 인하여 이방인 중에서 모독을 받는도다"(롬 2:24)라는 책망은 하나님을 안다고 하지만 그에 걸맞는 생활이 없는 외식적인 그리스도인들을 두고 한 말이다. 참으로 하나님을 알고 살아가는 사람들은 항상 하나님께서 살아 계신 것처럼 인식하고 그렇게 살아간다. 아름다운 신앙생활은 언제나 하나님이 나와 같이하신다는 하나님의 임재 의식 속에서 하나님 앞에 책임감 있게 살아가는 것이다.

하나님을 체험한 감격과 기쁨이 늘 있는가? 그 감격으로 무엇을 해야 하는가? 참 하나님 우리 구세주 여호와 한 분을 제대로 알지 못하기에 인간에게는 끝없는 방황과 불행이 있게 된다(시 43:5). 그러나 우리를 창조하시고 모든 것을 아시고 사랑하시고 가족으로 삼아 주시고 소중하게 보호해 주시고 모든 관심을 쏟아 주실 만큼 우리가 하나님께 특별한 사람이라는 것을 아는 것은 얼마나 행복한 일인가?

"나의 힘이 되신 여호와여 내가 주를 사랑하나이다 여호와는 나의 반석이시요 나의 요새시요 나를 건지시는 자시요 나의 하나님이시요 나의 피할 바위시요 나의 방패시요 나의 구원의 뿔이시요 나의 산성이시로다"(시 18:1-2; cf. 삼하 22:2-3).

[공동 기도문 : 통성기도]

전능하신 하나님 아버지,

종교도 많고 신들도 많고 철학 사상이 복잡한 세상에서 특별한 사랑으로 하나님을 알고 섬기게 하심을 감사합니다. 하나님의 뜻을 몰라 방황했고 하나님을 아는 자답게 살지 못한 것을 용서해 주옵소서. 하나님을 더욱 깊이 알고 하나님과 교제하면서 하나님만 섬길 수 있도록 도와주옵소서. 하나님을 알고 받은 놀라운 복을 증거하며 다른 사람들과 나누게 하옵소서. 예수님 이름으로 기도합니다. 아멘. (영상기도 훈련)

[질문] 세상의 여러 신들과 다른 기독교의 하나님은 어떤 분이신가? 하나님 지식의 손을 사용하여 5가지로 설명해 보라.

1. 이사야 42:8
2. 고린도후서 13:13
3. 창세기 1:1
4. 요한1서 4:8
5. 갈라디아서 4:6

[나눔] 삶의 현장에서 하나님의 임재와 역사를 구체적으로 체험해 본 경험이 있다면 언제, 어떻게, 무엇을 체험했는지 함께 나누어 보라. 여러분 자신이 하나님을 알고 있다는 삶의 증거는 무엇인가?

[토론] 왜 세상에 모든 악과 우상숭배와 혼란과 문제가 많은지 그 근본 원인에 대해 서로 토론해 보라.

[읽어보기 : 왜 하나님을 알아야만 하는가?]

어리석은 자는 자신이 하나님이라고 하고 무지한 자는 하나님이 없다고 하며 잘못된 신앙을 가진 자는 아무 신이나 믿으면 된다고 말한다.

그러나 시편 기자는 **"하나님이여 사슴이 시냇물을 찾기에 갈급함같이 내 영혼이 주를 찾기에 갈급하니이다"**(시 42:1)라고 고백하며 하나님을 간절히 사모하고 있다. 그는 왜 그토록 하나님을 사모하고 있는가? 성경이 보여주고 있는 하나님의 비밀을 연구하고 체계적으로 정리하여 '나는 하나님을 바로 알고 있는가?' 점검해 보는 것이 신앙생활에서 무엇보다도 중요한 과제이다. 왜 하나님을 알아야만 하는가?

첫째로 하나님을 아는 것이 **지혜와 지식의 근본이기 때문**이다(잠 1:7, 9:10; 시 111:10). 많은 지식이 있고 인생에 있어서 큰 성공을 했다 하더라도 하나님을 모른다면 사실 그 인생은 가장 실패한 인생이다. 하나님을 모르는 자는 인간의 기본 자세도 되어 있지 않은 가장 어리석은 자라고 성경은 말하고 있다(시 14:1).

둘째로 예수님이 말씀하신 대로 하나님을 아는 것이 바로 **구원이요 영생이기 때문**이다(요 17:3). 하나님을 아는 것은 행복과 불행, 그리고 인생의 운명과도 관련되어 있다는 것이다. 여기서 영생이란 구원을 의미하며 하나님의 사람으로 새로운 지식을 가지고 새로운 인생을 살게 될 뿐만 아니라 영원히 살 수 있다는 뜻이다(요 11:25-26). 영생의 가치를 이해한 사람만이 진정 세상에서 무엇이 가장 소중한지를 아는 영적인 사람이다(고전 2:14).

셋째로 하나님을 앎으로 **자기 자신을 잘 알 수 있기 때문**이다(사 6:5; 눅 5:8). 철학의 주제는 '너 자신을 알라'이다. 세상 사람들은 수많은 학교, 정신병원, 의사들이 있음에도 불구하고 하나님에 대한 지식이 없기 때문에 진정으로 자기 자신에 대해서 무지한 것이다. 하나님을 모르고는 결코 인간 자신에 대해서도, 세상에 대해서도 바로 알 수가 없다.

넷째로 하나님을 아는 것은 **모든 문제의 근본 해결책이기 때문**이다(사 40:27-31). 인간의 혼돈과 복잡한 문제는 먼저 하나님과의 관계가 해결되지 않는 한 악순환이 계속될 뿐이다(시 14:1-3). 욥의 문제(욥 1:20-22), 하박국의 문제(합 3:17-19), 이사야의 갈등과 모든 문제(사 6:1-8)가 하나님을 만나고 알고 체험한 그 순간 단 한번에 모두 해결되어 버렸다. 문제의 해답을 하나님과 하나님의 뜻 밖에서 찾기 때문에 인간은 여러 가지 문제로 시달리게 되며 허송세월 가운데 남의 탓만 하다가 허망하게 죽는 것이다. 인간들의 끝없는 방황과 공허와 불행이 하나님을 모르는 데 있다면 그 총체적 불행의 해결책은 하나님을 아는 데 있다.

다섯째로 하나님의 사람으로 **경건하게 살 수 있기 때문**이다(시 42:1; 렘 2:19). 하나님을 안다는 것은 하나님을 사랑하고 하나님과 깊은 교제를 나누며 그 분의 거룩한 성품을 닮기 원한다는 것이다. 하나님을 깊이 알수록 우리의 신앙은 경건해지고 성숙해진다. 사람들이 하나님을 모르고, 무서운 심판을 모르며, 그 뜨거운 사랑과 엄청난 용서를 모르기 때문에(렘 31:34) 도덕적 부패와 교만이 있고 방종과 절망, 그리고 우상숭배(사 44:17; 고전 10:20)와 싸움이 있는 것이다. 그러므로 죄악의 근본은 하나님에 대한 무지인 것이다. 호세아는 "내 백성이 지식이 없으므로 망하는도다"(호 4:6)라고 하나님에 대한 지식을 강조했다.

여섯째로 하나님을 앎으로 **자기 사명을 바로 알 수 있기 때문**이다(사 43:10-12). 하나님은 이스라엘 백성에게 자신을 유일신이라고 알려주시면서 여호와 외에 구원자가 없다는 것을 증거해야 할 '여호와의 증인'으로서 사명을 주셨다. 이사야는 하나님을 아는 순간에 자기 자신을 발견하고 자신을 발견하자 자신의 사명이 무엇인지를 깨닫게 되어 "주여, 나를 보내소서"라고 외쳤다(사 6:1-8). 사울은 예수 그리스도를 만나는 순간에 자신을 발견하고 사명을 발견하여 복음을 전하는 사도 바울이 되어 일평생을 기쁨으로 헌신하였다(행 9:1-7; 딤후 4:1-8).

일곱째로 하나님에 대한 지식을 통해서 **성도가 담대해지기 때문**이다(단 11:32). 그리스도인들이 나약하고 교회가 강하지 못한 것은 성경에서 말하는 하나님에 대한 영적 지식의 심각한 결여에 있다. 하나님을 진정으로 아는 자만이 환난을 기쁨으로 받아들일 수 있고 원수도 사랑할 수 있다(마 5:44-48). 느부갓네살 왕의 금 신상에 절하지 않은 결과가 무엇인지를 몰라서 다니엘의 세 친구가 우상숭배를 거절한 것이 아니다. 한 달 동안 다리오 왕 이외에게 기도하지 말라는 경고가 무엇을 뜻하는지 몰라서 다니엘이 기도금령을 따르지 않은 것이 아니다. 또한 예수 이름을 전파하지 말라는 경고가 무엇을 의미하는지 몰라서 초대 교회 성도들이 그리스도를 힘껏 전파한 것이 아니다. 그들은 그 결과를 너무나 잘 알고 있었지만 하나님을 알고 그 분을 신뢰하기 때문에 불구덩이나 사자굴과 형장의 날카로운 칼날도 두렵지 않았던 것이다. "만일 그럴 것이면 왕이여 우리가 섬기는 우리 하나님이 우리를 극렬히 타는 풀무 가운데서 능히 건져내시겠고 왕의 손에서도 건져내시리이다 그리 아니하실 지라도 왕이여 우리가 왕의 신들을 섬기지도 아니하고 왕의 세우신 금 신상에게 절하지도 아니할 줄을 아옵소서"(단 3:17-18)라고 담대하게 말하는 다니엘의 세 친구들의 신앙고백을 생각해 보라. 히브리서 기자는 생명의 위협과 환난 속에서 믿음의 정절을 지킨 믿음의 선진들을 **"이런 사람은 세상이 감당치 못하도다"(히 11:38)**라고 평가했던 것이다.

여덟째로 **하나님의 간절한 소원이기 때문**이다(호 6:6). 하나님의 소원에 응답하여 하나님을 가장 기쁘게 할 수 있는 것이 믿음의 대상이 되는 하나님을 바로 아는 길이기에 히브리서 기자는 "믿음이 없이는 기쁘시게 못하나니 하나님께 나아가는 자는 반드시 그가 계신 것과 또한 그가 자기를 찾는 자들에게 상 주시는 이심을 믿어야 할지니라"(히 11:6)고 말했다.

아홉째로 **여호와를 아는 지식이 충만한 곳이 천국이기 때문**이다(사 11:9). 주님이 다스리는 천국은 여호와를 아는 지식으로 충만한 곳이다(계 21:1-7).

열째로 하나님을 아는 것이 가장 **자랑스런 일이기 때문**이다(렘 9:23-24). 그리하여 예레미야 선지자는 "여호와께서 이같이 말씀하시되 지혜로운 자는 그 지혜를 자랑치 말라 용사는 그 용맹을 자랑치 말라 부자는 그 부함을 자랑치 말라 자랑하는 자는 이것으로 자랑할지니 곧 명철하여 나를 아는 것과 나 여호와는 인애와 공평과 정직을 땅에 행하는 자인 줄 깨닫는 것이라 나는 이 일을 기뻐하노라 여호와의 말이니라"(렘 9:23-24)고 고백했다. 하나님을 아는 것이 자랑스러운 것은 그것이 바로 하나님이 인정하는 가장 선한 일이고, 하나님의 마음에 합당한 일이기 때문이다. 그리하여 하나님은 다음과 같이 말씀하신다.

> "내 백성이 두 가지 악을 행하였나니 곧 생수의 근원 되는 나를 버린 것과 스스로 웅덩이를 판 것인데 그것은 물을 저축지 못할 터진 웅덩이니라"(렘 2:13).

> "네 악이 너를 징계하겠고 네 패역이 너를 책할 것이라 그런즉 네 하나님 여호와를 버림과 네 속에 나를 경외함이 없는 것이 악이요 고통인 줄 알라 주 만군의 여호와의 말이니라"(렘 2:19).

> "내 백성은 나를 알지 못하는 우준한 자요 지각이 없는 미련한 자식이라

악을 행하기에는 지각이 있으나 선을 행하기에는 무지하도다"(렘 4:22).

그러므로 하나님에 대한 지식은 최고의 신앙이요, 지식이요, 성공이요, 축복인 것이다. 우리가 하나님을 알고 믿는다는 것이 얼마나 영광스럽고 복된 일인가? 반면에 하나님을 모른다는 것은 얼마나 불행한 일인가? 그러기에 성경은 하나님의 구원과 능력과 사랑과 심판을 모르는 자가 가장 어리석은 자라고 단정한다(시 14:1).

제5과 예수 그리스도는 누구신가?

학습목표 : 복음의 핵심이 되는 예수 그리스도에 대한 실체를 바로 알아 믿음을 견고하게 하며 다른 사람에게 예수 그리스도에 대하여 바르게 설명하고 증거할 수 있다. 예수 그리스도에 대한 바른 신앙으로 능력 있고 풍성한 삶을 살며 이단들을 현명하게 대처할 수 있다.

요절말씀 : 이는 저희로 마음에 위안을 받고 사랑 안에서 연합하여 원만한 이해의 모든 부요에 이르러 하나님의 비밀인 그리스도를 깨닫게 하려 함이라 그 안에는 지혜와 지식의 모든 보화가 감취어 있느니라(골 2:2-3).

인간들의 외로움, 불안, 고통, 방황, 배신, 열등의식, 절망, 자살, 가정문제, 사업문제, 실패의 두려움, 죽음의 공포 등 인생의 모든 문제는 해답이신 예수 그리스도를 만나지 못하고 그 분으로 결론을 내리지 못한 데서 온다. 예수님을 떠나 엉뚱한 곳에서 행복을 추구하고 있기 때문이다. 예수님만 만나면 인간의 모든 문제는 해결되고 그토록 소원하던 행복이 찾아온다. 예수를 만난 수많은 사람들이 변화하여 새 사람이 되고 새로운 삶을 찾았다. 따라서 사람들의 모든 문제는 예수님에 대한 무지와 오해와 불신에 있는 것이다. 예수님은 "수고하고 무거운 짐진 자들아 다 내게로 오라 내가 너희를 쉬게 하리라"(마 11:28)며 무거운 죄짐을 지고 행복을 찾아 방황하는 사람들을 초청하고 있다. 사도 바울은 **"또한 모든 것을 해로 여김은 내 주 그리스도를 아는 지식이 가장 고상함을 인함이라"(빌 3:8)**고 말했다. 또한 하나님의 비밀인 그리스도…… 안에는 지혜와 지식의 보화가 감취어 있느니라"고 말했다(골 2:2-3).

하나님의 비밀인 예수님은 누구신가? 어떤 일을 하셨는가? 또 나와 무슨 상관이 있고 어떻게 섬겨야 하는가? 이런 주제들이 신앙의 중요한 내용이기 때문에 예수님을 바로 아는 것이 바른 신앙의 길이다. 어떻게 행복을 찾을 수 있는가? 어떻게 구원받을 수 있는가? 어떻게 죄와 죽음과 사단의 문제들을 해결할 수 있는가? 어떻게 세상을 이길 수 있는가? 어떻게 행복한 가정을 만들 수 있는가? 기독교의 핵심은 무엇인가? 이런 질문들에 대한 근본적이고 가장 명백한 대답은 오직 예수 **그리스도 한 분뿐**이시다. 그러기에 예수님을 아는 일은 인생에서 가장 중요한 일이요, 우선순위의 문제인 것이다.

예수님은 "내가 곧 길이요 진리요 생명이니 나로 말미암지 않고는 아버지께로 올 자가 없느니라"(요 14:6)고 말씀하셨다. 성경은 "영생은 곧 유일하신 참 하나님과 그의 보내신 자 예수 그리스도를 아는 것이니이다"(요 17:3)라고 **예수 그리스도를 아는 지식이 구원과 영생**임을 말하고 있다. 예수님은 그리스도인들의 **믿음의 대상이요(행 16:31), 성경의 주인공이시요(요 5:39), 복음의 중심**이시다(막 1:1). 기독교는 예수 그리스도에 관한 가르침이 아니라 바로 예수 그리스도 자체이기에 예수 그리스도와 기독교는 분리할 수 없다. 그 분의 정신을 가지고(마 16:24) 인격과 삶의 모습을 닮아가야 할 분이며(요 13:15) 소망 중에 사모하며 기다려야 할 분이시다(계 22:20). 예수를 바로 믿고 바로 알아 영생을 얻는 것이 하나님의 일이요, 뜻이요, 소원이시다(요 6:29, 40).

성경 전체가 예수님에 관한 이야기지만(눅 24:44), 여러분은 적어도 예수님에 관해 다음 5가지를 알고 있어야만 한다(고후 13:5). 예수님에 관한 5가지 진리를 모르거나 확신이 없으면 건전한 신앙이라고 볼 수 없다. 성경의 한 가지 분명한 목적은 예수 그리스도가 누구인지 분명하게 가르쳐 주려는 것이다(요 20:31). 예수님이 베드로에게 "너희는 나를 누구라 하느냐"(마 16:15)라고 물으셨을 때 "주는 그리스도시요 살아 계신 하나님의 아들이시니이다"(마 16:16)라고 바르게 대답하여 반석같은 믿음으로 인정받고 하나님의 백성으로 영권의 복을 받았다(마 16:17-20). 여러분은 예수님이 어떤 분이시라고 믿고 있는가?

1.(요일 5:20):

예수님은 자신이 하나님이라고 신분을 밝혔기 때문에 메시아를 기다리고 있던 유대인들에게 죽임을 당하셨다(눅 22:70-71; 요 10:30-33). 메시아가 자신을 메시아라고 했다 하여 그들이 메시아를 죽인 것은 성경과 삼위일체 하나님을 바르게 이해하지 못하고 잘못 알고 있었기 때문이다. 그러나 예수님이 하나님이시요, 메시아라는 것은 **예수님의 죽음과 부활에서 사실로 입증되었다**(롬 1:4). 기독교는 예수님을 하나님으로 믿고 섬기는 신앙 공동체이다.

예수님에 대한 첫 번째 지식은 삼위일체 하나님 중 제2위 성자 하나님이라는 사실이다. 동일한 능력과 영적 본질과 영광을 지닌 유일한 하나님은 성부, 성자, 성령삼위로 존재하신다(고후 13:13; 마 28:18). 성부는 성자가 아니시며 성자는 성령이 아니시고 성령은 성부가 아니시지만 삼위는 신비한 연합관계를 맺고 계신다. 또한 삼위의 하나님은 하나님, 여호와, 주님이라는 공동 이름을 사용하신다. 그러므로 삼위일체란 삼신도, 유일신도, 다신도 아니다. 유대인들은 이 삼위일체 하나님 신관을 바르게 이해하지 못해서 자신이 하나님이라고 밝히신 예수님을 신성모독죄로 십자가에 처형하였다. **예수님은 참된 하나님으로(요일 5:20; 마 1:23; 요 1:1; 딛 2:13; 사 9:6), 하나님의 본체시며(빌 2:6; 요 14:9), 하나님의 형상이시다(히 2:3; 골 1:15).**

예수님은 하나님으로서 만물보다 선재하셨고(요 1:1-2; 골 1:17; 요 8:58), 영원 불변하시며(히 13:8; 요 17:2; 엡 1:20-22), 신성과 인성을 가지셨다(골 2:9). 하나님으로서 하늘과 땅의 권세를 가지고(마 28:18; 요 17:2; 엡 1:20-22), 만물을 창조하시고(요 1:3; 골 1:16), 보존하신다(골 1:17; 히 1:3). 생명을 주시고(요14:6, 요 11:25) 죽은 자를 살리시고(요 6:39-40), 죄를 용서하시고(눅 7:48), 심판하신다(고후 5:10). 예수님은 하나님과 똑같은 믿음의 대상이시며(요 17:3) 하나님과 같이 은혜와 복의 공급자(고후 13:13; 롬 1:7)로 찬양과(계 5:12-13) 예배를 받으신다(계 7:9-12). 오늘도 예수님은 우주의 사령탑 하나님 보좌 우편에 앉으셔서(히 1:3; 막 16:19) 우주의 왕으로 세상을 통치하신다(빌 2:10-11). 사람의 운명을 좌우하시고 교회의 머리가 되실 뿐 아니라(엡 1:22-23), 우리와 함께 계시는 임마누엘 하나님이시다(마 1:23). 그러므로 적그리스도의 이단들처럼(요일 2:18, 23) 예수 그리스도를 성부 하나님보다 낮게 생각해서는 안 된다.

1) **고린도후서 13: 13** : 주 예수 그리스도의 은혜와 하나님의 사랑과 성령의 교통하심이 너희 무리와 함께 있을지어다(cf. 딤전 3:16; 빌 2:6; 요일 5:7).
2) **로마서 9:5** : 조상들도 저희 것이요 육신으로 하면 그리스도가 저희에게서 나셨으니 저는 만물 위에 계셔 세세에 찬양을 받으실 하나님이시니라 아멘.
3) **디도서 2:13** : 복스러운 소망과 우리의 크신 하나님 구주 예수 그리스도의 영광이 나타나심을 기다리게 하셨으니.
4) **요한1서 5:20** : 또 아는 것은 하나님의 아들이 이르러 우리에게 지각을 주사 우리로 참된 자를 알게 하신 것과 또한 우리가 참된 자 곧 그의 아들 예수 그리스도 안에 있는 것이니 그는 참 하나님이시요 영생이시라.
5) **히브리서 1:8** : 아들에 관하여는 하나님이여 주의 보좌가 영영하며 주의 나라의 홀은 공평한 홀이니이다.
6) **요한복음 1:1** : 태초에 말씀이 계시니라 이 말씀이 하나님과 함께 계셨으니

이 말씀은 곧 하나님이시니라

7) **요한복음 1:18** : 본래 하나님을 본 사람이 없으되 아버지 품속에 있는 독생하신 하나님이 나타내셨느니라.

8) **요한복음 14: 9-10** : 예수께서 가라사대 빌립아 내가 이렇게 오래 너희와 함께 있으되 네가 나를 알지 못하느냐 나를 본 자는 아버지를 보았거늘 어찌하여 아버지를 보이라 하느냐 나는 아버지 안에 있고 아버지는 내 안에 계신 것을 네가 믿지 아니하느냐 내가 너희에게 이르는 말이 스스로 하는 것이 아니라 아버지께서 내 안에 계셔 그의 일을 하시는 것이라.

9) **요한복음 10:28-31** : 내가 저희에게 영생을 주노니 영원히 멸망치 아니할 터이요 또 저희를 내 손에서 빼앗을 자가 없느니라 저희를 주신 내 아버지는 만유보다 크시매 아무도 아버지 손에서 빼앗을 수 없느니라 나와 아버지는 하나이니라 하신대 유대인들이 다시 돌을 들어 치려 하거늘.

10) **마태복음 1:23** : 보라 처녀가 잉태하여 아들을 낳을 것이요 그 이름은 임마누엘이라 하리라 하셨으니 이를 번역한즉 하나님이 우리와 함께 계시다 함이라.

11) **이사야 9:6** : 이는 한 아기가 우리에게 났고 한 아들을 우리에게 주신 바 되었는데 그 어깨에는 정사를 메었고 그 이름은 기묘자라, 모사라, 전능하신 하나님이라, 영존하시는 아버지라, 평강의 왕이라 할 것임이라.

12) **요한복음 20:28** : 도마가 대답하여 가로되 나의 주시며 나의 하나님이시니이다.

2.(마 1:21):

아브라함이나(갈 3:8, 14; 요 8:56) 모세나(요 5:46) 다윗이나(행 2:25-31) 구약의 성도들은 오실 예수님을 믿고 구원받았으며(히 11:1-12), 신약의 모든 사람들도 오신 예수를 믿고 구원받았다(마 1:21). 예수님의 보혈 없이는 구원이 없으므로 예수님만이 유일한 구원주가 되신다. 하나님의 형상으로 지음받은 인간은 사단에게 미혹을 받아 한순간에 복과 특권을 상실하고 말았다. 그리고 사단의 종으로(요 8:44) 저주와 죽음의 운명에 처하게 되었다(창 3:1-19; 엡 2:3). 인간 스스로 ① 사단과(요 8:44) ② 죄와(롬 3:23) ③ 저주와(갈 3:10) ④ 죽음(히 9:27) ⑤ 심판의 문제(엡 2:3)를 결코 해결할 수 없다. 하나님은 창세기 3장 15절에 사단을 멸하고 자기 백성을 구원할 한 분의 구원자를 약속하셨다. 이 분이 '여인의 후손'으로 오신 메시아이시다. 이것은 최초의 복음으로 결국 성경은 이 구원자 한 분의 예언과 성취를 다루는 책이다. 구약성경은 이 구원자가 태어날 한 민족(a natation)을 구체적으로 다루고 있고 신약성경은 그 구원자 한 분이 이 땅에 오셔서 무슨 일을 하셨는지 한 사람(a person)에 집중되어 있는 것이다. 구약성경은 이 구원자를 좀더 구체적으로 밝혀 예언하고 있다.

이 구원자는 ① 전능하신 하나님이시고(사 9:6) ② 아브라함의 민족(창 12:1-9) ③ 유다 지파(창 49:10) ④ 다윗의 가문을 통해(사 9:7) ⑤ 처녀에게 잉태되어(사 7:14) ⑥ 베들레헴(미 5:2)에서 탄생될 것이 예언되었다. 또한 그 구원자는 ⑦ 갈릴리에서 전도하시다가(사 9:1-2) ⑧ 유대인의 배척을 받고(사 53:3) ⑨ 친구의 배반으로(시 41:9) ⑩ 은 삼십에 팔릴 것이 예언되었다(슥 11:12). ⑪ 대속의 고난을 받고(사 53:4-6) ⑫ 죄인과 함께 십자가에 못 박혀 죽어(사 53:12) ⑬ 부자의 묘실에 장사될 것이(사 53:9) 예언되었다. 그러나 ⑭ 삼일 만에 부활하시어(시 16:10) ⑮ 승천하심으로 구원 사역을 완성하시고(시 16:10) 장차 재림하여 세상을 심판하실 것도 예언되었다(시 50:4-6; 단 7:9-10; 유 1:14-15). 인간은 1분 앞을 알 수 없는데 놀랍게도 수천 년 전에 이 한 분 구원자에 대한 예언이 300번 이상 예언되었을 뿐 아니라 신약에서 이 예언은 그대로 이루어졌다는 것은 놀라운 사실이다. ① 하나님(요 1:18) ② 아브라함 민족(마 1:1; 행 3:25) ③ 유다 지파(눅 3:33) ④ 다윗 가문(마 1:1) ⑤ 처녀 잉태(마 1:18) ⑥ 베들레헴 탄생(눅 2:4-7) ⑦ 갈릴리 전도(마 4:12-16) ⑧ 유대인들의 배반(요 1:11, 5:43; 눅 4:29, 23:18) ⑨ 가룟 유다의 배반(막 14:10) ⑩ 은 삼십에 팔림(마 26:15) ⑪ 대속의 고난(마 8:16-17; 롬 4:25) ⑫ 십자가의 죽음(눅 23:33-43) ⑬ 장사됨(마 27:57-60) ⑭ 부활(마 28:6) ⑮ 승천(막 16:19)이 바로 그것이다.

인류 역사상 모든 사람의 죄를 대신하여 죽으시고 또 죽은 자 가운데서 부활한 사람은 한 사람도 없다(롬 1:4). 인류 역사상 이 예언대로 오셔서 예언대로 사셨던 한 분 구원자가 예수 그리스도말고 또 누가 있단 말인가? 이 유일한 구원자에 대하여 성경에서 천사는 요셉에게 **"아들을 낳으리니 이름을 예수라 하라 이는 그가 자기 백성을 저희 죄에서 구원할 자이심이니"라(마 1:21)**고 전해 주었던 것이다. 그리하여 예수님 자신은 **"내가 곧 길이요 진리요 생명이라"**고 말씀하셨고(요 14:6), 성경은 **예수 외에 다른 이로서는 결코 구원을 얻을 수 없다**고 단언하고 있다(행 4:12; 요일 5:11-12; 고후 13:5). 그리하여 "예수 천당(no jesus no heaven, no jesus no peace)" 이라는 말과 같이 예수 그리스도에 의한 구원의 기쁜 소식을 복음이라고 한다(막 1:1; 눅 2:10). 이 복음만이 구원의 능력이 있다(롬 1:16-17). 사망과 심판의 어쩔 수 없는 운명에 처한 인간에게(롬 8:12) 예수 그리스도의 탄생, 고난, 죽음, 부활, 승천, 재림, 그리고 심판 등 예수님 생애의 모든 사건이 **최대의 구원 복음**인 것이다.

어제나 오늘이나 영원토록 동일하신 예수님은(히 13:8) 우주의 사령탑 하나님 보좌 우편에서(히 1:3; 막 16:19) 왕으로 자기 백성을 통치하고 관리하신다(빌 2:10-11). 우리와 항상 함께하시는 임마누엘 하나님으로(마 1:23), 구원받은 하나님의 백성인 교회의 머리가 되신다(엡 1:22-23). 제사장으로서 기도와 사죄의 중보 사역을 감당하시고(히 7:25, 10:19-22; 롬 8:34; 요일 2:1), 선지자로서 우리에게 성령을 보내주셔서 지상 구원 사역을 계속하신다(행 2:33; 요 16:7). 우리는 구원자이신 예수 안에서 죄사함을 받고(골 1:14) 영생을 얻는다(요일 5:13). 하나님의 자녀가 되고(요 1:12; 갈 4:6), 성령이 내주하시고(요 14:16-17) 기도 응답을 받을 수 있으며(요 15:7; 요일 5:14-15), 승리의 신앙생활을 할 수 있다(요일 5:4-5). 예수 외에 다른 복음은 절대로 없기에 예수를 부인하면 저주받을 이단이요, 최대의 적그리스도이다(갈 1:6-9).

그러므로 믿음으로 구원주 예수님을 영접하고(요 1:12) 성령으로 거듭나(요 3:5) 하나님의 자녀로 새로운 피조물이 되어야 한다(고후 5:17). 누구든지 인간의 죄를 대신하여 죽었다가 부활할 수만 있다면 구원주가 될 수 있다. 그러나 **오직 예수님만 신성과 인성을 가진(골 2:9) ① 참 하나님으로 부활하셨고(롬 1:4) ② 죄가 없으신(벧전 2:22; 요일 3:5) ③ 참 인간이시며(롬 1:3) 인간의 죄 문제를 해결하신 유일한 중보자**시다(요 1:29). 구원은 오직 예수의 피 공로에 의한 것이요, 우리의 행위에 의한 것이 결코 아니다(엡 2:9-10). 예수님은 기름부음을 받은 ① **선지자**(눅 23:29-30)이며 ② **제사장**(딤전 3:5; 히 9:11-12)이요 ③ **왕**의 직책(눅 1:32; 엡 1:21-22)을 가지고 구원 사역을 완성하셨다. 그리하여 사도들은 이 예수님의 구원 복음을 가르치고 증거하는 일에(행 2:36, 5:42, 9:20, 22, 17:3, 18:5, 28, 28:23; 요 9:22, 20:31) 전 생애를 다 바쳤다(20:24). 오늘날에도 이것은 우리에게 주어진 최대의 사명이다(마 28:18-20; 행 1:8).

1) **구원자** : 아들을 낳으리니 이름을 예수라 하라 이는 그가 자기 백성을 저희 죄에서 구원할 자이심이라 하니라(마 1:21; cf. 행 15:11; 히 7:25).

2) **원 복음** : 내가 너로 여자와 원수가 되게 하고 너의 후손도 여자의 후손과 원수가 되게 하리니 여자의 후손은 네 머리를 상하게 할 것이요 너는 그의 발꿈치를 상하게 할 것이니라(창 3:15; cf. 마 1:16).

3) **하나님** : 이는 한 아기가 우리에게 났고 한 아들을 우리에게 주신 바 되었는

데 그 어깨에는 정사를 메었고 그 이름은 기묘자라, 모사라, 전능하신 하나님이라, 영존하시는 아버지라, 평강의 왕이라 할 것임이라(사 9:6; cf. 요 1:18).

4) **아브라함 민족** : 여호와께서 아브람에게 이르시되 너는 너의 본토 친척 아비 집을 떠나 내가 네게 지시할 땅으로 가라 내가 너로 큰 민족을 이루고 네게 복을 주어 네 이름을 창대케 하리니 너는 복의 근원이 될지라(창 12:1-3, cf. 15:4-7; 마 1:1).

5) **유다 지파** : 홀이 유다를 떠나지 아니하며 치리자의 지팡이가 그 발 사이에서 떠나지 아니하시기를 실로가 오시기까지 미치리니 그에게 모든 백성이 복종하리로다(창 49:10; cf. 눅 3:33).

6) **다윗 가문** : 그 정사와 평강의 더함이 무궁하며 또 다윗의 위에 앉아서 그 나라를 굳게 세우고 자금 이후 영원토록 공평과 정의로 그것을 보존하실 것이라 만군의 여호와의 열심이 이를 이루시리라(사 9:7; cf. 마 1:1).

7) **동정녀 임태** : 그러므로 주께서 친히 징조로 너희에게 주실 것이라 보라 처녀가 잉태하여 아들을 낳을 것이요 그 이름을 임마누엘이라 하리라(사 7:14; cf. 마 1:18)

8) **베들레헴 탄생** : 베들레헴 에브라다야 너는 유다 족속 중에 작을지라도 이스라엘을 다스릴 자가 네게서 내게로 나올 것이라 그의 근본은 상고에, 태초에니라(미 5:2; cf. 마 2:5-6; 눅 2:4-7).

9) **갈릴리 전도** : 흑암에 행하던 백성이 큰 빛을 보고 사망의 그늘진 땅에 거하던 자에게 빛이 비취도다(사 9:2; cf. 마 4:15-16).

10) **유대인들의 배척** : 그는 멸시를 받아서 사람에게 싫어 버린 바 되었으며 간고를 많이 겪었으며 질고를 아는 자라 마치 사람들에게 얼굴을 가리우고 보지 않음을 받는 자 같아서 멸시를 당하였고 우리도 그를 귀히 여기지 아니하였도다(사 53:3; cf. 시 22:6; 요 5:18, 5:43).

11) **가룟 유다의 배반** : 나의 신뢰하는 바 내 떡을 먹던 나의 가까운 친구도 나를 대적하여 그 발꿈치를 들었나이다(시 41:9; cf. 막 14:10). 내가 그들에

게 이르되 너희가 좋게 여기거든 내 고가를 내게 주고 그렇지 아니하거든 말라 그들이 곧 은 삼십을 달아서 내 고가를 삼은지라(슥 11:12).

12) **대속의 고난** : 그가 찔림은 우리의 허물을 인함이요 그가 상함은 우리의 죄악을 인함이라 그가 징계를 받음으로 우리가 평화를 누리고 그가 채찍에 맞음으로 우리가 나음을 입었도다 우리는 다 양 같아서 그릇 행하여 각기 제 길로 갔거늘 여호와께서는 우리 무리의 죄악을 그에게 담당시키셨도다(사 53:5-6; cf. 마 8:16-17, 27:37-46).

13) **십자가 죽음** : 이는 그가 자기 영혼을 버려 사망에 이르게 하며 범죄자 중 하나로 헤아림을 입었음이라 그러나 실상은 그가 많은 사람의 죄를 지며 범죄자를 위하여 기도하였느니라 하시니라(사 53:12; 눅 23:33-43; 요 1:29).

14) **장사됨** : 그는 강포를 행치 아니하였고 그 입에 궤사가 없었으나 그 무덤이 악인과 함께 되었으며 그 묘실이 부자와 함께 되었도다(사 53:9; cf. 마 27:57-61).

15) **부활** : 이는 내 영혼을 음부에 버리지 아니하시며 주의 거룩한 자로 썩지 않게 하실 것임이니이다(시 16:10; cf. 마 28:6).

16) **승천** : 주께서 높은 곳으로 오르시며 사로잡은 자를 끌고 선물을 인간에게서 또는 패역자 중에서 받으시니 여호와 하나님이 저희와 함께 거하려 하심이로다(시 68:18; cf. 막 16:19).

17) **재림 심판** : 내가 보았는데 왕좌가 놓이고 옛적부터 항상 계신 이가 좌정하셨는데 그 옷은 희기가 눈 같고 그 머리털은 깨끗한 양의 털 같고 그 보좌는 불꽃이요 그 바퀴는 붙는 불이며 불이 강처럼 흘러 그 앞에서 나오며 그에게 수종하는 자는 천천이요 그 앞에 시위한 자는 만만이며 심판을 베푸는 데 책들이 펴 놓였더라(단 7:9-10; cf. 유 1:14-15; 계 20:11-15).

18) **생명길** : 내가 곧 길이요 진리요 생명이니 나로 말미암지 않고는 아버지께로 올 자가 없느니라(요 14:6; cf. 행 4:12; 고전 3:11)

19) **유일한 예수** : 다른 이로서는 구원을 얻을 수 없나니 천하 인간에 구원을 얻

을 만한 다른 이름을 우리에게 주신 일이 없음이니라 하였더라(행 4:12). 큰 소리로 외쳐 가로되 구원하심이 보좌에 앉으신 우리 하나님과 어린 양에게 있도다 하니(계 7:10).

20) **믿음의 대상** : 너희가 믿음에 있는가 너희 자신을 시험하고 너희 자신을 확증하라 예수 그리스도께서 너희 안에 계신 줄을 너희가 스스로 알지 못하느냐 그렇지 않으면 너희가 버리운 자니라(고후 13:5).

21) **적그리스도** : 예수를 시인하지 아니하는 영마다 하나님께 속한 것이 아니니 이것이 곧 적그리스도의 영이니라 오리라 한 말을 너희가 들었거니와 이제 벌써 세상에 있느니라(요일 4:3).

22) **중보자** : 하나님은 한 분이시요 또 하나님과 사람 사이에 중보도 한 분이시니 곧 사람이신 그리스도 예수라(딤전 2:5).

23) **역사적 삶의 모델** : 인자의 온 것은 섬김을 받으려 함이 아니라 도리어 섬기려 하고 자기 목숨을 많은 사람의 대속물로 주려 함이니라(막 10:45; 사 53:1-7).

3.(요 1:18):

예수님은 하나님을 보여주시고 하나님의 계시 말씀이 되시고 하나님의 비밀을 풀어주는 유일한 해답이 되신다. 하나님의 말씀은 눈으로 볼 수 있는 기록된 말씀(Graphe: 딤후 3:16), 귀로 듣는 선포된 말씀(Kerygma: 고전 1:21), 성령의 조명에 의해 마음으로 듣고 깨달아지는 말씀(Hrema: 눅 3:2)이 있다. 그리고 예수 그리스도 자신이 하나님의 말씀이시며(Jesus: 요 1:1, 히 1:2; 계 19:13) 예수 그리스도의 다른 이름이 또한 말씀이시다(계 19:13). 하나님의 말씀이 나타나고 머무는 곳에 하나님의 변화 역사가 나타나며 진리가 세워지고 하나님의 영광이 나타난다(요 1:14; 눅 1:37).

예수님은 하나님의 숨겨진 비밀을 확실히 보여주시는 특별 계시이다(골 2:2-3; 히 1:2). 예수님은 창세기에서 요한계시록까지 전 성경의 주인공으로(눅 24:44; 요 5:39), 성경 전체는 예수님에 관한 이야기이다. 하나님의 큰 사랑을 보여주신 분이며(롬 5:8) 하나님이 자신을 나타내 보여주신 분이시다(요 1:18). 그러므로 **예수 그리스도를 모르고는 절대로 하나님을 모르며(요 1:18) 성경도 모르고(요 5:39) 구원의 길과 진리와 생명도 모르게 된다(요 14:6).** 예수 그리스도를 모르면 하나님의 사랑과 하나님의 뜻과 소원을 알 수가 없는 것이다. 하나님의 비밀을 푸는 열쇠는 바로 예수 그리스도이시다(엡 6:19; 골 2:2-3).

1) **요한복음 5:39** : 너희가 성경에서 영생을 얻는 줄 생각하고 성경을 상고하거니와 이 성경이 곧 내게 대하여 증거하는 것이로다(cf. 계 1:1).
2) **요한복음 1:18** : 본래 하나님을 본 사람이 없으되 아버지 품속에 있는 독생하신 하나님이 나타내셨느니라.
3) **요한복음 14:9** : 예수께서 가라사대 빌립아 내가 이렇게 오래 너희와 함께 있으되 네가 나를 알지 못하느냐 나를 본 자는 아버지를 보았거늘 어찌하여 아버지를 보이라 하느냐.
4) **요한계시록 19:13** : 또 그가 피 뿌린 옷을 입었는데 그 이름은 하나님의 말씀이라 칭하더라.
5) **히브리서 1:2-3** : 이 모든 날 마지막에 아들로 우리에게 말씀하셨으니 이 아들을 만유의 후사로 세우시고 또 저로 말미암아 모든 세계를 지으셨느니라 이는 하나님의 영광의 광채시요 그 본체의 형상이시라 그의 능력의 말씀으로 만물을 붙드시며 죄를 정결케 하는 일을 하시고 높은 곳에 계신 위엄의 우편에 앉으셨느니라.
6) **골로새서 2:2-3** : 하나님의 비밀인 그리스도를 깨닫게 하려 함이라 그 안에는 지혜와 지식의 모든 보화가 감취어 있느니라.
7) **고린도전서 1:24** : 오직 부르심을 입은 자들에게는 유대인이나 헬라인이나

그리스도는 하나님의 능력이요 하나님의 지혜니라.

8) **누가복음 10:22-23** : 내 아버지께서 모든 것을 내게 주셨으니 아버지 외에는 아들이 누군지 아는 자가 없고 아들과 또 아들의 소원대로 계시를 받는 자 외에는 아버지가 누군지 아는 자가 없나이다 하시고 제자들을 돌아보시며 종용히 이르시되 너희의 보는 것을 보는 눈은 복이 있도다.

4.(롬 10:9): ______

예수 그리스도에게 적용된 '주(큐리오스: Lord)' 라는 이름은 하나님의 명칭과 동일한 것으로(막 12:36-37; 눅 2:11, 3:4; 행 2:36; 고전 12:3), 예수님께 대한 최고의 영적 권위와 소유권을 표현한 말이다. 특히 부활하신 후 예수님께 적용된 이름으로 만물과 교회의 통치자요 소유주라는 사실을 표현한다. 예수님은 하늘과 땅의 권세를 가지고(마 28:18) 만물을 발 아래 다스리시는(빌 2:10-11) 우주의 왕이요, 교회의 머리시며(엡 1:22-23) 성령님을 통해 우리의 심령을 다스리는 왕이시다. 그의 통치를 받아 예수님을 왕과 주님으로 모시는 자는 가장 복된 사람이다. 천국은 바로 예수님을 왕으로 모시고 통치를 받는 삶인 것이다(눅 17:21). '주님 예수' 라는 말은 예수님은 나의 구세주 하나님일 뿐만 아니라 나의 주인 된 하나님이라는 신앙고백이다. 종 된 자신의 위치에서 절대 순종, 절대 충성, 절대 헌신, 절대 겸손을 표현하는 신앙고백적인 말이다. "예수님은 나의 주인이시고 나는 그 분의 종으로 내 것은 없습니다. 내 생명, 내 능력, 내 지혜, 내 소유, 모든 것이 주님의 것입니다" 라고 영광스럽게 종 됨을 고백하는 말이다(갈 2:20). 옛날 로마 사람들은 "황제는 나의 주인이십니다" 라는 인사말을 해야 했다. 그러나 그리스도인들은 이 말을 용납할 수 없어 "아닙니다. 나의 주인은 예수님입니다" 라고 말했기 때문에 가혹한 핍박을 받고 순교까지 당했다. 예수님은 나의 주재권을 가지기 원하시며 날마다 순종과 헌신을 요구하신다. 예수님을 나의 구원자일 뿐 아니라 나의 주님으로 고백해야 한다(롬 10:9). 진정 예수님은 여러분의 구세주요, 삶의 주인(the lord)이시며 인생의 해답이 되고 계신가? 삶의 주도권과 인생의 운전대를 주님께 맡겨라.

1) **마태복음 28:18-20** : 예수께서 나아와 일러 가라사대 하늘과 땅의 모든 권세를 내게 주셨으니 그러므로 너희는 가서 모든 족속으로 제자를 삼아 아버지와 아들과 성령의 이름으로 세례를 주고 내가 너희에게 분부한 모든 것을 가르쳐 지키게 하라 볼지어다 내가 세상 끝날까지 너희와 항상 함께 있으리라 하시니라.
2) **빌립보서 2:10-11** : 하늘에 있는 자들과 땅에 있는 자들과 땅 아래 있는 자들로 모든 무릎을 예수의 이름에 꿇게 하시고 모든 입으로 예수 그리스도를 주라 시인하여 하나님 아버지께 영광을 돌리게 하셨느니라.
3) **로마서 10:9** : 네가 만일 네 입으로 예수를 주로 시인하며 또 하나님께서 그를 죽은 자 가운데서 살리신 것을 네 마음에 믿으면 구원을 얻으리니.
4) **에베소서 1:21-22** : 모든 정사와 권세와 능력과 주관하는 자와 이 세상뿐 아니라 오는 세상에 일컫는 모든 이름 위에 뛰어나게 하시고 또 만물을 그 발 아래 복종하게 하시고 그를 만물 위에 교회의 머리로 주셨느니라.
5) **고린도후서 13:13** : 주 예수 그리스도의 은혜와 하나님의 사랑과 성령의 교통하심이 너희 무리와 함께 있을지어다.
6) **사도행전 2:36** : 그런즉 이스라엘 온 집이 정녕 알지니 너희가 십자가에 못 박은 이 예수를 하나님이 주와 그리스도가 되게 하셨느니라 하니라.
7) **고린도전서 12:3** : 성령으로 아니하고는 누구든지 예수를 주시라 할 수 없느니라.

5.(고후 5:10):

미래적 사건으로 예수 그리스도는 재림하셔서 세계의 심판과 자기 백성의 구원을 완성하실 것이다(고전 15:24-26). 역사는 예수님의 재림 심판으로 말미암아 종지부를 찍을 것이다(마 19:28, 25:31-34; 눅 3:17; 롬 2:16; 고후 5:10; 딤후 4:1; 약 5:9). 그러므로 예수님은 마귀의 세력을 멸하시고 모든 사람을 선악간에 심판하여 응보하실 재림 심판자이시다(고후 5:10). 재림 심판의 권한은 하나님께 위임받은 예수 그리스도의 대권이다(요 5:22, 27; 행 10:42, 17:31). 예수님의 재림은 우주의 한 모퉁이에서 은밀히 이루어지는 애매한 사건이 아니다. ① **우주적** ② **공개적** ③ **시각적** ④ **동시적** ⑤ **순간적인 사건**으로 세계의 모든 사람이 동시에 체험하게 될 것이다(행 1:11; 계 1:7; 마 24:26-27; 눅 21:34-36).

그러나 재림 심판은 하나님의 고유 권한으로 그 날이 언제일지는 아무도 모르기 때문에(마 24:36; 행 1:7) 도적같이 갑자기 임할(마 24:43) 예측할 수 없는 날을 위해 때를 분별해야 한다(눅 12:54-55). 항상 준비하고(마 24:44) 기도하면서(눅 21:36) 깨어 있어야만 한다(마 24:42). 하나님이 참고 기다리시는 종말의 때에 선교에 전심을 다하면서(행 1:7-8; 벧후 3:9) 거룩한 행실과 경건함으로(벧후 3:11) 새 하늘과 새 땅이 임하길 소망하며 기다려야 한다(벧후 3:12-14; 고전 1:7, 4:5, 11:26; 빌 3:20; 골 3:4; 살전 4:15; 살후 2:1-2; 딛 2:13; 계 1:7). 누구든지 상급의 복을 받는 자로 또는 저주의 심판을 받는 자로 예수님 앞에 서게 될 것이다(고후 5:10; 계 20:11-15). 어떤 자로 주님 앞에 서길 원하는가? 오늘날 우리의 모든 문제는 주님을 사모하며 기다리는 종말 신앙이 없기 때문에 생긴다. 주님을 간절히 사모하는 종말 신앙만이 성도의 신앙을 순수하게 하고 강하게 만들며 능력 있게 하는 것이다.

1) **재림** : 주께서 호령과 천사장의 소리와 하나님의 나팔로 친히 하늘로 좇아

강림하시리니 그리스도 안에서 죽은 자들이 먼저 일어나고 그 후에 우리 살아 남은 자도 저희와 함께 구름 속으로 끌어 올려 공중에서 주를 영접하게 하시리니 그리하여 우리가 항상 주와 함께 있으리라(살전 4:16-17).

2) **재림 상황** : 갈릴리 사람들아 어찌하여 서서 하늘을 쳐다보느냐 너희 가운데서 하늘로 올리우신 이 예수는 하늘로 가심을 본 그대로 오시리라 하였느니라(행 1:11). 그러면 사람들이 너희에게 말하되 보라 그리스도가 광야에 있다 하여도 나가지 말고 보라 골방에 있다 하여도 믿지 말라 번개가 동편에서 나서 서편까지 번쩍임같이 인자의 임함도 그러하리라(마 24:26-27). 이 날은 온 지구상에 거하는 모든 사람에게 임하리라(눅 21:35). 볼지어다 구름을 타고 오시리라 각인의 눈이 그를 보겠고 그를 찌른 자들도 볼 터이요 땅에 있는 모든 족속이 그를 인하여 애곡하리니 그러하리라 아멘(계 1:7).

3) **재림 날짜** : 그러나 그 날과 그 때는 아무도 모르나니 하늘의 천사들도, 아들도 모르고 오직 아버지만 아시느니라(마 24:36). 때와 기한은 아버지께서 자기의 권한에 두셨으니 너희의 알 바 아니요(행 1:7). 주의 약속은 어떤 이의 더디다고 생각하는 것같이 더딘 것이 아니라 오직 너희를 대하여 오래 참으사 아무도 멸망치 않고 다 회개하기에 이르기를 원하시느니라 그러나 주의 날이 도적같이 오리니 그 날에는 하늘이 큰소리로 떠나가고 체질이 뜨거운 불에 풀어지고 땅과 그 중에 있는 모든 일이 드러나리로다(벧후 3:9-10).

4) **최후 심판** : 또 내가 크고 흰 보좌와 그 위에 앉으신 자를 보니 땅과 하늘이 그 앞에서 피하여 간 데 없더라 또 내가 보니 죽은 자들이 무론 대소하고 그 보좌 앞에 섰는데 책들이 펴 있고 또 다른 책이 펴졌으니 곧 생명의 책이라 죽은 자들이 자기 행위를 따라 책들에 기록된 대로 심판을 받으니 바다가 그 가운데서 죽은 자들을 내어주고 또 사망과 음부도 그 가운데서 죽은 자들을 내어주매 각 사람이 자기의 행위대로 심판을 받고 사망과 음부도 불못에 던지우니 이것은 둘째 사망 곧 불못이라 누구든지 생명책에 기록되지 못한 자

는 불못에 던지우더라(계 20:11-15). 이는 우리가 다 반드시 그리스도의 심판대 앞에 드러나 각각 선악간에 그 몸으로 행한 것을 따라 받으려 함이라(고후 5:10).

5) **심판의 두려운 결과** : 내가 들으니 보좌에서 큰 음성이 나서 가로되 보라 하나님의 장막이 사람들과 함께 있으매 하나님이 저희와 함께 거하시리니 저희는 하나님의 백성이 되고 하나님은 친히 저희와 함께 계셔서 모든 눈물을 그 눈에서 씻기시매 다시 사망이 없고 애통하는 것이나 곡하는 것이나 아픈 것이 다시 있지 아니하리니 처음 것들이 다 지나갔음이러라(계 21:3-4). 그러나 두려워하는 자들과 믿지 아니하는 자들과 흉악한 자들과 살인자들과 행음자들과 술객들과 우상 숭배자들과 모든 거짓말하는 자들은 불과 유황으로 타는 못에 참예하리니 이것이 둘째 사망이라(계 21:8). 아담 안에서 모든 사람이 죽은 것같이 그리스도 안에서 모든 사람이 삶을 얻으리라 그러나 각각 자기 차례대로 되리니 먼저는 첫 열매인 그리스도요 다음에는 그리스도 강림하실 때에 그에게 붙은 자요 그 후에는 나중이니 저가 모든 정사와 모든 권세와 능력을 멸하시고 나라를 아버지 하나님께 바칠 때라 저가 모든 원수를 그 발아래 둘 때까지 불가불 왕노릇 하시리니 맨 나중에 멸망받을 원수는 사망이니라(고전 15:22-26).

6) **최후 심판자** : 아버지께서 아무도 심판하지 아니하시고 심판을 다 아들에게 맡기셨으니(요 5:22). 또 인자 됨을 인하여 심판하는 권세를 주셨느니라 이를 기이히 여기지 말라 무덤 속에 있는 자가 다 그의 음성을 들을 때가 오나니 선한 일을 행한 자는 생명의 부활로, 악한 일을 행한 자는 심판의 부활로 나오리라(요 5:27-29). 이는 정하신 사람으로 하여금 천하를 공의로 심판할 날을 작정하시고 이에 저를 죽은 자 가운데서 다시 살리신 것으로 모든 사람에게 믿을 만한 증거를 주셨음이라 하니라(행 17:31; cf. 행 10:42-43).

7) **재림심판 교훈** : 너희는 스스로 조심하라 그렇지 않으면 방탕함과 술취함과 생활의 염려로 마음이 둔하여지고 뜻밖에 그 날이 덫과 같이 너희에게 임하

리라 이 날은 온 지구상에 거하는 모든 사람에게 임하리라 이러므로 너희는 장차 올 모든 일을 능히 피하고 인자 앞에 서도록 항상 기도하며 깨어 있으라 하시니라(눅 21:34-36). 주의 약속은 어떤 이의 더디다고 생각하는 것 같이 더딘 것이 아니라 오직 너희를 대하여 오래 참으사 아무도 멸망치 않고 다 회개하기에 이르기를 원하시느니라 그러나 주의 날이 도적같이 오리니 그 날에는 하늘이 큰 소리로 떠나가고 체질이 뜨거운 불에 풀어지고 땅과 그 중에 있는 모든 일이 드러나리로다 이 모든 것이 이렇게 풀어지리니 너희가 어떠한 사람이 되어야 마땅하뇨 거룩한 행실과 경건함으로 하나님의 날이 임하기를 바라보고 간절히 사모하라 그 날에 하늘이 불에 타서 풀어지고 체질이 뜨거운 불에 녹아지려니와 우리는 그의 약속대로 의의 거하는 바 새 하늘과 새 땅을 바라보도다 그러므로 사랑하는 자들아 너희가 이것을 바라보나니 주 앞에서 점도 없고 흠도 없이 평강 가운데서 나타나기를 힘쓰라(벧후 3:9-14). 형제들아 우리가 너희에게 구하는 것은 우리 주 예수 그리스도의 강림하심과 우리가 그 앞에 모임에 관하여 혹 ① 영으로나 혹 ② 말로나 혹 우리에게서 받았다 하는 ③ 편지로나 주의 날이 이르렀다고 쉬 동심하거나 두려워하거나 하지 아니할 그것이라(살후 2:1-2). 너희를 부르시는 이는 미쁘시니 그가 또한 이루시리라(살전 5:24).

기독교 영성의 핵심은 예수 그리스도로서 살아 계신 예수 그리스도와의 관계적 삶인 동시에 그 분 안에서 구체화한 하나님의 형상을 본받아 그 뜻을 실현하는 평생의 과정이다. 역사적 예수님의 삶을 본받아 따르는 것이다. 기독교 영성은 또한 이 세상을 구원하기 위해 자기 자신을 버리고 십자가를 지신 주님의 사랑의 정신을 따르는 것이며, 임마누엘 신앙으로 지속적인 교제를 나누는 삶이다. 그리고 오늘도 성령의 능력으로 나를 통해 예수 그리스도가 세상을 변화시키며 구원 역사를 계속하시도록 헌신하는 삶이다(갈 2:20). 그러므로 예수 그리스도는 누구이시며 역사적으로 나와 세상을 위해서 무엇을 하셨으며 지금 나를 통해서 무엇을 하시기 원하는가를 분명히 알지 못한다면 신앙의 핵심을 잃어버린 것과 같다.

니고데모처럼(요 3:1-2) 세상의 모든 지식을 가졌다고 해도 예수님을 모른다면 가장 불행한 사람이기에 예수님에 관한 지식은 인간이 가질 수 있는 **최대, 최고, 최상의 지식**이다(빌 3:4-8). 그래서 예수님은 **"영생은 곧 유일하신 참 하나님과 그의 보내신 자 예수 그리스도를 아는 것이니이다"(요 17:3)**라고 말씀하셨다. 여기에서의 지식은 체험적이고 행동적인 전 인격의 지식을 말한다. 예수를 진정으로 체험한 사람들의 신앙 모습은 첫째, 예수님을 닮으려고 한다(요일 2:6). 둘째, 뒤돌아서지 않고 언제나 믿음으로 전진한다(히 10:38; 약 2:22; 빌 4:13). 셋째, 하나님과 우리 주님의 영광을 위해 살아간다(고전 10:31). 넷째, 언제나 주님을 기다리는 종말 신앙으로 산다(계 22:20; 마 24:44). 다섯째, 언제나 섬기고 베푸는 선한 열매를 맺으며 살아간다(엡 5:18; 마 5:16). 예수님을 바로 알고 있는가? 믿고 있는가? 영접했는가? 언제나 주님을 따르고 있는가? 구원받았음을 확신하는가? 의지하고 있는가? 한번 조용히 자문해 보라(골 2:6-7). 예수님은 바로 하나님이요, 성경의 주인공이요, 나의 주님이시고 왕이시며 최후 심판자이심을 명심하라. '예수 내 구주, 예수 내 주, 오직 예수, 할렐루야 아멘' 이 나의 신앙과 인생의 결론이 되어야만 진정으로 행복한 그리스도인이 될 수 있다.

"내가 그리스도와 함께 십자가에 못 박혔나니 그런즉 이제는 내가 산 것이 아니요 오직 내 안에 그리스도께서 사신 것이라 이제 내가 육체 가운데 사는 것은 나를 사랑하사 나를 위하여 자기 몸을 버리신 하나님의 아들을 믿는 믿음 안에서 사는 것이라"(갈 2:20).

[공동 기도문 : 통성기도]

사랑하는 하나님 아버지,

부족한 저를 사랑하셔서 예수님을 이 땅에 보내시사 저의 죄를 사해 주시고 구원해 주심을 감사합니다. 그동안 예수님에 대해 깊이 아는 일과 교제를 나누는 일에 등한히 한 것을 용서하옵소서. 예수님은 나의 하나님이시며 나의 구원자이시고 하나님 말씀의 계시자가 되심을 믿습니다. 또한 주님의 주재권을 인정하고 복종하기를 원하며 다시 오실 예수님을 사모합니다. 예수님에 대한 믿음이 분명해지고 예수님을 아는 지식으로 더욱더 성숙해질 수 있도록 도와주시옵소서. 예수님 이름으로 기도합니다. 아멘.

[질문] 예수 그리스도는 어떤 분인지 '예수님의 손' 을 사용하여 5가지로 설명해 보라.

1. 요한1서 5:20
2. 마태복음 1:21
3. 요한복음 1:18
4. 로마서 10:9
5. 고린도후서 5:10

[나눔] 예수 그리스도는 당신에게 어떤 분인지 서로 고백하고 또 설명하라.

[토론] 댄 브라운의 소설 「다 빈치 코드(*Da Vinci Code*)」의 허구와 위험성은 무엇인가?

소설 「다 빈치 코드」는 로마 콘스탄틴 대제와 교회 지도자들이 자기들의 권력기반을 다지기 위해 325년 니케아 회의에서 예수 그리스도의 신성을 부인한 알렉산드리아의 신학자 아리우스를 제거하고 예수 그리스도의 신성화와 무오한 성경 교리를 만들어 진실을 왜곡했다고 주장한다. 그 증거로 인간 예수와 막달라 마리아가 결혼하여 탄생된 예수의 후예가 프랑스 왕족이 되었다고 주장하며 성경과 기독교 역사의 진정성을 부인한다. 「다 빈치 코드」는 기독교 진리를 왜곡하고 훼손하는 사이비 역사 소설일 뿐이다.

[읽어보기 : 예수, 그 이름의 능력(출 3:14-15; 마 1:21)]

보이지 않는 영적 세계에는 하나님을 대신하는 악하고 더러운 영들로 가득 차 있다(엡 2:2, 6:12). 인도에는 1억의 신이 있다고 하며 일본에는 800만의 신(가미사마)을 섬긴다고 한다. 이 수많은 신들은 이름이 알려져 있지 않지만 옛날 그리스나 로마 사람들은 제우스 신, 비너스 신, 아폴로 신 등 특별한 신의 이름을 지어서 부르기도 했다. 자연 만물, 또는 인간이 만든 우상이나 심지어는 자신의 배(Belly, bodily desire)를 신으로 삼는 사람들도 있다(빌 3:19). 이런 보이지 않는 영적 존재들을 신(데오스, 엘로힘, god), 또는 하나님이라고 한다. 그러므로 하나님이나 신이라는 말은 막연한 영적 존재들을 의미한다. 그리하여 "하나님이여 주시옵소서"라고 기도할 때 아주 많은 신들 중에서 어떤 하나님이고 어떤 신인지 알 수가 없다. 모든 종교는 자연 발생적인 신심으로(행 17:22) 대개 특정 신을 이름지어 섬긴다.

그러나 기독교의 하나님은 막연한 신도 아니고 인간이 특별히 이름을 지어준 신도 아니다. 하나님 자신이 자기 이름을 여호와 하나님이라고 밝혀주신 유일한 하나님이시다. 여호와 하나님은 "아브라함의 하나님, 이삭의 하나님, 야곱의 하나님 여호와라 이는 나의 영원한 이름이요 대대로 기억할 나의 표호니라"(출 3:15, 6:2)라고 모세에게 자신의 이름을 밝혀주셨다. "나는 여호와니 이는 내 이름이라 나는 내 영광을 다른 자에게, 내 찬송을 우상에게 주지 아니하리라"(사 42:8)라며 자신의 이름으로 온갖 더러운 잡신들과 자신을 구별하셨음을 이사야 선지자에게 말씀하셨다(시 51:15; 렘 33:2). 여호와 하나님의 이름은 하나님 자신의 인격과 명예와 영광과 능력과 임재를 나타낸다. 여호와 하나님의 이름은 불변하는 영원한 이름이요(출 3:15; 시 72:17), 영화롭고 두려운 이름이다(신 28:58; 대상 29:13; 시 72:19, 79:9). 큰 이름(겔 36:23; 수 7:9; 삼상 12:22), 아름다운 이름(시 8:1, 135:3; 히1:4), 선한 이름(시 52:9), 그리고 존귀한 이름(시 111:9)이며 홀로 하나이신 이름이다(슥 14:9).

하나님은 자신의 이름을 소중히 아끼시고(겔 36:21), 자기 이름을 위하시며(사 48:11), 질투하시기까지(출 34:14) 거룩하신 이름을 위해 열심을 내신다(겔39:25). 하나님은 그 이름에 합당한 영광 받기를 원하신다(시 29:2, 96:8). 그리하여 이 세상에 인간을 창조하셨다(사 43:7, 21). 여호와의 영광스런 이름을 위하여 이스라엘 백성을 선택하시고(사 43:10) 애굽에서 구원하셨다(겔 20:9, 22). 그들을 용서하시고 광야에서 인도하셨으며(겔 20:22) 여호와의 증인으로 세워(사 43:11-12) 그 이름을 온 땅에 전하게 하셨다(출 9:16; 시 22:22; 사 12:4). 자기 이름을 성전에 두어 그 이름을 부르며 찬송하고 섬기게 하셨다(왕상 8:18, 29, 48, 9:3; 대하 6:18-20). 그리고 그 이름으로 복을 받게 하셨다(민 6:27). 하나님은 자기 이름을 위하여 구원하시고(시 106:8; 사 48:11; 렘 23:6; 겔 20:29) 용서하신다(렘 14:7). 기도에 응답하시고(렘 33:2-3) 인도하시며(시 23:3) 치료하신다(말 4:2). 우리는 그 이름에 합당한 영광을 돌리고(시 29:2), 그 하나님의 이름을 부르며(사 12:4) 의지하고 높여야 한다(시 34:3). 그 하나님의 이름에 영원히 감사해야 한다(시 44:8). 예수님도 영광스런 주기도문에서 하나님의 이름을 거룩하게 여기라고 말씀하셨다(마 6:9). 하나님은 "여호와의 이름을 망령되이 일컫지 말라"(출 20:7)라고 하셨고, 하나님의 이름을 영화롭게 하지 않으면 저주하겠다고(말 2:2) 경고하셨습니다. "하나님의 이름을 욕되게 할까 두려워하라"라고 말씀하셨다(잠 30:9). 하나님을 섬기는 것이 하나님의 뜻이지만 잡신 섬기듯 여호와 하나님을 섬겨서는 안 된다.

사단은 처음에 하늘에서 하나님의 이름을 찬양하고 섬기도록 만들어진 아름다운 천사였다(시 103:19-22). 그러나 하나님의 이름 위에 자신을 높여 교만하므로 용서받지 못하고 쫓겨났다(사 14:13-14; 벧후 2:4). 사단은 하와에게 너도 하나님같이 될 수 있다(창 3:5)고 독립을 촉구하여 하나님을 대적하게 함으로 저주받게 했다. 사단은 신앙 양심의 기준인 하나님의 이름을 제거하고 하나님 대신 섬김을 받으려고 한다(마 4:9-10; 눅 4:6-8; 고전 10:20-21).

여호와 하나님은, 그 이름을 알고 부르고 영광돌려야 오신다. 그러나 악령들은 초청하지 않아도 우리에게 들어와 하나님을 대신할 기회를 찾는다. 하나님은 예수 그리스도를 이 땅에 보내어 그 이름으로 인간들을 구원하여 훼손된 소중한 그 이름의 명예를 회복하고 섬김 받기를 원하셨다(창 3:15). 이것이 하나님의 뜻이며 성경의 중심 내용이다.

그리하여 여호와 하나님은 이 아름다운 이름(히 1:4), 뛰어난 이름(빌 2:9)을 독생자 예수님께 기업으로 주셔서(요 17:11) 하나님 자신의 본체를 나타내셨다(요 1:18, 10:30, 17:26; 빌 2:6; 렘 23:5-6). 하나님의 이름을 주셔서 알게 하시고(요 17:26), 그 이름으로 구원하시고 (마 1:21), 자기 백성을 보호하셨다(요 17:12). 여호와 하나님의 이름으로 지상에 오신 성자 하나님의 이름은 천사가 예수(마 1:21)라고 계시하였다. 하나님이 이 땅에 보내실 구원자(히브리어: 메시아, 헬라어: 그리스도)인, '예수(헬라어: 예수스)' 는 구원하시는 여호와 하나님이라는 의미이다. 히브리어 여호수아(호세아, 예수아)라는 이름을 당시 세계적인 언어인 헬라어로 번역한 이름이다.

이 예수라는 이름은 같은 이름을 가진 다른 사람들과 구별하기 위해(삼상 6:14; 왕하 23:8; 대하 31:15; 행 7:45; 눅 3:27; 마 27:16; 행 13:6; 골 4:11) 나사렛 예수(마 21:11), 또는 다윗의 자손 예수(막 10:47-48)라고 불렀다. 예수님이 부활 승천하신 후에는 믿음의 사람들이 주 예수 그리스도라고 불렀다. 예수, 그 아름다운 이름(마 1:21)은 여호와 구원주 하나님, 엘로힘 창조자 하나님, 여호와 샬롬 평화의 하나님, 여호와 닛시 승리의 하나님, 여호와 라파 치료의 하나님, 여호와 이레 예비하시는 하나님, 임마누엘 함께하시는 하나님, 모든 하나님의 이름을 종합적으로 보여주시는 여호와 하나님의 이름이다. 이 예수라는 이름은 여호와 하나님의 뜻과 의지가 담긴 이름이요(마 1:21), 성자의 사명과 삶이 담긴 이름이며, 성령께서 역사하시는 삼위일체적 이름이다(민 6:24-26; 고후 13:13).

그리스도인이란 예수님의 이름을 믿고(요 1:12) 그 이름을 소유하고(고후 13:5; 계 14:1; 행 11:1, 26) 이 예수 그리스도 이름의 특권을 누리는 사람이다(막 16:17-18; 행 4:30). 그 이름에 합당한 영광을 돌리며(행 5:41; 시 29:2) 그 이름을 위해서 평생 전적으로 헌신하는 사람들이다(마 16:24; 행 15:25-26). 여호와 하나님의 이름으로 오신 예수 그리스도의 이름의 권세(요 1:12)는 무엇일까?

1. 구원(마 1:21)

'예수' 라는 이름은 구원하시는 여호와 하나님이라는 뜻이다. 그러므로 누구든지 주 예수님의 이름을 부르는 자는 구원을 받는다(욜 2:32; 행 2:21, 16:31; 롬 10:13). 그 이름을 믿고 영접하면 하나님의 자녀가 되고(요 1:12) 영생을 얻는다(요 20:31). 예수 이름으로 죄 용서를 받으며(마 9:6) 성령을 선물로 받는다(행 2:38). 예수 이름으로 오시는 성령님이 믿게 하시고 중생하게 하시고 예수님의 말씀을 깨닫게 하신다 (요 14:26). 그리스도 외에 다른 이름으로서는 구원받을 수 없다(행 4:12). 오직 길이요, 진리요, 생명이신 예수 그리스도의 이름으로만 구원을 받는다(요 14:6).

믿음이란 예수 그리스도를 내 마음에 계시게 하는 위대한 능력이다(엡 3:17). 그러므로 예수 그리스도의 이름을 부르며 그 예수 그리스도를 마음에 모시지 않는 자는 버리운 자이다(고후 13:5). 하나님의 독생자 예수 그리스도의 이름을 믿지 아니하면 이미 심판을 받은 자이다(요 3:18). 하나님의 뜻을 기록한 성경은 예수님을 믿고 그 이름을 힘입어 생명을 얻게 하려는 것이다(요 20:31; 요일 5:13). 아무도 멸망받지 않고 구원받는 것이 하나님의 뜻이다(딤전 2:4). 그러나 공중 권세 잡은 악령들은 하나님의 뜻에 저항하여(엡 2:2, 6:12) 예수 그리스도 이름의 복음을 막는다(막 1:1; 고후 4:4). 다른 예수, 다른 영, 다른 복음을 믿게 하여 구원 역사를 방해한다(고후 11:3-4).

2. 응답(요 16:24)

어떤 상황에서든지 여호와 하나님께 기도하면 하나님은 그 이름의 명예와 자존심을 걸고 응답하신다고 약속하셨다(렘 33:2-3). 여호와 하나님은 그 이름 경외하기를 기뻐하는 자들의 기도를 들어주신다(느 1:11). 하나님의 이름이 거룩히 여김을 받기 위해(마 6:9) 예수 그리스도의 이름으로 기도해야 한다고 말씀하셨다. 그러면 예수님의 이름으로 응답하셔서 기쁨이 충만하게 하시겠다고 예수님은 약속하셨다(요 16:23-24). 엘리야 한 사람과 850명 우상 숭배자의 갈멜산 기도 결투로 다른 신의 이름으로 응답받는 것은 불가능하다는 사실이 증명되었다(왕상

18:16-24). 여호와 하나님은 여호와 하나님의 이름으로 기도하는(왕상 18:24, 37) 엘리야의 기도를 불로써 응답하셨다(왕상 18:38; 시 20:5). 예수님도 두세 사람이 예수님의 이름으로 함께 모여서 기도하면 그곳에 함께 계셔서 하늘의 하나님으로부터 응답받게 하겠다고 말씀하셨다(마 18:19-20). 예수님의 이름으로, 예수님의 이름을 위해 기도하면 하나님은 그 이름의 명예를 걸고 응답해 주신다.

3. 영권(막 16:17)

예수님은 자신의 이름을 믿고 따르는 사람들에게 "믿는 자들에게는 이런 표적이 따르리니 곧 저희가 내 이름으로 귀신을 쫓아내며 새 방언을 말하며 뱀을 집으며 무슨 독을 마실지라도 해를 받지 아니하며 병든 사람에게 손을 얹은즉 나으리라"(막 16:17~18)고 놀라운 영권을 약속하셨다. 사도 바울이 예수님의 이름을 사용하여 "예수 그리스도의 이름으로 내가 네게 명하노니 그에게서 나오라"(행 16:18)고 귀신들린 자에게 명령했을 때 즉시 귀신이 나왔다. 악령은 자진해서 점령지를 포기하고 스스로 물러나지 않는다. 예수 이름으로 결박하여 제압하고 내쫓아야만 한다. 악령이 제일 무서워하는 것은 예수의 이름과 예수의 피이다(계 12:11; 출12:23). 예수 이름을 영접하면 성령님이 우리 마음에 오셔서 우리의 몸을 성전으로 삼으신다(고전 3:16, 6:19-20). 그리하여 요한은 "자녀들아 너희는 하나님께 속하였고 또 저희를 이기었나니 이는 너희 안에 계신 이가 세상에 있는 이보다 크심이라"(요일 4:4)고 강조했다. 또한 "하나님께로서 난 자마다 범죄치 아니하는 줄을 우리가 아노라 하나님께로서 나신 자가 저를 지키시매 악한 자가 저를 만지지도 못하느니라"(요일 5:18)고 말했다.

4. 치유(막 6:18)

여호와 하나님은 "내 이름을 경외하는 너희에게는 의로운 해가 떠올라서 치료하는 광선을 발하리니 너희가 나가서 외양간에서 나온 송아지 같이 뛰리라"(말 4:2)고 하나님의 이름을 위해 치료하실 것을 약속하셨다. 하나님은 "나는 너희를 치료하는 여호와(여호와 라파)임이니라"(출 15:26)며 자신을 의사로 소개하셨다. 또한 모든 병을 고쳐 주신다고 약속하셨다 (시 103:3). 예수님은 "병든 사람에게 손을 얹은즉 나으리라"(막 16:18)고 이름의 권세에 대하여 약속하셨다. 베드로는 "나사렛 예수 그리스도의 이름으로 걸으라"(행 3:6)며 예수님의 이름으로 40년 된 지체불구자를 치료하여 하나님께 영광을 돌렸다. 예수 이름은 우리의 영과 혼과 몸, 그리고 가정을 치료하는 능력이 있다.

5. 복(고후 13:13)

구약시대 제사장은 여호와의 이름으로 백성을 축복할 수 있었다(민 6:24-27). 사도들도 "주 예수 그리스도의 은혜와 하나님의 사랑과 성령의 교통하심이 너희 무리와 함께 있을지어다"(고후 13:13)라고 삼위일체의 이름으로 예배자들을 축복했다. 예수 이름을 믿는 우리는 영적 제사장으로 하나님 앞에 믿음으로 나아가며 하나님의 은혜를 받는 복을 받게 된다(벧전 2:9; 히 4:16). 하나님은 여호와의 이름을 부르는 아브라함에게 복 위의 복인 특별한 복을 주신다고 맹세하셨다(히 6:14). 요한은 예수의 이름을 부르면 은혜 위의 은혜, 특별한 은혜를 예수님 이름으로 받는다고 말했다(요 1:16). 누구나 받는 태양과 공기, 비, 자연적 은혜와 경영의 복뿐만 아니라 구원과 성령 내주와 성경 말씀의 특별한 은혜를 받는다. 바울 사도는 예수 이름의 복은 하나님의 비밀이며(엡 3:4; 골 2:2-3), 하늘에 속한 신령한 복이라고 했다(엡 1:3). 하나님은 자기 이름을 위하여 의의 길로 인도하신다(시 23:3). 예수의 이름으로 보호하고 지켜 주신다(요 17:12). 예수의 이름을 앎으로 하나님의 사랑을 받는다(요 17:26). 그리스도의 이름으로 고난을 받으면 그리스도의 고난에 참여하는 것으로서 복을 받고 영광의 영, 즉 하나님의 성령이 함께하신다고 베드로 사도는 말했다(벧전 4:13-14). 예수의 이름이 얼마나 복되고 귀한 이름인가? 사단의 최고 전략은 인간에게서 하나님의 이름을 지우고 오만 잡신과 비교할 수 없는 절대적인 하나님의 이름을 일반 잡신의 수준으로 끌어내려서 자신이 하나님같이 섬김을 받으려는 것이다. 하나님의 이름을 더럽히고 도전한 마귀들은 절대로 용서받지 못했다. 예수 그리스도의 이름을 믿고 영접하지 않아 하나님의 뜻을 거역한 자도 용서받지 못하고 멸망받는다.

하나님이나 신이라고 이름하는 수많은 잡신들과 다르게 기독교의 하나님은 자신의 이름을 여호와로, 예수로 계시하셨다(출 3:15; 마 1:21). 그 분은 스스로 계신 영적 존재로서 삼위일체 하나님으로 존재하신다(고후 13:13). 능력면에서는 창조자로서 전지, 전능, 편재하신다(사 40:26). 하나님의 인격은 사랑이시다(렘 9:24; 요일 4:16). 그리고 하나님의 이름을 알고 믿는 자들에게는 관계면에서 아버지가 되어 주신다(요 1:12; 롬 8:15-16). 기독교의 하나님은 여호와 하나님, 삼위일체 하나님, 창조주 하나님, 그리고 아버지 되신 하나님이시다. 여호와 하나님의 소중한 이름을 바로 알고(시 91:14) 부르고(욜 2:32) 경배해야 한다(시 92:2). 존중하고(말 3:16) 경외하고(말 4:2) 자랑해야 한다(시 20:7). 선포하고(사 12:4; 시 22:22) 증거해야 한다(사 43:12). 찬양하여(시 7:17) 하나님의 이름에 합당한 영광을 돌려야 한다(시 96:8). 그러나 우리는 예수님을 빼놓고는 여호와 하나님을 알 수도 없고 그 능력을 체험할 수도 없다(행 4:12). 예수 이름을 믿음으로 영접하고(요 1:12) 그 이름을 부르고(롬 10:13) 찬양해야 한다(히 13 :15). 무슨 말을 하든지 무슨 일을 하든지 예수 그리스도의 이름으로 하고(골 3:17) 그 이름에 순복하여 하나님께 영광을 돌려야 한다(빌 2:10-11).

바울은 하나님을 믿는다고 하면서 그 이름에 합당한 영광을 돌리지 못하는 자들을 향하여 "저희가 하나님을 시인하나 행위로는 부인하니 가증한 자요 복종치 아니하는 자요 모든 선한 일을 버리는 자니라"(딛 1:16), "하나님의 이름이 너희로 인하여 이방인 중에서 모독을 받는도다"(롬 2:24)라고 엄히 경고했다. 여호와 하나님의 이름을 분명하게 알라. "예수 내 구주, 예수 내 주, 오직 예수, 할렐루야, 아멘." 그 이름을 부르라. 그 이름을 믿으라. 그 이름을 사용하라. 그 이름을 선포하라. 그 이름에 합당한 영광을 돌려라. 우리는 예수라는 위대한 하나님의 이름을 소유한 사람들이다. 그렇게만 된다면 여러분은 참된 그리스도인으로 영적 전투에서 반드시 승리할 것이다.

제6과 성령은 누구신가?

학습목표 : 성령님의 실체를 이해하고 기본 지식 5가지를 다른 사람에게 가르칠 수 있다. 특히 성령세례, 성령충만, 성령의 인침, 성령의 열매, 성령의 기름부음 및 성령의 은사를 이해하고 성령의 지원에 의지하여 깊고 풍성한 신앙생활을 하도록 한다.

요절말씀 : 내가 아버지께 구하겠으니 그가 또 다른 보혜사를 너희에게 주사 영원토록 너희와 함께 있게 하시리니 저는 진리의 영이라 세상은 능히 저를 보지 못하나니 이는 저를 보지도 못하고 알지도 못함이라 그러나 너희는 저를 아나니 저는 너희와 함께 거하심이요 또 너희 속에 계시겠음이라(요14:16-17).

이스라엘 백성들은 율법을 준수하고 성전까지 건축을 하면서 나름대로 열심히 신앙생활하려고 노력했지만 결국 왜 실패하고 말았을까?(겔 36:26-27; 행 7:51) 이스라엘 초대 왕이었던 사울은 성공적인 삶을 살다가 왜 갑자기 추락하는 실패자로 추한 인생을 마감했는가?(삼상 15:10-23, 16:13-14, 18:8-10) 골리앗까지 물리쳤던 강력한 다윗 왕이 가장 두려워했던 것은 무엇이었는가?(시 51:10-11) 어떻게 사람이 새롭게 태어나 하나님의 자녀가 될 수 있는가?(요 3:3-8) 어떻게 무력한 그리스도인이 **강력한 그리스도인**(powerful christian)이 될 수 있을까?(엡 3:16) 어떻게 죄인이 성화와 영육 부활의 영광에 참여할 수 있을까?(롬 8:11) 이 모든 질문의 해답은 모두 성령에 관계된 것이다. 그러므로 신앙생활에 성령만큼 중요한 주제도 없다.

성부, 성자, 성령의 삼위일체 하나님은 동일한 능력과 영광을 가지신 하나님으로 언제나 함께 일하시지만 구원사에서 구약시대에는 성부 하나님이 역사의 표면에서 구체적으로 일하셨다. 삼위일체의 삼위란 순서나 능력의 차이를 말하는 것이 아니다. 단지 인격성과 독립성을 구분하는 존재와 관계의 표현일 뿐이다. **성경적 삼위일체는 뚜렷이 구분되는 세 다른 인격체, 즉 아버지와 아들과 성령이 한 하나님으로서 이 세 인격체 중 하나가 없으면 한 하나님이 될 수 없다.** 영적인 진리를 물질적인 것으로 비교할 수가 없지만 마치 물체가 가로, 세로, 높이로 구성되는 것과 흡사하다. 이단들이 주장하는 것처럼 물이 고체, 액체, 기체로 변하는 것처럼 한 하나님이 양태론적으로 아버지가 되고 아들도 되고 성령도 되는 것이 아니다. 또한 성부, 성자, 성령은 각각 독립된 삼신(three gods)도 아니다.

그러나 성경은 구원 역사에 있어서 성부 하나님의 예정과 성자 하나님의 구속과 **성령 하나님의 적용**에 관하여 분명하게 말하고 있다(벧전 1:2; 엡 1:4-14). 성부 하나님이 인간을 사랑하심으로 주신 **최대의 선물은 성자 예수님**이셨다(요 3:16; 히 1:2). 신약시대에 역사 속에 인간과 함께 계셨던 성자 하나님을 통해 하나님의 사랑을 확증하시고(롬 5:8), 십자가의 부활을 통해 구원 역사를 완성하셨다. 또한 성자 예수님께서 인간에게 주신 **최대의 선물은 바로 삼위이신 성령님**이다(요 16:7). 승천하신 예수님은 하늘 보좌 우편에서 자기 백성의 왕적 통치사역(빌 2:10-11)과 대제사장으로서 기도와 사죄의 중보 사역뿐 아니라(롬 8:34; 히 7:25; 요일 2:1) 성령을 우리에게 보내주셔서 지금도 지상 구원사역을 계속하고 있다(행 2:33; 요일 4:13). 오순절 사건 이후 성령님이 역사의 표면에서 예수 그리스도의 구원 사역을 증거하심으로(요 15:26) 성도들로 하여금 그리스도를 영접하여(롬 8:9; 고전 12:3) 거듭나게 했다(요 3:5). 성령은 진리를 깨닫게 하시고(요 14:26) 은사를 주어서 봉사하게 하며(고전 12:4), 능력 주셔서 전도하게 하시고(행1:8), 성령 충만하여 그리스도를 닮게 하는 사역을 하신다(갈 5:22-23). 그리하여 **성령 사역의 목표**는 성도로 하여금 **그리스도에게 영광**을 돌리게 하는 것이며(요 16:14), 마지막으로 심판 날에 우리를 사망에서 부활하도록 역사하실 것이다(롬 8:11).

성령이 이렇게 역사의 표면에서 구원역사의 적용을 위해 주동적으로 일하시는 **오늘의 시대를 성령시대, 또는 은혜시대, 교회시대**라고 한다(요 16:7-14; 행 2:14). 성령의 시대에 **성령의 네 가지 선물은 ① 개인적 믿음과 ② 일반적인 성경(딤후 3:16-17)과 ③ 공적인 교회(행 2:1-4; 엡 2:20-22; 벧전 2:5)**를 허락하신 것이다. 그러나 성령 시대에 가장 중요한 것이 성령 충만의 역동적 신앙생활인데도 불구하고 성도들이 육신을 좇아 패배와 고통의 삶을 사는 이유(갈 5:19-20)는 **① 성령에 대한 무지(행 5:3, 19:2) ② 불신(마 12:31-32) ③ 성령에 대한 오해(행 8:14-24) ④ 육체의 소욕(갈 5:19-21, 6:8) ⑤ 불순종(갈 5:16-17) 때문**이다. 성령의 시대에 풍성하고 감격적인 승리의 신앙생활을 하기 위해 성령에 대한 바른 이해와 확신을 가져야 한다. 하나님은 성령님을 통해 자신과 진리를 계시하시며(고전 2:13), 성령님과의 교제(communion)를 통해 예수 그리스도의 은혜와 하나님의 사랑에 참여하게 되므로(고전 2:12; 고후 13:13) 성령 하나님을 모르면 참된 하나님을 모르고 참된 신앙생활도 할 수 없다. 성령님에 대하여 알아야 하는 필수 지식은 다음의 다섯 가지이다.

1.(고전 6:19): ____________________

성령님에 대한 첫 번째 필수 지식은 여호와 하나님이라는 사실을 명심해야 한다. 성령님을 성부와 성자 하나님보다 비하하거나 성령님의 신격(Godhead)을 모독하지 않도록 조심해야 한다. 성령님은 예배와 찬양과 섬김과 영광을 받아야 할 삼위일체 하나님이시다(요 4:24). 성령님은 성부에서 나와(요 15:26) **여호와의 신**(사 11:2) 또는 **하나님의 영**(엡 4:30)으로 불리고, 성자 예수 그리스도가 보낸 **그리스도의 영**(롬 8:9)이라 불리며, 인간과의 관계에서 **진리의 영**(요 14:17) 또는 **은혜의 성령**(히 10:29)이라며 구별되기도 한다. 그러나 성령님 자체는 성부 하나님이나 성자 하나님과 동일한 제삼위(the third person) 하나님(고후 13:13; 마 28:19)으로 성품상 **거룩한 영**(벧전 4:14)이시다. 성부와 성자 하나님같이 성령 하나님도 **창조의 하나님**이시며(욥 33:4), **전지**(고전 2:10; 대하 16:9), **전능**(슥 4:6; 욥 42:2), **편재**(시 139:7; 요 14:17), **영원**하신(히 9:14; 시 90:2) 유일한 속성을 가지셨다. 뿐만 아니라 성부 하나님과 같은 **거룩**(출 15:11), **사랑**(요일 4:7-10), **공의**(시 19:9), **자비**(시 103, 8), **신실**하신(고전 1:5) 도덕적 속성도 가지셨다.

A.D. 4세기경 아리우스(Arius)는 성령의 신성과 인격성을 부정하여 이단으로 정죄되었고 그로 말미암아 "성령은 만들어지지도 않고 창조되지도 않고 누가 그를 낳은 것도 아니며 다만 나오신다"라고 삼위일체의 신성과 인격성 관계를 강조하는 '아타나시우스(Athanacius) 신조'가 만들어졌다. 성령님이 하나님이 아니라면 아름다운 창조 역사와 성경 영감의 권위는 물론 인간의 죄성을 극복하는 중생과 믿는 자 안에 계셔서 성화시키는 일은 불가능한 것이다. 성령 하나님에 대한 지식에 무지하여 성령님을 속이려다가 불행을 당한 아나니아와 삽비라를 생각해 보라(행 5:1-11).

1) **고린도후서 13:13** : 주 예수 그리스도의 은혜와 하나님의 사랑과 성령의 교통하심이 너희 무리와 함께 있을지어다.

2) **베드로전서 1:2** : 곧 하나님 아버지의 미리 아심을 따라 성령의 거룩하게 하심으로 순종함과 예수 그리스도의 피 뿌림을 얻기 위하여 택하심을 입은 자들에게 편지하노니 은혜와 평강이 너희에게 더욱 많을지어다.

3) **사도행전** 5:3-4 : 베드로가 가로되 아나니아야 어찌하여 사단이 네 마음에 가득하여 네가 성령을 속이고 땅값 얼마를 감추었느냐……어찌하여 이 일을 네 마음에 두었느냐 사람에게 거짓말한 것이 아니요 하나님께로다.

4) **창세기** 1:2 : 땅이 혼돈하고 공허하며 흑암이 깊음 위에 있고 하나님의 신(루하흐)은 수면에 운행하시니라.

5) **시편** 104:30 : 주의 영을 보내어 저희를 창조하사 지면을 새롭게 하시나이다.

6) **고린도전서** 6:19 : 너희 몸은 너희가 하나님께로부터 받은 바 너희 가운데 계신 성령의 전인 줄을 알지 못하느냐 너희는 너희의 것이 아니라(cf. 고후 6:16).

7) **고린도전서** 2:10 : 성령은 모든 것 곧 하나님의 깊은 것이라도 통달하시느니라.

8) **요한복음** 3:6 : 육으로 난 것은 육이요 성령으로 난 것은 영이니.

9) **스가랴** 4:6 : 힘으로 되지 아니하며 능으로 되지 아니하고 오직 나의 신으로 되느니라.

10) **히브리서** 9:14 : 하물며 영원하신 성령으로 말미암아 흠 없는 자기를 하나님께 드린 그리스도의 피가 어찌 너희 양심으로 죽은 행실에서 깨끗하게 하고 살아 계신 하나님을 섬기지 못하겠느뇨.

11) **시편** 139:7-8 : 내가 주의 신을 떠나 어디로 가며 주의 앞에서 어디로 피하리이까 내가 하늘에 올라갈지라도 거기 계시며 음부에 내 자리를 펼지라도 거기 계시나이다.

2.(고전 2:10): ____________

성령님은 어떤 영향력이나 전기처럼 통하는 능력이나 물이나 또는 불같이 비인격적인 물질이 아니라 인격자이시다. 그러므로 예배와 사랑과 믿음과 순종뿐만 아니라 서로의 깊은 인격적 교제를 원하신다. 인격이란 지 · 정 · 의의 생각을 총괄하는 도덕적 행위의 책임적 주체를 말한다. 이것은 비인격적인 물질이나 세력에 대조되는 말인 것이다. 성령을 말할 때 남성 대명사 "He(그분)"를 사용하는 것은 천사와 마찬가지로 성별을 말하는 것이 아니라 인격체를 말하는 것이다. 성령님은 인격적인 하나님으로 우리의 **대변자(파라클레토스)이시다(요 14:26)**. 인간의 깊은 마음속까지 아시고(고전 2:10) 잘못된 길로 갈 때 근심하시며(엡 4:30) 의지적으로 행하고(고전 12:11) 생각하신다(롬 8:27). 성령님은 말씀하시고(계 2:7) 위로하시고(행 9:31) 연약함을 도우시며(롬 8:26) 인도하시고(요 16:13) 가르쳐 주신다(요 14:26). 탄식하시며 기도해 주시고(롬 8:26) 소멸도 하며(살전 5:19) 인격적인 존재만 할 수 있는 모든 활동을 하신다. **영적 진리를 비인격화, 물질화, 인간 주도화 하는 것은 잘못된 이단의 특징이다.** 성령님은 ① **불**(fire: 마 3:11, 소멸과 심판: 사 4:4; 히 12:29), ② **물**(water: 요 7:38, 생명, 씻음: 사 44:4; 히 10:22), ③ **바람**(wind: 행 2:2, 주권, 편재역사, 생명, 신비: 겔 37:5, 9), ④ **기름**(oil: 요일 2:27, 능력: 행10:38, 기쁨: 히 1:9, 거룩: 시 92:10, 치료: 사 1:6, 등불: 마 25:3, 사명: 시 20:6), ⑤ **비둘기**(dove: 마 3:16, 거룩: 마 10:16, 계시: 창 8:8-12), ⑥ **인**(earnest: 엡 1:13, 보증금, 소유권: 렘 32:9-10)이 아니며 이것은 **성령님 사역의 상징들**(symbols)일 뿐이다.

1) **로마서 8:26** : 이와 같이 성령도 우리 연약함을 도우시나니 우리가 마땅히 빌 바를 알지 못하나 오직 성령이 말할 수 없는 탄식으로 우리를 위하여 친히 간구하시느니라.

2) **고린도전서 2:10** : 성령은 모든 것 곧 하나님의 깊으신 것이라도 통달하시느니라.

3) **에베소서 4:30** : 하나님의 성령을 근심하게 하지 말라 그 안에서 너희가 구

속의 날까지 인치심을 받았느니라.

4) **고린도전서 12:11** : 이 모든 일은 같은 한 성령이 행하사 그 뜻대로 각 사람에게 나눠 주시느니라.

5) **데살로니가전서 5:19-22** : 성령을 소멸치 말며 예언을 멸시치 말고 범사에 헤아려 좋은 것을 취하고 악은 모든 모양이라도 버리라.

3.(요 3:8):

성령님의 원래 이름은 구약에서 '신(루아흐: ruwach)' 이라고 하며, 신약에서는 '영(프뉴마: Pneuma)' 이라고 하는데 **숨**(breath: 창 2:7; 요 20:22)이나 **바람**(wind: 요 3:8)을 의미한다. 특히 성령의 바람과 같은 역사는 오순절 성령강림에 나타났다(행 2:2). 바람과 호흡은 성령님의 보이지 않는 신비한 영성과 호흡하며 살게 하는 생명, 시공간을 초월하는 편재성과 신비성을 상징하는 말이기도 하다. "바람이 임의로 불매 네가 그 소리를 들어도 어디서 오며 어디로 가는지 알지 못하나니 성령으로 난 사람은 다 이러하니라" (요 3:8)고 성령으로 거듭나는 신비한 출생에 대해 예수님이 말씀하신 것은 성령의 역사하심이 바람의 비밀과 같이 하나님의 절대 주권에 속한 것임을 말해 준다.

영적 존재로서 성령님의 편재는 범신론적인 이론의 실존이 아니라, 피조물 세계에 대한 하나님의 전능한 주권 개념이다. 성령님은 거룩하신 의지에 따라 전능하신 방법으로 어느 곳에든지, 믿는 성도들의 마음에까지도 실존하신다. 우리가 성령을 받는 것이 아니라 영으로 자유로우신 성령님이 주동적으로 오시고 우리를 사랑하시며 당신의 뜻대로 일하신다.

성령님에 대한 세 번째 지식은 성령님은 영이신 하나님이라는 사실이다. 그러므로 성령님을 눈으로 보고 형상화하려고 하면 안 된다. 그리하여 영이신 성령님이 신비하게 일하시는 사역을 바람으로 비유하기도 한다(행 2:2-3; 요 3:8). 바람은 눈에는 보이지 않으나 분명히 존재한다. 어떻게 바람이 존재하는 것을 알 수 있는가? 그것은 바람이 지나갈 때 나뭇가지가 흔들리고 종이가 날리는 것과 같이 그 결과로 알 수 있는 것이다. 마찬가지로 영이신 성령님이 바람처럼 일하시는 신비한 사역은 그 결과로 알 수 있다. **성령으로 거듭나고 성령의 지배를 받는 사람은 좋은 나무가 좋은 열매를 맺듯이 변화된 삶의 결과로서 알 수가 있다(마 7:20; 갈 5:22-23).**

1) **요한복음 4:24** : 하나님은 영이시니 예배하는 자가 신령과 진정으로 예배할지니라.
2) **요한복음 3:8** : 바람이 임의로 불매 네가 그 소리를 들어도 어디서 오며 어디로 가는지 알지 못하나니 성령으로 난 사람은 다 이러하니라.
3) **시편 139:7** : 내가 주의 신을 떠나 어디로 가며 주의 앞에서 어디로 피하리이까.
4) **요한복음 14:17** : 저는 진리의 영이라 세상은 능히 저를 받지 못하나니 이는 저를 보지도 못하고 알지도 못함이라 그러나 너희는 저를 아나니 저는 너희와 함께 거하심이요 또 너희 속에 계시겠음이라.
5) **창세기 2:7** : 여호와 하나님이 흙으로 사람을 지으시고 생기를 그 코에 불어 넣으시니 사람이 생령이 된지라.
6) **요한복음 20:22** : 이 말씀을 하시고 저희를 향하사 숨을 내쉬며 가라사대 성령을 받으라.
7) **에스겔 37:9** : 생기에게 대언하여 이르기를 주 여호와의 말씀에 생기야 사방에서부터 와서 이 사망을 당한 자에게 불어서 살게 하라 하셨다 하라.

4.(고전 3:16):

성령님에 대한 기본 지식 가운데 네 번째 중요한 사실은 성령님은 언제나 우리와 함께 계시고 우리 안에 내재하시며 떠나지 않는 하나님이라는 점이다. 성령의 내주하심을 통해 하나님과 예수 그리스도가 영적으로 우리 안에 거하신다는 사실(요일 4:13)은 얼마나 영광스러운 일인가? 구약의 이스라엘 백성들은 율법을 준수하며 행위적으로 최선을 다해 구원을 받으려고 노력했으나 실패하고 말았다(렘 31:31-34). 그리하여 하나님은 **"또 새 영을 너희 속에 두고 새 마음을 너희에게 주되 너희 육신에서 굳은 마음을 제하고 부드러운 마음을 줄 것이며 또 내 신을 너희 속에 두어 너희로 내 율례를 행하게 하리니 너희가 내 규례를 지켜 행할지라"(겔 36:26-27)**며 성령의 위대한 새 언약을 주셨다. 요엘도 성령의 새 시대를 **"그 후에 내가 내 신을 만민에게 부어 주리니 너희 자녀들이 장래 일을 말할 것이며 너희 늙은이는 꿈을 꾸며 너희 젊은이는 이상을 볼 것이며 그 때에 내가 또 내 신으로 남종과 여종에게 부어 줄 것이며"(욜 2:28-29)**라고 예언했다. 세례 요한은 예수님에 의해 성령이 부어지는 성령세례의 새 시대를 **"나는 너희에게 물로 세례를 주었거니와 그는 성령으로 너희에게 세례를 주시리라"(막 1:8)**고 예언했다. 예수님은 성령 시대에 대해 십자가를 지시기 전 다락방 강화에서 주님의 ① 성령세례에 의한 성령 내주와 ② 영적 부활, ③ 영적 연합, ④ 계명을 완성하는 사랑의 능력에 대해 거듭 약속하셨다.

"내가 아버지께 구하겠으니 그가 또 다른 보혜사를 너희에게 주사 영원토록 너희와 함께 있게 하시리니 저는 진리의 영이라 세상은 능히 저를 받지 못하나니 이는 저를 보지도 못하고 알지도 못함이라 그러나 너희는 저를 아나니 저는 너희와 함께 거하심이요 또 너희 속에 계시겠음이라 내가 너희를 고아와 같이 버려두지 아니하고 너희에게로 오리라 조금 있으면 세상은 다시 나를 보지 못할 터이로되 너희는 나를 보리니 이는 내가 살았고 너희도 살겠음이라 그 날에는 내가 아버지 안에, 너희가 내 안에, 내가 너희 안에 있는 것을 너희가 알리라 나의 계명을 가지고 지키는 자라야 나를 사랑하는 자니 나를 사랑하는 자는 내 아버지께 사랑을 받을 것이요 나도 그를 사랑하여 그에게 나를 나타내리라"(요 14:16-21).

예수님은 부활하시고 승천하시기 전에 제자들을 향하여 숨을 내쉬며 "성령을 받으라 너희가 뉘 죄든지 사하면 사하여질 것이요 뉘 죄든지 그대로 두면 그대로 있으리라"(요 20:22-23)고 성령님의 선교 비전을 보여주시면서 제자들에게 다시 한 번 성령세례에 대해 거듭 약속하셨다.

"또 그의 이름으로 죄 사함을 얻게 하는 회개가 예루살렘으로부터 시작하여 모든 족속에게 전파될 것이 기록되었으니 너희는 이 모든 일의 증인이라 볼지어다 내가 내 아버지의 약속하신 것을 너희에게 보내리니 너희는 위로부터 능력을 입히울 때까지 이 성에 유하라 하시니라"(눅 24:47-49).

"예루살렘을 떠나지 말고 내게 들은 바 아버지의 약속하신 것을 기다리라 요한은 물로 세례를 베풀었으나 너희는 몇 날이 못 되어 성령으로 세례를 받으리라 하셨느니라"(행 1:4-5).

"오직 성령이 너희에게 임하시면 너희가 권능을 받고 예루살렘과 온 유대와 사마리아와 땅 끝까지 이르러 내 증인이 되리라 하시니라"(행 1:8).

이 성령세례의 약속은 예수님이 부활 승천하시고 50일이 되는 오순절에 마가의 다락방에 모여 전심으로 기도하던(행 1:14) 120명의 초대교회 성도들에게 공동체적으로 실현되었다. 이것이 곧 하나님의 백성과 가족이요, 새 이스라엘 공동체로 **유대인과 이방인이 하나 되는 신약의**

교회가 되었던 것이다(엡 2:18-22). 그리스도의 몸인 이 우주적 교회와 성령의 중생으로 연합되는 것을 성령세례라고 한다.

> "오순절날이 이미 이르매 저희가 다 같이 한 곳에 모였더니 홀연히 하늘로부터 급하고 강한 바람 같은 소리가 있어 저희 앉은 온 집에 가득하며 불의 혀같이 갈라지는 것이 저희에게 보여 각 사람 위에 임하여 있더니 저희가 다 성령의 충만함을 받고 성령이 말하게 하심을 따라 다른 방언으로 말하기를 시작하니라"(행 2:1-4).

오순절의 이 놀라운 성령임재 사건에 대하여 성령충만한 베드로는 요엘 선지자가 성령의 새 시대를 예언했던 말씀(욜 2:28-32)이 성취된 것으로 이해하고(행 2:16-21) "하나님이 오른손으로 예수를 높이시매 그가 약속하신 성령을 아버지께 받아서 너희 보고 듣는 이것을 부어 주셨느니라"(행 2:33)고 선포했다.

전체적으로 볼 때 **성령세례**는 성부 하나님과 성자 예수 그리스도께서 성령을 선물로 주시고(요 14:16) 성령을 보내 주시고(눅 24:49) 성령의 기름을 부어 주시는 것이다(욜 2:27; 고후 1:21-22). 그러나 성령 자신은 자발적으로 임하는 동시에(행 1:8) 그리스도인 각자의 입장에서는 성령을 받아(행 2:38) 체험하는 **일회적인 구원 사건**이다(엡 1:13, 2:8).

성령세례(마 3:11; 막 1:8; 눅 3:16; 요 1:33; 행 1:5; 고전 12:13; 엡 4:5)
1. 성령내주 : 겔 36:26-27; 요 14:16-17
2. 영적청결 : 죄사함. 행 2:38; 고전 6:11; 히 9:14, 10:22
3. 영적부활 : 중생의 1차 부활. 요 14:19; 엡 2:6
4. 영적보장 : 성령인침. 엡 1:13-14; 고후 5:5; 빌 1:6; 요일 4:4, 5:18
5. 영적동거 : 성부, 성자 영적 내주. 요 14:20, 17:20; 갈 2:20; 마 28:20
6. 영적연합 : 하나님의 가족, 교회 지체. 엡 1:22-23, 2:19-22; 고전 12:13, 27
7. 영적능력 : 진리 인식. 요 14:26, 16:13. 사랑계명. 겔 36:26-27 능력 전도 : 요 15:26; 행 1:8 영원. 막 16:17-18; 요일 4:4
8. 영적기도 : 요 14:13; 롬 8:26; 히 7:25
9. 영적은사 : 일반 구원은사(gift; 엡 2:8), 개별 사역은사(gifts; 고전 12:1-11)
10. 영의 사람 : 고전 2:14-15, 15:49; 고후 3:18-19; 롬 8:4-9; 요 3:6-7

성령과 관련하여 **'주신다'**는 표현은 **은혜의 선물**을 의미하며(요일 4:13), **'보낸다'**는 표현은 사명 수여와 관련이 있고(요 14:26), **'거한다'** 라는 말은 동거(요 14:17), **'세례 받다'** 라는 말은 **연합과 소속**(행 1:5), **'인치다'** 라는 말은 보증(엡 1:13)을 뜻하며 **'기름 붓다'** 라는 표현은 **사명과 능력 공급**의 의미가 있다(시 105:15; 사 61:1; 요일 2:20, 27). 그리고 **'임하신다'**는 말은 성령의 **자발적이고 주권적인 오심**을 말하며(행 1:8, 2:3), **'받는다'**는 말씀은 **겸손과 신뢰**의 수용적인 우리의 태도를 의미한다(행 2:38). 사실 '성령 받다, 기름부음 받다, 인침 받다, 성령세례 받다' 라는 말은 표현은 다르지만 우리 마음에 성령이 임하시는 것을 표현한 말들로 거의 같은 의미이다(고후1:21-22). 특히 생명의 그리스도와 연합하여 중생의 구원을 받는 **성령세례**(생명 연합: 행 1:5; 갈 3:27)와 관련하여 **성령인침**(소유 보장: 엡 1:13-14), **성령충만**(지배 순종: 행 2:4; 엡 5:18), **성령열매**(성화 인격: 갈 5:22-23), **성령은사**(봉사 능력: 고전 12:1-11), **성령훼방**(성령 거부: 마 12:31-32), **성령소멸**(은사 무시: 살전 5:17-20)과 같은 용어들을 유의해서 이해해야만 한다. 성령은 '프뉴마' 이지만 기름부음은 '크리스마', 기름부음을 받는 자는 '크리스토

스(그리스도)', 기름부음을 받는 자들은 '크리스토이(그리스도인들)' 라고 한다.

예수님은 부활 승천하실 때 우리와 항상 함께 계신다고 동행을 약속하셨다(마 28:20). 이 약속은 이미 오순절 성령강림을 통해 실현되었고 우리 개개인이 성령세례 받을 때 실현된다. 성령님이 우리 안에 계신 것은 영적으로 예수님과 성부 하나님이 우리 안에 우리와 함께 계신다는 것이다(요 14:20, 17:23). 우리는 성령 안에 있고 주님 안에 있으며 하나님 안에 있고 성령은 우리 안에 있다는 신비한 삶을 살게 된다. 그러므로 그리스도인은 언제나 **성령의 임재의식과 임마누엘 신앙**을 가지고 살아야 한다.

구약시대 성도들은 성령의 은혜로 오실 예수를 믿고 구원받았으며 신약의 성도들은 성령의 은혜로 오신 예수와 다시 오실 예수를 믿고 구원받았다. 그러므로 예수 믿고 구원받는 것은 신구약 모두 동일하다(창 3:15; 요 14:6). 구약의 아브라함도(갈 3:8-9, 14), 모세도(요 3:13-15), 다윗도(마 22:43-45) 모두가 성령의 감동으로 오실 예수를 믿고 구원받았다. 그러므로 구약에서는 **성령내주**(indwelling), **성령인침**(sealing), **성령충만**(filling), **중생**(rebirth)이란 말이 사용되지 않았다. ① 사사들(삿 13:25)이나 ② 성전 건축의 기능인들(출 31:3; 대상 28:11-12), ③ 선지자들(민 24:2; 겔 11:5-12), ④ 통치자들(삼상 11:6, 16:13)이 최대로 자신의 사역을 수행할 수 있도록 **'성령 부어 주심'**이 강조되어 영적인 중생과는 상관없이 성령님께서 임하시거나 떠나셨다는 사실이 나타나 있다(삼상 16:14). 그러나 구약시대 사람들도 신약의 구원진리에 근거하여 **성령의 내주, 중생, 인침, 충만, 능력 부어 주심을 체험**했다는 사실을 논리적으로 추론할 수 있다.

이스라엘 초대 왕 사울에게서 성령이 떠나가고 악령이 들어온 것은(삼상 16:14) 중생의 구원과 관계 있었던 것이 아니고 능력 주심의 사역

문제였다고 보는 것이 옳다. 왜냐하면 성령께서 실패한 사울에게서는 떠나셨지만 밧세바의 관계로 죄를 지은 다윗에게서는 구원 예정자로서 떠나지 않으셨다는 점으로 알 수 있다(시 51:10; 삼상 15:22; 벧전 1:15). 성령이 떠나가고 악령의 지배를 받은 사울은 첫째, 블레셋과의 전투 능력을 상실하고(삼 상 17:1-11) 둘째, 다윗을 시기하여 죽이려 했으며(삼상 18:8-10) 셋째, 성읍 놉의 가정과 제사장 85명을 사살했다(삼상 22:18-19). 넷째, 하나님은 꿈, 우림, 혹은 선지자들, 그 어느 것으로도 사울의 간구에 응답하지 않으셨다(삼상 28:6). 다섯째, 신접한 여인을 찾아가 죽은 사무엘의 혼을 불러올 것을 요청하는 죄를 범했다(삼상 28:7-25). 여섯째, 사울의 전투 소집에 참여한 소수의 이스라엘 백성과 싸우다가 길보아 산에서 패배하여 죽고 말았다(삼상 31:1-10).

이와 유사한 경우는 신약의 가룟 유다와 베드로의 경우다. **실낙원 이후 죄에서 구원받는 유일한 길은 오직 예수 믿고 성령으로 거듭나는 한 길이므로(요 1:12, 14:6; 딛 3:5), 신약시대 성도들과 같이 구약시대 성도들도 예수 믿고 성령으로 거듭나 구원받았음에 틀림없다.** 특히 성령의 내주는 모든 성도가 경험하는 중생과 영원히 거하심에 관련되나 능력 부으심(Spirit empowerment)은 신적으로 부여된 사역을 위한 특별한 능력으로서 사역 관련자들만 경험했다(마 10:1). 그러므로 모든 일시적인 성령의 오심과 떠나심은 능력 부으심의 사역에 관련된다고 볼 수 있다. **성령 시대 신약에서 성령에 부과된 특별한 사역은 성령세례로서, 유대인이나 이방인을 하나로 부활의 예수 그리스도와 연결시켜 그의 우주적인 몸 된 교회 공동체에 연합하게 하는 일이다**(고전 12:13; 마 3:11; 갈 3:27; 엡 4:5). 성령세례의 순간 모든 성도들에게 자연적으로 ① 중생 ② 내주 ③ 인침 ④ 그리스도의 몸 된 교회 연합이 동시에 이루어지지만 성령충만과 **능력 부으심은 개별적으로 다르며, 동시에 일어날 수도 있고 또 아닐 수도 있다. 성령충만은 성령지배의 순종 여부 문제다. 능력 부으심도 성령세례 받을 때 기본적으로 부여된**

능력의 분량이 있으나, 특별한 능력이 요구되는 어떤 도전에 직면했을 때 또는 복음을 증거할 때 더해지기 때문이다(행 13:9; 눅 24:49; 행 1:8).

1) **요한복음 14:16-17** : 내가 아버지께 구하겠으니 그가 또 다른 보혜사를 너희에게 주사 영원토록 너희와 함께 있게 하시리니 저는 진리의 영이라 세상은 능히 저를 받지 못하나니 이는 저를 보지도 못하고 알지도 못함이라 그러나 너희는 저를 아나니 저는 너희와 함께 거하심이요 또 너희 속에 계시겠음이라.
2) **고린도전서 3:16** : 너희가 하나님의 성전인 것과 하나님의 성령이 너희 안에 거하시는 것을 알지 못하느뇨(cf. 고전 6:19; 고후6:16; 요일 2:27, 3:24, 4:13).
3) **고린도후서 5:5** : 곧 이것을 우리에게 이루게 하시고 보증으로 성령을 우리에게 주신 이는 하나님이시니라(cf. 롬 5:5; 갈 4:6).
4) **로마서 8:9** : 만일 너희 속에 하나님의 영이 거하시면 너희가 육신에 있지 아니하고 영에 있나니 누구든지 그리스도의 영이 없으면 그리스도의 사람이 아니라.
5) **유다서 1:19** : 이 사람들은 당을 짓는 자며 육에 속한 자며 성령은 없는 자니라.
6) **에베소서 4:30** : 하나님의 성령을 근심하게 하지 말라 그 안에서 너희가 구속의 날까지 인치심을 받았느니라.
7) **에스겔 36:26-27** : 또 새 영을 너희 속에 두고 새 마음을 너희에게 주되 너희 육신에서 굳은 마음을 제하고 부드러운 마음을 줄 것이며 또 내 신을 너희 속에 두어 너희로 내 율례를 행하게 하리니 너희가 내 규례를 지켜 행할지라.
8) **고린도후서 1:21-22** : 우리를 너희와 함께 그리스도 안에서 견고케 하시고 우리에게 기름을 부으신 이는 하나님이시니 저가 또한 우리에게 인치시고

보증으로 성령을 우리 마음에 주셨느니라.

5.(롬 8:26):

하나님인 성령, 인격자이신 성령, 영이신 성령, 내재하시는 성령님은 우리와 무슨 관계가 있을까? 다섯 번째 성령에 대한 기본 지식은 성령님은 우리를 돕는 분이라는 사실이다(롬 8:26). 인간의 또 다른 이름은 **연약한 자**이다(롬 8:3). 특히 마귀와 죄와 정욕과 죽음, 그리고 돈과 질병에 매우 약한 존재이다. 아무도 자신의 노력으로 구원받고 신앙생활을 할 수 없다. 그리하여 성령님은 우리의 연약함을 도우신다(롬 8:26). 인간들은 신세를 지면 누구나 싫어하여 관계가 깨어지고 상처를 받게 된다. 그러나 성령님은 우리를 돕기 원하시며 연약한 우리가 마음껏 의지하고 신세지는 것을 오히려 큰 기쁨으로 기다리신다.

성령님은 첫 번째 영적 부활의 중생을 돕고 또 마지막 육적 부활을 도우시며 그 과정 중 성화를 돕는다. 책망하여 **회개**케 하시며(요 16:7-8) 믿고 **영접**하게 하신다(고전 12:3; 롬 8:9). **중생**케 하시고(요 3:5) 인치시어 **확신**을 주신다(엡 1:13). **진리**를 깨닫게 하시고(요 14:26) 기도를 도우시며(롬 8:26) **은사**로 봉사케 하신다(고전 12:4). 능력 받아 증인이 되게 하시고(행 1:8) **승리**의 기쁨도 주신다(롬 8:2). **성령의 열매는 성령 인격의 9가지 다른 면**이다. 특히 기록된 계명을 뛰어넘어 마음에 새겨진 사랑의 계명을 자발적으로 실현하게 하신다(렘 31:31-34; 겔 36:26-27). 성령의 열매를 맺게 하여 주님을 닮아가며(갈 5:22-23) **주님께 영광**을 돌리도도록 하신다(요 16:14). 이렇게 성령의 주권적인 인도를 받는 사람을 **영의 사람**이라고 한다(고전 2:13-14). 그리스도인은 돈이나 목적에 따라 움직이는 사람이 아니라 성령이 인도하는 삶을 따라 살아야 한다. 베드로를 비롯하여 예수님의 제자들이 오순절 성령 임재사건을 통해 영의 사람이 되었을 때 그들은 담대한 그리스도의 일꾼이 될 수 있었다. 성령의 시대에 성령의 도움 없이는 결코 신앙생활을 바로 할 수 없다.

특히 하나님의 일을 하는 사람은 성령이 주시는 **신령한 은사**를 가지고 일해야 한다(롬 12:4-8; 고전 12:5-10; 엡 4:8-12). 은사는 헬라어로 '카리스마' 라고 하는데 선물(gift)이라는 뜻이다. 모든 믿는 자들이 그리스도의 몸 된 교회를 세우기 위해 봉사할 수 있게 주시는 특별한 능력을 말한다(고전 12:7; 엡 4:12). 은사는 자신의 노력으로 받는 것이 아니며 성도의 유익과 교회 봉사를 위해서 주시는 선물이다. 따라서 각자 받은 은사를 비교하거나(고전 12:12-27) 신앙 성숙의 척도로 오해하거나 또는 자신의 유익이나 자랑을 위해 사용해서는 안 된다. 은사는 교회의 질서와 평화의 덕을 세우기 위해 사용해야만 한다(고전 14:12). 어떤 성령의 은사라도 교회 질서를 어지럽히고 평화를 깨뜨리면 제재를 받아야 한다(고전 14:28). 그러므로 **각 은사는 말씀의 권위 아래 사랑과 겸손으로 사용해야 한다**(엡 4:1-3; 빌 2:1-3).

은사 중 방언은 두 가지로 구별된다. ① 사도행전의 방언(행 2:4-13)은 믿지 않는 자들을 위한 표적으로(고전 14:22), 전도의 목적을 위해 이해할 수 있는 대인 방언이었다. 그러나 ② 고린도전서 14장의 방언은(고전 14:1-40) 성령의 감동으로 하나님께 말하는 것이다. 이해가 불가능한 대신 방언으로(고전 14:2) 영으로 비밀을 말하기 때문에 주로 개인 기도에 사용되었고 공예배에서는 방언 예언을 위한 통역이 수반되어야 했으며 공적으로는 절제가 요청되었다. 고린도 교회 성도 모두가 방언을 말한 것은 아니었다(고전 12:10). 또한 방언은 초대 교회에만 있었던 단회적인 경험이 아니라 지속적인 은사이다. 방언을 못한다고 구원을 받지 못했다거나 은사를 받지 못했다는 것은 아니다. 특히 믿음과 거룩과 사랑을 방해하는 영을 쫓아낸 후에 나타나는 예언은사(롬 12:6)는 성령께서 말씀하신 계시의 내용을 인간이 선포하는 것으로서(고전 14:29-32) 성도를 위로하고 권면하고 격려하여 교회의 덕을 세운다(고전 14:31). 그러나 예언이 개인의 길흉과 미래를 알려주는 기복적인 도구로 전락해서는 결코 안 된다. 모든 예언은 성경 말씀으로 분별되어야 하며(살전 5:20-21) 방언 예언은 절제가 요청된다. 그러나 자신이 방언이나 예언을 경험하지 못했다고 해서 타인의 경험을 부정해서도 안 된다. 예언이나 치유은사나 기적들은 초대 교회 시대나 현대에나 역사에 상관없이 하나님께서 필요에 의해 언제나 가능케 하시는 하나님의 주권이시다. 특히 성령의 권능으로 기름 부으심을 받는 성령의 은사에 관하여 종합적으로 다음 10가지를 유의하도록 하라.

① 은사는 성령의 은혜로운 선물이다(고전 12:7).
② 은사는 **성령의 뜻**대로 주시는 것이다(고전 12:11).
③ 은사는 **다양**하다(고전 12:4).
④ 은사는 **교회봉사**를 위한 것이다(고전 12:5-6; 엡 4:12).
⑤ 모든 사람이 반드시 **한 가지 이상의 은사**를 받는다(고전 12:7).
⑥ 은사는 **우열을 비교할 수 없다**(고전 12:27).
⑦ 은사는 전체의 **화평을 도모**한다(고전 14:33).
⑧ 은사는 **질서와 조화의 덕**을 세워야 한다(고전 14:40).
⑨ 은사는 반드시 믿음과 겸손과 **사랑으로 사용**해야 한다(고전 13:3, 13).
⑩ 은사는 **소멸**할 수 있다(살전 5:19-20).

이제 마지막으로 예수님의 고별사에서 새 시대, 새 사명을 언급하시는 요한복음14장 16절에 나타난 "또 다른 보혜사"라는 성령님의 명칭에 대해 생각해 보자. **보혜사**(파라클레토스: Paracletos)는 인격을 나타내는 말로 **대변자**(Advocate, Intercessor), 또는 **조력자**(Helper), **상담자**(Counselor), 그리고 위로자(Comforter)라는 의미이다. 성령님은 우리의 대변자요 조력자가 되신다. 여기에서 '다른(another)' 이라는 말은 예수님과 본성과 성품이 같은 분을 의미하며 보혜사는 예수님과 성령님, 두 분이시라는 뜻이다. 하늘에서 예수님은 보혜사로 우리를 위해 사랑으로 중보기도를 하시며 도와주신다. 바울은 "누가 정죄하리요 죽으실 뿐 아니라 다시 살아나신 이는 그리스도 예수시니 그는 하나님 우편에 계신 자요 우리를 위하여 간구하시는 자시니라"(롬 8:34)고 말했다. 또 하나의 보혜사인 성령님은 우리의 심령에서 우리를 도우신다. 그리하여 바울은 또 "이와 같이 성령도 우리 연약함을 도우시나니 우리가 마땅히 빌 바를 알지 못하나 오직 성령이 말할 수 없는 탄식으로 우리를 위하여 친히 간구하시느니라"(롬 8:26)고 말했다. 성령님이 우리의 마음에 내주하셔서 내 신앙과 삶을 인도하시고 돕는다는 것은 얼마나 영광스러운 일인가?

제1대언자(보혜사 예수)－하늘성전(히 2:17)－인간의 대언자(롬 8:34; 히 7:25; 요일 2:1)

제2대언자(보혜사 성령)－마음성전(요 14:16)－하나님의 대언자(롬 8:16, 26－27)

1) **로마서 8:26-27** : 이와 같이 성령도 우리 연약함을 도우시나니 우리가 마땅히 빌 바를 알지 못하나 오직 성령이 말할 수 없는 탄식으로 우리를 위하여 친히 간구하시느니라 마음을 감찰하시는 이가 성령의 생각을 아시나니 이는 성령이 하나님의 뜻대로 성도를 위하여 간구하심이니라.
2) **요한복음 14:16** : 내가 아버지께 구하겠으니 그가 또 다른 보혜사를 너희에게 주사 영원토록 너희와 함께 있게 하시리니.
3) **고린도전서 12:7** : 각 사람에게 성령의 나타남을 주심은 유익하게 하려 하

심이라.

성령 시대에 성령을 모르고는 결코 신앙생활을 바로할 수 없다. 성령님은 ① **하나님이신 성령님** ② **인격자이신 성령님** ③ **영이신 성령님** ④ **내주하시는 성령님** ⑤ **도와주시는 성령님이시다.** 성령의 내주하심은 모든 성도에게 해당되지만(고전 3:16) 신자들의 신앙 자세에 따라 충만하기도 하고(엡 5:18) 근심하거나(엡 4:30) 소멸하기도 한다(살전 5:19). 믿고 난 후에도 성령을 거스려 옛사람을 좇아 육체의 소욕대로 살아가려고 하기 때문이다(갈 5:17). 성령을 받는 방법은 우리에게 있는 것이 아니라 성령님의 주권과 은혜이므로 회개하고(행 2:38) 예수님을 구세주로 믿는 한 가지 조건밖에는 없다(갈 3:2, 14). 다만 더 큰 능력과 성령충만한 은혜를 받기 위해 첫째는 성령을 사모하라(마 5:6; 요 7:37-39). 둘째는 전심으로 기도하라(엡 3:15-16). 하나님께서는 우리에게 성령충만 하라고 명하셨고(엡 5:18) 기도하면 주신다고 약속하셨다(눅 11:13; 행 8:17). 셋째는 말씀을 듣고 읽어라(행 10:44). 넷째는 의지를 주께 맡기고 온전히 순종하는 자에게 성령충만을 주신다(행 5:32). 다섯째, 주의 이름을 높여 찬양하라(엡 5:18-19; 요 16:14). 여섯째, 복음을 열심히 증거하라(행1:8). 일곱째, 성령의 내주를 확신하라(요일 2:27). 여덟째, 성령을 좇아 적극적으로 행동하라(갈 5:16). 아홉째, 기도하고 구한 것은 받은 줄로 믿고 행동하라(막 11:24). 그리하여 능력 있고 풍성한 신앙생활을 하도록 하라. 그리스도인의 삶은 목적이 이끄는 삶(the purpose driven life)이 아니라 바로 성령이 이끄는 삶(the holy spirit driven life)이 되어야 한다.

[공동 기도문 : 통성기도]

은혜와 사랑이 풍성한 하나님 아버지,

성령님을 통해 거듭난 하나님 자녀가 되게 하시니 감사합니다. 성령의 음성에 귀를 기울이며 인도하심을 따라 살지 못한 것을 용서해 주시옵소서. 성령의 은사가 내 마음속에 다시 한 번 뜨겁게 불타오르게 하옵소서. 그래서 풍성하고 능력있고 은혜로운 신앙생활을 하며 사명 감당할 수 있도록 도와주시옵소서. 예수님 이름으로 기도합니다. 아멘. (성령기도 훈련 : 창 1:2; 눅 1:35-38; 엡 6:18; 롬 8:26-27)

[질문] 성령님에 대한 5가지 기본 지식을 성령의 손으로 설명하라.

1. 고린도전서 6:19
2. 고린도전서 2:10
3. 요한복음 3:8
4. 고린도전서 3:16
5. 로마서 8:26

[나눔] 내가 받은 성령의 은사는 무엇이라고 생각하는지 각자 나누어라.

[토론] 우리가 성령세례 받고 중생한 것을 어떻게 알 수 있는지 서로 토론하라.

부흥

오소서 진리의 성령님 이 땅 흔들며 임하소서
거짓과 탐욕 죄악에 무너진 우리 가슴 정케 하소서

오소서 은혜의 성령님 하늘 가르고 임하소서
거룩한 불꽃 하늘로써 임하사 타오르게 하소서 주 영광 위해

부흥의 불길 타오르게 하소서 진리의 말씀 이 땅 새롭게 하소서
은혜의 강물 흐르게 하소서 성령의 바람 이 땅 가득 불어와

흰 옷 입은 주의 순결한 백성 주의 영광 위해 이제 일어나
열방을 치유하며 행진하는 영광의 그 날을 주소서

제7과 인간은 어떤 존재인가?

학습목표 : 수많은 인간 문제의 원인을 5가지로 진단하고 그 명백한 해답을 한 가지로 결론 내릴 수 있다. 인간에 대한 하나님의 집요한 관심을 이해하고 생명의 가치와 자신의 소중함을 재발견한다. 하나님의 눈으로 다른 사람을 바라보며 아름다운 인간관계를 맺고 전도한다.

요절말씀 : 사람이 무엇이관대 주께서 저를 생각하시며 인자가 무엇이관대 주께서 저를 권고하시나이까 저를 천사보다 조금 못하게 하시고 영화와 존귀로 관을 씌우셨나이다 주의 손으로 만드신 것을 다스리게 하시고 만물을 그 발 아래 두셨으니(시 8 : 4-6).

하나님은 인간을 돈으로 계산할 수 없는 명품으로 만드시고 한 사람 한 사람을 천하보다 더 사랑하셨다(막 8:36-37). 돈으로 몸값을 평가할 수 없는 인간의 절대 가치를 깨달은 다윗은 "여호와여 사람이 무엇이관대 주께서 저를 알아 주시며 인생이 무엇이관대 저를 생각하시나이까" (시 144:3)라고 감격적으로 고백했다. 여러분은 자신이 얼마나 소중한 존재인지 알고 있는가? 인간이 얼마나 위대한 존재인지 알고 있는가? 그러나 언제부터인가 인간들은 명품의 인생을 살지 못하고 집 떠나 돼지우리에서 살았던 탕자처럼 가치 없는 싸구려 짝퉁 인생을 살게 되었다. 인간의 위대한 가치와 삶의 목적을 모르기 때문에 인간의 삶에는 수많은 고통과 문제가 있는 것이다.

좌절, 불안, 증오, 원한, 원망, 고집, 자학, 혼돈, 권태, 향락, 결정력

빈곤, 비교의식, 열등감, 무절제, 이기심, 삶의 우선순위에 대한 혼돈, 부정적인 소극적 사고, 피해망상증 등 가슴에 품고 있는 상한 감정과 각종 질병의 고통뿐만 아니라 최종적인 죽음의 문제를 인간은 안고 있다. 도대체 왜 인간들에게 이런 문제와 불행이 생겨났으며 또 이러한 문제들을 해결할 수 있는 방법은 무엇인가? 뿌리를 뽑지 않고 잡초 잎새만 뜯어내면 계속 잡초가 자라나듯이 인간이 안고 있는 수많은 문제의 이유는 근본 원인을 치료하지 않고 겉으로 드러난 현상문제만을 해결하려고 하기 때문이다.

인간은 어떤 존재인가? 철학의 주제는 인간 존재의 본질을 탐구하는 것이며 모든 종교는 인간 문제를 해결하려는 인간 자신의 노력이다. 위대한 철학자 소크라테스는 "너 자신을 알라"고 말했으나 자신 스스로도 그 명제를 해결하지 못한 채 감옥에서 독약을 먹고 죽어야 했다. 현대의 과학과 모든 학문은 우주를 정복하고 유전자 지도를 만들어 인간 복제를 가능케 할 만큼 발전했으나 인간 자신이 어떤 존재인지 아는 일에는 실패하였다. 사실 인간에 대한 정확한 가치와 이해는 오직 인간을 만드신 하나님만 아시며(요 3:16; 사 6:5) 인간의 본질과 모든 문제의 해답은 성경만 가지고 있다. 인간의 수평적인 불행과 허무, 그리고 총체적인 문제는 인간의 조상 아담과 하와가 수직적으로 하나님을 떠난 것에서부터 시작되었다.

성경은 인간의 기원과 목적과 비극의 원인과 장래를 분명히 말해주고 있다. 창세기 1장부터 3장 사이에 인간에 대한 비밀이 공개되어 있다. 하나님은 흙으로 사람을 지으시고 생기를 코에 불어넣어 생령이 되게 하셨다(창 2:7). 그리하여 인간은 **육성과 영성의 양면성**을 가지고 있다. 하나님의 형상으로(창 1:27) 만들어져 하나님을 경외하며 순종하고(전 12:13) 하나님을 찬양하며(사 43:21) 하나님께 영광을 돌려야 한다(사

43:7). 하나님과 교제하는 가운데 생명과 복을 누리도록 지음받은 인격적 존재요, 유일한 사랑의 대상으로 인간은 창조되었던 것이다(요일 4:7). 하나님 앞에서 인간은 관계적 존재요, 책임적 존재요, 사명적 존재로 하나님께 응답하는 삶을 살아야 했다. 하나님의 창조의 기쁨은 그 지으신 것을 볼 때마다 그 선함을 인하여 더해 갔으며 인간을 지으신 후 "보시기에 심히 좋았더라"(창 1:31)고 그 기쁨이 절정에 이르렀다. 이렇게 원래 인간은 ① 흙의 존재(창 2:7) ② 하나님 형상의 영적인 존재(창 1:27) ③ 사랑의 존재(요일 4:16) ④ 의존적 존재(창 2:18; 시 22:10; 요 15:5) ⑤ 남녀의 사회적 존재(창 1:27) ⑥ 하나님 영광 목적의 사명적인 존재였다(창 1:28, 30; 고전 10:31). 그리하여 그 가치는 전우주보다도 더 귀한 존재였다(마 16:26).

인간 〉 지구 〉 우주

그러나 아담과 하와는 뱀의 탈을 쓴 마귀의 유혹을 받아 하나님의 권위 상징인 선악과를 따먹고 저주를 받았다. 하나님을 떠남으로 총체적인 불행과 저주가 시작된 것이다. 그리하여 인간은 이 지구상의 총체적인 문제아가 되어 싸구려 짝퉁 인생으로 전락하였다. 마귀는 "그까짓 선악과도 따먹지 말라더냐? 너도 하나님같이 될 수 있다"라고 섭섭함과 동시에 교만을 충동질하여 하나님에게서 독립과 자유를 선포하도록 인간을 유혹했다. 그리하여 창살 없는 이 세상의 감옥에 하나님 없이 살아가는 아담의 후예, 모든 인간들은 예외 없이 다음 5가지의 해결할 수 없는 총체적인 문제의 뿌리를 안고 살게 되었다. 그러므로 인간은 절대적으로 하나님의 구원과 은혜가 필요한 존재이다. 상실된 인간이 해결할 수 없는 문제의 핵심은 무엇인지 알아보자.

1.(요 8:44):

인간은 하나님의 형상으로 창조된 하나님의 자녀로 하나님을 대신하여 이 세상을 다스리며 하나님을 경배할 왕적 특권을 부여받았다(창 1:26-31). 인간이 존귀한 것은 존귀하게 살고 존귀한 일을 해야 하기 때문이다. 그러나 사단의 미혹을 받아 범죄함으로 통치권을 사단에게 빼앗겨 버리고(눅 4:5-8) 하나님에게서 쫓겨났다. 하나님을 떠난 인간은 하나님과 원수인 사단의 자녀가 되었고 사단의 소유로서 사단의 영향력을 받고 살아가지 않을 수가 없게 되었다(요 8:44; 고후 4:4).

인간의 불행과 저주의 뿌리에는 반드시 사단의 영향력이 작용한다. 세상 사람들을 지배하여 죄를 짓도록 지원하는 것은 세상 풍습을 이용하는 공중권세 잡고 있는 사단과 귀신이라는 사실을 알아야 한다(엡 2:2; 고전 10:20). 사단과의 문제가 해결되지 않는 한 인간의 불행한 모든 문제, 평화의 문제, 사망의 문제는 절대로 해결될 수 없다. 하나님의 지옥심판에 앙심을 품은 사단은 하나님의 사랑의 대상인 인간을 유혹하여 인질로 삼아 영향력을 행사하다가(고후 4:4; 엡 2:2), 지옥의 동반자로 함께 자폭하기로 작정하고 있다(마 25:41). 사단의 표어는 **"혼자 죽을 수는 없다, 우리 지옥에 함께 가자"**이고 본질상 진노의 자식들의 표어 또한 **"될 대로 되라 우리에게 내일은 없다"(엡 2:3)**이다. 오직 예수 그리스도 외에 어느 누구도 인간을 사단으로부터 구할 수는 없다(창 3:15; 요일 3:8). 예수님이 이 땅에 오신 것은 마귀를 멸하고 마귀에게 속한 인간을 구원하여 잃었던 하나님 자녀의 권세를 찾아주기 위함이다(골 2:15; 막 3:27; 요일 3:8).

KEIR BIBLE STUDY

1) **누가복음 4:5-8** : 마귀가 또 예수를 이끌고 올라가서 순식간에 천하 만국을 보이며 가로되 이 모든 권세와 그 영광을 내가 네게 주리라 이것은 내게 넘겨 준 것이므로 나의 원하는 자에게 주노라 그러므로 네가 만일 내게 절하

면 다 네 것이 되리라 예수께서 대답하여 가라사대 기록하기를 주 너의 하나님께 경배하고 다만 그를 섬기라 하였느니라.

2) **에베소서** 2:1-3 : 너희의 허물과 죄로 죽었던 너희를 살리셨도다 그 때에 너희가 그 가운데서 행하여 이 세상 풍속을 좇고 공중의 권세를 잡은 자를 따랐으니 곧 지금 불순종의 아들들 가운데서 역사하는 영이라 전에는 우리도 다 그 가운데서 우리 육체의 욕심을 따라 지내며 육체와 마음의 원하는 것을 하여 다른 이들과 같이 본질상 진노의 자녀이었더니.

3) **고린도후서** 4:3-4 : 만일 우리 복음이 가리웠으면 망하는 자들에게 가리운 것이라 그 중에 이 세상 신이 믿지 아니하는 자들의 마음을 혼미케 하여 그리스도의 영광의 복음의 광채가 비취지 못하게 함이니 그리스도는 하나님의 형상이니라.

4) **요한복음** 8:44 : 너희는 너희 아비 마귀에게서 났으니 너희 아비의 욕심을 너희도 행하고자 하느니라 저는 처음부터 살인한 자요 진리가 그 속에 없으므로 진리에 서지 못하고 거짓을 말할 때마다 제 것으로 말하나니 이는 저가 거짓말쟁이요 거짓의 아비가 되었음이니라.

5) **마태복음** 8:28-32 : 또 예수께서 건너편 가다라 지방에 가시매 귀신 들린 자 둘이 무덤 사이에서 나와 예수를 만나니 저희는 심히 사나워 아무도 그 길로 지나갈 수 없을 만하더라 이에 저희가 소리질러 가로되 하나님의 아들이여 우리와 당신과 무슨 상관이 있나이까 때가 이르기 전에 우리를 괴롭게 하려고 여기 오셨나이까 하더니 마침 멀리서 많은 돼지 떼가 먹고 있는지라 귀신들이 예수께 간구하여 가로되 만일 우리를 쫓아내실진대 돼지떼에 들여보내소서 한대 저희더러 가라 하시니 귀신들이 나와서 돼지에게로 들어가는지라 온 떼가 비탈로 내리달아 바다에 들어가서 물에서 몰사하거늘.

6) **마태복음** 12:28-29 : 그러나 내가 하나님의 성령을 힘입어 귀신을 쫓아내는 것이면 하나님의 나라가 이미 너희에게 임하였느니라 사람이 먼저 강한 자를 결박하지 않고야 어떻게 그 강한 자의 집에 들어가 그 세간을 늑탈하겠느냐 결박한 후에야 그 집을 늑탈하리라.

7) **골로새서 2:15** : 정사와 권세를 벗어 버려 밝히 드러내시고 십자가로 승리하셨느니라(cf. 창 3:15).

8) **마태복음 10:1** : 예수께서 그 열두 제자를 부르사 더러운 귀신을 쫓아내며 모든 병과 모든 약한 곳을 고치는 권능을 주시니라.

9) **마가복음 16:17-18** : 믿는 자들에게는 이런 표적이 따르리니 곧 저희가 내 이름으로 귀신을 쫓아내며 새 방언을 말하며 뱀을 집으며 무슨 독을 마실지라도 해를 받지 아니하며 병든 사람에게 손을 얹은즉 나으리라 하시더라.

2.(롬 5:12):

사단이 인간을 잡고 있는 올무는 바로 죄이다(요일 3:8). 죄는 하나님과 멀어지게 하는 사단의 술수인 것이다(사 59:2). 야고보는 "욕심이 잉태한즉 죄를 낳고 죄가 장성한즉 사망을 낳느니라"(약 1:15)라고 죄의 근원을 밝혀준다. 죄는 존귀한 인간을 무능하고 무가치하게 만들고 끝내는 죽어 심판 받게 한다(롬 6:23; 시 51:5). 죄인이기 때문에 자의로 죄를 범하고 살아간다. 그래서 다윗은 **"내가 죄악 중에 출생하였음이여 모친이 죄 중에 나를 잉태하였나이다"**(시 51:5)라고 어쩔 수 없는 인간의 죄성을 고백했다. 약간의 정도 차이는 있으나 **"모든 사람이 죄를 범하였으매 하나님의 영광에 이르지 못하더니"**(롬 3:23)라는 바울의 선언처럼 모든 인간이 예외없이 죄인이라는 사실은 명백하다.

여러분은 죄인이 아니라는 증거를 댈 수 있는가?(롬 1:28-32; 막 7:20-23) 성경은 "세상에 의인은 없나니 하나도 없다"라고 인간의 성악설을 지지한다(롬 3:10). 죄 아래 있는 인간의 모습이 로마서 1장 28-32절, 3장 10-18절, 마가복음 7장 20-23절 등 성경의 여러 곳에서 구체적으로 묘사되어 있다. 전염성과 파괴력을 가지고 있는 문둥병이나 암처럼 죽음에 이르는 죄의 병은 ① **마음의 부패(렘 17:9)** ② **영적 무지(엡**

4:18; 고전 2:13) ③ **양심의 오염**(딛 1:15) ④ **선한 의지의 약화**(롬 7:18) ⑤ **영혼의 죽음**(엡 2:1) ⑥ **육체의 질병**을 가져왔다. 죄의 문제를 해결하지 못하는 한 인간은 이성 없는 짐승처럼(벧후 2:12) 운명적으로 불행의 악순환 속에서 살다가 죽음에 이르게 되어 있다. 그러나 **최대의 큰 죄**는 하나님의 사랑을 믿지 않고 예수 그리스도를 거부하는 **불신 죄**요(롬 14:23; 요 16:9), 회개하지 않는 죄이다(롬 2:5). 최대의 복에 대해 다윗은 "허물의 사함을 얻고 그 죄의 가리움을 받은 자는 복이 있도다"(시 32:1)라고 말했다. 오직 예수 그리스도 한 분 외에는 이 세상에서 죄의 문제를 해결할 사람이 없다. 그리하여 베드로는 "친히 나무에 달려 그 몸으로 우리 죄를 담당하셨으니 이는 우리로 죄에 대하여 죽고 의에 대하여 살게 하려 하심이라"(벧전 2:24)고 말했다.

1) **요한1서 3:8** : 죄를 짓는 자마다 마귀에게 속하나니 마귀는 처음부터 범죄함이니라 하나님의 아들이 나타나신 것은 마귀의 일을 멸하려 하심이니라.
2) **요한1서 3:5** : 그가 우리 죄를 없이 하려고 나타내신 바 된 것을 너희가 아나니 그에게는 죄가 없느니라.
3) **요한1서 5:18** : 하나님께로서 난 자마다 범죄치 아니하는 줄을 우리가 아노라 하나님께로서 나신 자가 저를 지키시매 악한 자가 저를 만지지도 못하느니라.
4) **로마서 5:8** : 우리가 아직 죄인 되었을 때에 그리스도께서 우리를 위하여 죽으심으로 하나님께서 우리에게 대한 자기의 사랑을 확증하셨느니라.
5) **로마서 6:14** : 죄가 너희를 주관치 못하리니 이는 너희가 법 아래 있지 아니하고 은혜 아래 있음이니라.
6) **로마서 5:12** : 이러므로 한 사람으로 말미암아 죄가 세상에 들어오고 죄로 말미암아 사망이 왔나니 이와 같이 모든 사람이 죄를 지었으므로 사망이 모든 사람에게 이르렀느니라.
7) **이사야 43:24** : 네 죄 짐으로 나를 수고롭게 하며 네 죄악으로 나를 괴롭게

하였느니라.

8) **마가복음** 7:20-23 : 사람에게서 나오는 그것이 사람을 더럽게 하느니라 속에서 곧 사람의 마음에서 나오는 것은 악한 생각 곧 음란과 도적질과 살인과 간음과 탐욕과 악독과 속임과 음탕과 흘기는 눈과 훼방과 교만과 광패니 이 모든 악한 것이 다 속에서 나와서 사람을 더럽게 하느니라.

9) **로마서** 1:28-32 : 또한 저희가 마음에 하나님 두기를 싫어하매 하나님께서 저희를 그 상실한 마음대로 내어 버려두사 합당치 못한 일을 하게 하셨으니 곧 모든 불의, 추악, 탐욕, 악의가 가득한 자요 시기, 살인, 분쟁, 사기, 악독이 가득한 자요 수군수군하는 자요 비방하는 자요 하나님의 미워하시는 자요 능욕하는 자요 교만한 자요 자랑하는 자요 악을 도모하는 자요 부모를 거역하는 자요 우매한 자요 배약하는 자요 무정한 자요 무자비한 자라 저희가 이 같은 일을 행하는 자는 사형에 해당하다고 하나님의 정하심을 알고도 자기들만 행할 뿐 아니라 또한 그 일을 행하는 자를 옳다 하느니라.

10) **요한복음** 16:9 : 죄에 대하여라 함은 저희가 나를 믿지 아니함이요.

11) **로마서** 2:5 : 다만 네 고집과 회개치 아니한 마음을 따라 진노의 날 곧 하나님의 의로우신 판단이 나타나는 그 날에 임할 진노를 네게 쌓는도다.

12) **전도서** 7:20 : 선을 행하고 죄를 범치 아니하는 의인은 세상에 아주 없느니라.

3.(시 90:10):

사단과 인간의 욕망과 죄가 역사의 무대에서 사라지지 않는 한 세상은 절대로 좋아질 수 없다. 하나님을 떠나 저주받은 인간들에게 결코 진정한 행복은 있을 수 없다. 인간은 생로병사의 고통과 생존의 고통, 사랑의 고통 속에서 평생 행복의 파랑새를 좇다가 결국 허망하게 죽도록 되어 있다(전 1:14). 신기루 같은 행복의 허상이 인간을 더 괴롭게 한다.

인간의 조그만 가슴에 안고 있는 불만족과 불행, 그리고 상한 감정을 치료할 수 있는 것은 아무것도 없다. 모세는 "팔십이라도 그 년수의 자랑은 **수고와 슬픔**뿐이요 신속히 가니 우리가 날아가나이다"(시 90:10)라고 말했으며 야곱은 **험악한 나그네 인생**(창 47:9)이라고 했다. 또한 세상 온갖 부귀 영광을 다 누려본 솔로몬은 "헛되고 헛되며 헛되고 헛되니 모든 것이 헛되도다"(전 1:2)라고 **헛된 인생**으로 결론을 내렸던 것이다. 고통은 하나님 없는 인간의 실존이요 그 해결책은 오직 "수고하고 무거운 짐진 자들아 다 내게로 오라"(마 11:28)고 초청하시는 예수 그리스도뿐이다. 예수 그리스도로 인생의 해답을 찾아 결론을 내리기 전에는 인간에게 행복은 결코 없다(빌 3:7-8; 골 2:2-3).

여인의 후손 – 그리스도의 통치(골 2:15) : Son

에덴 – 사단 등장 – 사단 승리 (창 1-2장) (창 3장) (창 4장)	기쁨, 생명 → 고통, 사망	예수 승리 – 사단 퇴장 – 천국 (계 19장) (계 20장) (계 21-22장)

뱀의 후손 – 사단 통치(눅 4:6; 엡 2:1–3) : Sin

1) **전도서 1:13-14** : 마음을 다하며 지혜를 써서 하늘 아래서 행하는 모든 일을 궁구하며 살핀즉 이는 괴로운 것이니 하나님이 인생들에게 주사 수고하게 하신 것이라 내가 해 아래서 행하는 모든 일을 본즉 다 헛되어 바람을 잡으려는 것이로다.

2) **전도서 2:23** : 일평생에 근심하며 수고하는 것이 슬픔뿐이라 그 마음이 밤에도 쉬지 못하나니 이것도 헛되도다.

3) **시편 90:9-10** : 우리의 모든 날이 주의 분노 중에 지나가며 우리의 평생이 일식간에 다하였나이다 우리의 년수가 칠십이요 강건하면 팔십이라도 그 년수의 자랑은 수고와 슬픔뿐이요 신속히 가니 우리가 날아가나이다.

4) **창세기 47:9** : 야곱이 바로에게 고하되 내 나그네 길의 세월이 일백 삼십 년

이니이다 나의 연세가 얼마 못 되니 우리 조상의 나그네 길의 세월에 미치니 못하나 험악한 세월을 보내었나이다 하고(cf. 계 21:3-4).

5) **마태복음 11:28** : 수고하고 무거운 짐진 자들아 다 내게로 오라 내가 너희를 쉬게 하리라.

4.(히 9:27):

인간은 호흡 운동, 심장 수축, 동공 반사의 3가지가 부정인 결과로 나오면 사망진단이 내려진다. 그러나 생물학적, 이식 의학적 죽음은 생명의 기본 단위인 세포가 물질대사 능력, 복제 능력, DNA 유전 능력이 상실되었을 때 죽음으로 간주하기 때문에 개체 죽음, 기관 죽음, 세포 죽음까지는 좀더 시간이 걸린다. 이렇게 사망이란 육체적 소멸을 의미하는 것이 아니라 분리(seperation)를 의미한다. 원가지에서 나무가 꺾이고 후에는 말라죽어 불에 던져 태워지는 과정과 비슷하다. **죄의 결과로 거룩하신 하나님과 분리되어 교제가 단절되는 것이 영적 죽음이요(엡 2:1), 그 후 영혼과 육체의 분리는 사망인 첫째 육적 죽음이요, 심판을 받아 천국에서 분리되어 지옥에 가는 것이 영원한 영육의 죽음인 둘째 사망이다(계 21:8).** 이렇게 인간은 영적으로 이미 죽은 존재이며(엡 2:1; 마 8:22; 약 2:26) 육적으로 죽을 것이며(히 9:27) 자동적으로 심판을 받아 영육이 죽어 영원히 지옥불에 들어가기로 운명되어 있다(고후 5:10). 그래서 인간의 운명은 **죽고 죽어 또 죽는 '삼박자 죽음의 운명'**이다. 모든 인간이 죽음의 운명을 피할 수 없기에 빈부, 귀천, 남녀, 노소에 관계없이 가장 민주적이고 공평한 것이다. 성공, 꿈, 사랑과 행복, 재물, 고통, 모든 것이 인간의 죽음까지이다. 죽음이 무엇이며 어디에서 왔는가? 죽음으로 모든 것이 끝나는 것인가? 왜 자살이 있는가? 죽음의 문제를 해결하는 길은 전혀 없는가? 이런 질문들의 모든 해답은 성경만 가지고 있다. 죽고 사는 것은 생명의 수여자이신 하나님의 권한이요(시 104:29), 인간은 생명의 청지기요 사명일 뿐이다. 성경이 말하는 죽음은 네 가지로 설명된다.

첫째는 하나님과 분리되는 영적인 죽음으로, 하나님과 교제의 영광을 상실하는 것이다(렘 3:23). 죽음은 죄의 결과로서 죄의 형벌이다. 하나님은 인간을 하나님의 형상을 닮은 영적 존재로 창조하시고 모든 영광을 입혀 주시면서 **"선악을 알게 하는 나무의 실과는 먹지 말라 네가 먹는 날에는 정녕 죽으리라"(창 2:17)**고 경고하셨다. 그러나 사단은 **"너희가 결코 죽지 아니하리라"(창 3:4)**고 하나님과는 반대로 인간을 미혹했다. 인간의 비극은 하나님을 불순종하고 사단의 말을 믿은 데서부터 시작되었다. 죄를 지은 처음 인간에게 하나님은 **"너는 흙이니 흙으로 돌아갈 것이니라"(창 3:19)**고 육적 죽음을 선포하셨다. 성경은 **"욕심이 잉태한즉 죄를 낳고 죄가 장성한즉 사망을 낳느니라"(약 1:15)**고 사망의 원인을 진단한다. 바울 사도는 **"죄로 말미암아 사망이 왔나니 이와 같이 모든 사람이 죄를 지었으므로 사망이 모든 사람에게 이르렀느니라"(롬 5:12)**고 죄의 근본과 일반성을 명백하게 밝혔다. 성경은 하나님과 분리된 영적 죽음의 실상에 대해 **"너희의 허물과 죄로 죽었던 너희를 살리셨도다"(엡 2:1)**, **"죽은 자들로 저희 죽은 자를 장사하게 하고 너는 나를 좇으라"(마 8:22)**, **"네가 살았다 하는 이름은 가졌으나 죽은 자로다"(계 3:1)**라고 거듭 언급하고 있다.

둘째는 영혼과 육신이 분리되는 육적인 죽음으로, 이는 필연적이다. 성경은 영혼이 육신의 장막을 떠나(고후 5:1; 벧후 1:14) 죽을 때가 있음을 말해준다(전 3:1-2). 인간이 한 번 죽는 것은 정해진 것이요, 그 후에는 심판이 있다(히 9:27; 삼하 14:4). 죽음은 소멸이 아니라 육신의 흙은 땅으로 돌아가고, 영혼은 주신 하나님께로 돌아가는 것이다(전 12:7-8). 백 년도 못 살면서 천 년을 꿈꾸는 어리석은 인생들을 향하여 모세는 "우리의 년수가 칠십이요 강건하면 팔십이라도 그 년수의 자랑은 수고와 슬픔뿐이요 신속히 가니 우리가 날아가나이다"(시 90:10)라고 인생의 허무함을 인식시켰다.

사람이 죽으면 육은 무덤에 묻혀 주님이 재림하실 때까지 부활을 기다린다. 그러나 사후 성도의 영혼은 낙원에서 주님과 함께 영광 중에 거하고(고후 5:8; 빌 1:23), 사후 불신자의 영혼은 음부(Sheol, Hades)에서 형벌의 고통을 받게 된다(시 9:17; 잠 15:24; 눅 16:23). 사후에 다시 구원받을 기회가 있거나 그 영혼이 공중에 떠돌아다닌다거나 이 영혼을 귀신이라고 말하는 것은 비성경적이다. 연옥설, 선조 림보(Limbus Patrum), 유아 림보(Limbus Infantum) 등의 사후 중간 상태설이나 영혼 수면설, 영혼 멸절설과 같은 교리들은 성경에 근거가 없는 것들이다. 사후 불신자의 상태는 변할 수 없으며(요 8:21; 벧후 2:4, 9) 그들이 행한 대로 심판을 받는다(고후 5:10). 죽은 자는 귀신이 되어 현상 세계로 되돌아올 수 없으며 제사를 받을 수도 없다는 것을 성경은 분명하게 말해주고 있다(욥 7:9-10; 눅 16:26; 고전 10:20-21).

욥기 7:9-10 : 구름이 사라져 없어짐같이 음부로 내려가는 자는 다시 올라오지 못할 것이오니 그는 다시 자기 집으로 돌아가지 못하겠고 자기 처소도 다시 그를 알지 못하리이다.

누가복음 16:26 : 이뿐 아니라 너희와 우리 사이에 큰 구렁이 끼어 있어 여기서 너희에게 건너가고자 하되 할 수 없고 거기서 우리에게 건너올 수도 없게 하였느니라.

베드로후서 2:9 : 주께서 경건한 자는 시험에서 건지시고 불의한 자는 형벌 아래 두어 심판날까지 지키시며.

고린도전서 10:20-21 : 대저 이방인의 제사하는 것은 귀신에게 하는 것이요 하나님께 제사하는 것이 아니니 너희가 귀신과 교제하는 자 되기를 원치 아니하노라 너희가 주의 잔과 귀신의 잔을 겸하여 마시지 못하고 주의 상과 귀신의 상에 겸하여 참예치 못하리라.

셋째는 하나님의 은혜에서 단절되어 영혼과 육신이 함께 지옥 심판에 떨어지는 영육의 죽음이다(마 10:28). 이것은 영원한 멸망의 형벌로 성경은 최종적인 이 죽음을 둘째 사망이라고 했다(계 20:6, 14, 21:8).

요한계시록 20:10 : 또 저희를 미혹하는 마귀가 불과 유황 못에 던지우니 거기는 그 짐승과 거짓 선지자도 있어 세세토록 밤낮 괴로움을 받으리라.
요한계시록 20:15 : 누구든지 생명책에 기록되지 못한 자는 불못에 던지우더라.
요한계시록 21:8 : 그러나 두려워하는 자들과 믿지 아니하는 자들과 흉악한 자들과 살인자들과 행음자들과 술객들과 우상 숭배자들과 모든 거짓말하는 자들은 불과 유황으로 타는 못에 참예하리니 이것이 둘째 사망이라.
마태복음 25:41 : 또 왼편에 있는 자들에게 이르시되 저주를 받은 자들아 나를 떠나 마귀와 그 사자들을 위하여 예비된 영영한 불에 들어가라.

넷째는 죽을 몸이 **생명을 입고 성화가 완성되는 성도의 죽음**이다(고후 5:14). 그리하여 성도의 죽음을 성경은 특별하게 취급하여 **복된 죽음**(계 14:13), **더 좋은 죽음**(빌 1:20-21), **소중한 죽음**(시 116:15), **소망의 죽음**(잠 14:32), **안식의 죽음**(사 57:1-2), **예수 안에 잠든 죽음**(살전 4:14), **부활의 죽음**(요 11:25), **성령보증의 죽음**(눅 16:22), **천사들에게 받들리는 죽음**(눅 16:22, cf. 유 1:9), **믿음의 죽음**(히 11:13), **두려움 없는 죽음**(시 23:4), **하나님께 속한 죽음**(롬14:8), **의의 면류관을 받는 죽음**(딤후 4:6-8), **간절히 사모하는 죽음**(고후 5:1-10)으로 설명한다. 세상 사람들이 가장 두려워하는 것은 죽음이다. 그리고 죽음과 함께 모든 것을 잃어버리고 만다. 그리하여 자신이 죽는 것을 알게 되면 놀라고, 분노하고, 타협하다가 결국에는 죽음을 받아들인다고 한다. 그러나 그리스도인들은 죽음을 통해 죽음에 승리하며(고전 15:54－57) 생명에 삼킨 바 되고(고후 5:4) 성화가 완성되어(고전 15:43－44) 영광 중에 주님과 함께 거하므로 오히려 더욱 사모하며 소망한다.

고린도후서 5:1-8 : 만일 땅에 있는 우리의 장막 집이 무너지면 하나님께서 지으신 집 곧 손으로 지은 것이 아니요 하늘에 있는 영원한 집이 우리에게 있는 줄 아나니 과연 우리가 여기 있어 탄식하며 하늘로부터 오는 우리 처소로 덧입기를 간절히 사모하노니 이렇게 입음은 벗은 자들로 발견되지 않으려 함이라 이 장막에 있는 우리가 짐진 것같이 탄식하는 것은 벗고자 함이 아니요 오직 덧입고자 함이니 죽을 것이 생명에 삼킨 바 되게 하려 함이라 곧 이것을 우리에게 이루게 하시고 보증으로 성령을 우리에게 주신 이는 하나님이시니라 이러므로 우리가 항상 담대하여 몸에 거할 때에는 주와 따로 거하는 줄을 아노니 이는 우리가 믿음으로 행하고 보는 것으로 하지 아니함이로라 우리가 담대하여 원하는 바는 차라리 몸을 떠나 주와 함께 거하는 그것이라.

빌립보서 1:23 : 내가 그 두 사이에 끼였으니 떠나서 그리스도와 함께 있을 욕망을 가진 이것이 더욱 좋으나.

요한계시록 14:13 : 또 내가 들으니 하늘에서 음성이 나서 가로되 기록하라 자금 이후로 주 안에서 죽는 자들은 복이 있도다 하시매 성령이 가라사대 그러하다 저희 수고를 그치고 쉬리니 이는 저희의 행한 일이 따름이라 하시더라.

모세는 죽음을 앞둔 인생 말년에 "우리에게 우리 날 계수함을 가르치사 지혜의 마음을 얻게 하소서"(시 90:12)라고 기도했다. 스데반 집사는 "보라 하늘이 열리고 인자가 하나님 우편에 서신 것을 보노라"(행 7:56)고 말했다. 사도 바울은 "내게 사는 것이 그리스도니 죽는 것도 유익함이라"(빌 1:21), "하늘로부터 오는 처소로 덧입기를 간절히 사모하노니"(고후 5:2), "내가 선한 싸움을 싸우고 나의 달려갈

길을 마치고 믿음을 지켰으니 이제 후로는 나를 위하여 의의 면류관이 예비되었으므로"(딤후 4:7-8)라고 말했다. 또한 베드로 사도는 **"우리는 그의 약속한 대로 의의 거하는 바 새 하늘과 새 땅을 바라보도다" (벧후 3:13)**라고 말했다. 여러분은 죽음이 임박했을 때 무엇이라고 마지막 말을 남길 수 있을지 생각해 보라.

1) **야고보서 1:15** : 욕심이 잉태한즉 죄를 낳고 죄가 장성한즉 사망을 낳느니라.
2) **로마서 5:12** : 이러므로 한 사람으로 말미암아 죄가 세상에 들어오고 죄로 말미암아 사망이 왔나니 이와 같이 모든 사람이 죄를 지었으므로 사망이 모든 사람에게 이르렀느니라.
3) **에베소서 2:1** : 너희의 허물과 죄로 죽었던 너희를 살리셨도다.
4) **히브리서 9:27** : 한 번 죽는 것은 사람에게 정하신 것이요 그 후에는 심판이 있으리니.
5) **요한계시록 20:15** : 누구든지 생명책에 기록되지 못한 자는 불못에 던지우더라.
6) **이사야 26:14** : 그들은 죽었은즉 다시 살지 못하겠고 사망하였은즉 일어나지 못할 것이니 이는 주께서 벌하여 멸하사 그 모든 기억을 멸절하였음이니이다.

5.(마 25:41):

사단의 자녀로 죄인 되어 고통을 겪다가 결국 죽게 되는 모든 인간은 예수님의 심판을 받고(고후 5:10) 마귀를 따라 마귀를 위해 예비한 진노의 지옥불에 들어가기로 운명되어 있다(마 25:41). 그래서 인간은 본질상 진노의 자식들이라고 했다(엡 2:3). 심판받아 지옥으로 가는 길은 넓은 길이기 때문에 너무나 쉽다. 가만히 있기만 하면 자동적으로 지옥에 가는 것이다. 인간들의 행과 불행, 성공과 실패는 이 땅 위에서 결정나는 것이 아니다. 하나님의 심판대 앞에서 결정된다. 거지 나사로는 믿음은 있었지만 참으로 비참한 지상 생애를 살았고, 거듭나지 못한 자색옷 입은 부자는 호화로운 대저택에서 잘 먹고 잘 사는 성공적인 사람이었다. 그러나 죽어서 심판받은 후 나사로는 천사에게 들려서 천국에 갔고, 자색옷 입은 부자는 마귀에게 끌려서 지옥에 갔다. 최종적으로 과연 누가 성공자인가? 이것이 예수님께서 직접 말씀하신 나사로의 비유이다(눅 16:19-31).

1) **고린도후서 5:10** : 이는 우리가 다 반드시 그리스도의 심판대 앞에 드러나 각각 선악간에 그 몸으로 행한 것을 따라 받으려 함이라(cf. 요 5:24).
2) **마태복음 25:41** : 또 왼편에 있는 자들에게 이르시되 저주를 받은 자들아 나를 떠나 마귀와 그 사자들을 위하여 예비된 영영한 불에 들어가라.
3) **마가복음 9:48-49** : 거기는 구더기도 죽지 않고 불도 꺼지지 아니하느니라 사람마다 불로서 소금 치듯 함을 받으리라.
4) **시편 9:17** : 악인이 음부로 돌아감이여 하나님을 잊어버린 모든 열방이 그리하리로다.
5) **마태복음 25:46** : 저희는 영벌에, 의인들은 영생에 들어가리라 하시니라.
6) **요한계시록 20:10** : 또 저희를 미혹하는 마귀가 불과 유황 못에 던지우니 거기는 그 짐승과 거짓 선지자도 있어 세세토록 밤낮 괴로움을 받으리라(계 20:10).

돈 많은 부자든, 성자든 간에 모든 인간의 실상은 ① **마귀의 종 된 인간** ② **죄짐을 진 인간** ③ **고통당하는 인간** ④ **죽을 수밖에 없는 인간** ⑤ **심판받아 지옥 갈 인간**이다. 그래서 구원이 절대로 필요하고 하나님의 은혜 없이는 살 수 없는 가련한 인간이다. 그러기에 인간은 죄 가운데 있으며 또한 하나님의 사랑과 은혜 가운데 있는 존재이다.

하나님의 관심의 초점은 버림받는 인간에게 있다. 왜냐하면 인간을 사랑하시기 때문이다(요 3:16). 그리하여 죄인을 위해 예수님이 죽으심으로 하나님의 사랑을 확증하셨으며(롬 5:8) 이것을 큰 사랑이라고 한다(엡 2:4). ① **영적으로 생명과 부활의 하나님이요(롬 1:2; 요 11:25-28)** ② **육체적으로는 피를 가진 완전한 인간이요(눅 24:39)** ③ **아담의 후예가 아닌 여인의 후손으로(창 3:15) 처녀 잉태하여(마 1:23)** ④ **원죄와 자범죄가 없는 중보자요(벧전 2:22)** ⑤ **성경 말씀에 약속된 자(요 5:39)**만이 총체적인 인간의 5가지 문제를 해결할 **구세주**가 될 수 있다. 예수님을 통해(롬 6:5) 믿음에서 믿음으로(롬 1:17), 생명에서 생명으로(요일 5:13), 은혜에서 은혜로(요 1:16), 부활에서 부활로(계 20:6), 영광에서 영광으로(고후 3:18), 구원에서 구원에 이르게 된다(벧전 1:5). 그러므로 오직 예수 그리스도만 인간 문제의 유일한 해답이다(요 14:6). 예수님만이 인간을 죄에서 씻기고 고치시고 변화시켜 참된 인간이 되게 하신다(눅 4:18; 마 11:2-5). 영성훈련은 이 예수 그리스도를 받아들이기 위해서 우리 자신을 개방하고, 주님이 우리를 씻으시고 고치시고 치료하시고 변화시켜 사용하실 수 있도록 우리 자신을 그 분께 헌신하는 것이다. 그리하여 가까이 다가오시는 주님의 음성을 들으며 사랑으로 친밀한 교제를 나누며 그 분의 은혜와 능력과 영광이 우리의 삶 속에 흘러들어와 역사를 일으키고 우리를 통해 세상으로 들어가 생명의 변화가 나타나도록 하는 것이다. 예수님만이 인간 문제의 해답이기 때문에 예수님 한 분으로 인생의 결론을 내리지 못한다면 인간은 불행할 수밖에 없다(골 2:2-3). 예수 없는 인생은 진정한 인간이 아닌 상실된 인간이다(고후 13:5). 여기에 복음의 의미와 전도의 의미가 있다. 영적, 정신적, 육체적, 상한 감정의 치유는 예수님을 만남으로써 해결될 수 있다. 인간이 지옥에 가는 것은 너무나도 쉽다. 인간의 운명상 가만히 있기만 하면 자동적으로 지옥에 가는 것이다(요 3:36).

그러나 천국 가는 것도 너무 쉽다. 예수를 믿고 그 운명이 바뀌면 되는 것이다(요 3:36). 그러므로 천국에 못 가는 자는 모두 가지 않기로 스스로 작정한 어리석은 고집쟁이들뿐이다(롬 2:5).

[공동 기도문 : 통성기도]

은혜와 사랑이 풍성하신 하나님 아버지,

하나님의 말씀에 비추어 제가 과거에 어떤 사람이었는지 그 정체를 분명히 깨닫게 하심을 감사합니다. 사단과 죄의 종으로 죽어 지옥에 갈 수밖에 없었던 저를 그리스도의 보혈로 씻어서 용서해 주시고 하나님 자녀로 삼아 주셨는데 그 은혜에 항상 감사하며 살지 못한 것을 용서해 주시옵소서. 이제 성령의 은혜 가운데 자유함을 누리며 하나님의 자녀로 새로운 삶을 살게 하옵소서. 그리하여 변화된 삶을 간증하며 뜨겁게 복음을 증거하게 하옵소서. 예수님의 이름으로 기도드립니다. 아멘. (관상기도 훈련)

[질문] 하나님을 떠난 불행한 인간의 5가지 실상은 무엇인가?

1. 요한복음 8:44
2. 로마서 5:12
3. 시편 90:10
4. 히브리서 9:27
5. 고린도후서 5:10

[나눔] 죽음에 대하여 어떻게 생각하고 있는지 각자 의견을 나누어 보라.

[토론] 예수 그리스도를 믿지 않고 죽은 자들이 귀신이 되어 떠돌아 다닌다는 이론과 불완전한 성화자들의 사후 연옥설, 구약 성도들이 부활을 기다리는 장소의 선조 림보, 세례받지 못한 유아 영혼의 처소 유아 림보, 사후 영혼 수면설, 사후 영혼 멸절설, 사후 그리스도 영접설 등 사후 중간 상태에 관한 각종 이론들이 성경적으로 타당한지 서로 토론하라.

제8과 구원의 과정은 무엇인가?

학습목표 : 기독교의 분명한 구원관을 이해하게 되고 구원의 확신을 가지고 5대 구원의 과정을 다른 사람에게 명확하게 설명할 수 있다. 다른 종교나 이단들의 구원관에 나타나는 문제들을 영적으로 분별할 수 있게 된다.

요절말씀 : 하나님이 미리 아신 자들로 또한 그 아들의 형상을 본받게 하기 위하여 미리 정하셨으니 이는 그로 많은 형제 중에서 맏아들이 되게 하려 하심이니라 또 미리 정하신 그들을 또한 부르시고 부르신 그들을 또한 의롭다 하시고 의롭다 하신 그들을 또한 영화롭게 하셨느니라(롬 8:29-30).

하나님은 모든 사람이 구원을 받으며 구원의 진리를 아는 데 이르기를 원하신다(딤전 2:4). 건전하고 견고한 신앙생활을 하려면 기본적으로 기독교의 ① **신관**(고후13:13) ② **말씀관**(딤후 3:15-17) ③ **구원관**(엡 2:8) ④ **생활관**(마 5:16) ⑤ **종말관**(벧후 3:3-14) 등 5대 신앙의 교리가 성경적으로 분명하게 정립되어 있어야만 한다. 그리스도인들이 구원의 확신이 없거나 종교인의 상태에 머물러 있다거나 또는 이단에 끌려가고 철학적 논쟁에 빠지는 이유는 성경적인 구원관이 정립되지 못한 데 있다. 모든 종교는 각자 독특한 구원의 방법이 있다. 다양한 종교의 공통적인 구원의 방법은 인간 스스로가 구원을 성취하려는 자력구원, 즉 **행위구원**이다. 그러나 기독교의 구원관은 세상의 이런 종교와는 전혀 다르다. 기독교에서 구원은 인간의 행위에 근거하지 않고 하나님이 주시는 **은혜의 선물**이다(엡 2:8). 그래서 구원은 인간의 의지와 노력과 정성에 근거한 것이 아니고 오직 **하나님의 주권과 사랑과 능력에 근거**하는 것이다(엡 2:4). 하늘에 계신 하나님은 죽을 수밖에 없는 죄인들에게 스스로 구원의 사다리를 만들어서 천국까지 올라와야 한다고 말씀하지 않으셨다. 성경은 구원이 전적인 하나님의 주권이고 하나님의 일로서 인간에게 구원의 문제를 맡긴 일이 없으시며 또한 죄인 스스로 자신을 구원할 수 있는 능력을 가지고 있지 못하다고 단언한다(계 7:10).

전능하신 하나님이 구원받은 자를 ① **미리 예정하시고(predestination:엡 2:4-6)** ② **정한 때에 부르시고(calling: 롬 8:30)** ③ **회개하게 하시고(repentance: 행 2:38)** ④ **예수 그리스도를 믿게 하시고(faith: 엡 2:8-10)** ⑤ **거듭나게 하시고(regeneration: 요 3:5)** ⑥ **의롭다고 인정하여 하나님 자녀삼으시고(justification: 롬 3:24)** ⑦ **계속 성화시키시고(sanctification: 엡 4:22)** ⑧ **사명을 감당하게 하시고(mission: 벧전 2:9)** ⑨ **끝까지 참고 보호하시고(perseverance: 빌 1:6; 요 10:28-29)** ⑩ **결국 주님 재림 때 영광스런 천국에서 영화를 누리게 하신다(glorification: 고전 15:44).** 이러한 모든 과정을 한마디로 하나님의 구원이라고 한다. 이렇게 구원은 인간의 손에 달려 있는 것이 아니고 전적으로 하나님의 손에 달려 있다(요 10:28-29). 그리하여 이 구원을 주시는 하나님의 능력이 심판받아 지옥에 갈 수밖에 없는 죄인들의 편에서는 최대의 기쁜 소식, 즉 복음이 될 수밖에 없다(막 1:1; 눅 2:10; 롬 1:16; 고전 1:24). 한때 예수님의 제자였던 가룟 유다는 결정적인 순간에 배신하여 구원에서 제외되었다. 예수님이 십자가에 달릴 때에 구원받은 한편 강도처럼 구원 사건은 한순간에 이루어지기도 한다. 또한 니고데모나 우물가의 여인처럼 점진적으로 이루어지기도 하는 것이다. 그러나 하나님의 구원 계획에는 필연적인 과정과 순서가 있는데 이것을 **구원의 서정**

(salvation order)이라고 한다. 성경이나 구원의 과정을 연구할 때는 먼저 전체적으로 보고 나서 세부적으로 관찰하는 것이 필요하다. 첫 단추를 잘못 끼우면 마지막 단추는 끼울 자리가 없는 것처럼 순서와 그 과정은 매우 중요하다. 인간을 전인격적으로 보는 것이 중요하다.

원래 인간은 영(spirit), 혼(soul), 몸(body)의 삼중 구조로 되어 있으며(창 2:7; 살전 5:23) 보이지 않는 인격 주체의 영과 혼을 하나로 묶어 영혼과 몸, 이중 구조로 설명하기도 한다(약 2:26). 단번에 주신 구원의 도(유 1:3)는 크게 3단계 과정으로 설명할 수 있다. 첫째, 영은 성령의 부르심에 응답하여 예수 그리스도를 믿음으로 말미암아 구원받게 되고 과거적으로 하나님과의 신분관계가 회복된다(요 3:16; 엡 2:8-10; 전 1:9). 혼(soul)은 성령의 도움으로 새 사람을 입어 **현재적으로** 사랑을 실천해가는 성화의 삶을 통해 이루어져간다(살전 1:3; 엡 4:22-32). 그리고 몸은 부활의 소망으로 인내하는 가운데 **미래적으로** 주님이 재림하시는 날에 ① 부활의 몸(고전 15:51) ② 영광스런 몸(고전 15:43) ③ 신령한 몸(고전 15:44) ④ 썩지 않을 몸(고전15:52) ⑤ 죽지 않을 몸(고전 15:51) ⑥ 죄 없는 몸(고전 15:54-57)으로 변화될 것이다(고전 15:51). 그러므로 그리스도인의 구원은 **"이미(요 5:24), 그러나 아직"(마 24:13; 빌 1:6)**이라는 말로 표현된다. 구원의 과정은 이렇게 과거적이고(믿음/신분), 현재적이며(성화/인격), 미래적(부활/육체)이다. 그리고 이 모든 과정은 모두 하나님의 주권에 의해 하나님이 진행하시는 하나님의 역사(살전 5:24), 즉 하나님의 비밀의 경륜이며(엡 3:9) 은혜의 경륜(엡 3:2)인 것이다. 그러나 **한번 구원은 빼앗길 수 없으며 영원하다는 사실을 잊지 말아야 한다.** 구원은 아담 안에 있는 죄인이 그리스도 안에서 최고의 영광을 누리는 회복, 그 이상의 은혜이다(롬 5:20). 전인적 구원이라는 단어 속에 포함된 이 구원 과정을 5단계로 세분하여 살펴보자.

1.(엡 1:5):

구원은 인간의 노력이나 인간과 하나님의 협력 사업이 아니라 전적인 하나님의 작품이며, 하나님의 예정과 선택에 의한 것이라고 성경은 말한다. 예정과 선택의 진리는 오직 그리스도 안에서만 결과적으로 이해할 수 있는 신비한 비밀이요, 오직 하나님의 주권(롬 9:18-21)과 베푸신 은혜와 사랑으로만 풀어지는 하나님의 비밀이다(롬 11:5; 살후 2:13; 엡 1:4). 예수 믿고 구원받은 후 자신이 하나님을 선택한 것이 아니라 하나님이 먼저 자신을 예정하시고 선택하셨다는 사실을 알고 그 놀라운 사랑에 감격하게 된다. 여러분이 예수님을 변함없이 믿고 있다는 사실, 그 자체가 예정되고 선택되었다는 증거가 되는 것이다. 그러므로 예정과 선택의 진리 목적은 하나님의 주권과 예수 그리스도를 통한 구원의 은혜를 감사 찬송하며 영광돌리도록 하시려는 것이다. 선택과 예정 교리가 이스라엘 백성의 역사적인 교훈처럼(신 8:7, 9; 롬 9:27; 고전 10:11-12) 이방 불신자에 대한 자신들의 상대적 특권의식과 교만의 근거로 오해되거나 운명론적 선교관으로 전도를 게을리하고 회피하는 핑계거리가 되어서는 안 된다(행 13:48). 예수 그리스도는 예정 교리의 거울로 하나님이 예정하신 일을 역사 속에서 어떻게 실현해 가셨는지를 보여주신다. 진정한 그리스도인은 그리스도 안에서 여전히 나를 붙잡고 예정하신 뜻대로 구원을 이루시는 하나님의 놀라운 사랑과 인내를 발견하게 된다(빌 1:6). 하나님의 소원은 모든 사람이 구원받는 것이지만 오직 남은 자만 구원받는 **예정과 선택의 원리**는 하나님의 주권과 사랑과 은혜이며 그 목적은 겸손과 찬양과 감사요, 그 방편은 예수 그리스도 안에서 성령으로 하시는 것이다.

1) **에베소서 1:3-6** : 찬송하리로다 하나님 곧 우리 주 예수 그리스도의 아버지께서 그리스도 안에서 하늘에 속한 모든 신령한 복으로 우리에게 복 주시되

곧 창세 전에 그리스도 안에서 우리를 택하사 우리로 사랑 안에서 그 앞에 거룩하고 흠이 없게 하시려고 그 기쁘신 뜻대로 우리를 예정하사 예수 그리스도로 말미암아 자기의 아들들이 되게 하셨으니 이는 그의 사랑하시는 자 안에서 우리에게 거저 주시는 바 그의 은혜의 영광을 찬미하게 하려는 것이라.

2) **로마서 8:30** : 또 미리 정하신 그들을 또한 부르시고 부르신 그들을 또한 의롭다 하시고 의롭다 하신 그들을 또한 영화롭게 하셨느니라.

3) **로마서 9:11-13** : 그 자식들이 아직 나지도 아니하고 무슨 선이나 악을 행하지 아니한 때에 택하심을 따라 되는 하나님의 뜻이 행위로 말미암지 않고 오직 부르시는 이에게로 말미암아 서게 하려 하사 리브가에게 이르시되 큰 자가 어린 자를 섬기리라 하셨나니 기록된바 내가 야곱은 사랑하고 에서는 미워하였다 하심과 같으니라.

4) **로마서 9:20~21** : 이 사람아 네가 뉘기에 감히 하나님을 힐문하느뇨 지음을 받은 물건이 지은 자에게 어찌 나를 이같이 만들었느냐 말하겠느뇨 토기장이가 진흙 한 덩이로 하나는 귀히 쓸 그릇을, 하나는 천히 쓸 그릇을 만드는 권이 없느냐.

5) **로마서 11:5** : 그런즉 이와 같이 이제도 은혜로 택하심을 따라 남은 자가 있느니라.

6) **데살로니가후서 2:13** : 주의 사랑하시는 형제들아 우리가 항상 너희를 위하여 마땅히 하나님께 감사할 것은 하나 님이 처음부터 너희를 택하사 성령의 거룩하게 하심과 진리를 믿음으로 구원을 얻게 하심이니.

2.(요 6:37):

예수 그리스도는 하나님이 예정하신 자들을 위해 십자가에서 대속의 죽음으로 구원을 완성하셨다. 어떤 사람들은 그리스도의 속죄는 우주적이며 보편적인 것으로 모든 인간이 구원받는 것은 아니지만 모든 사람을 예외 없이 구원하시기 위해 그리스도께서 고난 당하시고 죽으셨다고 말한다. 그리스도께서 모든 사람을 실제로 구원하신 것이 아니고 구원하실 가능성만을 확립해 놓고 실제적인 구원은 인간 자신의 선택에 의존하기 때문에 하나님의 의도된 취지가 성취되지 않았다고 주장한다. 그러나 성경은 **제한 속죄**를 가르치고 있다. 그리스도께서 선택된 자들만을 구원할 목적으로 십자가에서 고난당하시고 "다 이루었다"(요 19:30)고 선포하시고 죽으셨을 때 이러한 하나님의 목적은 실제로 성취되었다(요 17:2-6). 그리스도는 구원을 가능케 했을 뿐만 아니라 대속받은 모든 자 하나하나를 실제로 구원하신다. 그러므로 그리스도께서 모든 사람이나 세상을 위해 속죄를 이루셨다고 할 때 이것은 만인구원(universalism)을 말하는 것이 아니라 ① **하나님의 선택된 백성**(마 1:21; 요1:3, 29, 3:16; 엡 1:4-6, 2:8), ② **믿음을 소유한 자**(딤전 2:6, 4;10; 요일 2:2), ③ **그리스도를 영접한 사람**(요 1:12, 10:14-16), ④ **교회 성도**(행 20:28; 엡 5:25-27; 롬 8:32-35), ⑤ **잃어버린 자로 죄를 깨닫고 돌이킨 자들**(눅 19:10)을 의미한다고 볼 수 있다. 그리하여 개혁주의자(reformed theological views)들이 ① **인간의 전적 타락(total depravity)** ② **무조건 선택(unconditional election)** ③ **제한 속죄(limited atonement)** ④ **불가항력적 은혜(irresistible grace)** ⑤ **성도의 견인(perseverance of saints)과 같은 튤립(TULIP)의 5대 교리**를 주장한 것은 매우 훌륭하다(요 6:37, 40, 44, 17:2, 6).

1) **에베소서 1:7-10** : 우리가 그리스도 안에서 그의 은혜의 풍성함을 따라 그의 피로 말미암아 구속 곧 죄사함을 받았으니 이는 그가 모든 지혜와 총명으로 우리에게 넘치게 하사 그 뜻의 비밀을 우리에게 알리셨으니 곧 그 기쁘심을 따라 그리스도 안에서 때가 찬 경륜을 위하여 예정하신 것이니 하늘에 있는 것이나 땅에 있는 것이 다 그리스도 안에서 통일되게 하려 하심이라.

2) **요한복음** 17:2-3 : 아버지께서 아들에게 주신 모든 자에게 영생을 주게 하시려고 만민을 다스리는 권세를 아들에게 주셨음이로소이다 영생은 곧 유일하신 참 하나님과 그의 보내신 자 예수 그리스도를 아는 것이니이다.

3) **골로새서** 1:13-14 : 그가 우리를 흑암의 권세에서 건져내사 그의 사랑의 아들의 나라로 옮기셨으니 그 아들 안에서 우리가 구속 곧 죄사함을 얻었도다.

4) **골로새서** 2:2-3 : 이는 저희로 마음에 위안을 받고 사랑 안에서 연합하여 원만한 이해의 모든 부요에 이르러 하나님의 비밀인 그리스도를 깨닫게 하려 함이라 그 안에는 지혜와 지식의 모든 보화가 감취어 있느니라.

5) **요한복음** 19:30 : 예수께서 신 포도주를 받으신 후 가라사대 다 이루었다 하시고 머리를 숙이시고 영혼이 돌아가시니라.

6) **마태복음** 11:27 : 내 아버지께서 모든 것을 내게 주셨으니 아버지 외에는 아들을 아는 자가 없고 아들과 또 아들의 소원대로 계시를 받는 자 외에는 아버지를 아는 자가 없느니라.

7) **요한복음** 14:6 : 예수께서 가라사대 내가 곧 길이요 진리요 생명이니 나로 말미암지 않고는 아버지께로 올 자가 없느니라.

8) **사도행전** 4:12 : 다른 이로서는 구원을 얻을 수 없나니 천하 인간에 구원을 얻을 만한 다른 이름을 우리에게 주신 일이 없음이니라 하였더라.

9) **요한복음** 17:6 : 세상 중에서 내게 주신 사람들에게 내가 아버지의 이름을 나타내었나이다 저희는 아버지의 것이었는데 내게 주셨으며 저희는 아버지의 말씀을 지키었나이다.

10) **요한복음** 17:12 : 내가 저희와 함께 있을 때에 내게 주신 아버지의 이름으로 저희를 보전하와 지키었나이다 그 중에 하나도 멸망치 않고 오직 멸망의 자식뿐이오니 이는 성경을 응하게 함이니이다.

3.(행 13:48):

성령 하나님은 정하신 때에 성부 하나님이 예정하신 사랑과 성자 예수 그리스도가 대속해주신 은혜를 각각 개인에게 적용시켜(고후 13:13) 실제 구원으로 초청하시는데 이것을 **성령님의 소명(calling), 또는 하나님의 부르심**이라고 한다(롬 8:30). 원숭이가 비단옷을 입었다고 해도 여전히 원숭일 뿐이며, 홍당무는 어디를 잘라봐도 홍당무이다. 성령받지 못한 죄인은 교회 안에 있다 해도 여전히 죄인일 뿐이다. 소명의 결과로 예정되지 않은 자는 진흙에 불을 붙여 더욱 굳어지듯 거부하지만, 예정된 자는 초에 불을 붙여 더욱 밝아지듯 부르심에 응답하여 회개(repentance)하고 자신의 구원을 위해 예수 그리스도를 믿고 신뢰(faith)하게 된다. 이 과정을 인간 편에서는 "내가 회개하고 예수 그리스도를 믿었다, 또는 영접했다"라고 하는 것이다. 그러나 실제로는 인간 자신이 주체가 아니라 성령의 내적인 부르심으로 말미암아 회개가 되고 믿게 되는 수동적인 응답인 것이다. 이 **회개와 믿음의 결과로 사죄(forgiveness), 중생(re-birth), 칭의(justification), 그리고 양자 됨(adoption)이 은혜로 주어지고 성령의 인치심(sealing)**으로 천국까지 구원이 보장되는 것이다.

***소명(calling: 롬 8:30) : 부르심, 즉 소명이란 하나님께서 죄인이 그리스도를 통해 제공하는 구원을 받도록 초대하시는 하나님의 은혜로운 행위이다. 하나님이 예정하시고 선택하신 자를 정하신 때에 전도의 복음이나 사건을 통해서 부르신다(롬 10:14-15; 고전 1:21). 이 부르심의 소명은 외적인 것과 내적인 것이 있다. 외적 부르심은 ① 하나님이 세상에서 택한 백성을 불러모으기 위해 정하신 방법으로(눅 4:43; 롬 10:14-17) ② 죄의 용서와 구원의 영생을 얻기 위해(행 26:18; 요일 1:9) ③ 회개하고 믿음으로 그리스도를 영접할 수 있도록(행 2:38-39, 3:16) ④ 택자나 불택자, 모든 사람에게(마 28:19; 행 13:46-47) ⑤ 복음적 사실과 복음의 개념을 제공하는 것이다(막 16:15-16; 행 26:17-18). 이러

한 외적 부르심은 복음을 듣는 모든 자들에게 오는 우주적인 부르심이지만(마 28:19), 복음에 반응하지 않고 멸시하는 자들의 죄를 명백히 드러내는 공의로우신 부르심이다(요 3:17-18).

그러나 **내적인 부르심은 성령의 역사로 하나님의 음성을 듣고 구원을 유효하게 하는 진정한 부르심이며, 거절할 수 없는 불가항력적인 은혜이다**(행 13:48, 28:24-26; 고전 1:23-24; 롬 11:29; 딤후 1:9). 이로 인해 하늘에서 하나님의 뜻이 이루어진 것같이 땅에서도 이루어지는 것이다(마 6:10).

***믿음(faith: 엡 2:8-10) : 믿음은 성령님을 통해 주시는 은혜의 선물로 자신의 구원을 위해 마음으로 주님을 전폭적으로 신뢰하는 것이다(롬 8:9-10). 구원의 복음을 받아들여 자신에게 적용하는 능력으로 사도 바울은 "복음에는 하나님의 의가 나타나서 믿음으로(from) 믿음에(to) 이르게 하나니 기록된바 **의인은 오직 믿음으로 말미암아 살리라**"(**롬 1:17**)고 믿음에 의한 복음의 능력을 강조했다. 믿음은 죄인이 의인되게 하고 죽을 자가 살게 되는 하나님의 능력인 것이다. 믿음은 출발의 믿음과 목표의 믿음이 있다. 은혜의 출발 믿음은 구원을 완성하고(엡 2:8), 목표인 행함의 믿음은 성장과 성화와 복을 이룬다(약 2:22). 그리고 흡입, 압축, 폭발, 배기, 네 과정의 순환을 통해 모터의 힘이 작동하듯 신앙의 능력도 믿음, 이성, 감정, 행함의 네 사이클을 통해 이루어진다. 신앙 지식이나 성경 지식만으로 구원받을 수는 없다(고전 1:20-21, 2:1-5). 마음으로 믿어야 하는데 마음으로 믿는 신앙은 지적 인식, 정적 찬동, 의지적 행위의 전인격적인 모든 요소를 포함한다(마 13:20-21).

성경은 구원의 믿음이 아니라 성경의 역사적 진리를 받아들이는 지적인 믿음(행 26:27-28), 기적의 가능성을 신뢰하는 기적적인 믿음, 또는 종교적 진리를 받아들이는 일시적인 믿음도 있음을 말해준다(마 13:4-8). 그러나 **양심의 어떤 자극과 감정의 흥분으로 잠시 갖게 되는**

일시적인 믿음은 시련과 핍박을 당하면 소멸되어 영속성이 결여되는 취약점을 갖고 있다(마 13:20-21). 믿음의 방편은 예수 그리스도가 구세주이심을 믿는 것이다(히 12:2; 행 10:31; 롬 3:22). 신앙은 인간적인 연약함 때문에(히 4:16; 벧후 1:10) 믿음의 확신을 키워나가기 위해서는 시험에 들지 않도록 깨어 기도하고(마 26:41), 말씀으로 하나님의 약속을 굳게 잡고(행 17:11) 배워가며 주 안에서 그리스도인의 풍성한 열매를 맺어가는 헌신의 삶이 필요하다(빌 2:29; 요 15:4-6).

***회개(repentance: 행 2:58) : 회심(conversion)은 믿음과 회개를 통해 죄의 길에서 하나님께로 돌아오게 하는 하나님의 행위이다(사 55:6-7; 욘 3:10; 약 4:8-10). 회심은 구원의 필수조건이고(겔 33:11; 마 18:13) 회개 없이는 구원받을 수 없다(눅 13:3-5; 행 17:30-31). 또한 생명을 얻도록 회개를 주시는 하나님의 도움 없이 자신의 노력만으로는 회심할 수 없다(행 11:18; 딤후 2:25; 겔 36:26-27; 렘 13:23; 요 6:44). 회심은 순간적인 변화이며 의식적으로 생활 가운데 일어나는 변화이다. 회심의 소극적 요소인 회개는 하나님의 율법에 의해 인간 내부에서 일어나는 작용으로 자신의 죄성과 죄를 인정하고(지), 그 죄를 애통해 하며(정), 죄를 용서받고 죄에서 돌아서야겠다는 전환의 성향(의)인 전인격적인 변화이다. 그러므로 회개를 위해서는 죄와 허물을 전심으로 통회 자복해야 한다(레 26:40; 시 34:18). 구체적으로 죄를 고하고(시 32:5; 사 59:12-14), 죄를 슬퍼하고 증오하며(시 38:18; 약 4:8-10), 죄에서 떠날 것을 결심하고 결행해야 한다(시 101:2-4; 욘 3:10).

회심의 적극적 요소인 믿음은 성령에 의하여 마음 속에서 일어나는 복음적 진리의 확신이며(히 11:1), 그리스도 안에서 하나님의 약속에 대한 지 · 정 · 의 전인격적인 신뢰이다(롬 10:9-10). 아무도 죄인이 아닌 사람은 없다. 사실 지옥은 죄 때문에 가는 것이 아니라 회개의 기회를 거부했기 때문에 가는 것이다. 회개는 뉘우치고 돌아서는 전 인격적인 결단으로 하나님의 은혜와 사랑과 구속 능력을 믿을 때 나오는 것이다. 회개의 선물은 하나님의 사랑과 능력에 근거한 일회적이고 영원한 용서이며 신령한 복인 것이다(시 103:12).

*** 중생(regeneration: 요 3:5) : 중생(아노텐)은 '다시 태어난다, 또는 위에서 난다' 는 이중적인 뜻을 가지고 있다(요 3:3). 전적으로 위에서 임하신 ① 성령의 역사와(요 1:13, 3:5) ② 하나님의 말씀과(약 1:18; 벧전 1:23; 엡 5:26) ③ 은혜의 믿음에 의해(엡 2:8-10; 롬 1:18) 하나님의 자녀로 태어난다(롬 8:14). 중생은 사망에서 생명으로 옮겨지는(요일 3:14, 5:12; 엡 2:1, 4-5) 순간적인 새 창조의 역사이다(고후 5:17; 갈 6:13). 중생은 하나님과 인간의 협동 작용이 아니요, 하나님의 독창적인 주권적 사역이기 때문에 중생함으로 사망에서 생명으로의 영적 변화는 인간에 의해 직접적으로 파악되지 않는다. 그러나 그 결과에 따라 알려질 수 있는 하나님의 비밀스런 사역이다. 그리스도 예수 안에서 이전의 사망 운명은 지나가고 영생의 새 생명으로 거듭나게 된(고후 5:17) 중생의 근거는 추상적인 생각이나 감정의 느낌이 아니다. **말씀 증거(요일 5:13)와 성령의 내적 증거(롬 8:15), 믿음의 확신과(고후 13:5), 사랑의 확증과(롬 5:8) 생활의 변화이다**(엡 2:22). 그리하여 요한 사도는 "증거하는 이가 셋이니 성령과 물과 피라 이 셋이 합하여 하나이니라 만일 우리가 사람의 증거를 받을진대 하나님의 증거는 더욱 크도다"(요일 5:8-9)라고 말했다.

***칭의(justification: 롬 3:24) : 우리가 믿음으로 그리스도를 영접할 때(행 13:39; 갈 2:16), 예수 그리스도의 완전한 의에 근거해서(롬 3:21-24; 고후 5:21) 죄인을 의롭다고 선언하는(롬 5:18-19) 하나님의 은혜로운 법적 행위를(롬 3:24, 8:30) 칭의라고 한다(고전 6:11). 이것은 하나님의 법정에서 발생하는 것으로 죄인의 상태에 영향을 미치는 것이 아

니라, 신분에 영향을 주고 죄책을 제거해 주는 일회적인 영원한 사건이다. 예수 그리스도의 의에 근거하여 원죄와 과거와 현재의 모든 죄에서 용서함을 받는다(롬 8:1). 그리고 합법적인 아들이 되어(양자) 영원한 상속권은 물론 자녀의 모든 권세를 부여받게 된다(갈 4:5-6; 엡 1:5; 벧전 1:3-7; 요일 3:1). 믿음으로 말미암아 그리스도의 의(justification)를 자신에게 적용하므로 믿음은 칭의의 도구이다. 그러므로 그리스도의 의 외에 조상이나 성자나 또는 마리아, 어느 인간적인 의를 결코 전가받을 수 없다.

*** 인침(sealing: 고후 1:22) : 구원은 우리가 믿는 것이 아니요, 노력과 수고로 얻는 것도 아니며, 성령의 선택과 부르심에 의해 자연적으로 믿어지는 것이기 때문에 하나님의 선물이요, 은혜일 뿐이다. **하나님의 은혜, 바로 이것이 다른 모든 종교와 기독교의 차이점을 구별하는 요인**이다. 사실 성경에서 예정이나 선택이 단 한 번도 불신자에게 적용된 예는 없다. 예정과 선택 교리는 예수님을 믿을 때 단순히 자신의 지적 결단이 아닌 하나님의 도우심과 성령의 놀라운 역사가 배후에 있다는 사실을 보여줌으로 믿는 자에게 신앙을 확신하게 하려는 데 초점이 있는 교리이다. 그러므로 하나님의 예정과 선택은 숙명론이 아니다.

그렇다면 하나님이 나를 예정하시고 성령의 은혜로 나를 선택하셨다는 사실을 어떻게 알 수 있을까? **예수 그리스도의 구속 사건이 나의 사건으로 확실히 믿어지며 내가 예수 그리스도를 선택한 믿음을 포기할래야 포기할 수 없게 된다**(엡 1:13; 고전 2:12). 이것을 **중생, 성령세례, 또는 성령의 인침**이라고 한다. 그러므로 중생과 더불어 성령세례는 모는 성도에게 해당되지만(고전 12;13; 엡 4:5) 일회적인 사건으로(고전 1:13) 교회시대에만 일어나며(엡 1:5) **그리스도 몸의 지체로 연합되는 사건**인 것이다(롬 6:3-5). 그리하여 그리스도의 죽음과 부활에 동참하게 된다(롬 6:3-11).

'인침' 이란 중동지방의 문화권에서 유래된 용어로 자신의 가축에게 확실한 소유권의 보장과 품질 보증을 위해 구별하는 도장을 찍어 표시하는 것을 말한다. 인침은 회심하는 모든 성도들에게 하나님이 성령을 통해 구속의 날까지 확실히 소유하시고 보존하신다는 것을 의미하며 그리스도인의 안전에 대한 보증이기도 하다(고후 1:22; 엡 1:13, 4:30, cf. 계 7:2-4).

내 마음대로 신앙을 포기할 수 있다면 그것은 인본주의 종교적 신앙이지 하나님의 예정도 선택도 성령의 인치심도 아니다. 주님이 십자가에서 대속해 주신 예정되고 선택된 자만이 성령의 은혜로 회개하고 믿을 수 있기 때문에(행 11:18) 복음을 듣고 어떤 자는 거부하고 어떤 자는 받아들이는 상반된 현상이 생긴다. 그리하여 이런 현상의 의문에 대하여 누가는 **"이방인들이 듣고 기뻐하여 하나님의 말씀을 찬송하며 영생을 주시기로 작정된 자는 다 믿더라"(행 13:48)**고 하나님의 예정과 성령의 역사에서 그 해답을 찾았던 것이다.

복음이 하나님의 주권적 예정이라면 전도할 필요가 있는가 하는 의문이 생긴다. 성경은 믿는 자들이 나가서 복음을 전해야 한다고 강조한다(딤후 4:2). 왜냐하면 예정과 선택은 하나님의 주권이요, 하나님은 우리의 전도를 통해 구원의 복음을 듣도록 하셨기 때문이다(고전 1:21; 마 28:18-20). 우리는 가서 기독교 복음이 진리라는 사실을 힘써 전하고 사람들이 회개하고 믿도록 최선의 노력을 다해야만 한다. 그러나 또한 성경이 말씀하는 것은 인간의 본성으로는 아무도 복음을 받아들이거나 응답하지 못하며, 오직 성령께서 인간의 심령 속에 역사하여 변화시켜야 한다는 것이다. 이 때 변화받은 심령이 외적으로 표현되어 회개와 믿음으로 나타난다. 하나님의 주권과 전도, 두 가지 진리를 받아들이면 예정과 전도 문제로 논쟁할 필요가 전혀 없다. 궁극적으로 전도자이신 성령님께서 우리를 통해 역사하신다는 사실을 알 때 복음 전도에 도움과 격려가 된다. 전도하려는 우리의 노력을 사용하셔서 하나님께서 사람들을 회심시킨다는 사실을 알 때 확신을 가지고 더욱 열심히 복음을 전할 수 있다(고전 4:1-2). 이스라엘 백성은 여호와의 증인으로 선택되었으나 바로 이 점에서 실패했던 것이다(사 43:12).

1) **칭의** : 또 미리 정하신 그들을 또한 부르시고 부르신 그들을 또한 의롭다 하시고 의롭다 하신 그들을 또한 영화롭게 하셨느니라(롬 8:30, cf. 행 13:38).
2) **교제** : 주 예수 그리스도의 은혜와 하나님의 사랑과 성령의 교통하심이 너희 무리와 함께 있을지어다(고후 13:13).
3) **믿음** : 이방인들이 듣고 기뻐하여 하나님의 말씀을 찬송하며 영생을 주시기로 작정된 자는 다 믿더라(행 13:48).
4) **은혜** : 너희가 그 은혜를 인하여 믿음으로 말미암아 구원을 얻었나니 이것이 너희에게서 난 것이 아니요 하나님의 선물이라 행위에서 난 것이 아니니 이는 누구든지 자랑치 못하게 함이니라(엡 2:8-9).
5) **사랑** : 하나님이 세상을 이처럼 사랑하사 독생자를 주셨으니 이는 저를 믿는 자마다 멸망치 않고 영생을 얻게 하려 하심이니라(요 3:16).
6) **인침** : 그 안에서 너희도 진리의 말씀 곧 너희의 구원의 복음을 듣고 그 안에서 또한 믿어 약속의 성령으로 인치심을 받았으니 이는 우리의 기업에 보증이 되사 그 얻으신 것을 구속하시고 그의 영광을 찬미하게 하려 하심이라(엡 1:13-14). 저가 또한 우리에게 인치시고 보증으로 성령을 우리 마음에 주셨느니라(고후 1:22). 하나님의 성령을 근심하게 하지 말라 그 안에서 너희가 구속의 날까지 인치심을 받았느니라(엡 4:30).
7) **영생** : 내가 진실로 진실로 너희에게 이르노니 내 말을 듣고 또 나 보내신 이를 믿는 자는 영생을 얻었고 심판에 이르지 아니하나니 사망에서 생명으로 옮겼느니라(요 5:24).
8) **양자** : 성령이 친히 우리 영으로 더불어 우리가 하나님의 자녀인 것을 증거

하시나니(롬 8:16). 너희가 아들인고로 하나님이 그 아들의 영을 우리 마음 가운데 보내사 아바 아버지라 부르게 하셨느니라(갈 4:6).

9) **영의 사람** : 만일 너희 속에 하나님의 영이 거하시면 너희가 육신에 있지 아니하고 영에 있나니 누구든지 그리스도의 영이 없으면 그리스도의 사람이 아니라(롬 8:9).

4.(엡 4:24):

성화(santification)란 성령의 도우심으로(고전 6:11; 갈 5:16-23) 인간성의 오염이나 죄성을 점진적으로 제거하고(롬 6:6; 갈 3:24) 예수 그리스도를 닮아가며 하나님께 헌신하도록 하는 점진적인 과정을 말한다(롬 6:3-5; 골 3:1; 갈 2:19). 우리는 살아 있는 동안 죄에 대해 계속 투쟁해야 하므로(마 5:29, 18:8; 히 12:4) **①자신의 영과 육을 깨끗이 하려는 노력(고후 7:1), ②육의 소욕을 따라 살던 옛 행실을 버리는 노력(골 3:5-14), ③진리의 말씀에 순종하는 삶의 노력(벧전 1:22), ④죄를 고백하고 사죄를 간구하는 노력(요일 1:9; 마 6:12-13), ⑤더욱더 온전한 모습으로 성장하려는 노력(빌 3:12-14; 롬 7:18-25)이 필요하**다. 그러므로 성화의 삶은 구습을 좇는 옛 사람을 벗어버리고 의와 진리의 거룩함으로 그리스도의 형상에까지 새 사람을 입어 가는 의지적인 삶의 노력이다. "더욱 힘써 너희 부르심과 택하심을 굳게 하라"(벧후 1:10). 이것은 영적인 삶과 가까운 평행을 이루어가는 성령 충만의 삶을 향한 노력이다.

성화의 열매로 나타나는 선행은 **① 하나님에 대한 신앙과 사랑에서 나오는 행위요(마 12:33-35; 히 11:6) ② 하나님의 뜻에 순종함으로 행해지는 것이며(약 2:8, 삼상 15:22) ③ 하나님의 영광을 궁극적인 목적으로 삼는 행위이므로(고전 10:31; 골 3:17-23) 하**

나님의 성령에 의해 거듭난 사람들만이 할 수 있다. 성도의 선행은 세상 종교의 선행처럼 결코 구원받는 공로가 될 수 없으며(눅 17:9-10; 엡 2:8-10) 이미 구원받은 은혜에 감사해서 나오는 성도의 마땅한 생활이다(골 1:10; 딤후 2:21; 딛 2:14). **성령으로 거듭나지 못한 사람도 얼마든지 선행은 할 수 있지만 하나님을 향한 신앙과 순종에서 나오는 것이 아니며 하나님의 영광을 위한 것도 아니고 자기 만족이나 자신의 구원 공로를 세우려는 의도이기 때문에 성도의 참 선행과는 다른 것이다.** 또한 위선과 자만은 구원 은혜의 장애가 되는 죄가 될 수도 있다(왕하 10:28-31; 눅 6:33). 하나님은 예수 그리스도를 믿어 거듭남이 없는 사람들의 선행을 인정하지 않으신다. 여기에서 기독교는 선행의 도덕적 종교와 구별된다.

㉮ 종교인 ㉯ 그리스도인

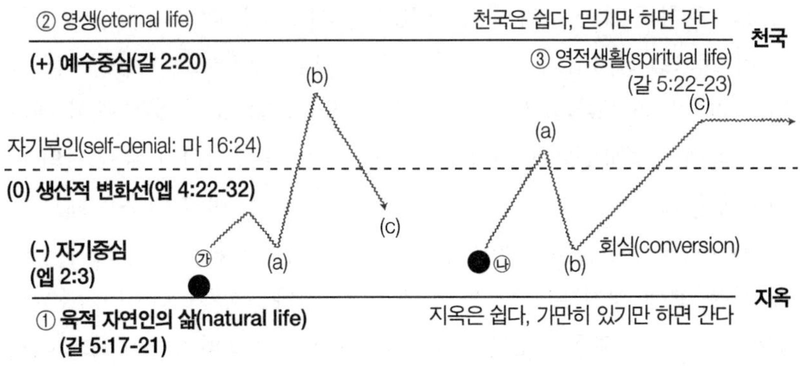

***이 도표는 예수를 믿는 것 같으나 결국은 실패하는 사람들의 영적인 모습을 잘 보여주고 있다. 이에 기준하여 자신의 영적 상태는 어디에 있는지 스스로 점검해 보라.

***사명(mission: 요 6:39-40) : 믿음으로 칭의가 이루어진 사람은 "내가 여기 있나이다, 나를 보내주소서"라고 주님의 부름에 응답한 이사야 선지자처럼(사 6:8) 자신을 발견하고 하나님께서 자신이 무엇을 하기 원하시는지, 자기 사명을 발견하게 된다(빌 1:27). 그리스도인들의 모든 문제는 자기 사명을 분명히 알지 못하기 때문에 생긴다. 이 사명의 수행으로 신앙은 열매를 맺는다. 하나님의 일꾼인 사명자를 하나님이 그냥 쓰시지 않는다. **겸손의 훈련, 순종의 훈련, 믿음의 훈련, 인내의 훈련, 경계의 훈련, 말씀의 훈련, 기도의 훈련을 위한 영적 연단**을 하신다(신 8:2-3; 삿 7:2-8; 욥 23:10; 약 1:2-4). 하나님의 소원적 뜻(will)은 모든 사람이 예수 믿고 구원받는 것이요(요 6:40; 딤전 2:4), 거룩한 삶이요(살전 4:3), 기쁨과, 감사와, 기도로 교제하는 삶이다(살전 5:16-18). 선을 행함으로 고난받는 것이요(벧전 3:17), 인도하심에 순종하는 삶인 것이다(엡 5:17-18). 하나님의 주권적인 계획 안에서 나를 향하신 하나님의 소원이 무엇인가를 이해하며 내 삶을 하나님의 뜻과 마음에 합하도록 결정해 가는 것이 필요하다(고전 4:1-2; 사 6:8). 내 뜻을 포기하고(마 26:39) 하나님의 뜻을 행함으로 은혜를 체험하고 사랑을 깨닫게 되고 믿음이 성장한다(빌 1:29). "잘하였도다 착하고 충성된 종아 네가 작은 일에 충성하였으매 내가 많은 것으로 네게 맡기리니 네 주인의 즐거움에 참예할지어다"(마 25:21), "이 무익한 종을 바깥 어두운 데로 내어쫓으라 거기서 슬피 울며 이를 갊이 있으리라"(마 25:30). 하나님 앞에 섰을 때에 여러분은 이 둘 중에 어떤 평가를 받기 원하는가?(고후 5:10) 인간들은 최후 백보좌 심판 때에 자기 행위에 따라 생명책과 행위책에 기록된 대로 심판을 받게 될 것이다(계 11:12).

1) **에베소서 4:22-24 :** 너희는 유혹의 욕심을 따라 썩어져 가는 구습을 좇는 옛 사람을 벗어버리고 오직 심령으로 새롭게 되어 하나님을 따라 의와 진리의 거룩함으로 지으심을 받은 새 사람을 입으라(cf. 벧후 1:10).

2) **에베소서 4:13-15** : 우리가 다 하나님의 아들을 믿는 것과 아는 일에 하나가 되어 온전한 사람을 이루어 그리스도의 장성한 분량이 충만한 데까지 이르리니 이는 우리가 이제부터 어린아이가 되지 아니하여 사람의 궤술과 간사한 유혹에 빠져 모든 교훈의 풍조에 밀려 요동치 않게 하려 함이라 오직 사랑 안에서 참된 것을 하여 범사에 그에게까지 자랄지라 그는 머리니 곧 그리스도라.

3) **사도행전 20:24** : 나의 달려갈 길과 주 예수께 받은 사명 곧 하나님의 은혜의 복음을 증거하는 일을 마치려 함에는 나의 생명을 조금도 귀한 것으로 여기지 아니하노라.

5.(벧전 1:5): ____________

하나님의 보호는 성도의 견인(perseverance of saints)이라고 하는데 하나님이 그리스도 안에서 시작된 구원의 역사를 마지막 천국의 영화(glorification)에 이르기까지 인도하여 주시는 것을 말한다(빌 1:6). **성도가 결국 하나님의 구원 은혜에서 떨어져 나가지 않는 것은 성부 하나님의 인내(렘 15:15; 롬 9:22; 벧후 3:9)와 보호능력(요 10:28-29; 벧전 1:5)과 아버지의 징계(히 12:5-11)뿐만 아니라 예수 그리스도의 사랑의 힘(롬 8:35-39)과 제사장으로서의 중보(히 7:25)와 성도의 마음 속에서 진리로 계속 이끄시는 성령에(엡 4:30) 근거한다.** 그리하여 주님과의 관계를 지속하며(요 15:5-6) 믿음으로 끝까지 인내하며 안전과 구원의 확신이 있다. **과거의 중생과 현재의 성화 그리고 미래의 영화, 구원의 전 과정이 하나님의 주권에 있는 것이다.** 그리스도인들이 하나님의 보호하심과 성도의 견인 진리를 믿을 때 현세에서 구원의 확신을 얻게 된다(히 3:14, 6:11; 벧후 1:10).

우리의 구원 확신이 흔들리는 이유는 기복이 심한 세상을 의지하

며, 믿지 못할 나 자신의 감정에 기준해서 모든 것을 판단하기 때문이다. 하늘과 땅 사이에 믿고 의지할 수 있는 것은 "일을 행하는 여호와, 그것을 지어 성취하는 여호와"(렘 33:2), 오직 하나님 한 분뿐이요, 오직 진리의 말씀뿐이다(요 8:32). **"내가 저희에게 영생을 주노니 영원히 멸망치 아니할 터이요 또 저희를 내 손에서 빼앗을 자가 없느니라 저희를 주신 내 아버지는 만유보다 크시매 아무도 아버지 손에서 빼앗을 수 없느니라"(요 10:28-29)**는 주님의 말씀처럼 우리 그리스도인들은 전능하신 하나님의 손과 사랑하시는 주님의 손에 이중적으로 붙잡혀 있다는 사실을 알아야 한다. 하나님이 우리와 함께하시며 떠나지 아니하고 버리지 아니하심을 믿고 마음을 강하게 하고 담대해야 한다(수 1:5-6). 우리를 부르신 하나님은 미쁘시니 그가 또한 이루실 것이다(살전 5:23-24). 그러므로 우리의 구원 확신에 대한 신앙고백은 **"내가 또 이 고난을 받되 부끄러워하지 아니함은 나의 의뢰한 자를 내가 알고 또한 나의 의탁한 것을 그 날까지 저가 능히 지키실 줄을 내가 확신함이라"(딤후 1:12), "너희 속에 착한 일을 시작하신 이가 그리스도 예수의 날까지 이루실 줄을 우리가 확신하노라"(빌 1:6)**는 확신이 있어야 한다. 이 때 우리는 어떤 환난에도 언제나 웃으며 일어나는 오뚜기 신앙인이 될 수 있는 것이다. 믿을 수 없는 나 자신을 믿지 말라. 우리를 예정하사 선택하여 부르시고 연단하시고 가라 명령하시고 갈 길을 보여주시며 참된 목자장으로서 앞서서 행하사 마침내 우리를 목표에 이르게 하시는 하나님만 믿고 따르라.

***영화(glorification: 고전 15:44) : 영화란 그리스도인들이 새로운 몸으로 부활하여 죄의 속성 없이 하나님께 최고의 영광을 돌릴 수 있는 상태를 말한다. 이는 영 · 혼 · 몸이 전인격 구원의 완성 목표로 영광에서 영광에 이른다. 영화가 이루어질 새 하늘과 새 땅에는, 사단이 죄로 다스리는 이 땅의 사망, 애통, 곡, 아픔이 없으며(계 21:1-4), 에덴 동산에

있었던(사 51:3) 기뻐함과 즐거워함과 감사함과 창화하는 소리가 영원히 있을 것이다(사 35:10, 65:17-19). 창세기 3장에 등장하여 인간의 불행을 주도해 왔던 사단이 요한계시록 20장에서 불못으로 퇴장하여 하나님의 새 일, 구원 역사가 완성되고 주님이 다스리는 나라가 이루어졌기 때문이다. 그러므로 멸망당하기로 작정된 이 세상에 헛된 미련을 두지 말고(벧후 3:17) 하나님의 나라와 하나님의 의를 먼저 구하며(마 6:33), 하나님의 날이 임하기를 사모하고 소망 중에 새 하늘과 새 땅을 바라보아야 한다(벧후 3:12-13). 이 분명한 목표의식과 기다림이 없는 사람은 세상의 유혹과 환난에 승리할 수 없다.

하나님의 새 일(렘 33:2; 사 43:19–21)
(그리스도로 말미암은 하나님의 구원 역사)

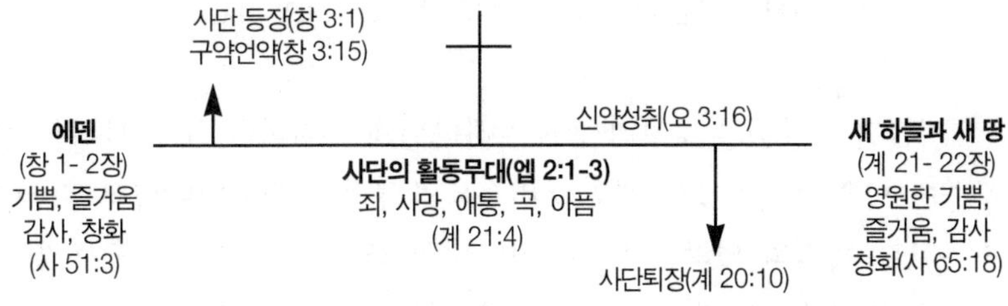

1) **베드로전서 1:5-9** : 너희가 말세에 나타내기로 예비하신 구원을 얻기 위하여 믿음으로 말미암아 하나님의 능력으로 보호하심을 입었나니 그러므로 너희가 이제 여러 가지 시험을 인하여 잠깐 근심하게 되지 않을 수 없었으나 오히려 크게 기뻐하도다 너희 믿음의 시련이 불로 연단하여도 없어질 금보다 더 귀하여 예수 그리스도의 나타나실 때에 칭찬과 영광과 존귀를 얻게 하려 함이라 예수를 너희가 보지 못하였으나 사랑하는도다 이제도 보지 못하나 믿고 말할 수 없는 영광스러운 즐거움으로 기뻐하니 믿음의 결국 곧 영혼의 구원을 받음이라(cf. 요일 4:4, 18).

2) **요한복음 10:28-29** : 내가 너희에게 영생을 주노니 영원히 멸망치 아니할 터이요 또 저희를 내 손에서 빼앗을 자가 없느니라 저희를 주신 내 아버지는 만유보다 크시매 아무도 아버지 손에서 빼앗을 수 없느니라.

3) **빌립보서 1:6** : 너희 속에 착한 일을 시작하신 이가 그리스도 예수의 날까지 이루실 줄을 우리가 확신하노라.

4) **빌립보서 2:13** : 너희 안에 행하시는 이는 하나님이시니 자기의 기쁘신 뜻을 위하여 너희로 소원을 두고 행하게 하시나니.

5) **데살로니가전서 5:23-24** : 평강의 하나님이 친히 너희로 온전히 거룩하게 하시고 또 너희 온 영과 혼과 몸이 우리 주 예수 그리스도 강림하실 때에 흠 없게 보전되기를 원하노라 너희를 부르시는 이는 미쁘시니 그가 또한 이루시리라.

6) **마태복음 24:12-13** : 불법이 성하므로 많은 사람의 사랑이 식어지리라 그러나 끝까지 견디는 자는 구원을 얻으리라(cf. 요일 4:4, 5:18).

지금까지 살펴본 것처럼 구원은 하나님의 주권이다. 구원 과정은 **성부 하나님의 예정, 성자 예수 그리스도의 구속, 성령 하나님의 부르심과 인침, 성도의 성화, 그리고 하나님의 보호하심이라는 5중적 황금고리로 연결**되어 있어 한 번 구원은 영원하며 상실될 수 없다. 그러므로 예정되어 성령의 은혜로 믿게 된 참된 그리스도인들은 어떤 환난과 고난 가운데서도 천국의 소망 가운데 끝까지 인내한다. 실수를 통해 배우고 충성스럽게 섬기며 사명을 감당하고 그리스도의 장성한 분량에 이르기까지 성장해 간다. 그리하여 하나님의 구원이 하나님의 보호하심 가운데 보장되므로 구원의 확신을 가질 수 있다. 그러나 **십자가를 배신하거나 성령을 훼방하거나 환난 중 믿음을 포기하거나 여전히 죄 가운데서 돌아오지 않는 자가 있다면 이들의 믿음은 참 믿음이 아니며 처음부터 예정된 자가 아니다.** 그러므로 예정된 자의 구원과 참된 믿음의 증거는 고난 중에도 끝까지 믿음을 지키는 성도의 견인인 것이다. 그러나 사단은 언제나 자신의 구원을 의심하여 확신을 가지지 못하게 방해한다.

그러므로 구원의 서정, 즉 5대 구원 과정을 이해하는 것은 신앙생활의 가장 중요한 교리 중 하나이다. 성경적인 구원과정의 교리를 전체적으로 바르게 이해할 때 다음과 같은 사도 바울의 교훈을 이해할 수 있을 것이다.

> "그러나 성령이 밝히 말씀하시기를 후일에 어떤 사람들이 믿음에서 떠나 미혹케 하는 영과 귀신의 가르침(교리)을 좇으리라 하셨으니"(딤전 4:1).
> "다른 교훈을 가르치지 말며 신화와 끝없는 족보에 착념치 말게 하려 함이라 이런 것은 믿음 안에 있는 하나님의 경륜을 이룸보다 도리어 변론을 내는 것이라 경계의 목적은 청결한 마음과 선한 양심과 거짓이 없는 믿음으로 나는 사랑이거늘"(딤전 1:3-5).
> "형제들아 우리 주 예수 그리스도의 이름으로 너희를 명하노니 규모 없이 행하고 우리에게 받은 유전대로 행하지 아니하는 모든 형제에게서 떠나라"(살후 3:6).
> "네가 진리의 말씀을 옳게 분변하며 부끄러울 것이 없는 일꾼으로 인정된 자로 자신을 하나님 앞에 드리기를 힘쓰라"(딤후 2:15).

미혹이란 신체적인 절정의 환희를 미끼로 바른 길에서 벗어나도록 유인하는 사단의 공공연한 작전이다. 마술, 강신술, 점, 록 음악, 성(sex) 등 사단은 놀라운 기분과 기막힌 광경들을 약속하며 근본적으로 육체의 정욕을 자극하여 많은 사람들을 믿음에서 떠나게 한다. 그러나 더 치명적이고 효과적인 사단의 은밀한 비밀 작전은 진리로 위장된 거짓 교리, 즉 귀신의 가르침을 통해 수백만의 그리스도인을 한꺼번에 무너뜨리는 것이다. 악마적인 거짓 교훈 체계로 이성 있는 사람들의 뛰어난 지성과 성숙한 감각을 자극하여 그들 안에 소리 없는 갈등을 일으켜 영적인 무기력 상태에 빠지게 한다. 그러므로 진리와 바른 교훈으로 철저하게 무장하고 비

성경적이고 비신앙적인 이단의 인본주의적인 헛된 교리를 경계해야만 한다. 우리는 진리의 토대를 훼손하고 파괴하는 마귀를 식별하고 물리치기 위해 먼저 올바른 성경적 교훈과 건전한 신앙 교리를 알아야만 한다. 무엇보다도 신앙 교리의 용어가 세상이나 뉴에이지 운동이나 이단들이 사용하는 용어와 어떻게 다른지 개념 정리를 잘 하는 것이 매우 중요하다. 세상에서 말하는 예수 없는 믿음, 사랑, 평화, 생명, 구원, 선행이라는 용어와 기독교에서 사용하는 용어의 의미가 어떻게 다른지 구별하지 못한다면 미혹에 빠지기 쉽다. 오늘 우리에게 필요한 것은 더 이상의 신학이나 어떤 교리가 아닌 더 많은 체험이라고 말하는 것은 사단의 활동에 길을 터주는 위험한 발상이다.

가끔씩 여러분은 주님께 사랑이나 온유나 의로운 성품의 능력을 달라고 기도할 것이다. 그러나 예수님은 그런 것들을 주실 필요가 없다. 왜냐하면 그리스도 자신은 우리에게 주어진 새로운 성품이요, 이 모든 새로운 성품을 가지신 주께서 우리 안에 거하시기 때문이다(고후 13:5). 이 성품의 원천이 이미 우리 안에 흐르고 있다는 말이다(골 3:10). 하나님의 뜻과 주권에 맡기고 순종하면 그 분의 성품이 우리 안에 흐르고 있다는 것을 확인할 수 있다. 그러므로 여러분이 예수 그리스도를 사용하는 것이 아니라 그분이 여러분을 사용하도록 선택할 뿐이다. 그렇기 때문에 여러분도 사도 바울처럼 **"내가 그리스도와 함께 십자가에 못 박혔나니 그런즉 이제는 내가 산 것이 아니요 오직 내 안에 그리스도께서 사신 것이라 이제 내가 육체 가운데 사는 것은 나를 사랑하사 나를 위하여 자기 몸을 버리신 하나님의 아들을 믿는 믿음 안에 사는 것이라"** (갈 2:20, cf. 골 3:1-2)고 고백해야 한다.

구원 과정

하나님의 구원	성도의 반응
성부 하나님의 예정	찬송 / 교만
성자 하나님의 구속	감사 / 불평
성령 하나님의 부름	믿음 / 불신
성도의 성화	헌신 / 이기심
하나님의 보호	확신 / 의심

구 원 →

성부: 예정의 선택 ⇄ 성도: 믿음의 선택

← 확 인

[공동 기도문 : 통성기도]

은혜와 자비가 풍성하신 하나님 아버지,

말씀을 통해 구원의 진리를 깨닫게 하시니 감사합니다. 구원과정의 진리에 자신이 없어서 구원관이 흔들리고 확신이 없었던 것을 용서해 주옵소서. 구원과정의 진리를 나의 마음 속에 확실히 깨닫고 확신하여 성숙한 그리스도인이 되게 하옵소서. 예수님의 이름으로 기도드립니다. 아멘.

[질문] 구원 과정 진리의 손을 사용하여 5대 구원 과정을 간략히 설명할 수 있는가?

1. 에베소서 1:5
2. 골로새서 3:4

3. 로마서 8:30
4. 에베소서 4:24
5. 베드로전서 1:5

[나눔] 여러분이 하나님께 예정되고 선택되었다는 사실을 어떻게 확신하고 있는지 간증해 보라.

[토론] 세상 종교인이나 불신자들의 선행과 그리스도인의 선행은 어떤 차이가 있는가?

[용어 설명]

다음 용어들을 간략하게 설명해 보라.

1. 예정(predestination)
2. 소명(calling)
3. 회개(repentance)
4. 회심(conversion)
5. 성령세례(baptism with holy spirit)
6. 믿음(faith)
7. 중생(rebirth)
8. 칭의(justification)
9. 성화(sanctification)
10. 견인(perseverance)
11. 영화(glorification)
12. 전적 타락(total depravity)
13. 무조건적 선택(unconditional selection)

14. 제한 속죄(limited atonement)
15. 불가항력적 은혜(irresistible grace)
16. 선행(good conduct)
17. 구원서정(salvation order)
18. 인침(sealing)
19. 사죄(forgiveness)
20. 사명(mission)

[읽어보기]

다음 성경 구절은 중생하지 못한 자의 잘못된 신앙을 지적하는 경고문이다. 경고문을 읽고 나의 신앙을 진리 위에 바르게 세우도록 하라.

1. 무회개 : 여호와께서 말씀하시되 오라 우리가 서로 변론하자 너희 죄가 주홍같을지라도 눈과 같이 희어질 것이요 진홍같이 붉을지라도 양털같이 되리라 너희가 즐겨 순종하면 땅의 아름다운 소산을 먹을 것이요 너희가 거절하여 배반하면 칼에 삼키우리라 여호와의 입의 말씀이니라(사 1:18-20).

2. 타락 : 한번 비췸을 얻고 하늘의 은사를 맛보고 성령에 참예한 바 되고 하나님의 선한 말씀과 내세의 능력을 맛보고 타락한 자들은 다시 새롭게 하여 회개케 할 수 없나니 이는 자기가 하나님의 아들을 다시 십자가에 못 박아 현저히 욕을 보임이라(히 6:4-6).

3. 배도 : 우리가 진리를 아는 지식을 받은 후 짐짓 죄를 범한즉 다시 속죄하는 제사가 없고 오직 무서운 마음으로 심판을 기다리는 것과 대적하는 자를 소멸할 맹렬한 불만 있으리라 모세의 법을 폐

한 자도 두세 증인을 인하여 불쌍히 여김을 받지 못하고 죽었거든 하물며 하나님 아들을 밟고 자기를 거룩하게 한 언약의 피를 부정한 것으로 여기고 은혜의 성령을 욕되게 하는 자의 당연히 받을 형벌이 얼마나 더 중하겠느냐 너희는 생각하라(히 10:26-29).

4. 음란 : 만일 저희가 우리 주 되신 구주 예수 그리스도를 앎으로 세상의 더러움을 피한 후에 다시 그 중에 얽매이고 지면 그 나중 형편이 처음보다 더 심하리니 의의 도를 안 후에 받은 거룩한 명령을 저버리는 것보다 알지 못하는 것이 도리어 저희에게 나으니라 참 속담에 이르기를 개가 그 토하였던 것에 돌아가고 돼지가 씻었다가 더러운 구덩이에 도로 누웠다 하는 말이 저희에게 응하였도다(벧후 2:20-22).

5. 미혹 : 뱀이 그 간계로 이와를 미혹케 한 것같이 너희 마음이 그리스도를 향하는 진실함과 깨끗함에서 떠나 부패할까 두려워하노라 만일 누가 가서 우리의 전파하지 아니한 다른 예수를 전파하거나 혹 너희의 받지 아니한 다른 영을 받게 하거나 혹 너희의 받지 아니한 다른 복음을 받게 할 때에는 너희가 잘 용납하는구나(고후 11:3-4).

6. 착각 : 너희가 믿음에 있는가 너희 자신을 시험하고 너희 자신을 확증하라 예수 그리스도께서 너희 안에 계신 줄을 너희가 스스로 알지 못하느냐 그렇지 않으면 너희가 버리운 자니라(고후 13:5).

7. 성령훼방 : 그러므로 내가 너희에게 이르노니 사람의 모든 죄와 훼방은 사하심을 얻되 성령을 훼방하는 것은 사하심을 얻지 못하겠고 또 누구든지 말로 인자를 거역하면 사하심을 얻되 누구든지

말로 성령을 거역하면 이 세상과 오는 세상에도 사하심을 얻지 못하리라(마 12:31-32, cf. 유 1:19).

8. 하나님 거부 : 또한 저희가 마음에 하나님 두기를 싫어하매 하나님께서 저희를 그 상실한 마음대로 내어 버려두사 합당치 못한 일을 하게 하셨으니 곧 모든 불의, 추악, 탐욕, 악의가 가득한 자요 시기, 살인, 분쟁, 사기, 악독이 가득한 자요 수군수군하는 자요 비방하는 자요 하나님의 미워하시는 자요 능욕하는 자요 교만한 자요 자랑하는 자요 악을 도모하는 자요 부모를 거역하는 자요 우매한 자요 배약하는 자요 무정한 자요 무자비한 자라 저희가 이 같은 일을 행하는 자는 사형에 해당하다고 하나님의 정하심을 알고도 자기들만 행할 뿐 아니라 또한 그 일을 행하는 자를 옳다 하느니라(롬 1:28-32).

9. 무지와 고집 : 혹 네가 하나님의 인자하심이 너를 인도하여 회개케 하심을 알지 못하여 그의 인자하심과 용납하심과 길이 참으심의 풍성함을 멸시하느뇨 다만 네 고집과 회개치 아니한 마음을 따라 진노의 날 곧 하나님의 의로우신 판단이 나타나는 그 날에 임할 진노를 네게 쌓는도다 하나님께서 각 사람에게 그 행한 대로 보응하시되 참고 선을 행하여 영광과 존귀와 썩지 아니함을 구하는 자에게는 영생으로 하시고 오직 당을 지어 진리를 좇지 아니하고 불의를 좇는 자에게는 노와 분으로 하시리라(롬 2:4-8).

10. 마귀동조 : 죄를 짓는 자는 마귀에게 속하나니 마귀는 처음부터 범죄함이니라 하나님의 아들이 나타나신 것은 마귀의 일을 멸하려 하심이니라 하나님께로서 난 자마다 죄를 짓지 아니하나니 이는 하나님의 씨가 그의 속에 거함이요 저도 범죄치 못하는

것은 하나님께로서 났음이라(요일 3:8-9).

11. 물질주의 : 부하려 하는 자들은 시험과 올무와 여러 가지 어리석고 해로운 정욕에 떨어지나니 곧 사람으로 침륜과 멸망에 빠지게 하는 것이라 돈을 사랑함이 일만 악의 뿌리가 되나니 이것을 사모하는 자들이 미혹을 받아 믿음에서 떠나 많은 근심으로써 자기를 찔렀도다(딤전 6:9-10, cf. 마 6:24).

12. 이단 : 악한 자의 임함은 사단의 역사를 따라 모든 능력과 표적과 거짓 기적과 불의의 모든 속임으로 멸망하는 자들에게 임하리니 이는 저희가 진리의 사랑을 받지 아니하여 구원함을 얻지 못함이니라 이러므로 하나님이 유혹을 저의 가운데 역사하게 하사 거짓 것을 믿게 하심은 진리를 믿지 않고 불의를 좋아하는 모든 자로 심판을 받게 하려 하심이니라(살후 2:9-12).

제9과 복음의 핵심은 무엇인가?

학습목표 : 세상의 다른 종교와 구별되는 기독교 복음의 5대 핵심을 이해하고 믿음 진리와 행할 진리를 구별하여 다른 사람에게 전할 수 있다.

요절말씀 : 내가 복음을 부끄러워 아니하노니 이 복음은 모든 믿는 자에게 구원을 주시는 하나님의 능력이 됨이라 첫째는 유대인에게요 또한 헬라인에게로다 복음에는 하나님의 의가 나타나서 믿음으로 믿음에 이르게 하나니 기록된바 오직 의인은 믿음으로 말미암아 살리라 함과 같으니라(롬 1:16-17).

세상에는 많은 종교가 있다. 그러나 기독교는 종교가 아니라 하나님이 시작하신 복음이다. 기독교가 인간이 땅에서 만든 종교가 아니고 하나님이 하늘에서 시작하신 복음이라면 그 복음이 도대체 무엇이며 그 중심 내용은 무엇인가? 그리스도인이라면 적어도 세상의 다른 종교와 완전히 구별되는 기독교의 복음에 대해서 바르게 알아야 한다.

성경에서 말하는 **복음(gospel)**이란 헬라어로 '유앙겔리온'인데 **'기쁜 소식'**이라는 뜻이다. 원래 영어로 이것은 신에게서 주어진 신에 관한 이야기라는 의미였다. 기쁜 소식의 의미인 복음은 종종 예수 그리스도의 모든 가르침을 포함하는 예수 생애의 기록을 뜻하기도 한다(막 1:1; 행 20:24). 이 말은 특별히 기독교에서 선포하는 기본적인 메시지를 일컫는 말로도 쓰인다. 즉, 죄의 용서와 그리스도를 통해 하나님의 자녀가 되도록 회복시켜 주심을 선포하는 것을 말한다. 복음은 하나님의 은혜의 선물을 내용으로 한다. 이것은 구약에서 아기의 출생을 기뻐하는 어머니의 심정, 왕자의 출생 소식, 전쟁에서의 승전 소식, 해방의 소식, 또는 하나님이 인간을 위해 행하신 능력을 의미했다(사 40:9). 하나님께서 애굽의 바로 왕을 심판하시고 이스라엘 백성을 구원하신 것처럼 악인을 심판하시고 의인을 구원하시는 **하나님의 구원 능력**이 바로 복음이다.

특별히 하나님께서 기름 부은 메시아를 보내시어 영적으로 죽을 운명에 있는 자들에게 영생을 주실 것을 약속했는데 메시아 약속의 이 좋은 소식이 복음이다. 하나님은 메시아 언약(창 3:15)의 실현을 위해 마지막 때에 아들을 통해(히 1:1-2) 최종적이고 가장 효과적인 구원의 사건을 실현하셨다. 메시아 그리스도를 이 땅에 보내어 33년 간 구원의 놀라운 사역을 하게 하시고 마침내 죽으셨다가 부활 승천하심으로 구원을 완성하셨다. 성육신 하신 예수님의 말씀뿐만 아니라 죽음과 부활을 중심한 생애의 모든 사건들이 하나님의 말씀 성취로 복음일 수밖에 없다. 그러므로 그리스도의 출현은 하나님께서 사람에게 보내신 복음으로 만민에게 미칠 **기쁨의 큰 소식**이 되었던 것이다(눅 2:10). 복음이란 예수 그리스도의 사건을 중심으로 이루어진 내용이지 결코 다른 그 무엇도 아니다. 복음의 핵심이 예수요(막 1:1), 복음의 수단은 성경 말씀이다(롬 1:1-4).

성경이 말하는 하나님 나라의 복음은 그리스도 중심의 복음이다. 인간 중심의 복음, 인간적인 복음은 모두 대량 염가 판매되는 싸구려 다른 복음인 것이다. 하나님의 섭리 가운데 이 복음이 히브리 민족을 통해 보존되었고, 애굽과 바벨론을 통해 차별화 되었으며, 헬라 철학을 통해 체계화되어, 로마정치를 통해 세계적으로 전파되었던 것이다. 그러나 오늘날 기독교의 문제는 복음에 대한 무지와 복음의 결핍, 복음의 혼돈과 오해, 그리고 다원화 종교, 새 시대 운동(Newage Movement), 이단이나 사이비같이 범람하는 다른 복음(another gospel) 때문에 더욱더 심각한 혼돈을 겪고 있는 것이다. 그리하여 사도 바울은 "뱀이 그 간계로 이와를 미혹케 한 것같이 너희 마음이 그리스도를 향하는 진실함과 깨끗함에서 떠나 부패할까 두려워하노라 만일 누가 가서 우리의 전파하지 아니한 다른 예수를 전파하거나 혹 너희의 받지 아니한 다른 영을 받게 하거나 혹 너희의 받지 아니한 다른 복음을 받게 할 때에는 너희가 잘 용납하는구나"(고후 11:3-4)라고 경고했다.

물론 성경은 윤리, 도덕적 용어와 정치, 경제, 심리, 철학적 용어뿐 아니라 역사적 사실도 많이 기록하고 있다. 그러나 성경은 윤리, 도덕의 교과서나 정치, 경제, 사회, 심리, 철학, 역사의 교과서, 또는 복의 방망이가 아니다. 성경은 이스라엘 민족의 역사에 관한 이야기도 담고 있지만 결코 역사책은 아니다. 성경 말씀은 이것들을 계시의 방편으로 하여 복음의 핵심인 예수 그리스도를 잘 나타내 보여주려는 것이다. 이스라엘 역사를 메시아 계시의 방편으로 사용하신 것뿐이다. 여기서 참 복음을 어떻게 이해하고 구별할 수 있는지 성경을 중심으로 다섯 가지를 살펴보도록 하자.

1.(롬 1:2-4):

복음은 하나님의 사랑과 약속에 근거하고 있다(창 3:15). 의로우신 하나님께서 에덴 동산에 하나님의 형상을 닮은 인간을 창조하시고, 하나님과 이웃과 자연에게 일정한 법질서의 관계를 지키면서 책임적인 존재로 행복한 삶을 누리도록 하셨다(창 1:28). 그러나 인간이 사단의 미혹을 받아 선악과를 따먹고 하나님의 권위를 무시하고 불순종하자, 거룩한 하나님은 의로운 하나님의 나라에 불법의 죄인을 그대로 둘 수가 없으셨다. 죄를 미워하시는 거룩한 하나님은 인간을 낙원에서 쫓아내시고 저주와 사망의 운명에 가두어 버리셨다. 그러나 인간을 너무나 사랑하셨기에 메시아를 통해 원수 사단을 멸하고 다시 구원해 주실 것을 약속하셨다(창 3:15, 3:21). 복음은 구원을 주시는 하나님의 능력이요(롬 1:16), **하나님의 언약과 사랑에 근거**하고 있다. 그러므로 복음의 핵심 첫째 진리는 **'하나님은 나를 사랑하신다'**는 위대한 사건인 것이다(요일 4:10; 롬 5:8; 요 3:16).

나의 고백 : 성부, 성자, 성령 삼위일체 하나님은 나를 사랑하십니다.

1) **창세기 3:15** : 내가 너로 여자와 원수가 되게 하고 너희 후손도 여자의 후손과 원수가 되게 하리니 여자의 후손은 네 머리를 상하게 할 것이요 너는 그의 발꿈치를 상하게 할 것이니라 하시고.
2) **로마서 1:2-4** : 이 복음은 하나님이 선지자들로 말미암아 그의 아들에 관하여 성경에 미리 약속하신 것이라 이 아들로 말하면 육신으로는 다윗의 혈통에서 나셨고 성결의 영으로는 죽은 가운데서 부활하여 능력으로 하나님의 아들로 인정되셨으니 곧 우리 주 예수 그리스도시니라.
3) **로마서 5:8** : 우리가 아직 죄인 되었을 때에 그리스도께서 우리를 위하여 죽으심으로 하나님께서 우리에게 대한 자기의 사랑을 확증하셨느니라.
4) **요한복음 3:16** : 하나님이 세상을 이처럼 사랑하사 독생자를 주셨으니 이는 저를 믿는 자마다 멸망치 않고 영생을 얻게 하려 하심이니라.
5) **요한1서 4:10** : 사랑은 여기 있으니 우리가 하나님을 사랑한 것이 아니요 오직 하나님이 우리를 사랑하사 우리 죄를 위하여 화목제로 그 아들을 보내셨음이니라.

2.(엡 1:13): ______

복음이란 죄와 사망과 지옥 심판에서 구원하는 능력이므로 구원이 없는 복음, 능력이 없는 복음은 모두 가짜 복음이다. 구원의 복음이란 구원이 절대 필요한 인간의 실존을 전제로 한다(엡 2:1-3). 거룩한 하나님은 에덴 동산에서 죄인을 쫓으시고 사단과 더불어 저주와 사망의 운명에 가두셨다(창 3:16-19). 그리하여 하나님의 진노 아래서(엡 2:1-3) 인간은 수고, 질병, 전쟁, 죽음, 심판, 지옥의 운명에 처하게 되었다. 모든 인간이 이렇게 바람직하지 못한 상태에서 구원을 필요로 하고 죽음이 없는 상태에서 살기를 노력하지만 인간은 불가능한 운명에 놓이게 되었다(롬 5:12). 그리고 하나님의 말씀인 계명과 성령의 역사를 통하여 자신의 죄악과 사망의 운명을 깨닫도록 하셨다(롬 1:20). 구원의 복음을 받으려면 인간 자신이 자신을 구원할 능력이 없는 무력한 죄인이라는 사실을 철저히 깨닫고 그것을 애통해 하며 하나님의 구원을 소망해야 한다.

***로마서 1장 28-32절을 읽고 자신과 전혀 관계 없는 죄가 있으면 ㅇ표 하라.

불신죄( ) 성적인 죄( ) 불의( ) 추악( )
탐욕( ) 악의( ) 시기( ) 살인( ) 분쟁( )
사기( ) 악독( ) 수군수군함( ) 비방( )
신성모독( ) 능욕( ) 교만( ) 자랑( )
악을 도모( ) 부모거역( ) 우매함( ) 배약( )
무정( ) 무자비( ) 악한 일에 동조( )

거울이 깨진 거울로 간주되려면 깨진 금이 몇 개가 필요한가? 흰 벽이 더럽다고 간주되려면 더러운 자국이 몇 개가 필요한가? 의로우신 하나님 앞에 여러분이 죄인이 아니라는 증거는 무엇인가? 성경은 여러분이 죄인이며 사망과 지옥으로 갈 운명에 있다고 진단을 내린다.

나는 죄인이다(　　　), 죄인이 아니다(　　　)로 선택해 보라. 그리고 다음과 같이 회개 기도로 죄를 처리하라.

"사랑의 하나님, 저는 성경이 분명하게 죄로 밝혀주신 각종 죄를 품고 사는 죄인임을 고백합니다. 하나님의 진노로 저주와 사망과 지옥의 운명에 있는 저의 모습을 애통해 합니다. 예수 그리스도의 보혈을 통해 저의 죄를 용서해 주시고 구원하시사 하나님의 자녀로 삼아주옵소서. 앞으로 이런 죄 가운데 빠지지 않고 주안에서 새생활 하도록 도와주시옵소서. 용서하시고 거듭나게 하시며 하나님의 자녀로 삼아주신 하나님께 감사를 드립니다. 예수 그리스도의 이름으로 기도합니다. 아멘.

나의 고백 : 그러나 나는 죄인입니다.

1) **로마서 5:12** : 이러므로 한 사람으로 말미암아 죄가 세상에 들어오고 죄로 말미암아 사망이 왔나니 이와 같이 모든 사람이 죄를 지었으므로 사망이 모든 사람에게 이르렀느니라.
2) **에베소서 2:1-3** : 너희의 허물과 죄로 죽었던 너희를 살리셨도다 그 때에 너희가 그 가운데서 행하여 이 세상 풍속을 좇고 공중의 권세 잡은 자를 따랐으니 곧 지금 불순종의 아들들 가운데서 역사하는 영이라 전에는 우리도 다 그 가운데서 우리 육체의 욕심을 따라 지내며 육체와 마음의 원하는 것을 하여 다른 이들과 같이 본질상 진노의 자녀이었더니.
3) **에베소서 1:13** : 그 안에서 너희도 진리의 말씀 곧 너희의 구원의 복음을 듣고 그 안에서 또한 믿어 약속의 성령으로 인치심을 받았으니.

3.(롬 1:1): ________________

참된 복음이란 **마귀, 죄, 고통, 죽음, 심판의 5대 인간 문제**를 해결할 수 있어야 한다. 이러한 문제를 해결할 수 있는 분은 오직 하나님 한 분이시기에 복음의 근원은 하나님뿐인 것이다. 죽은 자가 죽은 자를 구원할 수 없듯이 죄와 허물로 죽어있는 인간 스스로 죄와 사망의 문제를 해결할 수는 없다(엡 2:1-2). 하나님의 복음은 재물, 종교, 철학, 선행, 지식, 교육, 노력, 명상 등 죄와 사망의 문제를 해결하기 위한 인간의 모든 최선을 거절한다. 인간의 최선은 낙타가 바늘귀로 들어갈 수 없고 장대로 별을 딸 수 없는 것처럼 불가능하다. 그리고 사다리를 타고 천국까지 올라가려는 것같이 너무나 어리석은 일이요, 헛된 교만일 뿐이다(마 19:24-26). 그러므로 복음의 셋째 진리는 하나님의 복음을 받아들이고 **'나의 노력으로 사단과 죄와 고통과 사망과 심판을 어찌할 수가 없다' (마 19:24-26; 잠 14:12)**고 고백하는 것이다.

나의 고백 : 나의 노력으로 사단과 죄와 고통과 사망과 심판을 어찌할 수 없습니다.

1) **로마서 1:1** : 예수 그리스도의 종 바울은 사도로 부르심을 받아 하나님의 복음을 위하여 택정함을 입었으니.
2) **마태복음 19:24-26** : 다시 너희에게 말하노니 약대가 바늘귀로 들어가는 것이 부자가 하나님의 나라에 들어가는 것보다 쉬우니라 하신대 제자들이 듣고 심히 놀라 가로되 그런즉 누가 구원을 얻을 수 있으리이까 예수께서 저희를 보시며 가라사대 사람으로는 할 수 없으되 하나님으로서는 다 할 수 있느니라.
3) **잠언 14:12** : 어떤 길은 사람의 보기에 바르나 필경은 사망의 길이니라.

4.(막 1:1):

천국 보좌에 앉으신 하나님은 무력한 상태에 있는 절망의 인간에게 자력으로 사망의 운명을 극복하고 "이리로 올라오라"고 명령하지 않으셨다. 독생자 예수님을 죄악된 이 세상에 직접 내려오게 하셔서 인간 죄의 대가를 대신 담당하게 하심으로 용서의 사랑과 의를 이루셨다. 그리고 대신 이루신 의를 근거로 "너는 이제 죄인이 아니요 의인이다"라고 무죄를 선언하신 것이다. 그리하여 만백성에게 미칠 참 복음(눅 2:10)은 오직 예수 그리스도뿐이드로(롬 1:2-4) 그의 탄생(눅 2:16), 죽음(고전 1:18, 15:3), 부활(고전 15:17), 승천(행 1:9), 하나님 보좌 우편의 영광(막 16:19), 재림(계 22:20), 심판(마 25:1; 계 22:12)이 바로 복음의 비밀인 것이다(엡 6:19). 복음의 내용은 오직 예수 그리스도와 하나님의 나라이다(막 1:15; 행 1:3, 8:12, 28:23, 31). 예수님이 이 땅에 오신 7대 목적은 ① 하나님의 사랑과 언약의 확증을 위하여(요 3:16; 롬 15:8) ② 하나님의 특별 계시를 위하여(요 1:18, 14:9) ③ 대제사장으로서 최후 희생 제사를 드리기 위해(히 5:1-5) ④ 죄 문제를 해결하기 위해(히 9:26; 막 10:45) ⑤ 마귀 역사를 파괴하기 위해(요일 3:8) ⑥ 거룩한 삶의 모범을 보이기 위해(마 11:29; 요 13:15; 벧전 2:21) ⑦ 주님의 재림을 대비하기 위해서(히 9:28) 오신 것이다. 그러므로 복음의 핵심진리 네 번째는 **'오직 예수가 나를 위해 죽고 나를 위해 나셨다'** 는 사실이다(롬 4:25, 6:5). 예수 없는 복음은 복음이 아니다. 기독교가 바로 예수 그리스도이기 때문에 기독교는 종교가 아니고 복음인 것이다.

복음의 내용

나의 고백 : 오직 예수님이 나를 위해 죽고 나를 위해 다시 사셔서 모든 것을 해결하셨습니다(롬 4:25).

구약 예표 창 3:15	아브라함 창 12:1-8	아들 이삭 창 17:15-19	큰 민족 창 15:4-7	가나안 안식 출 3:7-8	영광 신 8:7-10
신약 성취 요 3:16	그리스도인 갈 3:7-9	아들 예수 눅 2:10-11	교회 엡 1:22-23, 계 8:9	천국 안식 계 21:1-4	영광 계 22:3-5

1) **히브리서 2:14-15** : 자녀들은 혈육에 함께 속하였으매 그도 또한 한 모양으로 혈육에 함께 속하심은 사망으로 말미암아 사망의 세력을 잡은 자 곧 마귀를 없이 하시며 또 죽기를 무서워하므로 일생에 매여 종노릇하는 모든 자들을 놓아 주려 하심이니.

2) **히브리서 9:28** : 이와 같이 그리스도도 많은 사람의 죄를 담당하시려고 단번에 드리신 바 되셨고 구원에 이르게 하기 위하여 죄와 상관없이 자기를 바라는 자들에게 두 번째 나타나시리라(cf. 롬 4:25).

3) **요한1서 3:8** : 죄를 짓는 자는 마귀에게 속하나니 마귀는 처음부터 범죄함이니라 하나님의 아들이 나타나신 것은 마귀의 일을 멸하려 하심이니라.

4) **요한복음 14:6** : 예수께서 가라사대 내가 곧 길이요 진리요 생명이니 나로 말미암지 않고는 아버지께로 올 자가 없느니라.

5) **사도행전 4:12** : 다른 이로서는 구원을 얻을 수 없나니 천하 인간에 구원을 얻을 만한 다른 이름을 우리에게 주신 일이 없음이니라 하였더라.

6) **고린도전서 15:2-4** : 너희가 만일 나의 전한 그 말을 굳게 지키고 헛되이 믿지 아니하였으면 이로 말미암아 구원을 얻으리라 내가 받은 것을 먼저 너희에게 전하였노니 이는 성경대로 그리스도께서 우리 죄를 위하여 죽으시고 장사 지낸 바 되었다가 성경대로 사흘 만에 다시 살아나사.

5.(행 20:24):

참된 복음의 다섯 번째 기준은 하나님의 은혜이다. 보상을 요구하는 복음은 기독교의 참된 복음이 아니다. 복음은 하나님께서 주시는 은혜의 선물로 우리가 믿는 것이 아니라 믿어지는 것이다(엡 2:8). 하나님의 능력으로 이룩한 예수 그리스도의 역사적인 구원 사건을 회개와 믿음을 통해(막 1:15) 겸손하게 "예" 하고 나의 복음으로(딤후 2:8; 롬 16:25) 받아들이기만 하면 된다. 이 어찌 기쁜 소식이 아닌가? 지옥에 가는 것은 쉽다. 가만히 있기만 하면 자동적으로 가게 된다. 또한 천국에 가는 것도 너무나 쉽다. 예수 그리스도만 믿으면 하나님의 자녀로 운명이 바뀌는 것이다. 그러므로 지옥은 가고자 고집하는 사람들만 가는 곳이다. 복음의 결론은 **'예수님을 믿기만 하면 구원의 복을 주신다'**는 것이다(행 16:31). 예수님을 믿기만 하면 사죄의 복과 영생의 복, 하나님 자녀가 되는 복, 기도 응답의 복, 그리고 성령 내주의 복을 은혜로 받는다.

나의 고백 : 나는 회개하고 예수 그리스도를 나의 구세주로 믿어 구원을 받았습니다.

1) **마가복음 1:15** : 가라사대 때가 찼고 하나님 나라가 가까웠으니 회개하고 복음을 믿으라 하시더라.
2) **사도행전 16:31** : 가로되 주 예수를 믿으라 그리하면 너와 네 집이 구원을 얻으리라 하고,
3) **에베소서 2:8** : 너희가 그 은혜를 인하여 믿음으로 말미암아 구원을 얻었나니 이것이 너희에게서 난 것이 아니요 하나님의 선물이라.
4) **사도행전 20:24** : 나의 달려갈 길과 주 예수께 받은 사명 곧 하나님의 은혜의 복음 증거하는 일을 마치려 함에는 나의 생명을 조금도 귀한 것으로 여기지 아니하노라.

5) **사도행전 20:21** : 유대인과 헬라인들에게 하나님께 대한 회개와 우리 주 예수 그리스도께 대한 믿음을 증거한 것이라.

6) **베드로전서 1:9** : 믿음의 결국 곧 영혼의 구원을 받음이라.

기독교의 복음은 하나님의 사랑에 근거한 ① **약속된 복음**이며(롬 1:2) 죄인을 파멸에서 구원하려는 ② **구원의 복음**이며(엡 1:3) 인간의 문제를 해결해 주시는 ③ **하나님의 복음**이다(롬 1:1). 예수 그리스도께서 십자가에서 대속해 주심으로 얻게 되는 ④ **예수 그리스도의 복음**이요(막 1:1), 오직 믿음으로만 얻게 되는 ⑤ **은혜의 복음**이다(행 20:24). 이 **영원한 복음**(계 14:6), **천국 복음**(마 24:14)을 믿고(막 1:15) 순종하고(고후 9:13) 그 복음에 합당한 삶을 사는 사람이 참된 그리스도인이다(빌 1:27). 복음의 소망을 가지고(골 1:23) 사명으로 복음을 전하면(롬 10:10-15; 고전 1:17) 구원의 능력과(롬 1:17) 생명과(딤후 1:10) 승리와(눅 10:17) 평안을 누리며(엡 16:15) 예수 그리스도에게 영광을 돌리게 된다(고후 4:4; 딤전 1:11). 복음을 잘못 전하는 것은 저주요(갈 1:9), 복음에 대한 무지는 패망이요(고후 4:3), 불순종은 형벌(살후 1:8)이다. 참 복음의 기준은 오직 약속된 구원의 복음, 하나님의 복음, 예수 그리스도의 복음, 은혜의 복음이요, 그럴듯한 인본주의 모든 복음은 결국 저주에 이르는 다른 복음일 뿐이다. 이 참된 복음의 확신을 가지고 이 시대에 다른 복음의 물결을 경계해야만 한다(갈 1:7-10). 참 복음의 기준은 말씀대로 오직 예수 그리스도임을 명심하고(요 14:6; 행 4:12; 골 2:8) 늘 성령 충만하여 이 복음의 비밀을 담대히 전해야만 한다(엡 6:19; 행 1:8; 골 3:3).

"내가 복음을 부끄러워하지 아니하노니 이 복음은 모든 믿는 자에게 구원을 주시는 하나님의 능력이 됨이라 첫째는 유대인에게요 또한 헬라인에게로다 복음에는 하나님의 의가 나타나서 믿음으로 믿음에 이르게 하나니 기록된바 오직 의인은 믿음으로 말미암아 살리라 함과 같으니라"(롬 1:16-17).

[공동 기도문 : 통성기도]

거룩하신 하나님,

복음의 내용을 깨닫게 하시고 회개하게 하시며 구원의 큰 선물을 주셔서 감사합니다. 제가 죄인이었던 것을 회개하오며 저의 노력으로 죄와 사망과 심판과 사단을 어찌할 수 없음도 고백합니다. 하나님께서 저를 사랑하심을 믿습니다. 제 마음 깊은 곳에 주님을 영접합니다. 믿음으로 구원받고 하나님 자녀가 되었음을 확신하오니 이 믿음 변치 않고 일평생 오직 주님만 따라 살게 하옵소서. 예수 그리스도의 이름으로 기도드립니다. 아멘.

[질문] 복음의 손으로 5대 복음의 핵심을 설명하라

1. 로마서 5:8
2. 로마서 5:12
3. 로마서 7:24
4. 로마서 4:25
5. 로마서 1:17

[나눔] 본과를 학습하고 발견한 새로운 진리나 받은 은혜를 서로 나누어라.

[토론] 어떻게 짧은 시간에 다른 사람에게 복음을 효과적으로 전할 수 있을까?

[읽어보기 : 무엇을 믿는가?]

어느 시골 학교의 교장선생님이 퇴근을 하다가 조그마한 두 어린이가 운동장 한 복판에서 싸움을 하고 있는 모습을 보게 되었다. 한 어린이는 아주 뚱뚱하고 힘도 세어 보였으나 상대 어린이는 약하고 힘이 없어 보였다. 뚱뚱하고 큰 어린이가 약하고 작은 어린이를 깔고 위에 올라타서 짓누르며 승리감에 차 있었다. 그 순간에 뚱뚱한 어린이의 얼굴이 붉어졌다, 파래졌다 하다가 마침내 하얗게 질리면서 "내가 졌다"라고 갑자기 항복을 선언하는 것이 아닌가? 알고 보니 밑에 깔린 약한 어린이가 제아무리 힘을 쓰고 용을 써봐도 승산이 없는 줄 알자 비상 수단으로 큰 어린이가 입고 있는 짧은 반바지 안에 손을 집어넣어 그 아이의 핵심을 힘껏 잡아당긴 것이었다. 예상 외로 작고 힘 없는 아이가 승리하게 되었다. 이것을 보고 무엇인가 느낀 교장 선생님은 학교 졸업식의 연설 때마다 마지막으로 강조하는 말씀이 "여러분이 승리하고 성공하려면 핵심을 꽉 잡아야 한다, 꼭 핵심을 붙잡아라"고 당부하게 되었다고 한다. 구원이란 멸망과 패배의 운명에서 생명과 승리의 운명으로 바뀌는 것을 말한다. 이것은 하나님이 조건 없이 거저 주시는 선물이다. 이 기독교와 성경의 내용인 복음에 대한 확신과 이해를 위해 우리는 복음의 핵심을 꼭 붙잡아야 한다. 그리하면 사단과 세상을 이기고 승리할 수 있다.

신앙과 생활의 기준인 성경에는 두 가지의 진리가 있다(신 29:29). 그 하나는 (　　　　)진리이고 다른 하나는 (　　　　)진리이다. "태초에 하나님이 천지를 창조하시니라"(창 1:1)는 말씀이나 "주 예수를 믿으라 그리하면 너와 네 집이 구원을 얻으리라"(행 16:31)는 말씀은 (　　　　)진리이다.

진리를 믿게 되면 성령받고(엡 1:13) (　　　　)받아(엡 2:8) 하나님의 자녀가 되는 권세를 누리며(요 1:12-13) 하늘의 신령한 영적 복을 받게 된다(엡 1:3). 엄밀히 말해서 이 진리는 자신이 주체가 되어 믿는 것이 아니라 믿어지므로 믿는 것이다.

그러나 "시험에 들지 않게 깨어 있어 기도하라"(마 26:41)는 말씀이나 "새 계명을 너희에게 주노니 서로 사랑하라 내가 너희를 사랑한 것같이 너희도 서로 사랑하라"(요 13:34)는 말씀은 (   ) 진리이다. (   )진리를 행하면 이 땅의 기름진 (   )을 받아(신 28:1-14; 시 128:1-6) 은혜를 누리며 신앙이 정립되고 기도가 응답되며(요일 3:22) (   )가 이루어진다(엡 4:13-15).

그러나 (   )진리가 언제나 먼저이기 때문에 믿고 행하는 것이며

(   )진리를 믿는 자에게는 (   )의 능력과 하나님의 은혜로 행할 능력이 생기는 것이다.

그리하여 성령의 능력과 하나님의 (   )로 행함은 공로가 아닌

(   )의 행함이라 하여 종교적인 행함과 구별한 것이다. 믿음 진리 5가지는 무엇인가?

① 성부, 성자, 성령, 삼위일체 하나님은 나를 (   )하십니다(요 3:16; 롬 5:8).
② 그러나 나는 (   )입니다(롬 5:12).
③ 나의 (   )으로 사단과 죄와 고통과 사망과 심판의 (   )를 어찌할 수 없습니다(마 19:24-26; 잠 14:12).
④ 예수님이 나를 위해 (   ) 나를 위해 다시 (   ) 모든 것을 해결하셨습니다(롬 4:25; 고전 15:4).
⑤ 나는 (   )하고 예수님을 나의 구세주로 믿어 (   )을 받았습니다(요 5:24).

"너희가 믿음에 있는가 너희 자신을 시험하고 너희 자신을 확증하라 예수 그리스도께서 너희 안에 계신 줄을 너희가 스스로 알지 못하느냐 그렇지 않으면 너희가 버리운 자니라"(고후 13:5; cf. 엡 3:17).

"네가 만일 네 입으로 예수를 주로 시인하며 또 하나님께서 그를 죽은 자 가운데서 살리신 것을 네 마음에 믿으면 구원을 얻으리니 사람이 마음으로 믿어 의에 이르고 입으로 시인하여 구원에 이르느니라"(롬 10:9-10).

사도 바울의 경고

"만일 우리 복음이 가리웠으면 망하는 자들에게 가리운 것이라 그 중에 이 세상 신이 믿지 아니하는 자들의 마음을 혼미케 하여 그리스도의 영광의 복음의 광채가 비취지 못하게 함이니 그리스도는 하나님의 형상이니라" (고후 4:3-4).

"뱀이 그 간계로 이와를 미혹케 한 것같이 너희 마음이 그리스도를 향하는 진실함과 깨끗함에서 떠나 부패할까 두려워하노라 만일 누가 가서 우리의 전파하지 아니한 다른 예수를 전파하거나 혹 너희의 받지 아니한 다른 영을 받게 하거나 혹 너희의 받지 아니한 다른 복음을 받게 할 때에는 너희가 잘 용납하는구나"(고후 11:3-4).

"그러나 성령이 밝히 말씀하시기를 후일에 어떤 사람들이 믿음에서 떠나 미혹케 하는 영과 귀신의 가르침을 좇으리라 하셨으니 자기 양심이 화인 맞아서 외식함으로 거짓말하는 자들이라"(딤전 4:1-2).

"다른 복음은 없나니 다만 어떤 사람들이 너희를 요란케 하여 그리스도의 복음을 변하려 함이라 그러나 우리나 혹 하늘로부터 온 천사라도 우리가 너희에게 전한 복음 외에 다른 복음을 전하면 저주를 받을지어다"(갈 1:7-8).

"오직 나의 의인은 믿음으로 말미암아 살리라 또한 뒤로 물러가면 내 마음이 저를 기뻐하지 아니하리라 하셨느니라 우리는 뒤로 물러가 침륜에 빠질 자가 아니요 오직 영혼을 구원함에 이르는 믿음을 가진 자니라"(히 10:38-39).

사도 바울의 결단

"내가 그리스도와 함께 십자가에 못 박혔나니 그런즉 이제는 내가 산 것이 아니요 오직 내 안에 그리스도께서 사신 것이라 이제 내가 육체 가운데 사는 것은 나를 사랑하사 나를 위하여 자기 몸을 버리신 하나님의 아들을 믿는 믿음 안에서 사는 것이라"(갈 2:20).

사도 바울의 사명

"나의 달려갈 길과 주 예수께 받은 사명 곧 하나님의 은혜의 복음 증거하는 일을 마치려 함에는 나의 생명을 조금도 귀한 것으로 여기지 아니하노라"(행 20:24).

사도 바울의 유언

"관제와 같이 벌써 내가 부음이 되고 나의 떠날 기약이 가까웠도다 내가 선한 싸움을 싸우고 나의 달려갈 길을 마치고 믿음을 지켰으니 이제 후로는 나를 위하여 의의 면류관이 예비되었으므로 주 곧 의로우신 재판장이 그 날에 내게 주실 것이니 내게만 아니라 주의 나타나심을 사모하는 모든 자에게니라"(딤후 4:6-8).

제10과 신앙의 복은 무엇인가?

학습목표 : '예수님을 믿고 받은 축복이 무엇인가'라는 질문에 신령한 5대 축복을 들어 확실하게 설명할 수 있다. 하나님의 놀라운 은혜에 감사하며 풍성하고 능력 있는 삶을 살게 된다.

요절말씀 : 찬송하리로다 하나님 곧 우리 주 예수 그리스도의 아버지께서 그리스도 안에서 하늘에 속한 모든 신령한 복으로 우리에게 복 주시되 곧 창세 전에 그리스도 안에서 우리를 택하사 우리로 사랑 안에서 그 앞에 거룩하고 흠이 없게 하시려고 그 기쁘신 뜻대로 우리를 예정하사 예수 그리스도로 말미암아 자기의 아들들이 되게 하셨으니 이는 그의 사랑하시는 자 안에서 우리에게 거저 주시는 바 그의 은혜의 영광을 찬미하게 하려는 것이라(엡 1:3-6).

어느 영국 사람이 대서양을 건너 뉴욕 행 여객선을 타고 미국으로 가게 되었다. 그 사람은 돈이 없었기 때문에 식사시간이 되면 다른 사람들과 더불어 맛있는 식사를 할 수 없었다. 식사시간마다 슬그머니 갑판으로 혼자 올라가 싸 가지고 온 비스킷 몇 조각과 물 한 잔으로 허기진 배를 채우곤 했다. 어느 날 선장은 식사시간만 되면 혼자 갑판에 나와 맹물을 마시고 기진맥진해 앉아 있는 그를 보고서 "선생님, 왜 식사시간만 되면 혼자 나와서 물과 비스킷만 드십니까?" 하고 이상하다는 듯이 물었다. 그러자 그는 "선장님, 저도 식당에서 맛있는 음식을 먹으며 여행을 즐기고 싶지만 돈이 없어서 음식을 사 먹을 수가 없습니다"며 힘 없이 대답했다. 선장은 너무나 어이가 없다는 듯이 웃으면서 "선생님, 선생께서 이 배를 타실 때 사신 표 값에 이미 식사 대금이 포함되어 있습니다. 이제부터 안심하시고 마음껏 드십시오"라고 알려 주었다. 그 사람은 그 사실을 몰랐기 때문에 며칠을 굶주리며 허기진 채 고통스런 여행을 하고 있었던 것이다.

여러분이 만일 예수님을 믿고 받은 복과 놀라운 특권이 무엇인지 모르고 있다면, 기쁨과 감격이 전혀 없는 허기진 맹물 신앙생활을 하고 있는 것이다. 사단의 전략은 그리스도 예수 안에서 얻은 복과 권리를 포기시켜서 그 특권을 누리지 못하게 하는 것이다. 여러분의 생애에 그리스도를 영접한 사건보다 더 크고 위대한 복의 사건은 없다. 예수 그리스도를 소유하고 예수 안에 사는 것이 얼마나 큰 복인지 이해한다면 감격적인 신앙생활을 누리게 될 것이다. 문제는 성경이 보증한 대로 받은 복을 헤아려 알지 못하고 가지지 못한 것, 받지 못한 것만 생각하고 있기 때문이다.

우주 만물을 창조하시고 관리하시고 공급해 주시는 하나님은 인간이 상상할 수 없을 만큼 풍성하신 분이시다(엡 3:19-20). 하나님은 이 풍성한 은혜의 복을 예수 그리스도 안에 숨겨 놓으셨다. 이 비밀을 깨달은 사도 바울은 "**하나님의 비밀인 그리스도를 깨닫게 하려 함이라 그 안에는 지혜와 지식의 모든 보화가 감취어 있느니라**"(골 2:2-3)고 말했다. 하나님의 풍성한 복의 비밀은 바로 예수 그리스도이시고, 오직 예수 그리스도 안에서만 하나님의 숨겨진 하늘에 속한 신령한 복을 찾을 수 있는 것이다(엡 1:3). 예수 그리스도를 믿음으로 받게 되는 최대, 최상, 최고의 신령한 복 5가지를 살펴보도록 하자.

1.(골 1:14): ____________

인간의 최대 문제는 돈 문제도 지식 문제도 명예 문제도 아니다. 그것은 바로 죄의 문제이다. 죄는 사단과 지옥 심판을 연결하는 연결고리이다. 이 죄의 문제가 해결되지 못한다면 언제나 사단의 지배를 받고 반드시 지옥 심판의 저주를 받는다. 인간의 죄는 하나님과 멀어지게 하고 하나님을 슬프게 한다(사 43:25, 59:2). 사단은 인간의 욕망을 충동하여 죄를 짓게 하고 죄는 사망과 심판과 저주의 대상이 되게 하기 때문에, 사단과 죄와 사망과 심판이 있는 한 인간은 결코 행복할 수 없다. 인간이 어찌할 수 없는 사단과 죄와 죽음과 심판은 오직 예수 그리스도의 보혈로만 해결되며 예수 그리스도 안에서만 어둠의 권세가 상실된다. 그러므로 최고의 복은 예수 그리스도 안에서 그의 피로 죄를 용서받고 하나님의 사랑과 복의 대상이 되는 것이다. 용서란 과거의 허물을 덮어서 다시는 기억하지 않고 새로운 미래를 바라보는 것이다(사 43:18-21, 25). 이 용서는 다만 하나님의 사랑과 능력에 근거한다.

예수 그리스도 안 **이 세상 안**

하나님의 자녀 사단의 자녀

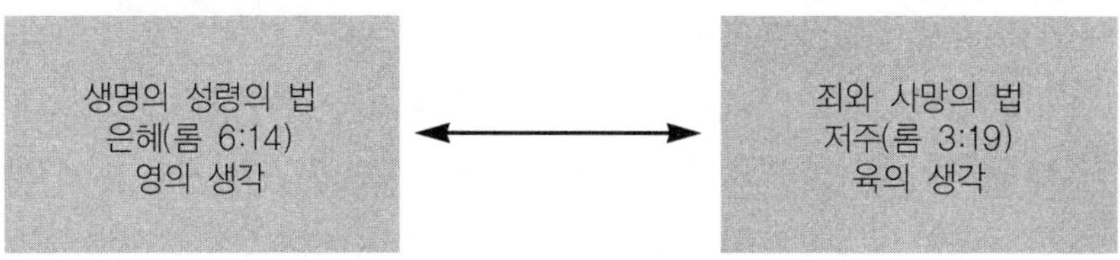

1) **골로새서 1:14** : 그 아들 안에서 우리가 구속 곧 죄 사함을 얻었도다.
2) **에베소서 1:7** : 우리가 그리스도 안에서 그의 은혜의 풍성함을 따라 그의 피로 말미암아 구속 곧 죄사함을 받았으니(cf. 요 1:6).
3) **로마서 4:7-8** : 그 불법을 사하심을 받고 그 죄를 가리우심을 받는 자는 복이 있고 주께서 그 죄를 인정치 아니하실 사람은 복이 있도다 함과 같으니라(cf. 시 32:1).

4) **이사야 43:25** : 나 곧 나는 나를 위하여 네 허물을 도말하는 자니 네 죄를 기억지 아니하리라(cf. 사 59:2).

5) **요한1서 3:8-9** : 죄를 짓는 자는 마귀에게 속하나니 마귀는 처음부터 범죄함이니라 하나님의 아들이 나타나신 것은 마귀의 일을 멸하려 하심이니라 하나님께로서 난 자마다 죄를 짓지 아니하나니 이는 하나님의 씨가 그의 속에 거함이요 저도 범죄치 못하는 것은 하나님께로서 났음이라.

6) **로마서 8:1-2** : 그러므로 이제 그리스도 예수 안에 있는 자에게는 결코 정죄함이 없나니 이는 그리스도 예수 안에 있는 생명의 성령의 법이 죄와 사망의 법에서 너를 해방하였음이라(cf. 요 5:24).

2.(요일 5:12):

성경은 "한 번 죽는 것은 사람에게 정하신 것이요 그 후에는 심판이 있으리니"(히 9:27)라고 인간의 운명을 죽음과 심판으로 단정짓고 있다. 인간의 최대 실패는 죽음이다. 죽음으로 사랑, 행복, 꿈과 성공, 그 모든 것이 끝나 버린다. 그리하여 인간은 결국 실패자가 될 수밖에 없다. 그러나 예수 그리스도를 믿으면 죽음의 한계를 극복하고 부활하여 예수 안에 있는 영원한 생명을 누리게 된다. 이것이 구원의 가장 중요한 내용이다. 그리하여 사도 요한은 "자금 이후로 주 안에서 죽는 자들은 복이 있도다 하시매 성령이 가라사대 그러하다 저희 수고를 그치고 쉬리니 이는 저희의 행한 일이 따름이라"(계 14:13)는 하나님의 음성을 듣고 위로를 받았다. 예수 그리스도 안에서 영생 부활의 복을 확신한 사도 바울도 "과연 우리가 여기 있어 탄식하며 하늘로부터 오는 우리 처소로 덧입기를 간절히 사모하노니"(고후 5:2), "우리가 담대하여 원하는 바는 차라리 몸을 떠나 주와 함께 거하는 그것이라"(고후 5:8)고 죽음을 오히려 사모하고 고대했던 것이다. **영의 부활로 영생을 얻고 육의 부활로 영생을 누리는**

부활의 복은, 인간을 최종적으로 가장 성공한 사람이 되게 한다.

1) **요한복음 6:40** : 내 아버지의 뜻은 아들을 보고 믿는 자마다 영생을 얻는 이것이니 마지막 날에 내가 이를 다시 살리리라 하시니라.
2) **로마서 8:11** : 예수를 죽은 자 가운데서 살리신 이의 영이 너희 안에 거하시면 그리스도 예수를 죽은 자 가운데서 살리신 이가 너희 안에 거하시는 그의 영으로 말미암아 너희 죽을 몸도 살리시리라.
3) **요한복음 5:24** : 내가 진실로 진실로 너희에게 이르노니 내 말을 듣고 또 나 보내신 이를 믿는 자는 영생을 얻었고 심판에 이르지 아니하나니 사망에서 생명으로 옮겼느니라.
4) **요한1서 5:11-12** : 또 증거는 이것이니 하나님이 우리에게 영생을 주신 것과 이 생명이 그의 아들 안에 있는 그것이니라 아들이 있는 자에게는 생명이 있고 아들이 없는 자에게는 생명이 없느니라.
5) **요한복음 11:25-26** : 예수께서 가라사대 나는 부활이요 생명이니 나를 믿는 자는 죽어도 살겠고 무릇 살아서 나를 믿는 자는 영원히 죽지 아니하리니 이것을 네가 믿느냐.

3.(갈 3:26):

예수 믿으면 하나님의 자녀로 신분의 변화를 받아 하나님의 보호와 인도를 받으며 장차 천국 기업의 후사가 된다. 특별히 이 하나님의 자녀들을 교회라고도 한다. 사실 많은 그리스도인들이 하나님의 자녀라는 자기 신분을 알지 못하기 때문에 죄책감, 낮은 자존감, 행위 지향적 병폐와 감정 폭발, 그리고 부정적 사고의식, 인간관계의 실패에 시달리는 것이다(벧전 2:9). 그러므로 새로운 삶으로의 변화를 위해 하나님 자녀로서 자신의 신분에 대한 정체(identity) 의식이 필요하다(고후 5:17). 예수님을 영접하여 하나님을 아버지라고 부를 수 있는 하나님의 자녀가 되었다는 것은 얼마나 놀랍고 큰 복인가?

1) **에베소서 1:5-6** : 그 기쁘신 뜻대로 우리를 예정하사 예수 그리스도로 말미암아 자기의 아들들이 되게 하셨으니 이는 그의 사랑하시는 자 안에서 우리에게 거저 주시는 바 그의 은혜의 영광을 찬미하게 하려는 것이라.
2) **갈라디아서 3:26-27** : 너희가 다 믿음으로 말미암아 그리스도 예수 안에서 하나님의 아들이 되었으니 누구든지 그리스도와 합하여 세례를 받은 자는 그리스도로 옷입었느니라.
3) **갈라디아서 4:6-7** : 너희가 아들인고로 하나님이 그 아들의 영을 우리 마음 가운데 보내사 아바 아버지라 부르게 하셨느니라 그러므로 네가 이 후로는 종이 아니요 아들이니 아들이면 하나님으로 말미암아 유업을 이을 자니라.
4) **요한복음 1:12-13** : 영접하는 자 곧 그 이름을 믿는 자들에게는 하나님의 자녀가 되는 권세를 주셨으니 이는 혈통으로나 육정으로나 사람의 뜻으로 나지 아니하고 오직 하나님께로서 난 자들이니라.

4.(요 15:17):

예수님을 믿고 하나님의 자녀가 되어 누리는 첫 번째 특권은 기도를 통해 한 가족으로서 아버지 하나님과 교제할 수 있고 하나님께 필요를 요청할 수 있다는 것이다. 하나님은 모든 자의 기도를 응답하시지 않는다. 예수님을 믿고 하나님의 자녀가 되어 하나님을 아버지로 부를 수 있는 자들의 기도만 응답하신다(마 6:8-9; 엡 3:14-15). 기도는 거룩한 성삼위 하나님과의 영광스런 교제이다. 기도는 하나님의 뜻을 이 땅에서 이루는 방편일 뿐만 아니라 우리의 소원을 이루고 문제를 해결하며 하나님의 사랑과 능력을 체험하는 길이다.

1) **요한복음** 14:13-14 : 너희가 내 이름으로 무엇을 구하든지 내가 시행하리니 이는 아버지로 하여금 아들을 인하여 영광을 얻으시게 하려 함이라 내 이름으로 무엇이든지 내게 구하면 내가 시행하리라.
2) **요한복음** 16:24 : 지금까지는 너희가 내 이름으로 아무것도 구하지 아니하였으나 구하라 그리하면 받으리니 너희 기쁨이 충만하리라.
3) **요한복음** 15:7 : 너희가 내 안에 거하고 내 말이 너희 안에 거하면 무엇이든지 원하는 대로 구하라 그리하면 이루리라.

5.(롬 8:2): ____________

예수님을 믿고 마음에 영접하면 성령님이 우리 안에 영원토록 내주하셔서 우리의 신앙생활을 도와주시며 영적 전쟁에서 승리하게 하시는데 이것을 **영권(spiritual power)**이라고 한다(막 16:17-18; 요일 4:4, 5;18). 영권은 ① **기도** ② **말씀** ③ **순종** ④ **예배** ⑤ **전도의 삶**을 통해 등불에 기름을 붓듯 계속 채워져 간다. 우리 안에 계신 성령님은 우리 영혼을 거듭나게 하시고 성령 세례를 통해 예수님과 영적으로 연합하여 한 몸 되게 하신다(갈 3:27; 롬 6:3). 마음에 새겨진 사랑의 계명을 실천할 능력을 주신다. 성화를 도와주시며 결국 최종적으로 믿는 자를 부활시켜서 천국의 영광을 누리게 하신다. 그러므로 성령님의 도움 없이는 절대로 신앙생활을 바르게 할 수 없다.

1) **에스겔** 36:26-27 : 또 새 영을 너희 속에 두고 새 마음을 너희에게 주되 너희 육신에서 굳은 마음을 제하고 부드러운 마음을 줄 것이며 또 내 신을 너희 속에 두어 너희로 내 율례를 행하게 하리니 너희가 내 규례를 지켜 행할지라(cf. 행 2:38; 롬 8:2; 갈 4:6; 빌 1:6; 엡 1:13).
2) **요한복음** 14:16-17 : 내가 아버지께 구하겠으니 그가 또 다른 보혜사를 너

희에게 주사 영원토록 너희와 함께 있게 하시리니 저는 진리의 영이라 세상은 능히 저를 받지 못하나니 이는 저를 보지도 못하고 알지도 못함이라 그러나 너희는 저를 아나니 저는 너희와 함께 거하심이요 또 너희 속에 계시겠음이라.

3) **고린도전서 3:16-17** : 너희가 하나님의 성전인 것과 하나님의 성령이 너희 안에 거하시는 것을 알지 못하느뇨 누구든지 하나님의 성전을 더럽히면 하나님이 그 사람을 멸하시리라 하나님의 성전은 거룩하니 너희도 그러하니라.

4) **고린도전서 6:19-20** : 너희 몸은 너희가 하나님께로부터 받은 바 너희 가운데 계신 성령의 전인 줄을 알지 못하느냐 너희는 너희의 것이 아니라 값으로 산 것이 되었으니 그런즉 너희 몸으로 하나님께 영광을 돌리라.

5) **고린도전서 12:7** : 각 사람에게 성령의 나타남을 주심은 유익하게 하려 하심이라.

6) **로마서 8:26** : 이와 같이 성령도 우리 연약함을 도우시나니 우리가 마땅히 빌 바를 알지 못하나 오직 성령이 말할 수 없는 탄식으로 우리를 위하여 친히 간구하시느니라.

7) **에베소서 3:16** : 그 영광의 풍성을 따라 그의 성령으로 말미암아 너희 속 사람을 능력으로 강건하게 하옵시며.

8) **고린도전서 2:12** : 우리가 세상의 영을 받지 아니하고 오직 하나님께로 온 영을 받았으니 이는 우리로 하여금 하나님께서 우리에게 은혜로 주신 것들을 알게 하려 하심이라.

"예수 내 구주, 예수 내 주, 할렐루야, 아멘"으로 믿어지는 것이 하나님의 은혜이다. 구원을 위해 주님을 의지하는 것이 믿음이요, 기쁨과 감사는 그 결과와 증거이다. 빈곤의식, 우울증, 원망과 불평을 하는 것은 받은 은혜에 대한 감사가 없기 때문이다. 나의 불행과 환난, 고통, 슬픔이 하나님을 더욱 의지하여 믿게 하고 소망하게 한다면, 그 자체가 바로 은혜이며 은혜가 은혜 되게 하는 방편인 것이다. 없는 것만을 생각하며 피해망상증을 가지고 살아가지 말고 예수 그리스도를 통해 주신 은혜에 감사하며 겸손하게 받은 바 복을 사명화할 때 삶의 보람이 넘친다. 사죄의 복, 영생 부활의 축복, 하나님 자녀 됨의 복, 기도 응답의 복, 그리고 성령 내주의 신령한 복을 받은 자만이 성실하게 이 땅에서 복을 누리며 최선의 삶을 살아갈 수 있다.

[공동 기도문 : 통성기도]

은혜가 풍성하신 하나님,

부족한 저에게 주 예수 그리스도를 통해 헤아릴 수 없이 많은 복을 허락해 주셔서 감사합니다. 그동안 원망 불평하며 허기진 삶을 살았던 무지함을 용서해 주시옵소서. 주님을 통해 허락하신 믿음의 복과 그리스도인의 특권을 누리며 승리하게 하옵소서. 이제 나의 몸과 마음, 물질과 찬양으로 감사하는 삶을 살게 하옵소서. 또한 이 복의 감격과 기쁨을 이웃과 나눌 수 있도록 넘치게 하옵소서. 예수님의 이름으로 기도드립니다. 아멘. (감사기도 훈련)

[질문] 예수님을 믿음으로써 받은 영적 복과 특권을 복의 손을 사용하여 다섯 가지로 설명할 수 있는가?

1. 골로새서 1:14
2. 요한1서 5:12
3. 갈라디아서 3:26
4. 요한복음 15:17
5. 로마서 8:2

[나눔] 본과를 공부하고 새롭게 발견한 사실과 나의 결단은 무엇인가?

[토론] 특별은총인 신령한 영적 복과 일반은총인 이 땅의 기름진 복을 어떻게 누릴 수 있을까?

제11과 어떻게 구원을 확신할 수 있는가?

학습목표 : 구원 확신의 장애가 무엇인지를 분별하고 5대 증거에 의하여 구원을 확신하며 다른 사람에게 구원의 확신에 대해 설명하고 가르칠 수 있다.

요절말씀 : 내가 저희에게 영생을 주노니 영원히 멸망치 아니할 터이요 또 저희를 내 손에서 빼앗을 자가 없느니라 저희를 주신 내 아버지는 만유보다 크시매 아무도 아버지 손에서 빼앗을 수 없느니라(요 10:28-29).

갓난 어린 아기는 부모를 모른다. 그러나 성년이 되어서도 자기 아버지에 대한 확신이 없다면 문제가 심각하다. 결혼을 했는데 결혼 자체를 항상 의심하고 살아간다면 얼마나 불행한 일인가? 구원의 확신이 없는 신앙 생활은 이와 같이 기쁨도 없고 역동적으로 사명을 감당할 수도 없다. 기독교의 헌신과 봉사, 모든 교육의 기초를 구원의 확신에 두는 것은 새 생활의 중요한 출발점이기 때문이다. 구원의 목표에 고정된 확신이 한순간도 흐트러져서는 안 된다. 그러나 신앙생활을 오랫동안 해온 그리스도인일지라도 구원의 확신이 있는지 물어보면 자신 있게 대답하지 못하는 경우가 많다. **확신 없는 구원, 구원 없는 확신, 구원 확신에 대한 오해가 문제다.**

인간은 피조물인 동시에 인격적인 존재이기 때문에(창 1:27, 2:7) 하나님의 주권에 항상 의존적이다(롬 9:20; 행 17:28). 하나님의 명령을 받으며 결단하고 응답하여 책임을 져야 하는 인격적인 존재인 것이다(갈 6:7; 수 24:15). 인간은 의존적인 존재일 뿐만 아니라 자의로 선택할 수 있는 인격적인 존재였기 때문에 범죄하였다(창 2:16-17, 3:6). 그 결과 전적으로 부패하였고(엡 2:1, 4:18; 요 5:42) 하나님의 영광을 위한 영적 선을 행하는 일에 완전히 무능한 존재가 되어버렸다(롬 3:10-23; 엡 2:3). 그러므로 피조물이요, 영적으로 전적 타락하여 죽어 있는 인간이(엡 2:1) 혈통으로나 사람의 뜻으로 구원받을 수는 없다(요 1:13). 하나님의 주권적 사역을 통하여 **'오직 은혜'**로만 구원받을 수 있을 뿐이다(엡 2:8). 구원은 성령의 사역인 중생이 필요한 동시에(요 3:5) 복음이 선포되는 그 곳에서 인격적인 결단이 포함된 신앙의 응답이 요구된다(롬 10:9-10). 하나님은 복음의 선포와 함께 주권적인 성령의 내적 증거를 통해 인격적인 방법으로 인간을 부르시며 결단하게 하신다.

이론적인 구원의 과정은 지극히 간단하고 용이하지만 결코 값싼 것은 아니다. 이 과정에는 하나님의 독생자 예수가 성육신 하시고 십자가에 달리신 엄청난 희생이 있었음을 기억해야 한다. 성화도 인격적인 존재로 책임적인 참여를 내포한 성령의 역사로 이루어진다. 인간을 새롭게 하시고 거룩하게 하여 하나님을 찬미하게 하시는 것도 하나님의 사역인 동시에 인간에게 부여된 책임적인 과제이다(고후 7:1; 빌 2:12-13). 은혜로 얻은 구원의 삶을 가정생활, 사회생활, 문화, 예술 등 모든 삶의 영역에 능동적으로 적용하여 행동할 것을 성경은 권면하고 있다(빌 2:13).

심리상태로서 구원의 확신 문제에 대하여 참된 믿음은 정도의 차이는 있지만 구원의 확신으로 안전 보장의 의식을 수반하게 되는 것이 일반적이다. 그러나 모든 그리스도인들이 반드시 심리적인 확신을 갖고 있는 것은 아니다. 왜냐하면 모든 그리스도인들은 성화의 과정 중에 있는 것이지 결코 죄의 세력을 정복할 수 있는 완전한 자는 아니기 때문에 때때로 회의와 불안으로 동요될 수 있다(롬 8:18-25). 이러한 체험을 통감한 베드로는 "형제들아 더욱 힘써 너희 부르심과 택하심을 굳게 하라"(벧후 1:10)고 믿는 자들에게 구원의 확신을 가지도록 권면하고 있다. 구원의 확신이 흔들리는 가장 큰 이유는 진리의 무지에 있다. 사도 바울 또한 "너는 배우고 확신한 일에 거하라"(딤후 3:14)라고 말했다. 말씀의 진리는 구원을 일으키며 구원은 확신을 가져온다(고후 13:5). 기독교는 무조건적인 믿음이나 무속적이고 맹목적인 신앙이 아니다. 그것은 역사적 사실로 구체화된 진리의 말씀 위에 세워진 것이다(요 8:32). 그러므로 진리를 바로 배우지 않고서는 바른 구원의 확신을 가질 수 없는 것이다.

구원의 확신이 흔들리는 이유는 **첫째, 구원은 인간의 감정이 아닌 하나님의 주권과 은혜의 결과에 근거한다는 성경의 객관적인 진리에 대한 무지에 있다.** 구원의 기준을 영원토록 변함없는 하나님의 말씀 위에 두지 않고 인간의 주관적인 감정에 두기 때문이다. 진리의 한 통로로서 감정은 중요하지만 모든 것을 결정하는 근원이 되어서는 안 된다. 기분과 감정은 시간과 환경에 의해 언제나 변하며 감정은 사람마다 다르고 그 형태도 다르기 때문이다. 인간의 감정은 말씀 뒤에 따라오는 것이며 결코 말씀보다 앞설 수 없으므로 우선순위가 달라지는 것이다.

둘째, 구원 개념에 대한 오해 때문이다. 좁은 의미의 구원은 예수 믿고 죄를 용서받아 의롭다함을 받는 것이다. 이러한 경우 이미 구원을 받은 것이다. 그러나 넓은 의미의 구원은 칭의, 성화와 영화의 모든 구원 서정을 포함하기에 "구원을 이루라"는 명령으로 표현하기도 한다(빌 2:12). 이 경우에 구원의 확신은 인간의 인격적인 면으로 사명과 책임을 포함한다. 좁은 의미의 구원은 하나님의 주권에 의한 은혜이기 때문에 구원은 결과이며 구원받은 확실한 날짜는 알기 어렵다. 넓은 의미의 구원은 인격적인 인간으로 사명과 책임에 비추어 구원을 누리며 보존 확대해 나가는 과정이므로 구원의 확신이 요청된다. 그러므로 전시간적 이해가 필요하다. 이 경우 구원의 확신은 하나님의 약속에 대한 명상과 기도와 점진적인 성화로 입증되는 참된 신앙에 의해 굳건해진다(히 3:14; 계 3:11). 영적 성장의 목표를 오직 하나님을 영화롭게 하는 데 두어 앞을 향해 계속 전진해야 한다(빌 3:13-14). 그러므로 구원의 확신은 계속적인 성화의 생활, 경건생활, 사명 감당이 부족할 때 약해지는 것이다. **넷째, 구원의 기준을 자기 도덕적 행위에 두기 때문에 구원 확신에 고민이 있는 것이다.** 인간은 언제나 불완전하여 실수하기 쉽기 때문에 어떤 때는 교만하기도 하고 의욕적이기도 하고 자기의 약점에 비추어 죄책감, 열등의식, 불안의식, 낙담과 고민과 같은 심리적 갈등을 겪을 수 있다.

종합적으로 볼 때 구원의 확신이 흔들리는 문제는 ① **진리의 무지와 오해** ② **주관적 감정** ③ **성화 생활의 결핍** ④ **행위 의존** ⑤ **사명 감당의 적극적인 삶이 부족하기 때문**이다. 그러므로 구원의 확신은 진리에 대한 배움과 인격적인 존재로서의 삶에 대한 책임의 수행에서 확고해지는 것임을 기억해야 한다. 구원 확신에 대한 성경적 가르침은 다음의 5가지로 설명할 수 있다.

1.(요일 5:13): ____________________

첫째, 구원의 확신은 객관적 진리인 성경 말씀에 근거한 것이다. 성경은 하나님의 말씀이요, 하나님의 약속으로 모든 신앙과 생활의 절대적인 표준이다. 일단 하나님이 어떤 사람을 구원하시면 그에게 하나님의 말씀을 들을 귀를 여시고 믿음을 주셔서 생명에 이르게 하시는 확신을 주시기 때문에 그의 구원은 안전하다. 구원은 나의 감정과 상관없이 하나님 손에 달려 있다. 성경 진리에 의하면 인간은 구원받는 일에 아무것도 기여하지 못한다. 그러므로 구원의 확신은 인간 감정이나 도덕적 종교 생활이 아니라 하나님의 주권과 은혜를 보증하는 불변의 성경 진리에 근거한다. 요한 사도는 이 점에 대해 "내가 하나님의 아들의 이름을 믿는 너희에게 이것을 쓴 것은 너희로 하여금 너희에게 영생이 있음을 알게 하려 함이라"(요일 5:13)라고 강조했다. 구원의 확신이 흔들리는 이유는 성경 말씀에 대한 확신이 부족하기 때문이다(요 8:32). 그러므로 성경을 읽고 듣고 배워서 실천하고 묵상하라. 늘 하나님의 말씀을 묵상하고 신앙과 생활의 기준으로 삼아라. 성경이 그렇다고 하면 그런 것이고, 성경이 아니라고 한다면 아닌 것이다. 성경이 그렇다고 하는데 아니라고 한다면 그것은 불신이요 교만이다.

여러분이 결혼했다면 어떻게 결혼한 것을 증거할 수 있는가? 어떻게 전혀 서로 모르던 남녀가 부부가 될 수 있는가? "이 두 사람이 하나님과 여러 증인 앞에서 합법적인 부부가 되었음을 성부, 성자, 성령의 이름으로 선포합니다"라는 주례자의 성혼 선포 한마디에 의해 두 사람은 부부가 되는 것이다. 어떻게 그 한마디에 부부가 될 수 있느냐고 의심하며 살아간다면 얼마나 불행한 일인가? 당신은 정말로 예수 그리스도를 당신의 구세주와 삶의 주인으로 믿고 영접했는가? 그렇다면 여러분은 분명한 하나님의 자녀이며 무슨 일이 있더라도 반드시 천국에 인도될 것이다. 구원은 예수 그리스도를 믿을 때 하나님이 여러분에게 주시는 선물이다. **성경은 하나님의 손과 예수 그리스도의 손에 이중으로 붙잡혀서 성도들이 천국까지 인도될 것이라고 분명하게 단언한다**(요 10:28-29). 그리고 여러분이 연약하여 믿지 못하고 의심할까봐 신실하신 하나님은 성경의 공식 문서로 확실하게 구원을 확증하셨다(엡 5:26; 약 1:18). 말씀을 듣고 읽고 배우고 묵상하고 실천할수록 구원의 확신이 더욱 명백해진다. 말씀을 지키면 그 말씀이 구원에 이르도록 우리를 보호하고 지켜주신다(행 20:32; 계 3:10).

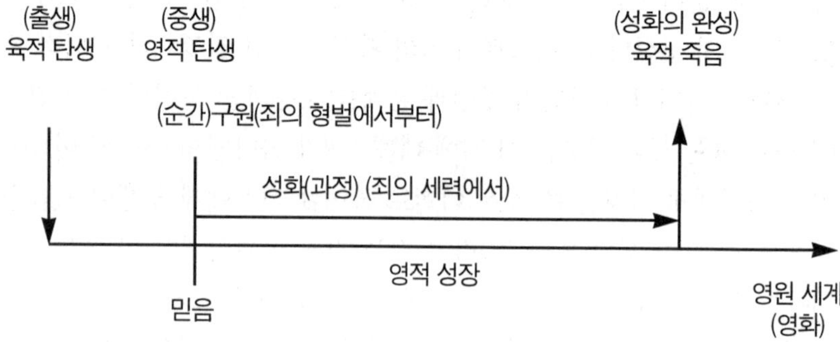

1) **요한1서 5:13** : 내가 하나님의 아들의 이름을 믿는 너희에게 이것을 쓴 것은 너희로 하여금 너희에게 영생이 있음을 알게 하려 함이라(cf. 요 8:32; 고후 13:5)

2) **요한복음 5:24** : 내가 진실로 진실로 너희에게 이르노니 내 말을 듣고 또 나 보내신 이를 믿는 자는 영생을 얻었고 심판에 이르지 아니하나니 사망에서 생명으로 옮겼느니라.

3) **요한복음 10:28-29** : 내가 저희에게 영생을 주노니 영원히 멸망치 아니할 터이요 또 저희를 내 손에서 빼앗을 자가 없느니라 저희를 주신 내 아버지는 만유보다 크시매 아무도 내 아버지 손에서 빼앗을 수 없느니라.

4) **에베소서 1:13-14** : 그 안에서 너희도 진리의 말씀 곧 너희의 구원의 복음을 듣고 그 안에서 또한 믿어 약속의 성령으로 인치심을 받았으니 이는 우리의 기업에 보증이 되사 그 얻으신 것을 구속하시고 그의 영광을 찬미하게 하려 하심이라.

5) **베드로전서 1:23** : 너희가 거듭난 것이 썩어질 씨로 된 것이 아니요 썩지 아니할 씨로 된 것이니 하나님의 살아 있고 항상 있는 말씀으로 되었느니라.

6) **사도행전 20:32** : 지금 내가 너희를 주와 및 그 은혜의 말씀께 부탁하노니 그 말씀이 너희를 능히 든든히 세우사 거룩케 하심을 입은 모든 자 가운데 기업이 있게 하시리라(cf. 계 3:10).

7) **데살로니가전서 2:13** : 이러므로 우리가 하나님께 쉬지 않고 감사함은 너희가 우리에게 들은 바 하나님의 말씀을 받을 때에 사람의 말로 아니하고 하나님의 말씀으로 받음이니 진실로 그러하다 이 말씀이 또한 너희 믿는 자 속에서 역사하느니라.

8) **요한복음 8:32** : 진리를 알지니 진리가 너희를 자유케 하리라.

2.(롬 8:16):

구원 확신의 두 번째 증거는 성령의 주관적인 내적 증거이다. 성령님은 우리가 예수 그리스도를 구세주로 영접하여 중생케 하시고(요 3:5) 내재하여 주관하신다(요 14:16-17). 성화에 동참하시며(갈 5:22-23) 인쳐서 구원을 보장해 주시고(엡 1:13) 확신을 주신다(겔 36:26-27). 사도 바울은 성령의 내적 증거에 대해 "성령이 친히 우리 영으로 더불어 우리가 하나님의 자녀인 것을 증거하시나니"(롬 8:16)라고 말했다. 여러분은 신앙생활을 포기하고 그리스도를 부인하려고 해도 불가능할 것이다. 왜냐하면 성령이 여러분 속에 내재하시어 하나님의 자녀로 인치시고 하나님 자녀인 것을 증거하시기 때문이다. 요한 사도는 "증거하는 이는 성령이시니 성령은 진리니라 증거하는 이가 셋이니 성령과 물과 피라 또한 이 셋이 합하여 하나이니라"(요일 5:7-8)고 말했다.

1) **갈라디아서 4:6-7** : 너희가 아들인고로 하나님이 그 아들의 영을 우리 마음 가운데 보내사 아바 아버지라 부르게 하셨느니라 그러므로 네가 이 후로는 종이 아니요 아들이니 아들이면 하나님으로 말미암아 유업을 이을 자니라.

2) **로마서 8:16** : 성령이 친히 우리 영으로 더불어 우리가 하나님의 자녀인 것을 증거하시나니.

3) **요한1서 5:7-8** : 증거하는 이는 성령이시니 성령은 진리니라 증거하는 이가 셋이

니 성령과 물과 피라 또한 이 셋이 합하여 하나이니라.

4) **빌립보서 2:13** : 너희 안에서 행하시는 이는 하나님이시니 자기의 기쁘신 뜻을 위하여 너희로 소원을 두고 행하게 하시나니.

5) **빌립보서 1:6** : 너희 속에 착한 일을 시작하신 이가 그리스도 예수의 날까지 이루실 줄을 우리가 확신하노라.

6) **에베소서 4:30** : 하나님의 성령을 근심하게 하지 말라 그 안에서 너희가 구속의 날까지 인치심을 받았느니라.

7) **요한1서 4:13** : 그의 성령을 우리에게 주시므로 우리가 그 안에 거하고 그가 우리 안에 거하시는 줄을 아느니라.

8) **고린도전서 12:3** : 그러므로 내가 너희에게 알게 하노니 하나님의 영으로 말하는 자는 누구든지 예수를 저주할 자라 하지 않고 또 성령으로 아니하고는 누구든지 예수를 주시라 할 수 없느니라.

9) **로마서 8:9** : 만일 너희 속에 하나님의 영이 거하시면 너희가 육신에 있지 아니하고 영에 있나니 누구든지 그리스도의 영이 없으면 그리스도의 사람이 아니라.

3.(요일 3:14):

셋째, 구원 확신의 증거는 하나님의 사랑에 대한 주관적인 확신이다. 구원의 확신에 의심이 생길 때 "우리가 아직 죄인 되었을 때에 그리스도께서 우리를 위하여 죽으심으로 하나님께서 우리에게 대한 자기의 사랑을 확증하셨느니라"(롬 5:8)는 말씀을 붙잡아라. 그리스도의 십자가로 보여주신 하나님의 사랑이 얼마나 크고 위대한가 생각해 보라. 사도 바울은 **"누가 우리를 그리스도의 사랑에서 끊으리요 환난이나 곤고나 핍박이나 기근이나 적신이나 위험이나 칼이랴…… 그러나 이 모든 일에 우리를 사랑하시는 이로 말미암아 우리가 넉넉히 이기느니라…… 아무 피조물이라도 우리를 우리 주 그리스도 예수 안에 있는 하나님의**

사랑에서 끊을 수 없으리라"(롬 8:35-39)고 단언했다. 예수님은 세상에 있는 사람들을 사랑하시되 끝까지 사랑하셨다(요 13:1; 히 13:8). 사도 요한도 "사랑은 여기 있으니 우리가 하나님을 사랑한 것이 아니요 오직 하나님이 우리를 사랑하사 우리 죄를 위하여 화목제로 그 아들을 보내셨음이니라"(요일 4:10)고 하나님의 사랑을 강조했다. 구원의 확신을 위해 하나님의 사랑을 붙잡아라. 그러면 구원은 확실해진다. 구원은 하나님의 사랑과 능력에 근거하기 때문이다. 하나님을 사랑함으로 하나님이 우리를 사랑하는 것이 확인되는 것이다(요일 4:19, 5:2). 사단이 할 수 없는 네 가지는 ① 예수 그리스도를 믿는 것 ② 하나님께 순종하는 것 ③ 하나님과 사람을 사랑하는 것 ④ 겸손한 것이다. 천국을 보장받고 마귀와 사망권세를 이기는 가장 강력한 힘은 바로 사랑의 능력인 것이다(고전 13:13).

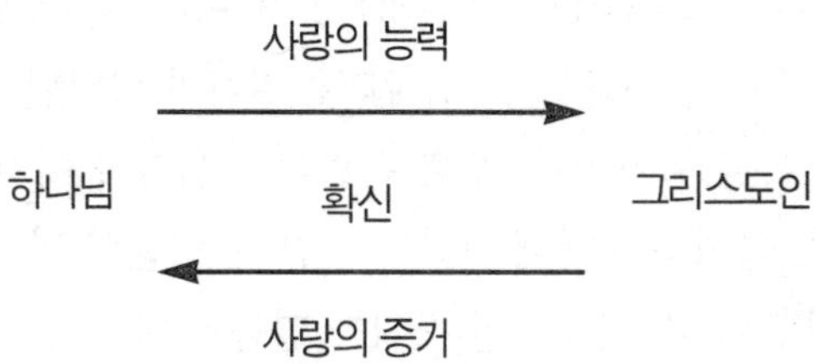

1) **요한1서 3:14** : 우리가 형제를 사랑함으로 사망에서 옮겨 생명으로 들어간 줄을 알거니와 사랑치 아니하는 자는 사망에 거하느니라.
2) **요한1서 4:7-8** : 사랑하는 자들아 우리가 서로 사랑하자 사랑은 하나님께 속한 것이니 사랑하는 자마다 하나님께로 나서 하나님을 알고 사랑하지 아니하는 자는 하나님을 알지 못하나니 이는 하나님은 사랑이심이라.
3) **로마서 5:8** : 우리가 아직 죄인 되었을 때에 그리스도께서 우리를 위하여 죽으심으로 하나님께서 우리에게 대한 자기의 사랑을 확증하셨느니라.
4) **요한1서 4:12** : 어느 때나 하나님을 본 사람이 없으되 만일 우리가 서로 사

랑하면 하나님이 우리 안에 거하시고 그의 사랑이 우리 안에 온전히 이루느니라.

5) **요한1서 4:16** : 하나님이 우리를 사랑하시는 사랑을 우리가 알고 믿었노니 하나님은 사랑이시라 사랑 안에 거하는 자는 하나님 안에 거하고 하나님도 그 안에 거하시느니라.

6) **요한1서 5:2** : 우리가 하나님을 사랑하고 그의 계명들을 지킬 때에 이로써 우리가 하나님의 자녀 사랑하는 줄을 아느니라.

7) **요한1서 4:19** : 우리가 사랑함은 그가 먼저 우리를 사랑하셨음이라.

4.(마 7:17-20):

넷째로, 예수 믿은 후 객관적인 생활의 변화가 구원 확신의 증거가 된다. 영적인 새로운 피조물로(고후 5:17) 거듭난 사람은 좋은 나무에서 좋은 열매를 얻듯이 인격과 생활의 새로운 변화가 나타난다(마 7:17-18; 엡 4:32). 생의 목표와 가치관, 생활 습관이 바뀌고 언어가 바뀌며 과거에 좋아하던 것, 싫어하던 것에 변화가 생긴다. 믿음의 정도는 생활의 변화나 순종의 정도에 비례한다. 살아 있는 믿음은 바로 성장과 새로운 변화와 계속적인 전진의 힘이기 때문이다.

변화의 폭이 크면 믿음이 좋은 것이고, 변화가 약하면 믿음이 약한 것이다. 그러나 예수 믿고도 과거의 나쁜 습관들과 이기적이고 세속적인 삶의 모습이 전혀 변하지 않았다면 그 사람의 구원은 의심받아야 한다(벧후 2:22).

1) **로마서 12:2** : 너희는 이 세대를 본받지 말고 오직 마음을 새롭게 함으로 변화를 받아 하나님의 선하시고 기뻐하시고 온전하신 뜻이 무엇인지 분별하도록 하라.

2) **마태복음** 7:17-20 : 이와 같이 좋은 나무마다 아름다운 열매를 맺고 못된 나무가 나쁜 열매를 맺나니 좋은 나무가 나쁜 열매를 맺을 수 없고 못된 나무가 아름다운 열매를 맺을 수 없느니라 아름다운 열매를 맺지 아니하는 나무마다 찍혀 불에 던지우느니라 이러므로 그들의 열매로 그들을 알리라(cf. 요 7:17).

3) **고린도후서** 5:17 : 그런즉 누구든지 그리스도 안에 있으면 새로운 피조물이라 이전 것은 지나갔으니 보라 새 것이 되었도다.

4) **에베소서** 4:22-24 : 너희는 유혹의 욕심을 따라 썩어져 가는 구습을 좇는 옛 사람을 벗어버리고 오직 심령으로 새롭게 되어 하나님을 따라 의와 진리의 거룩함으로 지으심을 받은 새 사람을 입으라.

5) **에베소서** 5:8-10 : 너희가 전에는 어두움이더니 이제는 주 안에서 빛이라 빛의 자녀들처럼 행하라 빛의 열매는 모든 착함과 의로움과 진실함에 있느니라 주께 기쁘시게 할 것이 무엇인가 시험하여 보라.

6) **빌립보서** 3:8-9 : 또한 모든 것을 해로 여김은 내 주 그리스도 예수를 아는 지식이 가장 고상함을 인함이라 내가 그를 위하여 모든 것을 잃어버리고 배설물로 여김은 그리스도를 얻고 그 안에서 발견되려 함이니 내가 가진 의는 율법에서 난 것이 아니요 오직 그리스도를 믿음으로 말미암은 것이니 곧 믿음으로 하나님께로서 난 의라.

7) **골로새서** 3:1-2 : 그러므로 너희가 그리스도와 함께 다시 살리심을 받았으면 위엣 것을 찾으라 거기는 그리스도께서 하나님 우편에 앉아 계시느니라 위엣 것을 생각하고 땅엣 것을 생각지 말라.

8) **에베소서** 2:3 : 전에는 우리도 다 그 가운데서 우리 육체의 욕심을 따라 지내며 육체와 마음의 원하는 것을 하여 다른 이들과 같이 본질상 진노의 자녀이었더니.

9) **골로새서** 3:5-10 : 그러므로 땅에 있는 지체를 죽이라 곧 음란과 부정과 사욕과 악한 정욕과 탐심이니 탐심은 우상숭배니라 이것들을 인하여 하나님의 진노가 임하느니라 너희도 전에 그 가운데 살 때에는 그 가운데서 행하였으

나 이제는 너희가 이 모든 것을 벗어버리라 곧 분과 악의와 훼방과 너희 입의 부끄러운 말이라 너희가 서로 거짓말을 말라 옛 사람과 그 행위를 벗어버리고 새 사람을 입었으니 이는 자기를 창조하신 자의 형상을 좇아 지식에까지 새롭게 하심을 받는 자니라.

10) **베드로후서 2:20-22** : 만일 저희가 우리 주 되신 구주 예수 그리스도를 앎으로 세상의 더러움을 피한 후에 다시 그 중에 얽매이고 지면 그 나중 형편이 처음보다 더 심하리니 의의 도를 안 후에 받은 거룩한 명령을 저버리는 것보다 알지 못하는 것이 도리어 저희에게 나으니라 참 속담에 이르기를 개가 그 토하였던 것에 돌아가고 돼지가 씻었다가 더러운 구덩이에 도로 누웠다 하는 말이 저희에게 응하였도다(cf. 골 4:9).

5.(롬 10:10):

마지막으로 구원 확신의 근거는 주관적인 믿음의 확신에 근거한다(히 11:1-2). 성경의 장마다 깊이 새겨져 있는 기독교 복음의 중심 메시지는 예수 그리스도를 통한 하나님의 구원 계획이며 이 주제가 여러 모양으로 설명되어 있다. 구원 계획의 중심인 예수 그리스도는 믿는 것이 아니고 믿어지고 확신이 생기는 것이다(엡 2:8). 그리하여 구원은 마음으로 예수님을 영접하고 입으로 주님이라고 시인하는 신앙고백이며 믿음의 눈으로 주님을 바라보는 확신이다(히 11:1). 예수님이 내 죄를 위하여 십자가에 달리시고 3일 만에 부활하신 것을 육신의 눈으로 현실을 보듯 믿음의 눈으로 보고 구주로 영접하면 구원을 받는다. 구원 문제는 **"주님만 믿습니다"** 하고 확신하고 시인하면 되는 것이다. 사도 바울은 **"네가 만일 네 입으로 예수를 주로 시인하며 또 하나님께서 그를 죽은 자 가운데서 살리신 것을 네 마음에 믿으면 구원을 얻으리니 사람이 마음으로 믿어 의에 이르고 입으로 시인하여 구원에 이르느니라"**(롬

10:9-10)고 말했다.

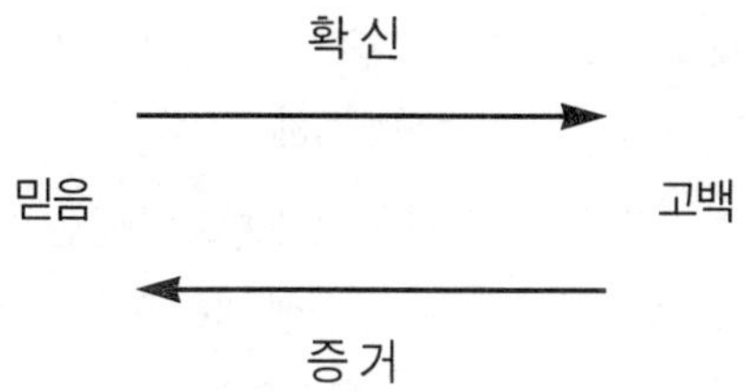

그는 또한 "너희가 믿음에 있는가 너희 자신을 시험하고 너희 자신을 확증하라 예수 그리스도께서 너희 안에 계신 줄을 너희가 스스로 알지 못하느냐 그렇지 않으면 너희가 버리운 자니라"(고후 13:5)고 경고했다. 사단이 여러분의 약점을 드러내며 "이래도 네가 구원을 받았느냐?"라고 회의를 불러일으킬 때에 "그래, 그렇다. 그러나 내 죄 때문에 예수님께서 대신 십자가를 지셨다"라고 담대하게 믿음으로 십자가를 붙잡아라. **"내가 진실로 진실로 너희에게 이르노니 내 말을 듣고 또 나 보내신 이를 믿는 자는 영생을 얻었고 심판에 이르지 아니하나니 사망에서 생명으로 옮겼느니라"(요 5:24)**는 예수님의 말씀을 일평생 묵상하며 간직하라. 오직 믿음만이 구원의 확신을 주며 이 세상을 이기는 무기인 것이다(요일 5:4-5). 이 믿음은 하나님의 선물이다(엡 2:8). 믿음은 관계의 개념으로 속 중심을 터놓고 이야기 할 수 있을 만큼 관계가 깊어지고 친밀한 사이가 되게 한다(요 1:12, 15:5, cf. 약 2:19). 믿음은 그리스도를 우리 마음에 계시게 하는 능력이다(엡 3:17).

이성 : 아는 것이 믿는 것이다

믿음 : 믿는 것이 아는 것이다

1) **로마서 10:10** : 사람이 마음으로 믿어 의에 이르고 입으로 시인하여 구원에 이르느니라(cf. 엡 3:17).
2) **히브리서 11:1-2** : 믿음은 바라는 것들의 실상이요 보지 못하는 것들의 증거니 선진들이 이로써 증거를 얻었느니라.
3) **고린도후서 13:5** : 너희가 믿음에 있는가 너희 자신을 시험하고 너희 자신을 확증하라 예수 그리스도께서 너희 안에 계신 줄을 너희가 스스로 알지 못하느냐 그렇지 않으면 너희가 버리운 자니라.
4) **요한1서 5:4-5** : 대저 하나님께로서 난 자마다 세상을 이기느니라 세상을 이긴 이김은 이것이니 우리의 믿음이니라 예수께서 하나님의 아들이심을 믿는 자가 아니면 세상을 이기는 자가 누구뇨.
5) **이사야 7:9** : 만일 너희가 믿지 아니하면 정녕히 굳게 서지 못하리라 하셨다 할지니라.

구원 없는 확신이나 확신 없는 구원은 둘 다 무엇인가 잘못된 것이다. 이것은 신앙 진리의 오해와 심리적 오해로 기인되는 경우가 대부분이다. 그러므로 배우고 교정받고 구원의 확신에 거하여 승리하는 적극적인 그리스도인이 되어야만 한다. 구원받은 사람이 구원을 잃어버릴까 두려워하는 것도 잘못된 것이다. 한 번 구원받아 하나님의 자녀가 된 사람이 구원을 상실할 수 없음을 성경은 **"내가 저희에게 영생을 주노니 영원히 멸망치 아니할 터이요 또 저희를 내 손에서 빼앗을 자가 없느니라 저희를 주신 내 아버지는 만유보다 크시매 아무도 아버지 손에서 빼앗을 수 없느니라 나와 아버지는 하나이니라 하신대(요 10:28-30), 너희 속에 착한 일을 시작하신 이가 그리스도 예수의 날까지 이루실 줄을 우리가 확신하노라"(빌 1:6)**고 선포했다. 구원의 확신이 없기에 오늘날의 그리스도인들이 무력한 것이다. 하나님의 언약과 예수 그리스도의 십자가 대속 사건에 근거하여 확신을 가지라. 믿음으로 전진하는 그리스도의 좋은 일꾼이 되어야 한다(히 10:38). 구원의 확신을 가지는 것은 하나님의 오래 참으심에 기인하며(렘 15:15; 롬 9:2), 성도가 하나님의 은혜에서 떨어져 나가지 않는 것은 예수 그리스도의 사랑의 힘에 의한 것이다(롬 8:34-39; 요 10:28-29). 그리고 성령께서 성도의 마음 속에서 진리로 계속 이끌어 주시기 때문이다(요 14:17). "우리가 시작할 때에 확실한 것을 끝까지 견고히 잡으면 그리스도와 함께 참예한 자가 되리라"(히 3:14)고 히브리서 기자는 구원의 확신을 강조하고 있다. 구원받았을까 의심하지 말고 주님의 사랑과 능력에 근거하여 확신을 가지고, 구원받은 사람답게 말하고 구원받은 사람답게 행동하고 구원받은 사람답게 적극적으로 그 구원을 증거하라. 태양을 보고 걷는 사람은 그림자를 볼 겨를이 없다. 구원 확신의 근거가 나에게 있지 않고 절대자 하나님께 있다는 사실을 항상 명심하라(요일 5:4-15). **구원의 확신, 복의 확신, 승리의 확신, 인도하심의 확신, 그리고 기도 응답의 확신을 가져라. 신앙은 확신하는 것이다(히 11:1).**

[공동 기도문 : 통성기도]

영원하신 하나님,

변함없으신 사랑과 기록된 말씀과 성령의 도우심과 생활의 변화, 그리고 믿음의 확신으로 구원의 증거를 주셨사오니 감사합니다. 그동안 말씀을 신뢰하지 못하고 제 자신의 행위와 감정에 의존했던 잘못된 신앙을 용서하여 주옵소서. 사명을 제대로 감당하지 못하고 영적인 생활에 소홀했던 모든 잘못을 고백합니다. 다시금 감정이나 조건이나 형편에 따라 구원의 확신이 흔들리지 않도록 저를 붙잡아 주옵소서. 반석 같은 구원의 확신을 가지고 전진하게 하옵소서. 예수님의 이름으로 기도드립니다. 아멘. (절대 금식기도 훈련 : 스 9:3, 10:6; 행 9:9)

[질문] 구원 확신의 손으로 5대 구원 확신의 증거를 설명할 수 있는가?

1. 요한1서 5:13
2. 로마서 8:16
3. 요한1서 3:14
4. 고린도후서 5:17
5. 로마서 10:10

[질문] 다음의 대화는 어디에 문제가 있는가?

구원받으셨습니까?
네.
어떻게 구원받으셨지요?
예수님을 믿음으로 구원받았습니다.
그러면 어떻게 구원을 확신하십니까?
글쎄요…
당신은 성경이 하나님 말씀이라고 믿으십니까?
그럼요, 믿고 말고요.
그렇다면 로마서 5장 12절을 한번 보시지요. 모든 사람이 다 죄인이라고 했지요? 야고보서 1장 15절은 욕심과 죄는 사망을 낳는다고 했습니다. 마가복음 7장 21-22절에 보면 사람의 마음 속에서 나오는 13가지의 죄악이 열거되어 있습니다. 당신은 예수를 믿어도 이런 죄를 짓고 있지 않습니까?
예, 그렇습니다.
그렇다면 당신은 아직도 죄인입니다. 죄인인데 어떻게 구원을 확신합니까?

[나눔] 구원의 확신이 흔들리는 이유는 무엇일까?

[토론] 한 번 받은 구원이 가룟 유다처럼 도중에 상실될 수 있는가?

나의 결신서

본인은 과거의 죄를 회개하고 구원을 위해 오직 예수 그리스도만 믿고 신뢰합니다. 또한 정확무오한 성경 말씀에 근거하여 천국의 주인공인 하나님의 자녀로 거듭나서 사망에서 생명으로 신분과 운명이 바뀌었음을 믿습니다. 예수 그리스도의 영원한 생명을 소유한 하나님의 백성임을 확신합니다. 하나님이 선물로 주신 이 영원한 구원의 은혜와 놀라운 복을 아무도 나에게서 빼앗을 수 없음을 진실로 믿습니다. 앞으로 풍성한 천국의 삶을 누리는 가운데 성숙한 그리스도인이 되도록 착실하게 배워나갈 것을 결심합니다.

예수 내 구주, 예수 내 주, 오직 예수, 할렐루야, 아멘!

"내가 진실로 진실로 너희에게 이르노니 내 말을 듣고 또 나 보내신 이를 믿는 자는 영생을 얻었고 심판에 이르지 아니하나니 사망에서 생명으로 옮겼느니라"(요 5:24).

"내가 저희에게 영생을 주노니 영원히 멸망치 아니할 터이요 또 저희를 내 손에서 빼앗을 자가 없느니라 저희를 주신 내 아버지는 만유보다 크시매 아무도 아버지 손에서 빼앗을 수 없느니라 나와 아버지는 하나이니라 하신대"(요 10:28-30).

년 월 일

결신자 :

[읽어보기 : 느낌에 의존하지 말고 계기판을 의지하라]

조지아 주의 로움이라는 곳에서 시무하는 레니어(Forrest Lanier) 목사는 제2차 세계대전 때 전투기 조종사로 복무하신 분인데 다음과 같은 회고의 말을 했다.

"나는 산 안토니오(San Antonio)에 있는 켈리 비행장(Kelly Field)에서 훈련을 받았습니다. 처음으로 내가 비행기의 조종석에 올라타고 그 많은 계기들을 바라보고 있을 때 교관은 그 계기들 한 개 한 개를 가리키면서 그것들이 모두 무슨 역할을 하는지에 대하여 천천히 설명을 해 주었습니다.

'이것이 동서남북을 가리키는 나침반이다. 이것은 네가 얼마나 높은 상공에 있는가를 가르쳐 주는 고도계이다. 이 계기는 네가 수평선과 평행인가 아닌가를 가르쳐 줄 것이다.' 이렇게 한 가지씩 가르쳐 준 교관은 엄숙한 표정으로 다음과 같이 말했습니다. '내 말을 신중하게 들어라. 너는 이 계기들을 철저히 믿어야 한다. 그렇지 않으면 비행기가 너를 죽일 것이다.' 교관은 '너를 죽일 것이다' 라는 말을 할 때에는 나의 얼굴을 똑바로 쳐다보고 강조를 했습니다. 그리고 또다시 반복했습니다. 그래서 나는 그 말이 무슨 뜻이냐고 질문을 했습니다. 그러자 그는 다음과 같이 대답했습니다. '이제 네가 앞으로 비행기를 조종하면서 어떤 날에 너의 느낌으로 비행기가 바른 방향으로 가고 있다고 믿어지지 않을 때가 있을 것이다. 그러나 그때에도 너는 너의 느낌을 믿지 말고 저 방향계를 믿어야만 한다. 네가 밤중에 조종을 하는 어떤 때에는 네가 틀림없이 비행기가 한 쪽으로 기울어져 있다고 느끼는 때가 있을 것이다. 그러나 너는 너의 느낌을 믿지 말고 저 수평 계기를 믿어야 한다. 자, 이 계기들을 잘 보아라. 너는 이것들을 믿어야 한다. 그렇지 않으면 너의 목숨을 잃게 될 것이다. 너의 느낌이나 기분은 내어버려야 한다. 너는 저 계

기들을 끝까지 철저하게 믿고 비행해야만 한다. 그래야만 살 수 있다.'

내가 조종사가 된 후에 한번은 밤에 혼자 비행을 했는데 폭풍우 속에 들어가게 되었습니다. 비행기가 어떻게 심하게 요동을 하는지 좌석 벨트가 모두 팽팽해지고 비행기는 이상한 소리를 냈습니다. 나는 느낌에 오른쪽 날개가 너무 낮아진 것을 알았습니다. 그래서 오른쪽 날개를 위로 올렸습니다. 이제는 좌석의 벨트가 너무 당기는 것 같아서 어떻게 조절을 해야겠다고 생각을 하는 순간 계기판을 보았습니다. 순간 내 등에는 식은땀이 흘렀습니다. 왜냐하면 나는 엉뚱한 방향으로 가고 있었고 그것도 비행기를 거꾸로 뒤집어서 날고 있었던 것입니다. 그때 내 귀에는 비행 교관의 힘 있는 목소리가 들려왔습니다. '계기를 끝까지 철저히 믿어야 한다. 너의 느낌은 집어치워라. 그렇지 않으면 너는 죽는다.' 나는 곧 계기를 믿고 계기에 따라 비행기를 바로잡았습니다. 나는 살았습니다. 사람의 느낌에는 그것이 틀림없이 바른 것으로 판단되어도 그것이 결국 죽음의 길이라는 것을 나는 그때에 철저히 깨달을 수 있었습니다."

신앙생활에서 우리가 믿고 의지해야 할 계기판은 오직 성경뿐이며 오직 예수뿐임을 잊지 말라.

제12과 그리스도인은 어떻게 살아야 하는가?

학습목표 : 믿을 진리와 행할 진리를 구별하고 하나님이 원하시는 성경적 삶의 목적과 사명을 따라 5대 행할 진리를 자발적으로 수행하며 다른 사람들에게 바른 삶의 방향을 제시한다.

요절말씀 : 아아 허탄한 사람아 행함이 없는 믿음이 헛 것인 줄 알고자 하느냐 우리 조상 아브라함이 그 아들 이삭을 제단에 드릴 때에 행함으로 의롭다 하심을 받은 것이 아니냐 네가 보거니와 믿음이 그의 행함과 함께 일하고 행함으로 믿음이 온전케 되었느니라(약 2:20-22).

어느 날 교회에서 열린 부흥 집회에 한 여자 성도가 불신자 남편을 데리고 참석했다. 설교를 마친 후 강사 목사님은 청중들에게 그리스도를 믿는 결단의 시간을 주었다. 누구든지 예수를 구세주로 믿어 영접할 사람은 강단 앞으로 나오라고 말했다. 그러자 그 여자 성도가 남편의 귓가에 대고 조용하게 속삭였다. "여보, 당신도 지금 앞으로 나가서 믿기로 결심하지 않겠어요?" 그러나 남편은 아무 반응 없이 가만히 앉아 있었다. 아내는 한 번 더 권하며 "여보, 지금이 바로 당신이 믿기로 작정할 적절한 기회예요, 빨리 나가세요"라고 재촉하였다. 그러나 남편은 여전히 아무 반응 없이 그대로 앉아 있었다.

집으로 돌아오는 길에 아내는 쌀쌀맞은 어조로 "나는 오늘 밤 드디어 당신이 신앙생활하기로 결단하는 줄 알고 잔뜩 기대를 했잖아요"라고 남편에게 쏘아 부쳤다. 그래도 남편은 아무런 대답이 없었다. 집으로 돌아온 후에 남편은 이렇게 말했다. "여보, 아까 당신은 나에게 앞으로 나가서 믿기로 결심하라고 했지만 나는 아무런 반응도 보이지 않았소. 당신은 그리스도인이고, 나는 아니오. 이렇게 말하는 게 당신한테는 좀 미안하긴 하지만 당신과 생활해오면서 나는 예수 믿는 당신과 믿지 않는 내가 어떤 차이점이 있는지 도무지 발견하질 못했소. 당신도 심심하면 카드놀이하고 나도 그렇고, 당신도 화나면 소리지르고 성질부려 불평을 하고, 나도 그렇소. 당신도 때때로 술도 마시고 담배도 피우지 않소? 그리고 당신도 오락 영화를 즐기고 나도 그렇지. 안 믿는 나와 믿는 당신이 아무런 차이 없이 똑같이 생활하고 있는데 도대체 내가 왜 굳이 새롭게 그리스도인이 되어야 한단 말이오? 왜 그럴 필요가 있단 말이오? 나를 오해하지 말고 그리스도인인 당신과 불신자인 내가 어떤 차이가 있는지 한번 진심으로 말해 보시오."

함께 사는 남편에게조차 인정받지 못하는 이 여인을 어떻게 생각하는가? 이 여인의 모습이 바로 신앙생활하고 있다고 하면서도 바른 삶의 열매를 맺지 못하는 당신의 모습은 아닌가? 삶의 아름다운 열매가 없는 습관적인 신앙생활에 대해 사도 바울은 "기록된 바와 같이 하나님의 이름이 너희로 인하여 이방인 중에서 모독을 받는도다"(롬 2:24). "저희가 하나님을 시인하나 행위로는 부인하니 가증한 자요 복종치 아니하는 자요 모든 선한 일을 버리는 자니라"(딛 1:16)고 경고했다. 또한 "경건의 모양은 있으나 경건의 능력은 부인하는 자니 이 같은 자들에게서 네가 돌아서라"(딤후 3:5)고 단호히 말했다. 예수님도 "너희는 세상의 소금이니 소금이 만일 그 맛을 잃으면 무엇으로 짜게 하리요 후에는 아무 쓸데 없어 다만 밖에 버리워 사람에게 밟힐 뿐이니라"(마 5:13)고 말씀하셨다. 말씀의 도를 행하는 만큼 신앙이 있는 것이고 능력이 나타나고 행하는 만큼 은혜가 되는 것이다. 말하자면 말씀을 따라 사는 삶의 모습이 신앙생활의 성숙도와 참된 믿음을 결정하는 기준이 되기에 야고보는 "영혼 없는 몸이 죽은 것같이 행함이 없는 믿음은 죽은 것이니라"(약 2:26)고 행함 없는 믿음의 허상을 고발하고 있다.

성경의 진리(요 8:32)

믿을 진리 (이해 안 됨) 신 29:29	믿음 요구 (롬 11:16-17)	신분의 변화 (being) (특권)	은혜 (수동)	구원 (죄의 징벌) 일회적	영적 복 엡 1:3, 고후 4:18	나무	영광
행할 진리 (이해됨) 신 29:29	행함 요구 (약 2:26)	성화 생활 (doing) (의무)	자원 (능동)	성화 (죄의 세력) 지속적	육적 복 (사 58:11)	열매	

온전한 믿음
(빌 2:12-13; 약 2:22)

능력(input) →

(구원)
살아 있는 믿음
(work in)

성장, 변화, 전진

(성화)
은혜의 행함
(work out)

← 증거(output)

어떻게 살아야 할까? 그리스도인들에게 삶의 자세는 아주 중요하다. 그리스도인은 '무엇을 믿는가?, 어떻게 살 것인가?'를 생각하며 항상 그 해답을 가지고 있어야 한다. 길이요 진리요 생명이신 예수님(요 14:6)은 "진리를 알지니 진리가 너희를 자유케 하리라"(요 8:32)고 말씀하셨다. 신앙과 생활의 진리인 성경에는 **믿을 진리**와 **행할 진리**, 두 가지가 있다. 믿을 진리를 믿으면 **성령 받고(엡 1:13) 주님이 영적으로 내주하시고**

(엡 1:17-2:6) 하나님을 알게 된다(엡 4:13). 신분이 변하여 하나님의 자녀로(요 1:12) 구원의 영적인 복을 받게 된다(엡 2:8). 그러나 행할 진리를 행하면 하나님의 선한 목적이 이루어지고(엡 2:10) 하나님은 영광을 받으신다(마 5:16). 신앙이 성장하고(엡 4:15) 은혜를 체험하게 된다. 행할 진리를 행함으로 이 땅의 기름진 육적인 복을 받을 뿐만 아니라(행 20:35) 평강의 하나님이 함께 계시며(빌 4:9) 기도가 응답된다(요일 3:22). 그리고 말씀의 보호를 받으며(행 20:32) 살아 있는 온전한 신앙으로 확인된다(약 2:22, 26). 야고보는 "네가 보거니와 믿음이 그의 행함과 함께 일하고 행함으로 믿음이 온전케 되었느니라"(약 2:22)고 말했다. 그리고 요한도 "무엇이든지 구하는 바를 그에게 받나니 이는 우리가 그의 계명들을 지키고 그 앞에서 기뻐하시는 것을 행함이라"(요일 3:22)고 말했다. 살아 있는 믿음의 증거로 행함은 참으로 중요하다. 살아 있는 믿음은 반드시 성장한다. 성장은 또한 변화를 이룬다. 그리고 변화는 전진해 간다. 전진하기 위해서는 반드시 그 대가를 치러야 한다. 그리고 대가를 치른 모든 것은 반드시 아름다운 열매를 맺는다. 행함으로 신앙은 성장하고 변화하며 전진한다. 그러나 행함의 값을 치르지 않기 때문에 신앙이 제자리 걸음하고 성장과 새로운 변화의 신비를 체험하지 못한다. 아울러 신앙이 습관화, 종교화하는 것이다.

믿을 진리가 신분 변화의 특권(being)에 관한 것이라면 행할 진리는 인격과 삶의 변화는 물론 사명 감당의 의무(doing)에 관한 것이다. 사실 예수님은 인간의 행위보다는 사람 됨의 인격에 관심을 가지고 가르치셨다. 행함의 동력은 율법의 종교적인 순종에 있는 것이 아니라 변화된 인격체의 자발적인 활동에 있다. 그래서 예수님은 좋은 나무가 좋은 열매를 맺듯이, 참된 신앙은 인격과 삶으로 드러난다고 말씀하셨다(마 7:17-20). 온전한 신앙을 보여주는 삶의 증거는 무엇인가? 그리스도인들은 어떻게 살아가야 하는가? 하나님이 목적하시는 그리스도인들이 행할 5대 진리를 살펴보자.

1.(벧전 2:5):

나의 고백 : 나는 하나님의 (   )을 위하여 (   )하는 삶을 살겠습니다(고전 10:31; 벧전 2:9).

사람들이 불행한 것은 물질 문제가 아니라 분명한 삶의 목표와 사명감이 없기 때문이다. 그리스도인들의 첫째 삶의 목표는 먹든지 마시든지 하나님이 나를 통해 이루시기 원하는 것을 행하여 하나님께 영광을 돌리는 것이다(고전 10:31). 내가 좀 손해보고 억울하고 고통을 당하는 일이 있다고 해도 그것이 하나님의 뜻이요 하나님의 영광을 위하는 일이라면 기쁨으로 감당해야만 한다. 여러분의 삶의 목표와 우선순위는 무엇인가? **우리는 하나님을 사랑하는 예배와 주님을 닮아 성장해가는 성화와 그리스도의 몸 된 지체로서 사랑의 교제, 복음을 증거하는 사명 수행, 그리고 은혜에 감사함으로 베풀고 나누는 선한 삶으로 하나님께 영광을 돌려야 한다.** 특히 하나님께 영광을 돌리는 삶은 하나님을 예배하고 섬기는 삶이다. 하나님의 영광을 위하여 성실하게 주일 예배(히 10:22-25)를 드리고 영이신 하나님께 신령과 진정으로 예배드려야 한다(요 4:24). 예배는 주일마다 이벤트나 행사가 아니고 하나님께 순종하고 교제하여 그 분 앞에서 살아가는 삶 그 자체이다. 예수 그리스도로 말미암아 하나님이 기쁘게 받으실 신령한 예배(벧전 2:5), 선행의 예배(히 13:16), 기도 예배(딤전 4:5), 몸을 산 제물로 드리는 영적 예배(롬 12:1), 찬미 예배(히 13:15)와 감사 예배(시 100:1-5)를 드려야 한다. 예배는 하나님의 은혜에 감사하고 사랑으로 섬기는 행위이다. 진정한 예배는 편리함을 추구하는 것이 아니라 하나님을 사랑하여 예배 대가로 우리 자신을 하나님께 완전히 산 제물로 드리는(롬 6:13, 12:1-2) 의지적인 표현인 것이다.

하나님은 이스라엘 백성을 제사장 나라로 세워 여호와의 증인으로 온 천하에 구별하여 하나님의 거룩하심을 드러내기 원하셨다(사 43:10). 그러나 그들은 이 일에 실패했다. 그리하여 예수님이 부활 승천하신 후 그리스도인들에게 성령의 기름을 부으시고 나라와 제사장으로 세워 신약 시대의 하나님 백성, 즉 새 이스라엘, 교회로 이 사명을 감당하게 하셨다(벧전 2:9; 계 1:6).

1) **이사야 42:8** : 나는 여호와니 이는 내 이름이라 나는 내 영광을 다른 자에게, 내 찬송을 우상에게 주지 아니하리라.
2) **고린도전서 10:31** : 그런즉 너희가 먹든지 마시든지 무엇을 하든지 하나님의 영광을 위하여 하라.
3) **요한복음 15:8** : 너희가 과실을 많이 맺으면 내 아버지께서 영광을 받으실 것이요 너희가 내 제자가 되리라.
4) **마태복음 5:16** : 이같이 너희 빛을 사람 앞에 비취게 하여 저희로 너희 착한 행실을 보고 하늘에 계신 너희 아버지께 영광을 돌리게 하라(cf. 벧전 2:12).
5) **이사야 43:7** : 무릇 내 이름으로 일컫는 자 곧 내가 내 영광을 위하여 창조한 자를 오게 하라 그들을 내가 지었고 만들었느니라(cf. 벧전 2:9).
6) **에베소서 1:6** : 이는 그의 사랑하시는 자 안에서 우리에게 거저 주시는 바 그의 은혜의 영광을 찬미하게 하려는 것이라.
7) **고린도전서 6:19-20** : 너희 몸은 너희가 하나님께로부터 받은 바 너희 가운데 계신 성령의 전인 줄을 알지 못하느냐 너희는 너희의 것이 아니라 값으로 산 것이 되었으니 그런즉 너희 몸으로 하나님께 영광을 돌리라.

8) **요한계시록 5:13-14** : 내가 또 들으니 하늘 위에와 땅 위에와 땅 아래와 바다 위에와 또 그 가운데 모든 만물이 가로되 보좌에 앉으신 이와 어린 양에게 찬송과 존귀와 영광과 능력을 세세토록 돌릴지어다 하니 네 생물이 가로되 아멘 하고 장로들은 엎드려 경배하더라.

9) **로마서 6:13** : 또한 너희 지체를 불의의 병기로 죄에게 드리지 말고 오직 너희 자신을 죽은 자 가운데서 다시 산 자같이 하나님께 드리며 너희 지체를 의의 병기로 하나님께 드리라(cf. 롬 12:1-2).

10) **마가복음 12:30** : 네 마음을 다하고 목숨을 다하고 뜻을 다하고 힘을 다하여 주 너의 하나님을 사랑하라.

2.(요 13:15):

나의 고백 : 나는 (　　　)을 따라 죽도록 (　　　)하며 (　　　) 삶을 살겠습니다(막 10:45).

어떻게 하면 섭섭한 일로 상처받지 않고 보람 되게 살 수 있을까? 이 세상이 복잡하고 문제가 많은 것은 모든 사람들이 위대해지려는 욕망과 이기심의 소유 욕망을 가지고 있기 때문이다. 인정받고 높아지고 섬김을 받고 싶은 미성숙한 사람들이 많기 때문이다. 오늘날 그리스도인들의 최대 약점은 섬김의 부족이다. 섬김을 받고 싶은 사람은 많지만 섬기려는 사람들은 실로 적기 때문에 많은 분쟁과 문제의 악순환이 있고 평화가 없는 것이다. 기독교의 성공과 행복, 은혜, 그리고 복의 법칙은 섬김에 있고 이것이 바로 그리스도인들만 누릴 수 있는 행복의 비밀이다. **진실한 그리스도인이란 섬길 줄 아는 성숙한 사람이다.** 그리스도인의 진정한 기쁨과 행복은 섬김과 정비례한다. 행복한 사람은 보상 없이 섬기려는 자요, 스스로 높아지려는 자는 상대적으로 다른 사람을 낮추려고 하기 때문에 많은 적들을 만들게 된다. 섬긴다는 말은 '누군가의 아래에 자신을 둔다'는 뜻이다. 예수님은 자기 백성을 섬기려고 이 땅에 오셨다. 예수님은 제자들을 자신의 의자에 앉히시고 그 아래서 제자들의 발을 씻어 몸소 모범을 보여주셨다. 주님의 제자가 되려는 사람은 하나님을 섬기고 형제를 섬기는 종이 되지 않으면 안 된다(마 16:24).

그리스도인의 기본 생활 요소인 섬김은 매일 매일 실생활의 방식이요 사랑의 구체적인 내용인 동시에, 그리스도의 종 된 제자의 표시인 것이다. 은혜받고 유지하며 더 큰 은혜를 받는 비결, 성공의 비결, 인정받는 비결은 섬기는 삶임을 잊지 말라. 낮아져서 가족과 이웃을 섬기려고 작정해 보라. 자신을 낮추는 자를 하나님께서 높이신다(약 4:10). 우리 안에 나타난 그리스도의 영적 능력이 사랑이라면 사랑의 첫째 통로인 은사가 섬김과 봉사인 것이다. 섬김은 그리스도에 대한 순종을 전제로 한다. '섬김'이 없이는 절대로 예수님을 닮아갈 수 없다. 기쁨으로 섬기는 자를 하나님이 가장 소중하게 생각하시며 상급을 준비하고 계신다(요 12:26; 히 6:10).

천국 백성과 세상 백성의 차이는 무엇인가? 세상 사람들의 일반적인 삶의 원리는 섬김을 받으려는 삶이다. 그러나 천국 백성의 삶의 원리는 종이 되어 섬기려는 성숙한 삶이다. 천국의 삶이란 섬기며 왕노릇 하는 신비한 삶인 것이다(마 20:20-27).

예수님은 섬김의 삶에 대한 모범을 보여주셨다(마 20:28). 예수님이 이 땅에 오신 목적은 자기 백성을 죄에서 구원하시려고 오셨으며(마 1:21) 그 방법은 섬기는 고난의 종이 되는 것이었다(빌 2:7; 막 10:44-45; 사 53:1-11). 그 결과로 하늘에는 영광이요, 땅에는 평화가 선포되었다(눅 2:14). 하나님에 대한 영광, 이웃에 대한 평화가 없다면 수고와 헌신과 봉사가 무슨 의미가 있는가? 신앙생활을 잘하는 비결은 주님이 보여주신 삶의 모델을 따라서 섬기는 종으로 사는 것이다. 여기에서 종이란 강압적인 지시에 억지로 따르는 노예가 아니다. 자발적인 종으로 대가를 기대하지 않고 은혜에 감사하여 기쁨으로 자원하는 순종의 종을 말한다. 옛날 구약 시대 종들은 7년이 되면 자유를 주어서 내보냈다. 그러나 그 은혜가 고마워 그냥 머물러 계속 섬기겠다고 자원하면 충성스런 종의 귀에 구멍을 뚫고 자녀로 삼았던 것에서 유래한다(고전 9:19; 갈 6:17; 출 21:5-6). 예수님은 선생으로서 제자들의 발을 씻어 섬김의 바른 모범을 보여주셨다(요 13:14-15). 인간의 불행은 빈곤과 경제 문제에 있는 것이 아니라 목적 의식이 없는 것이요, 삶의 결단과 보람이 없는 무력한 것이다.

성공적인 그리스도인의 삶

성공적인 그리스도인의 삶은 예수님을 구세주로 믿고(행 16:31) 마음 중심에 품고(빌 2:5) 항상 바라보는(히 12:2) 삶이다. 예수 그리스도를 깊이 생각하고(히 3:1) 닮아가고(고전 11:1) 복종하고(빌 2:10-11) 계승하고(요 17:18; 마 28:18-20) 증거하고(행 5:32) 경배하는(계 5:12-14) 삶이다. 그에게 영광을 돌리며(계 5:12) 다시 오실 주님을 기다리는(계 22:20; 고전 16:22) 오직 예수 중심의 삶(빌 3:8), 예수 그리스도에게 미친 삶이다(행 26:24). 예수님을 닮는 삶은 충성과 사랑과 거룩함으로 섬기는 행복한 삶이다. 이것이 바로 기독교의 영성인 것이다.

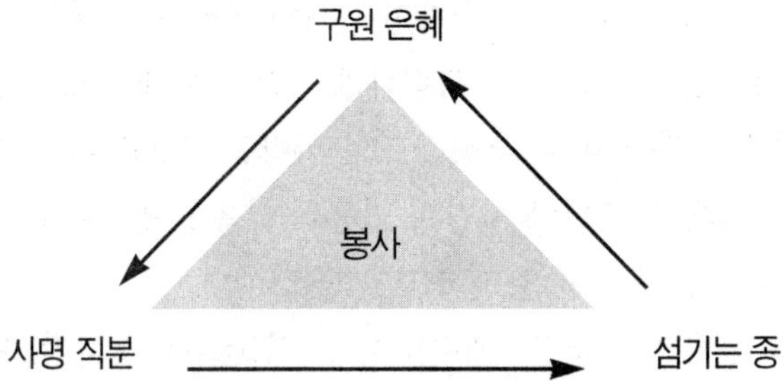

성경에 나타난 섬김의 태도는 ① 주께 하듯(골 3:23) ② 단 마음으로(엡 6:7) ③ 겸손하게(빌 2:3-4) 하는 것이다. 선한 청지기같이(벧전 4:10) 하나님이 공급해 주시는 힘으로 섬긴다(벧전 4:11). 믿음의 분량대로(롬 12:4) 열심히 섬기는 것이다(롬 12:11). 성도의 봉사 삼각도는 ① 그리스도를 중심으로 한 은혜의 구원이요 ② 직분 봉사요 ③ 성숙하고 겸손한 종의 섬기는 모습인 것이다(롬 1:5). **당신이 계속 위대해지고 싶은 욕망, 자기 이기심이라는 욕망에 앉아 있다면 다른 사람의 발을 씻겨 섬길 수가 없다.** 그러므로 섬김은 자기와의 싸움에서 승리해야 한다. 섬김과 봉사의 궁극적인 대상은 하나님이다(엡 6:7-8; 골 3:23-24). 심판주 하나님은 자신과 이웃에 대한 봉사를 똑같이 평가하신다는 사실을 잊지 말라(히 13:16; 마 25:40). 다른 사람이 원하는 것을 얻도록 충실히 도와준다면 인정받는 사람이 되며 우리가 원하는 것도 얻을 수가 있다.

섬김의 삶을 살지 못하는 이유는 결국 하나님의 뜻과 진정한 십자가의 의미, 성경 말씀과 자기 자신, 그리고 자신의 능력에 대한 영적 무지에서 오는 것이다(마 20:22-23). 이 무지의 배경은 바로 이기심이다. 섬김이란 남을 높이고 본성적으로 자기를 낮추는 것이다. 이기심의 결과로 자신을 높이기 위해 남을 낮추어 교만해지고 다른 사람은 상처를 받게 되어 적대 감정과 피해의식을 갖게 되므로 적들을 만들게 된다(마

20:24). 섬김, 즉 봉사란 '누군가의 아래에 자신을 둔다'는 의미로 원래 식당에서 음식을 가져다주는 사람에게 쓰던 말이다. 그리스도와 연합한 후 기본적인 은사가 바로 그리스도의 사랑을 전달해 주는 섬김의 은사인 것이다. 이때 우리 안에 사랑과 믿음이 있음을 발견하게 된다. 이것은 그리스도에 대한 순종의 양만큼 전달될 것이다.

섬김의 내용인 사랑은, 예수님이 날 사랑하신 것처럼 **'당신이 무슨 짓을 해도 나는 당신을 변함없이 사랑할 것입니다'**라고 작정을 하고 사랑하는 것을 말한다. 하나님을 섬기는 것이 예배요, 예배의 구체적인 표현이 이웃에 대한 봉사이기에 이 둘은 불가분의 관계이다(히 13:16). 섬김의 모든 재료는 하나님께 받은 것들이므로 우리는 청지기로서 봉사자이다. 섬김으로 사랑을 실천할 때 여러분은 기독교의 황금률을 바로 이해하게 될 것이며(마 7:12) 삶의 기쁨이 충만하게 될 것이다. 구원은 하나님의 은혜지만 주님의 형상을 닮는 영적 성장과 성품 변화의 성화는 일평생의 과정으로 성령의 지원과 더불어 노력과 투자가 요청된다(엡 4:13-15, 22-24; 빌 2:13). 그리하여 성경은 거룩한 성품 변화를 위해 '힘쓰라'고 거듭 강조한다(눅 3:24; 롬 14:19; 엡 4:3; 딤후 2:15; 히 4:11; 벧후 1:5, 10). 사람은 사실대로 보는 것이 아니라 자기의 생각대로 본다. 생각을 바꿔라. 옛 성품을 버려라. 새 성품을 계발하라. 하나님께 순종하는 것을 습관화하면 하나님의 능력이 임한다. 주님을 선택하고 주님의 성품을 닮아가는 데 성령의 도움을 의지하라.

1) **마가복음 10:44-45** : 너희 중에 누구든지 으뜸이 되고자 하는 자는 모든 사람의 종이 되어야 하리라 인자의 온 것은 섬김을 받으려 함이 아니라 도리어 섬기려 하고 자기 목숨을 많은 사람의 대속물로 주려 함이니라.

2) **요한복음 13:14-15** : 내가 주와 또는 선생이 되어 너희 발을 씻겼으니 너희도 서로 발을 씻기는 것이 옳으니라 내가 너희에게 행한 것같이 너희도 행하게 하려 하여 본을 보였노라.

3) **요한복음 13:34-35** : 새 계명을 너희에게 주노니 서로 사랑하라 내가 너희를 사랑한 것같이 너희도 서로 사랑하라 너희가 서로 사랑하면 이로써 모든 사람이 너희가 내 제자인 줄 알리라.
4) **마태복음 7:12** : 그러므로 무엇이든지 남에게 대접을 받고자 하는 대로 너희도 남을 대접하라 이것이 율법이요 선지자니라.
5) **마태복음 25:39-40** : 어느 때 병드신 것이나 옥에 갇히신 것을 보고 가서 뵈었나이까 임금이 대답하여 가라사대 내가 진실로 너희에게 이르노니 너희가 여기 내 형제 중에 지극히 작은 자 하나에게 한 것이 곧 내게 한 것이니라 하시고.
6) **요한계시록 2:10** : 네가 죽도록 충성하라 그리하면 내가 생명의 면류관을 네게 주리라.
7) **에베소서 4:22-24** : 너희는 유혹의 욕심을 따라 썩어져 가는 구습을 좇는 옛 사람을 벗어버리고 오직 심령으로 새롭게 되어 하나님을 따라 의와 진리의 거룩함으로 지으심을 받은 새 사람을 입으라.
8) **빌립보서 2:13** : 너희 안에서 행하시는 이는 하나님이시니 자기의 기쁘신 뜻을 위하여 너희로 소원을 두고 행하게 하시나니.
9) **에베소서 4:15** : 오직 사랑 안에서 참된 것을 하여 범사에 그에게까지 자랄지라 그는 머리니 곧 그리스도라.

3.(막 16:15): ____________

나의 고백 : 나는 (   )충만하여 언제 어디서든지 (   ) 증거하는 삶을 살겠습니다(행 1:8; 마 28:19-20).

그리스도인의 삶은 성령 충만하여 항상 복음을 증거하는 사명의 삶이다. 우리의 생애에 가장 기쁘고 감격적인 사건이 있다면 예수 그리스도를 나의 구세주로 영접한 일일 것이다. 그렇다면 그리스도인으로서 다른 사람에게 해줄 수 있는 가장 위대한 일도 예수 그리스도를 알도록 전해주는 일일 것이다. 그리스도인이 전도할 때 이 세상 많은 사람에게 최상, 최대, 최고의 행복을 안겨다 주는 천사의 역할을 하게 된다. 예수 없는 모든 사람은 선교지이고 예수님을 마음에 모신 사람은 누구든지 선교사가 된다. **전도는 최대의 봉사인 동시에 사랑의 표현이며, 또한 사단에게서 죄인을 구출해내는 최대 영적 전쟁인 것**이다.

모든 일에는 협력자, 계승자, 동반자가 필요하다. 예수님은 천국 복음을 전파하며 세상을 구원하려는 위대한 역사를 펼칠 때 무엇보다도 사람을 귀하게 생각하며 함께 일할 동역자, 계승자를 선택하셨다. 예수님은 세계 복음화의 비전을 가지고 12 명의 제자를 선택하시고 집중적으로 양육하고 훈련하셔서 파송했던 것이다. 왜 그리스도인들이 복음 증거의 사명을 우선 과제로 삼아야 하는가? 그 중요성을 아는 것이 필요하다. 전도의 5대 중요성은 ① **구원의 방편(고전 1:21)이며** ② **하나님의 일(딤 1:3)이고** ③ **예수 그리스도가 이 땅에 오신 목적(막 1:38)이며** ④ **성령의 사역(행 1:8; 롬 15:18)이며** ⑤ **그리스도인의 마땅한 사명이다(고전 9:16).** 전도는 하나님께 최고로 영광돌리는 일이며(요 15:8; 눅 15:7) 그리스도인의 놀라운 특권이다(고후 5:20). 최대의 기쁜 소식이요(롬 10:15), 영적 성장 운동이며(요 4:43; 엡 6:15), 전도할 때에 구원의 확신이 생긴다(약 5:20; 벧전 3:15; 단 12:3). 전도는 사랑의 빚을 갚으며(롬 1:14) 교회 성장과 하나님 나라의 확장을 이루고(행 2:47) 장차 주님 앞에서 자랑의 면류관이 된다(살전 2:19-20).

전도의 중요성

④ 그리스도인의 사명 (고전 9:16)

① 하나님의 일 (딛 1:3)

⑤ 구원의 방편 (고전 1:21)

③ 성령의 사역 (행 1:8)

② 예수 그리스도의 공생애 목적 (막 1:38)

죄인을 구원하려는(마 1:21) 전도의 사명을 가지고 이 땅에 오신 예수님이(막 1:38) 제자들에게 하신 첫 번째 명령은 **"나를 따라오너라 내가 너희로 사람을 낚는 어부가 되게 하리라"(마 4:19)**고 하신 것이었다. 그리고 마지막 명령은 **"너희는 가서 모든 족속으로 제자를 삼아 아버지와 아들과 성령의 이름으로 세례를 주고 내가 너희에게 분부한 모든 것을 가르쳐 지키게 하라"(마 28:19-20)**는 전도 명령과 더불어 **"오직 성령이 너희에게 임하시면 너희가 권능을 받고 예루살렘과 온 유대와 사마리아 땅 끝까지 이르러 내 증인이 되리라"(행 1:8)**는 약속이었다. 이와 같이 예수님은 선교 명령으로 사역을 시작하셨고 또한 끝내셨다. 이 명령 사이에 예수님이 십자가에서 물과 피를 쏟아 해산의 고통을 당하시며 자신을 닮은 영적 존재로 우리를 낳아 하나님의 자녀가 되게 하신 사건이 있다(막 15:34; 요 19:28-30, 34). 이를 통해 우리를 죄인의 자리에서 신분이 바뀌어 의인이 되게 하신 것이다. 예수님의 교훈의 추진력은 온 세상에 나가 만민에게 복음을 전파하라고 그의 제자들에게 명하신 지상명령 속에 요약된다. 그러므로 교회는 온 세계에 복음을 전파하기 위해 예수 그리스도의 지배를 받는 하나의 몸인 것이다. 이 과업은 성직자나 평신도나 누구든지 예수 믿고 구원받은 모든 사람들이 역동적으로 진행해야 하는 과제이다. 그러나 불행하게도 전도를 한 번도 못해 본 그리스도인들이 너무나 많이 있다.

스펄전 목사님은 복음 선교의 열정을 다음과 같이 말했다. "내가 가지고 있는 복음의 총알을 모두 쏘았는데도 거의 아무런 효과가 없음을 느낄 때마다 나의 간절한 소원은 내 자신이 복음의 총알이 되는 것이다. 그래서 나는 총 속으로 들어가 총알이 된 나 자신을 쏘아 그들의 마음에 박히기를 원한다."

1) **고린도전서 1:21** : 하나님의 지혜에 있어서는 이 세상이 자기 지혜로 하나님을 알지 못하는 고로 하나님께서 전도의 미련한 것으로 믿는 자들을 구원하시기를 기뻐하셨도다.
2) **디도서 1:3** : 자기 때에 자기의 말씀을 전도로 나타내셨으니 이 전도는 우리 구주 하나님의 명대로 내게 맡기신 것이라.
3) **마가복음 1:38** : 이르시되 우리가 다른 가까운 마을들로 가자 거기서도 전도하리니 내가 이를 위하여 왔노라 하시고.
4) **사도행전 1:8** : 오직 성령이 너희에게 임하시면 너희가 권능을 받고 예루살렘과 온 유대와 사마리아와 땅 끝까지 이르러 내 증인이 되리라 하시니라.
5) **고린도전서 9:16** : 내가 복음을 전할지라도 자랑할 것이 없음은 내가 부득불 할 일임이라 만일 복음을 전하지 아니하면 내게 화가 있을 것임이로라.
6) **예레미야 20:9** : 내가 다시는 여호와를 선포하지 아니하며 그 이름으로 말하지 아니하리라 하면 나의 중심이 불붙는 것 같아서 골수에 사무치니 답답하여 견딜 수 없나이다.
7) **사도행전 20:24** : 나의 달려갈 길과 주 예수께 받은 사명 곧 하나님의 은혜의 복음 증거하는 일을 마치려 함에는 나의 생명을 조금도 귀한 것으로 여기지 아니하노라.
8) **마태복음 28:19-20** : 그러므로 너희는 가서 모든 족속으로 제자를 삼아 아버지와 아들과 성령의 이름으로 세례를 주고 내가 너희에게 분부한 모든 것을 가르쳐 지키게 하라 볼지어다 내가 세상 끝날까지 너희와 항상 함께 있

으리라 하시니라.

9) **디모데후서 4:2** : 너는 말씀을 전파하라 때를 얻든지 못 얻든지 항상 힘쓰라 범사에 오래 참음과 가르침으로 경책하며 경계하며 권하라.

10) **로마서 10:13-15** : 누구든지 주의 이름을 부르는 자는 구원을 얻으리라 그런즉 저희가 믿지 아니하는 이를 어찌 부르리요 듣지도 못한 이를 어찌 믿으리요 전파하는 자가 없이 어찌 들으리요 보내심을 받지 아니하였으면 어찌 전파하리요 기록된바 아름답도다 좋은 소식을 전하는 자들의 발이여 함과 같으니라.

11) **로마서 15:16** : 이 은혜는 곧 나로 이방인을 위하여 그리스도 예수의 일꾼이 되어 하나님의 복음의 제사장 직무를 하게 하사 이방인을 제물로 드리는 그것이 성령 안에서 거룩하게 되어 받으심직하게 하려 하심이라.

12) **베드로전서 3:15** : 너희 마음에 그리스도를 주로 삼아 거룩하게 하고 너희 속에 있는 소망에 관한 이유를 묻는 자에게는 대답할 것을 항상 예비하되 온유와 두려움으로 하고 선한 양심을 가지라 이는 그리스도 안에 있는 너희의 선행을 욕하는 자들로 그 비방하는 일에 부끄러움을 당하게 하려 함이라.

4.(갈 6:10): ____________

나의 고백 : 나는 주 안에서 믿음의 (   )들과 (   )으로 교제하며 교회에 봉사하겠습니다 (엡 4:1-3).

현대 전자 혁명 시대를 특징지어 말한다면 '단절의 시대'라고 할 수 있다. 이 시대는 대화의 단절, 지식의 단절, 세대의 단절, 마음의 단절로 고독이라는 병에 걸려 있다. 이 단절과 분열의 배경에는 개인주의, 경쟁주의, 속도주의가 자리잡고 있으며 그 뒤안길에 사단이 또

한 자리하고 있는 것이다. 삶의 치열한 경쟁에서 승리해야 하기 때문에 빨리 움직여야 하고 철저히 개인주의화해 간다. 오늘날의 교회들은 익명의 성도로서 참여와 만남은 있지만 서로의 진정한 교제가 없다는 데 큰 문제가 있다. 대화와 교제의 단절을 통해 사람들은 인격 성장의 기회와 삶의 의미, 그리고 함께 살아가는 삶의 기쁨을 상실해 버렸다. 인간은 나면서부터 관계 속에 살아가는 관계적인 존재이다. 현장에서 벌어지는 모든 문제의 근원은 외부에 있는 것이 아니고 하나님과의 관계에서 비롯되고 문제 해결도 하나님의 관계 속에서 찾아야만 한다. 바벨탑 사건의 분열 후에 성령의 역할은 성도가 그리스도의 몸 된 지체로서 서로 교제하고 평화를 누리게 하는 데 있다. 이 시대의 고독의 문제와 갈등의 치유는 바로 교제 회복에 있다(행 2:42-47).

교제(코이노이아)란 원래 '누구와 어떤 것을 나눔' 이라는 의미를 가지고 있다. 즉 그리스도의 사람과 함께 나누는 것을 말한다. 예수 그리스도를 구주로 영접한 사람은 그리스도의 몸 된 교회의 한 지체일 뿐만 아니라(롬 12:5), 하나님의 영원한 가족과 자녀로서 새로운 관계가 형성되어 말씀과 기도를 통해 성장해 간다. 그리고 천국 기업의 상속자인 다른 그리스도인과 더불어 하나님을 아버지라 부르며 예수 그리스도의 피를 나눈 영원한 가족과 형제로서 교제함으로(요일 1:3; 마 23:8) 성장해 가며 외부의 환난에 대처해야 한다. 그리스도인들은 서로 속하고 서로 연결되어야 하며 결코 홀로 지낼 수 있는 존재가 아니다(롬 12:5). 직접 일대일로 만나는 일반 교제와는 다르게 하나님과의 관계가 그리스도인들의 교제의 근원이 되며 또한 그리스도인들은 주님의 지체로서 상호 관계에 있기 때문에 분리나 도피가 불가능하다. 그리스도인들의 교제의 매체가 바로 예수 그리스도시기 때문이다(빌 2:5). **그리스도인의 교제 관계의 기초는 그리스도인의 지체 의식(롬 12:5), 형제애 의식(마 23:8), 한 성전 의식(벧전 2:5) 그리고 선교 의식**이다.

하나님이 인간을 창조하신 목적이 바로 교제요, 주님을 이 땅에 보내신 목적도 교제의 회복에 있다(요 17:21). 교제는 초대교회가 핍박을 극복하고 성장한 비밀이었던 것처럼 그리스도인들이 환난을 극복하는 힘이요, 함께 살아가는 삶의 기본 윤리가 된다(행 2:42). 교제의 내용은 사랑이요 그 표현이 바로 이해와 용서, 그리고 섬김과 대접인 것이다.

성숙한 그리스도인의 성경적인 교제의 요소는 첫째가 사랑이다(요 13:34-35). 하나님 사랑과 이웃 사랑의 양면성은 결코 무시될 수 없다. 그리스도인의 사랑은 절대적인 사랑이요, 불멸하는 사랑이요, 큰 사랑이다. 그것은 어른스런 성숙한 사랑이요, 창조적이고 능동적인 사랑이다. 둘째로 용서다(엡 4:32; 골 3:13). 주님이 우리를 어떻게 용서하셨는가를 생각해 보라. 실수하지 않을 자신이 있다면 용서하지 않아도 된다. 허물을 덮어 주고 보호해 주고 오래 오래 기다려 주라. 상한 마음과 상처를 잊고 용서하라. 우리가 용서하지 못하는 가장 큰 이유는 교만 때문이다. 셋째는 상대방의 입장이 되어서 상대를 이해해 주는 것이다(마 17:27; 롬 12:15). 교제를 단절시키고 파괴하는 요인 중 하나는 오해하는 것이다. 이해심이 없는 사람은 창문 없는 집에 사는 사람과도 같다. 넷째는 섬김이다(요 13:12-16). 제자들의 발을 씻기신 주님을 깊이 생각해 보라. 다섯째는 겸손이다(롬 12:16; 벧전 5:5). 겸손은 지속적인 교제 방법이다. 여러분은 어떤 상황, 어떤 사람에게 가장 겸손하기 어려운가? 여섯째는 교제를 솔선 수범하는 것이다(마 7:12). 좋은 교제를 나누려면 기다리지 말고 항상 먼저 적극적으로 교제를 솔선하라. 참여의 교제, 나눔의 교제, 섬김의 교제로 친밀한 교제를 나누어라.

그러나 닫혀진 마음, 교만, 비판적인 성격, 비교의식, 이기심, 불신은 **교제의 장애 요소**들이며(잠 16:28; 엡 4:29-31), 죄악은 하나님과 교제를 나누는 데 있어 장애물이다(사 59:1-2). 그러나 그리스도인의 교제에는 분명한 한계와 경계가 있다. 성경은 폐하려는 자(잠 16:28), 믿지 않는 자(고후 6:14), 어둠의 사람들(엡 5:11), 귀신과의 교제(고전

10:20)를 경계하고 있다. 신앙의 성별과 생활의 성별, 교제의 성별이 필요하기에 교제에는 철저한 단절과 그리스도 안에서 철저한 연합이 요구된다(고후 6:14-18).

그리스도인의 교제의 삼각도

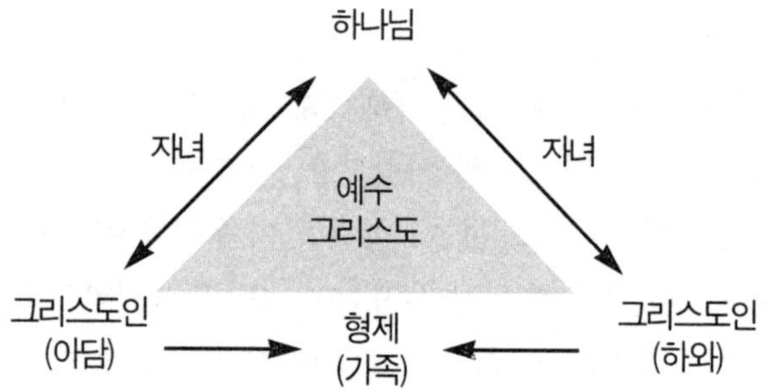

1. **로마서 12:5** : 이와 같이 우리 많은 사람이 그리스도 안에서 한 몸이 되어 서로 지체가 되었느니라.
2. **요한복음 15:5** : 나는 포도나무요 너희는 가지니 저가 내 안에, 내가 저 안에 있으면 이 사람은 과실을 많이 맺나니 나를 떠나서는 너희가 아무것도 할 수 없음이라.
3. **에베소서 1:5** : 그 기쁘신 뜻대로 우리를 예정하사 예수 그리스도로 말미암아 자기의 아들들이 되게 하셨느니라.
4. **마태복음 12:49-50** : 손을 내밀어 제자들을 가리켜 가라사대 나의 모친과 나의 동생들을 보라 누구든지 하늘에 계신 내 아버지의 뜻대로 하는 자가 내 형제요 자매요 모친이니라 하시더라.
5. **갈라디아서 6:10** : 그러므로 우리는 기회 있는 대로 모든 이에게 착한 일을 하되 더욱 믿음의 가정들에게 할지니라.

5.(마 5:16):

나의 고백 : 나는 다시 오실 (   )을 기다리며 항상 기뻐하고 범사에 (   )하며 신앙과 삶의 모범이 되겠습니다 (살전 5:16-18; 고후 4:14; 계 22:20).

그리스도인의 삶은 다시 오실 주님을 기다리며 미래에서 현실을 바라보고 하루 하루를 성실하게 살아가는 종말적인 삶이다(벧후 3:8-14). 오늘날 그리스도인들의 약점은 주님을 기다리는 종말 신앙이 없기에 세속화와 종교화의 물결에 휘말리는 것이다. 종말 신앙은 마귀의 미혹과 환난에 맞서 하루하루를 성실하게 살아가도록 하는 강력한 힘을 제공해 준다. 그리하여 베드로는 다음과 같이 종말 신앙을 강조했다.

> "이 모든 것이 이렇게 풀어지리니 너희가 어떠한 사람이 되어야 마땅하뇨 거룩한 행실과 경건함으로 하나님의 날이 임하기를 바라보고 간절히 사모하라 그 날에 하늘이 불에 타서 풀어지고 체질이 뜨거운 불에 녹아지려니와 우리는 그의 약속대로 의의 거하는 바 새 하늘과 새 땅을 바라보도다 그러므로 사랑하는 자들아 너희가 이것을 바라보나니 주 앞에 점도 없고 흠도 없이 평강 가운데서 나타나기를 힘쓰라"(벧후 3:11-14).

우리는 주님을 기다리며 어떻게 살아야 할 것인가? 현대를 특징지어 말한다면 자유 경쟁, 개인주의, 스피드, 이 세 가지를 들 수 있다. 자기 이기심의 극대화를 위해 숨가쁘게 움직이는 이 시대에는 인격적으로 성숙하며 남을 배려할 여유가 없다. 이런 쟁취적 문화와 스피드 시대에 기쁨과 감사를 찾기란 참으로 어렵다. 세상은 점점 감사가 없는 배은 망덕과 자기 교만에 빠져 있어 옛날보다 풍요 속에 살면서도 행복을 느끼는 사람은 많지 않다. 일이 잘되고 많이 가졌다고 해서 행복한 것이 아니라 감사하는 마음에 행복이 깃들고 감사하는 만큼 행복할 수 있기 때문이다. 받은 바 은혜를 감사하며 봉사하고 선을 베풂으로써 하나님께 영광돌리는 삶이 세상에 영향력을 끼치는 그리스도인들의 삶인 것이다(마 5:16). 이 모든 것이 성화의 과정이다.

만족과 행복을 가장 빠르게 찾을 수 있는 비결은 모든 일을 감사하는 데 있다(고후 4:15). 은혜가 은혜가 되게 하고 행복이 되게 하고 복이 되게 하는 비밀이 바로 감사하는 마음을 가지는 데 있다. 감사는 구원(살후 2:13), 예배(시 100:4), 기도(빌 4:6; 골 1:3; 단 6:10), 생활(살전 5:18; 엡 5:20), 은혜(고후 4:15), 믿음(골 2:7), 찬송(계 4:9-11), 모든 것에 필요한 요소이다. 감사야말로 사랑을 베풀 수 있고 마귀를 대적할 수 있고 행복해질 수 있는 능력이요, 복의 지름길이다. 감사하는 마음은 나누고 베풀고 봉사한다. 그리하여 그리스도의 능력이 세상을 변화시킬 수 있도록 영향력을 행사한다. **하나님께 영광돌리는 그리스도인의 삶은 자신의 마음 중심으로 예수 그리스도를 닮아가는 삶이요, 하나님께 예배하고 세상에 봉사하고 믿음의 형제가 서로 사랑의 교제를 나누며 믿지 않는 자들을 전도하는 삶**이다.

1) **데살로니가전서 5:23** : 평강의 하나님이 친히 너희로 온전히 거룩하게 하시고 또 너희 온 영과 혼과 몸이 우리 주 예수그리스도 강림하실 때에 흠 없게 보전되기를 원하노라.
2) **데살로니가전서 5:16-18** : 항상 기뻐하라 쉬지 말고 기도하라 범사에 감사하라 이는 그리스도 예수 안에서 너희를 향하신 하나님의 뜻이니라.
3) **골로새서 2:6-7** : 그러므로 너희가 그리스도 예수를 주로 받았으니 그 안에서 행하되 그 안에 뿌리를 박으며 세움을 입어 교훈을 받은 대로 믿음에 굳게 서서 감사함을 넘치게 하라.
4) **고린도후서 4:15** : 모든 것을 너희를 위하여 하는 것은 은혜가 많은 사람의

감사함으로 말미암아 더하여 넘쳐서 하나님께 영광을 돌리게 하려 함이라.

5) **누가복음** 6:38 : 주라 그리하면 너희에게 줄 것이니 곧 후히 되어 누르고 흔들어 넘치도록 하여 너희에게 안겨 주리라 너희의 헤아리는 그 헤아림으로 너희도 헤아림을 도로 받을 것이니라.

6) **마태복음** 5:16 : 이같이 너희 빛을 사람 앞에 비취게 하여 저희로 너희 착한 행실을 보고 하늘에 계신 너희 아버지께 영광을 돌리게 하라.

그리스도인의 관계적 삶(고전 10:31)

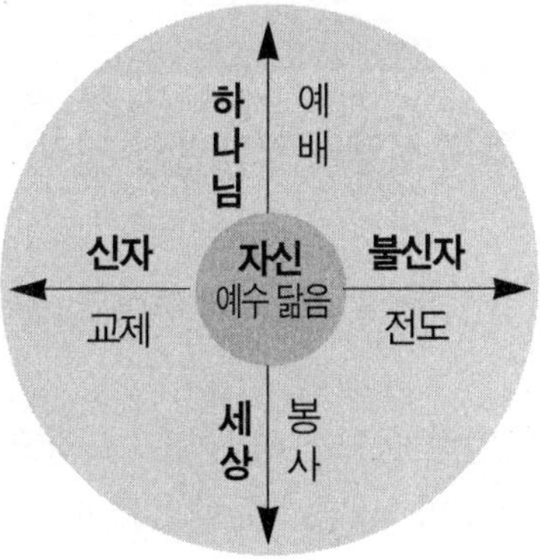

오늘날 과거 그 어느 때보다도 성경공부나 기독교 교육이 발전하였고 교회마다 수많은 프로그램이 진행되고 있으며 신앙 생활의 환경까지도 너무나 편리해져 있다. 그러나 초대 교회 성도들보다 영적인 감동과 능력이 점점 더 약화되어 가는 이유가 무엇인가? 지식은 있지만 행함의 삶이 부족하기 때문이다. 그리하여 성장(약 2:22), 동거(요일 2:17, 3:24), 사랑(요일 5:3; 요이 1:6), 평강(빌 4:9), 말씀의 능력(행 20:32), 형통(시 128:1-2), 그리고 하나님 가족으로서의 누릴 축복을 상실하고 있는 것이다(눅 8:21). 요한 사도는 "이 예언의 말씀을 읽는 자와 듣는 자들과 그 가운데 기록한 것을 지키는 자들이 복이 있나니"(계 1:3)라고 단언한다. 믿음을 삶으로 보여주지 못하는 자들은 이와 같은 소중한 축복을 상실하고 무력한 종교인으로 살아갈 수밖에 없는 것이다. 그러므로 **누군가 여러분에게 "그리스도인으로 어떻게 사시겠습니까?"라고 묻는다면 "오직 하나님 영광을 위해 살겠습니다(고전 10:31). 하나님 영광을 위한 삶은 ① 하나님을 사랑하며 예배하고 ② 세상을 사랑하여 봉사하고 ③ 성도를 사랑하여 교제를 나누며 ④ 불신자를 사랑하여 전도함으로 ⑤ 날마다 예수님을 사랑하여 닮아가는 삶입니다"라고 분명하게 대답할 수 있어야 한다.**

5대 신앙의 결단(행할 진리)

1. 나는 하나님의 영광을 위해 예배하는 삶을 살겠습니다(고전 10:31; 벧전 2:9).
2. 나는 예수님을 따라 죽도록 충성하며 사랑으로 섬기는 삶을 살겠습니다(마 16:24; 막 10:45; 요 13:34; 계 2:10).
3. 나는 성령 충만하여 언제 어디서나 복음을 증거하는 선교적인 삶을 살겠습니다(행 20:24; 딤후 4:2; 행 4:31; 마 28:10-20).
4. 나는 깨어 기도함으로 자신과 세상과 마귀까지 지배하고 다스리는 승리의 삶과 성도 교제의 삶을 살겠습니다(마 7:7-12).
5. 나는 다시 오실 예수 그리스도를 기다리며 항상 기뻐하고 범사에 감사하므로 세상을 변화시키 는 봉사의 삶을 살겠습니다(벧후 3:11-14; 살전 5:16-18; 계22:20).

행함 없는 믿음에 대한 경고문

1. 너희는 도를 행하는 자가 되고 듣기만 하여 자신을 속이는 자가 되지 말라(약 1:22)
2. 영혼 없는 몸이 죽은 것같이 행함 없는 믿음은 죽은 것이니라(약 2:26)
3. 저희가 하나님을 시인하나 행위로는 부인하니 가증한 자요 복종치 아니하는 자요 모든 선한 일을 버리는 자니라(딛 1:16).
4. 그러면 다른 사람을 가르치는 네가 네 자신을 가르치지 아니하느냐 도적질 말라 반포한 네가 도적질하느냐 간음하지 말라 말하는 네가 간음하느냐 우상을 가증히 여기는 네가 신사 물건을 도적질하느냐 율법을 자랑하는 네가 율법을 범함으로 하나님을 욕되게 하느냐 기록된 바와 같이 하나님의 이름이 너희로 인하여 이방인 중에서 모독을 받는도다(롬 2:21-24).
5. 나더러 주여 주여 하는 자마다 천국에 다 들어갈 것이 아니요 다만 하늘에 계신 내 아버지의 뜻대로 행하는 자라야 들어가리라 그 날에 많은 사람이 나더러 이르되 주여 주여 우리가 주의 이름으로 선지자 노릇하며 주의 이름으로 귀신을 쫓아내며 주의 이름으로 많은 권능을 행치 아니하였나이까 하리니 그 때에 내가 저희에게 밝히 말하되 내가 너희를 도무지 알지 못하니 불법을 행하는 자들아 내게서 떠나가라 하리라(마 7:21-23).
6. 너희가 내 앞에 보이러 오니 그것을 누가 너희에게 요구하였느뇨 내 마당만 밟을 뿐이니라 헛된 재물을 다시 가져오지 말라 분향은 나의 가증히 여기는 바요 월삭과 안식일과 대회로 모이는 것도 그러하니 성회와 아울러 악을 행하는 것을 내가 견디지 못하겠노라 내 마음이 너희의 월삭과 정한 절기를 싫어하나니 그것이 내게 무거운 짐이라 내가 지기에 곤비하였느니라(사 1:12-14).
7. 무릇 있는 자는 받아 풍족하게 되고 없는 자는 그 있는 것까지 빼앗기리라 이 무익한 종을 바깥 어두운 데로 내어 쫓으라 거기서 슬피 울며 이를 갊이 있으리라 하니라(마 25:29-30).

8. 이는 우리가 다 반드시 그리스도의 심판대 앞에 드러나 각각 선악간에 그 몸으로 행한 것을 따라 받으려 함이라(고후 5:10, cf. 롬 14:10)

야다 기도와 승리의 삶(요일 3:22)

그리스도인의 삶의 원동력은 기도이다. 기도의 기본 개념은 하나님과의 대화요, 사랑의 교제이다. 소원과 문제의 해답이요, 기적과 은혜의 방편이다. 또한 하나님을 의지하는 가장 겸손한 표현인 것이다. '야다'라는 히브리어는 체험적인 지식을 의미한다. 그러므로 '야다 기도'란 말씀의 깊은 묵상과 침묵으로 하나님의 음성과 응답을 체험하는 깊은 영적 기도를 말한다. 옛날 수도원에서는 긴장 완화, 침묵, 버림, 기다림 속에 오직 하나님의 세계와 말씀을 체험하는 기도를 '관상 기도(contemplation prayer)'라고 했다. 그리스도인의 능력 있는 삶은 바로 이 기도의 힘에서 나오는 것이다. 다음 성경을 읽고 어떤 사람의 기도에 관한 기사인지 야다 기도의 주인공을 말해 보라.

1. 다니엘이 이 조서에 어인이 찍힌 것을 알고도 자기 집에 돌아가서는 그 방의 예루살렘으로 향하여 열린 창에서 전에 행하던 대로 하루 세 번씩 무릎을 꿇고 기도하며 그 하나님께 감사하였더라(단 6:10).
2. 너희는 두려워 말고 가만히 서서 여호와께서 오늘날 너희를 위하여 행하시는 구원을 보라 너희가 오늘 본 애굽 사람을 또 다시는 영원히 보지 못하리라 여호와께서 너희를 위하여 싸우시리니 너희는 가만히 있을지니라(출 14:13-14).
3. 아론과 훌이 하나는 이편에서, 하나는 저편에서 모세의 손을 붙들어 올렸더니 그 손이 해가 지도록 내려오지 아니한지라(출 17:12).
4. 태양아 너는 기브온 위에 머무르라 달아 너도 아얄론 골짜기에 그리할지어

다 하매 태양이 머물고 달이 그치기를 백성이 그 대적에게 원수를 갚도록 하였느니라(수 10:12-13).

5. 아들을 낳아 사무엘이라 이름하였으니 이는 내가 여호와께 그를 구하였다 함이더라(삼상 1:20).
6. 내가 네 말대로 하여 네게 지혜롭고 총명한 마음을 주노니 너의 전에도 너와 같은 자가 없었거니와 너의 후에도 너와 같은 자가 일어남이 없으리라 내가 또 너의 구하지 아니한 부와 영광도 네게 주노니(왕상 3:12-13).
7. 야베스가 이스라엘 하나님께 아뢰어 가로되 원컨대 주께서 내게 복에 복을 더하사 나의 지경을 넓히시고 주의 손으로 나를 도우사 나로 환난을 벗어나 근심이 없게 하옵소서 하였더니 하나님이 그 구하는 것을 허락하셨더라(대상 4:10).
8. 히스기야가 이사야에게 이르되 여호와께서 나를 낫게 하시고 삼일 만에 여호와의 전에 올라가게 하실 무슨 징조가 있나이까 이사야가 가로되 여호와의 하신 말씀을 응하게 하실 일에 대하여 여호와께로서 왕에게 한 징조가 임하리이다 해 그림자가 십 도를 나아갈 것이니이까 혹 십도를 물러갈 것이니이까(왕하 20:8-9).
9. 나도 나의 시녀로 더불어 이렇게 금식한 후에 규례를 어기고 왕에게 나아가리니 죽으면 죽으리이다(에 4:16).
10. 여호와여 내게 응답하옵소서 내게 응답하옵소서 이 백성으로 주 여호와는 하나님이신 것과 주는 저희의 마음으로 돌이키게 하시는 것을 알게 하옵소서 하매 이에 여호와의 불이 내려서 번제물과 나무와 돌과 흙을 태우고 또 도랑의 물을 핥은지라(왕상 18:37-38).
11. 일을 행하는 여호와, 그것을 지어 성취하는 여호와, 그 이름을 여호와라 하는 자가 이같이 이르노라 너는 내게 부르짖으라 내가 네게 응답하겠고 네가 알지 못하는 크고 비밀한 일을 네게 보이리라(렘 33:2-3).
12. 그는 육체에 계실 때에 자기를 죽음에서 능히 구원하실 이에게 심한 통곡과 눈물로 간구와 소원을 올렸고 그의 경외하심을 인하여 들으심을 얻었느

니라(히 5:7).

13. 이에 홀연히 큰 지진이 나서 옥터가 움직이고 문이 곧 다 열리며 모든 사람의 매인 것이 다 벗어진지라(행 16:26, cf. 행 12:11-12).

세상은 물질 문제, 죄 문제, 시험 문제, 사단 문제로 가득 차 있다(마 6:11-13). 기도는 이런 세상에서 하나님 아버지와 사랑으로 교제하며 나의 생애를 함께 나누는 것이며 삶의 변화에 대한 결단이다. 신앙생활에서 아무리 강조해도 지나치지 않는 것이 기도이다. 어떤 사람은 기도함으로 병을 고쳤고 어떤 이는 사자굴에서 살아났다. 또 어떤 이는 홍해가 갈라지는 기적을 맛보았고 또 어떤 이는 하늘에서 불이 떨어지는 응답을 받기도 했다. 어떤 이는 하늘의 태양을 멈추게 했으며 어떤 이는 승산 없는 무모한 전쟁에서 승리했다. 또 어떤 이는 자기 민족을 위기에서 구해내기도 하였다.

이렇게 성경은 수많은 기도의 기적들로 가득 차 있다. 기도는 은혜의 길이요(겔 36:37; 히 4:16), 주님의 명령이요(살전 5:17), 하나님의 자녀인(마 6:9) 그리스도인의 특권이다(롬 8:15-16). 주님의 모범을 따라 사는 길이요(마 26:39; 눅 23:34), 승리의 방편이다(마 26:41). 하나님의 뜻을 성취하는 길이요(마 26:39), 성화의 방법인 것이다(딤전 4:5). 천국문을 여는 열쇠며(눅 3:21), 영혼의 호흡인 것이다(살전 5:17).

우리 신앙에 치명적인 손상을 주는 사단의 공격은 의심이다. 사단의 공격을 막아내고 하나님의 풍성하신 사랑을 계속 향유할 수 있는 비결은 믿음의 확신을 가지는 것이다(히 11:6). 믿음의 확신이 없는 사람은 아무 일도 자신 있게 할 수 없다. 구원의 확신(요일 5:11-12; 요 5:24), 사죄의 확신(요일 1:9; 롬 8:1-2), 하나님의 인도와(시 37:4-6; 잠 3:5-6), 승리의 확신을 가져라(고전 10:13; 사 41:10). 그러나 무엇보다도 기도 응답의 확신을 가져야 한다(요 16:24; 요일 5:15). 응답의 확신은 최고의 보증 수표이다. 기도는 예수님이 십자가의 고난을 통해 우리에게 허락하신 최대의 복이요(계 1:5-6; 벧전 2:9), 하나님의 법칙이며 과학이다. 기도하지 않기에 응답이 없는 것이고 응답이 없기에 신바람나는 신앙생활을 할 수가 없는 것이다.

1) **빌립보서** 4:6-7 : 아무것도 염려하지 말고 오직 모든 일에 기도와 간구로, 너희 구할 것을 감사함으로 하나님께 아뢰라 그리하면 모든 지각에 뛰어난 하나님의 평강이 그리스도 예수 안에서 너희 마음과 생각을 지키시리라.
2) **요한일서** 3:22 : 무엇이든지 구하는 바를 그에게 받나니 이는 우리가 그의 계명들을 지키고 그 앞에서 기뻐하시는 것을 행함이라.
3) **디모데후서** 4:5 : 하나님의 말씀과 기도로 거룩하여짐이니라.
4) **마태복음** 7:11-12 : 너희가 악한 자라도 좋은 것으로 자식에게 줄 줄 알거든 하물며 하늘에 계신 너희 아버지께서 구하는 자에게 좋은 것으로 주시지 않겠느냐 그러므로 무엇이든지 남에게 대접을 받고자 하는 대로 너희도 남을 대접하라 이것이 율법이요 선지자니라.
5) **마태복음** 26:39-41 : 조금 나아가사 얼굴을 땅에 대시고 엎드려 기도하여 가라사대 내 아버지여 만일 할 만하시거든 이 잔을 내게서 지나가게 하옵소서 그러나 나의 원대로 마옵시고 아버지의 원대로 하옵소서 하시고 제자들에게 오사 그 자는 것을 보시고 베드로에게 말씀하시되 너희가 나와 함께 한 시 동안도 이렇게 깨어 있을 수 없더냐 시험에 들지 않게 깨어 있어 기도하라 마음에는 원이로되 육신이 약하도다 하시고.

[공동 기도문 : 통성기도]

전능하신 아버지 하나님!

모든 것이 하나님의 은혜일 뿐입니다. 주안에서 새로운 삶을 허락해 주셨사오니 감사합니다. 말씀을 듣고도 행함이 없었던 저의 연약한 삶을 용서하여 주옵소서. 저희 자녀들을 축복하여 주옵시고 험한 세상에서 항상 보호하여 주옵소서. 하나님의 얼굴을 우리 자녀에게 향하여 드시사 일평생 은혜와 평강을 베풀어 주옵소서. 하나님, 저에게 복에 복을 주셔서 사명을 잘 감당하게 하시고 저의 지경이 넓어져 복음의 영향력을 행사하게 하옵소서. 하나님의 능력과 복과 치료와 사랑의 손으로 도우사 환난에서 벗어나 근심이 없게 하옵소서. 하나님의 영광을 위하여 야베스의 물질적인 복을 주시고 영적으로 승리하기 위하여 성령 충만한 능력을 주시옵소서. 그래서 어떤 어려움 속에서도 믿음으로 전진하게 하옵소서. 예수님의 이름으로 기도드립니다. 아멘 (보통 금식기도 훈련)

[질문] 행함의 손을 사용하여 5대 삶의 목적과 원리를 간단하게 설명할 수 있는가?

1. 베드로전서 2:5
2. 요한복음 13:15
3. 마가복음 16:15
4. 갈라디아서 6:10
5. 마태복음 5:16

[나눔] 내 삶의 목적에 대한 진술(life purpose statement)은 무엇인가?

인간은 우연히 태어난 존재가 아니다. 하나님이 창세 전에 인간을 마음에 품으시고 하나님의 영광 목적을 위해 인간 창조를 계획하였다. 그 목적은 단지 이 땅에서의 삶에 그치는 것이 아니라 영원을 위한 것이다.

인간은 하나님에 의해, 하나님을 위해 창조되었고 결국 하나님 앞에서 그 삶이 평가되기 때문에(롬 11:36) 하나님께 영광돌리는 삶의 목적이 맞춰지기 전에는 그 삶의 의미가 없다(고전 10:31). 예배 영광, 성화 영광, 증거 영광, 교제 영광 그리고 선행 영광으로 하나님의 영광을 위한 목적이 분명해지면 무엇을 어떻게 할 것인가 사명감이 생기고 삶의 행동 방향이 정해진다. 우리는 어떤 일을 하기 전에 먼저 이 일이 나를 향하신 하나님의 목적 달성에 얼마나 도움이 되는가를 생각해야 한다. 그러할 때 삶이 단순해지며 시간을 허비하거나 방황하지 않게 된다. 뚜렷한 목적만큼 더욱 힘이 있고 소망과 인내, 열정이 생기게 된다. 그리고 목적 달성의 과정에서 삶의 보람을 얻는 것이다. 하나님의 영광을 위한 내 삶의 목적과 사명에 대한 헌신 5가지를 나의 말로 작성해 보라.

나는 왜 이 땅에 존재하는가?

삶의 목적	나의 초점 (피조자)	나의 생각 기준	나를 위한 일시적 계획	존재 의미와 삶의 목적 혼란
	하나님 초점 (창조자)	하나님 말씀 기준	하나님을 위한 영원한 계획	존재 의미와 삶의 목적 분명

내 삶의 의미와 목적은 무엇인가?

1. 내 삶의 목적은(요 4:23-24) :

2. 내 삶의 목적은(엡 4:15) :

3. 내 삶의 목적은(행 20:24) :

4. 내 삶의 목적은(벧전 4:10) :

5. 내 삶의 목적은(엡 2:10) :

[토론] 내 삶의 비전과 사명진술(mission statement)을 간단 명료하게 작성하고 함께 나누어 보라.

제13과 교회란 무엇인가?

학습목표 : 교회의 개념과 기원과 본질과 사명을 알고 헌신적으로 사명을 감당한다. 교회의 의미와 5가지 기능을 다른 사람에게 바르게 설명하고 가르칠 수 있다.

요절말씀 : 고린도에 있는 하나님의 교회 곧 그리스도 예수 안에서 거룩하여지고 성도라 부르심을 입은 자들과 또 각처에서 우리의 주 곧 저희와 우리의 주 되신 예수 그리스도의 이름을 부르는 모든 자들에게 하나님 우리 아버지와 주 예수 그리스도로 좇아 은혜와 평강이 있기를 원하노라(고전 1:2-3, cf. 마 18:18-20).

평소에 잘 알고 있던 한 그리스도인이 스펄전 목사님을 찾아왔다. 자기 교회의 불평을 늘어놓으며 완전하고 더 좋은 교회를 소개해 달라고 부탁하자 스펄전 목사님은 다음과 같이 대답했다. "죄송하지만 저는 아직 이 지상에 그런 교회가 있다는 소리를 듣지 못했습니다. 만약 당신이 그렇게 완전하고 좋은 교회를 발견하게 된다면 저에게도 좀 알려주시길 바랍니다. 저도 목회를 그만두고라도 그런 좋은 교회의 성도가 되고 싶습니다. 그러나 만약 당신이 그런 교회를 찾게 된다면 제발 그곳에 가시지 말기를 바랍니다. 왜냐하면 그 교회의 완전함과 아름다움이 불완전한 당신 때문에 깨질지도 모르니까요. 사실 이 지상에 완전한 교회는 없습니다. 성령님이 주님의 피값으로 세우신 완전한 교회가 불완전한 사람들 때문에 불완전해지는 것입니다. 그러나 전능하신 하나님은 완전하지 못한 이 지상 교회를 통해서 오늘도 일하고 계십니다. 제 생각에는 당신의 마음에 드는 완전한 교회를 찾아다니지 말고 당신이 완전한 성도가 되려고 노력하는 것이 더 나을 것 같습니다. 당신이 완전한 그리스도인이 되면 그 어떤 교회라도 당신이 속해 있는 교회가 완전하고 아름다운 교회가 될 것이니까요."

스펄전 목사님과 한 그리스도인이 나눈 대화는 우리에게 교회가 무엇이며 그 사명이 무엇이고 또 어떤 교회가 좋은 교회인지를 생각하게 한다.

교회관이 바로 정립되지 못하면 교회생활을 바르게 할 수 없고 바르게 충성할 수도 없다. 또한 교회의 세속화, 종교화를 막을 수도 없다(요 2:13-22). 잘못된 교회관 때문에 신앙생활의 혼돈과 교회의 침체와 갈등을 경험하며 이단 사설에 대한 저항력이 약화된다. 그러나 교회가 무엇이며 그 사명이 무엇인지 모르고 있는 그리스도인들이 많다는 것은 놀라운 사실이다. 사단의 교회 약화 전략은 그리스도인들에게 교회 개념을 혼돈시키고 사명감을 망각하게 하며 깊은 영적 잠에 빠지게 하는 것이다. 서로 반목하게 하며 분열시키고 교회의 막강한 힘을 분산시켜 스스로 탈진해서 복음을 위해 앞으로 전진할 수 없도록 만드는 것이다. 그러므로 신앙생활을 바로하려면 교회의 개념과 존재 의미부터 바로 알아야만 한다. 교회란 무엇인가?

1.(정의:고전 1:2-3; 마 18:20):

교회는 흔히 사람들이 오해하고 있는 것처럼 교회당 또는 예배당과 같은 건물의 개념이 아니라 '성도', 즉 사람의 개념이다. 유대교는 성전교로서 성전이나 회당이 매우 중요하다. 또한 로마 가톨릭은 구원이 교회에 있다고 믿고 있는 교회교로서 성당이 중요한 것이다. 그러나 성경에 의하면 성전이나 성당이나 교회 건물이 구원을 주는 것이 아니다. 구원은 오직 예수 그리스도를 믿는 사람에게 주시는 하나님의 능력이다(요 2:19-21).

교회란 헬라어로 '에클레시아'라는 여성명사로 **'불러내심을 받은 무리'**를 의미한다. **교회는 하나님의 은혜로 선택되어 예수 그리스도를 믿음으로 구원받은 무리, 즉 예수 그리스도의 이름으로 두세 사람 이상이 모인 구원받은 성도를 의미하는 믿음의 공동체**인 것이다(마 18:20). 교회의 주인은 목사도 장로도 아니고, 그 어떤 개척자나 사람이 아니다. 오직 삼위일체 하나님이시기에 하나님의 교회(딤전 3:15), 예수 교회(마 16:18), 성령의 전이라고 한다(엡 2:22). 그리스도의 피로 사신 교회(행 20:28)는 그리스도의 몸이요(엡 1:23), 신부요(엡 5:28), 사랑의 대상이다(엡 5:25). 그와 동시에 그리스도 자신이 교회의 기초요(마 16:18), 중심이요, 주인이 되신다. 이는 구약 시대 하나님의 부르심을 받은 이스라엘 백성, 또는 여호와의 총회(민 20:4)나 광야 교회(행 7:38)라는 말을 성취하고 대치하고 확장한 새로운 개념이다. 그러므로 하나님이 선택한 백성으로서 그리스도 예수의 지상적 지배를 받는 **신약 시대의 새로운 신앙 공동체**를 말한다.

인간의 타락 후 하나님의 백성인 교회는 시대에 따라 여러 가지 이름으로 불려왔다. 하나님의 자녀, 하나님의 가족에서 시작하여(엡 2:19) 하나님의 성전(엡 2:20-22)으로 불렸으나 구약 시대는 일반적으로 **하나님의 백성** 또는 **이스라엘**로 불렸다. 신약 시대는 이방민족을 포함하여 하나님께 선택받아 구원받은 하나님 백성인 새 이스라엘 공동체를 의미했다. 그러나 이스라엘이라는 단어가 유대인들의 민족적 의미를 담고 있어서 사도들은 좀더 포괄적이고 범 세계적인 **'교회'**라는 단어를 사용했던 것이다. **하나님에 의해 예수 안에서 하나님의 영원한 가족으로 구원받은 무리들을 보이지 않는 우주적인 교회**라고 한다(엡 2:19, 4:14-15).

그리고 에베소 교회, 고린도 교회 등 지역적으로 성도들이 모여서 예수 그리스도의 지상적 뜻을 수행하는 지상적 장소 개념으로 뜻이 확대되었다. 이런 교회를 **지역 교회**, 또는 **보이는 교회**라고 한다. 보이는 지역 교회는 믿음의 사람들이 지역적으로 함께 모여 예배, 봉사, 교육, 선교, 교제 등 그리스도의 지상적 사역을 계승하여 전하는 본질적 사명을 수행했다. 그리스도를 세상에 보여주고 느끼게 하는 그리스도의 몸 된 사명을 수행했던 것이다(엡 1:22-23). 그러나 지역 교회는 중생하지 못한 명목 신자와 가라지 신자, 또는 성숙하지 못한 불완전한 사람들도 포함되어 있으므로 계속적인 자기 갱신과 점검이 요청되며 세속화의 위험도 지니고 있다(마13:3-50).

오순절 성령강림 사건 후 지역 교회를 통해 선교가 확장되는 시대를 **교회 시대**라고 한다. 말씀을 보존하고 관리하던 이스라엘의 성전 시대와 유대교의 회당 시대에서 지방 교회 시대로 세상에 복음을 보존, 관리하고 증거하는 사명이 전환되었다. 신앙 공동체인 교회의 실제 머리는 예수 그리스도로 ① **말씀과** ② **성령과** ③ **세우신 일꾼**들을 통해 자기의 몸 된 교회를 영적으로 통치하시고 관리하신다(엡 1:22-23; 골 1:18; 계 3:6). 그러므로 예수님이 주인이시고 말씀 충만, 성령 충만, 섬기는 일꾼이 충만한 교회가 좋은 교회이다.

이렇게 좋은 교회란 건물의 웅장함과 교인의 많음, 재정적 풍족함을 말하는 것이 아니고 예수 믿고 구원받은 아름다운 성도를 의미한다는 사실을 알아야 한다. 그러므로 교회의 변화는 사람의 변화를 말하는 것이며 교회가 성장한다는 것은 거듭난 그리스도인들이 늘어난다는 말이다. **좋은 교회를 찾지 말고 내 자신이 좋은 교인이 되면 그 곳이 좋은 교회가 된다.** 아름다운 교회는 자동적으로 만들어지는 것이 아니다. 부름받은 성도 한 사람 한 사람이 바른 교회관을 가지고 교회의 사명을 헌신적으로 감당하여 교회를 교회답게 하며, 책임감을 가지고 계속 개혁해야만 가능하다. 교회가 교회답게 되기 위해서는 믿음의 공동체에 속한 한 사람 한 사람이 ① **주님의 종 된 성도**(골 1:18; 엡 1:22-23; 마 16:18) ② **성령 충만한 성도**(요 14:16; 롬 5:5; 고전 3:16-17) ③ **말씀 순종하는 성도**(요 5:39; 눅 24:44; 계 19:13) ④ **서로 사랑하는 성도**(행 20:28; 요 13:1, 34-35) ⑤ **주님을 닮는 성도**(요 13:14-15; 막 10:45; 골 1:24; 엡 4:11-15)가 되는 것이 무엇보다 중요하다. 진실한 그리스도인은 자신의 목적을 위해 하나님을 이용하는 것이 아니라 하나님의 목적을 위해 자신을 내어드린다.

구약의 초점이 이스라엘 백성을 중심으로 하나님의 경륜에서 이루어졌다면 신약의 초점은 예수 안에서 선택받은 백성, 새로운 교회 공동체를 중심하여 하나님의 경륜이 이루어지고 있다는 사실을 기억해야 한다. 그러므로 구약 시대 하나님 선민으로서의 이스라엘과 신약 시대 예수 그리스도를 통해 구원받은 새로운 교회 공동체를 수평, 수직적으로 또는 예언과 성취의 측면에서 교회를 비교해볼 필요가 있다.

비교	구약 시대(이스라엘)	신약 시대(교회)
명칭	이스라엘 회중 공동체(사 44:5; 신 7:6)	영적 교회 공동체 (마 16:18)
의미	부름받은(카할) 백성(신 7:6; 출 6:7)	부름받은(에클레시아) 백성(고전 1:2)
기초	아브라함(창 12:1-2)	예수 그리스도(마 16:18)
구원 인도	모세	예수 그리스도
대상	유대인(민족 종교) : 유대교	모든 족속(롬 10:12-13) : 기독교
방법	육신을 통한 혈통	성령에 의한 믿음(엡 1:13, 2:8)
사명	참 신 여호와의 증인(사 43:10-11)	구원주 예수 그리스도의 증인 (엡 3:8-10)
목표	하나님 영광(사 43:7)	그리스도 영광(엡 1:6)
표지	할례(엡 2:11) : 율법	세례(고전 12:13) : 사랑
특권	말씀수납, 민족적 나라, 제사장 : 율법	개인적 나라, 제사장 (계 1:6; 벧전 2:5-9)
예배 장소	제한된 예루살렘 성전 : 회당	보편적인 지역 교회(계 1:11)
예배일	안식일(출 20:8-11)	주일(계 1:10; 마 28:1-6)

비교	구약 시대(이스라엘)	신약 시대(교회)
예배 방법	제물 : 제사장(히 9:7)	예수 통한 영적 예배 (요 4:24; 히 7:25; 벧전 2:4-6)
신의 개념	유일신(출 20:3) : 민족적 하나님	삼위일체 하나님(고후 13:13)
주도	하나님 주도(사 44:6)	예수 그리스도 주도(엡 1:22)
종말론	초림 메시아 대망(임박한 종말)	재림 메시아 대망(벧후 3:10-13): 실현된 종말
관계 비유	왕과 백성	목자와 양(요 10:6), 머리와 몸(엡 1:22-23), 신랑과 신부(엡 5:31-32)
반응	신앙, 예배, 사랑, 복종	신앙, 예배, 사랑, 복종

구약 : 아브라함-이삭-선택된 이스라엘(할례) / 여호와 증인-광야 교회-가나안 땅-일시적 안식

신약 : 성도-예수-선택된 교회(세례) / 그리스도 증인-지상 교회-하나님 나라-영원한 안식

1) **고린도전서 1:2-3** : 고린도에 있는 하나님의 교회 곧 그리스도 예수 안에서 거룩하여지고 성도라 부르심을 입은 자들과 또 각처에서 우리의 주 곧 저희와 우리의 주 되신 예수 그리스도의 이름을 부르는 모든 자들에게 하나님 우리 아버지와 주 예수 그리스도로 좇아 은혜와 평강이 있기를 원하노라.

2) **마태복음 16:18** : 또 내가 네게 이르노니 너는 베드로라 내가 이 반석 위에 내 교회를 세우리니 음부의 권세가 이기지 못하리라(cf. 요 2:19-21).

3) **사도행전 20:28** : 너희는 자기를 위하여 또는 온 양 떼를 위하여 삼가라 성령이 저들 가운데 너희로 감독자를 삼고 하나님이 자기 피로 사신 교회를 치게 하셨느니라.

4) **마태복음 18:17-20** : 만일 그들의 말도 듣지 않거든 교회에 말하고 교회의 말도 듣지 않거든 이방인과 세리와 같이 여기라 진실로 너희에게 이르노니 무엇이든지 너희가 땅에서 매면 하늘에서도 매일 것이요 무엇이든지 땅에서 풀면 하늘에서도 풀리리라 진실로 다시 너희에게 이르노니 너희 중에 두 사람이 땅에서 합심하여 무엇이든지 구하면 하늘에 계신 내 아버지께서 저희를 위하여 이루게 하시리라 두세 사람이 내 이름으 로 모인 곳에는 나도 그들 중에 있느니라.

5) **에베소서 2:19** : 그러므로 이제부터 너희가 외인도 아니요 손도 아니요 오직 성도들과 동일한 시민이요 하나님의 권속이라.

6) **에베소서 1:22-23** : 또 만물을 그 발 아래 복종하게 하시고 그를 만물 위에 교회의 머리로 주셨느니라 교회는 그의 몸이니 만물 안에서 만물을 충만케 하시는 자의 충만이니라(cf. 엡 2:20-22).

7) **골로새서 1:18** : 그는 몸인 교회의 머리라 그가 근본이요 죽은 자들 가운데서 먼저 나신 자니 이는 친히 만물의 으뜸이 되려 하심이요.

8) **사도행전 11:26** : 제자들이 안디옥에서 비로소 그리스도인이라 일컬음을 받게 되었더라.

9) **요한계시록 2:9** : 내가 네 환난과 궁핍을 아노니 실상은 네가 부요한 자니라 자칭 유대인이라 하는 자들의 훼방도 아노니 실상은 유대인이 아니요 사단의 회라.

그리스도의 몸과 지체인 교회

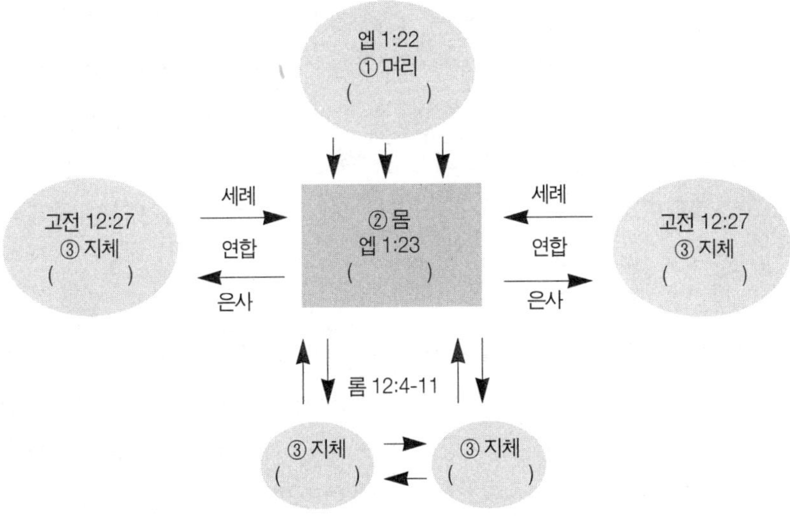

2.(목적: 시 95:6):

교회의 하나님에 대한 최고의 영광스러운 의무는 예배이다(시 66:4, 95:6). 예배란 생명과 복의 근원이신 하나님을 만나는 것이다. 하나님의 임재를 체험하며 영광돌리고 그 음성을 듣고 생명과 은혜를 충전하는 것이다. 예배의 만남을 통해 주님과 교제가 이루어지고(고전 1:9) 변화와 치유와 복과 부흥의 역사가 있기에 예배만이 살 길이다. 성공한 믿음의 조상들은 모두 예배에 성공했다는 공통점을 가지고 있다. 예배의 5대 요소는 ① **말씀 선포** ② **찬양** ③ **기도** ④ **감사 예물** ⑤ **교제**이다. 예배 공동체인 교회에는 예수 그리스도와 신령한 연합을 기념하는 ① **세례**, 그리고 교제의 은혜를 기념하는 ② **주의 만찬**, 두 가지의 성례전이 있으나 구원의 조건은 아니다. 예수 그리스도가 빠진 예배는 종교적 행위일 뿐이다(창 4:4-5; 요 4:24). 성령의 역사가 없는 예배는 무의미하고(빌 3:3), 하나님께 영광돌리지 않는 예배는 관객을 위한 연극일 뿐이다(사 43:7). 예배의 대가로 자기 자신을 산 제물로 드리지 않는다면 순종함에 따라오는 능력을 체험할 수 없다. 하나님과 바른 관계를 가지고 자신을 성별하고 있는가?(고전 3:16-17) 성수주일하고 있는가?(히 10:9) 신령과 진정으로 예배드릴 준비는 갖추고 있는가?(요 4:24) 모이기에 열심을 내고 있는가?(히 10:25) 예배 시간을 준수하고 있는가? 예배의 복을 받고 있는가?(고후 13:13) 예배를 드리면서 성령의 인도와 하나님의 임재를 느끼고 있는가?

1) **요한복음 4:23-24** : 아버지께 참으로 예배하는 자들은 신령과 진정으로 예배할 때가 오나니 곧 이 때라 아버지께서는 이렇게 자기에게 예배하는 자들을 찾으시느니라 하나님은 영이시니 예배하는 자가 신령과 진정으로 예배할지니라(cf. 벧전 2:5; 롬 12:1-2; 히 13:15-16).

2) **히브리서 10:22-25** : 우리가 마음에 뿌림을 받아 양심의 악을 깨닫고 몸을

맑은 물로 씻었으니 참 마음과 온전한 믿음으로 하나님께 나아가자 또 약속하신 이는 미쁘시니 우리가 믿는 도리의 소망을 움직이지 말고 굳게 잡아 서로 돌아보아 사랑과 선행을 격려하며 모이기를 폐하는 어떤 사람들의 습관과 같이 하지 말고 오직 권하여 그 날이 가까움을 볼수록 더욱 그리하자.

3) **로마서 12:1** : 그러므로 형제들아 내가 하나님의 모든 자비하심으로 너희를 권하노니 너희 몸을 하나님이 기뻐하시는 거룩한 산 제사로 드리라 이는 너희의 드릴 영적 예배니라.

4) **베드로전서 2:9** : 오직 너희는 택하신 족속이요 왕 같은 제사장들이요 거룩한 나라요 그의 소유된 백성이니 이는 너희를 어두운 데서 불러 내어 그의 기이한 빛에 들어가게 하신 자의 아름다운 덕을 선전하게 하려 하심이라(cf. 계 1:6).

5) **고린도전서 11:23-26** : 내가 너희에게 전한 것은 주께 받은 것이니 곧 주 예수께서 잡히시던 밤에 떡을 가지사 축사하시고 떼어 가라사대 이것은 너희를 위하는 내 몸이니 이것을 행하여 나를 기념하라 하시고 식후에 또한 이와 같이 잔을 가지시고 가라사대 이 잔은 내 피로 세운 새 언약이니 이것을 행하여 마실 때마다 나를 기념하라 하셨으니 너희가 이 떡을 먹으며 이 잔을 마실 때마다 주의 죽으심을 오실 때까지 전하는 것이니라.

6) **골로새서 2:12** : 너희가 세례로 그리스도와 함께 장사한 바 되고 또 죽은 자들 가운데서 그를 일으키신 하나님의 역사를 믿음으로 말미암아 그 안에서 함께 일으키심을 받았느니라(cf. 고전 12:13).

3.(기능: 고전 12:26):

세상에 대한 교회의 표지는 한마디로 사랑이다. 여기에서 사랑은 세속적이고 조 건적인 사랑이 아니라 자원적이고 희생적인 아가페 사랑을 말한다. 사랑은 하나 됨과 교제와 봉사와 나눔의 원동력이다. 사랑을 쉽게 설명하면 '섬기는 것'이다. 예수 그리스도와 사랑의 관계에서 교회를 그리스도의 신부라고 했다(계 19:7-8). 그리하여 바울 사도는 "남편들아 아내 사랑하기를 그리스도께서 교회를 사랑하시고 위하여 자신을 주심 같이 하라"(엡 5:25)고 말했다. **교회는 관리 조직 공동체가 아니라 하나님을 아버지로 하고 예수 그리스도의 피로 하나 되어(엡 4:4-6) 형제애로 교제하며(행 2:42) 서로 섬기는 사랑의 공동체**이다. 주님의 은혜에 감사하며 기쁨으로 섬기는 자를 하나님은 가장 소중하게 생각하신다(요 12:26; 히 6:10). 하나님은 섬기는 자를 위해 언제나 상을 준비하고 계신다. 섬기는 법을 배운 그리스도인은 최선의 삶을 살아가는 행복한 그리스도인이다. 처음 교회가 아담의 가정에서 시작되었듯이 신약 교회도 마가의 다락방에서 시작되어 초대교회는 여러 지역의 가정교회들로 확장되었다. 가정은 교회화하고 교회는 가정화하는 것이 아름다운 모습이다. 주님을 닮은 참된 그리스도인들은 사랑과 봉사와 섬김의 정신이 투철하다. 사실 내 자신이 조금 불편하게 살지 않으면 봉사하고 헌신하고 남을 도울 여유가 없는 것이다. 아무리 상처받은 사람도 성령의 은혜를 받으면 남을 용서할 수 있고 사랑할 수 있는 강한 사람이 될 수 있다. 특히 초대교회에서 사랑의 교제는 외부의 환난과 핍박을 극복하는 강력한 힘이 되었고 내적으로 하나되어 공동체의 은혜와 치유 능력을 체험하게 하는 원동력이었다(행 2:42; 약 5:13-20). 하나 되지 못하는 것은 죄이다(고전 1:10; 고후 13:11; 빌 1:27, 2:2-3; 골 3:13-14). 이렇게 교회의 중요한 표지는 하나님의 말씀 선포와 더불어 성례전 집행, 교육적 징계 및 사랑의 교제였던 것이다. 기회 있는 대로 사랑의 동기를 가지고 서로 섬기며 봉사하고 있는가? 교회 직분은 계급이 아니라 섬기고 봉사하는 의무임을 아는가? 선을 행하다가 낙심하지는 않는가? 교제에 솔선수범 하는가? 언어는 항상 친절한가? 교제함에 있어서 편견은 없는가?

1) **에베소서** 5:25 : 남편들아 아내 사랑하기를 그리스도께서 교회를 사랑하시고 위하여 자신을 주심같이 하라.
2) **요한복음** 13:34-35 : 새 계명을 너희에게 주노니 서로 사랑하라 내가 너희를 사랑한 것같이 너희도 서로 사랑하라 너희가 서로 사랑하면 이로써 모든 사람이 너희가 내 제자인 줄 알리라.
3) **마가복음** 10:45 : 인자의 온 것은 섬김을 받으려 함이 아니라 도리어 섬기려 하고 자기 목숨을 많은 사람들의 대속물로 주려 함이니라.
4) **로마서** 5:5 : 소망이 부끄럽게 아니함은 우리에게 주신 성령으로 말미암아 하나님의 사랑이 우리 마음에 부은 바 됨이니(cf. 롬 5:8, 8:35-39).
5) **요한복음** 17:22 : 내게 주신 영광을 내가 저희에게 주었사오니 이는 우리가 하나가 된 것같이 저희도 하나가 되게 하려 함이니이다.
6) **사도행전** 2:44-47 : 믿는 사람이 다 함께 있어 모든 물건을 서로 통용하고 또 재산과 소유를 팔아 각 사람의 필요를 따라 나눠주고 날마다 마음을 같이하여 성전에 모이기를 힘쓰고 집에서 떡을 떼며 기쁨과 순전한 마음으로 음식을 먹고 하나님을 찬미하며 또 온 백성에게 칭송을 받으니 주께서 구원받는 사람을 날마다 더하게 하시니라.

4.(사명: 고전 1:21):

불신 세계에 대한 교회의 사명은 선교이다(막 16:15). 교회의 존재 목적을 알면 사명이 분명해지고 사명이 분명해지면 교회의 생명력이 넘치게 된다. 교회는 그리스도를 머리로 하고(골 1:18) 여러 지체를 가진(고전 12:27) 하나님의 몸으로(엡 1:22) 성장하는 유기체이며(엡 4:11-16), 여성 명사로서 생산적인 기능을 가지고 있다. 그리스도의 몸 된 교회는 그리스도를 보여주고 느끼게 하고 그리스도의 사역을 대신하며 그리스도를 증거하는 본질적인 사명을 가지고 있다. 교회가 세상에 줄 수 있는 최고의 선물은 오직 예수 그리스도뿐이다. 선교는 하나님의 뜻이요(딤전 2:4), 구원의 방편이다(고전 1:21). 선교는 교회 존재의 이유와 궁극적인 사명이며(고전 9:18) 주님 지상 사역의 계승인 것이다(막 1:38; 마 28:18-20). 그러므로 교회는 하나님의 구원 역사를 실현하기 위한 하나님의 도구다. 이런 의미에서 교회는 그리스도를 나타내고 사역을 계승하는 그리스도의 몸이요(엡 1:22-23), 줄기에 붙어 열매를 맺는 포도나무 가지로서 비유되는 것이다(요 15:5). 모든 교회는 선교사이고 예수 없는 모든 심령은 선교지이다. 복음이 전파되지 않고 교회 안에 간직되면 간직된 만나처럼 썩을 수밖에 없다. 성령의 선교 열정으로 모든 곳을 전도 현장화해야 한다(딤후 4:2). 선교는 영적 전쟁으로 지상교회는 전투하는 교회가 된다. 항상 선교의 사명을 자각하고 있는가? 언제 어디서나 복음을 제시할 준비가 되어 있는가? 선교의 대상을 위해 기도하고 있는가? 세계 선교의 비전은 있는가?

1) **고린도전서 1:21** : 하나님께서 전도의 미련한 것으로 믿는 자들을 구원하시기를 기뻐하셨도다(cf. 막 16:15).
2) **사도행전 1:8** : 오직 성령이 너희에게 임하시면 너희가 권능을 받고 예루살렘과 온 유대와 사마리아와 땅 끝까지 이르러 내 증인이 되리라 하시니라(cf. 마 28:18-20).
3) **에베소서 1:23** : 교회는 그의 몸이니 만물 안에서 만물을 충만케 하시는 자의 충만이니라.
4) **요한복음 15:5** : 나는 포도나무요 너희는 가지니 저가 내 안에, 내가 저 안에 있으면 이 사람은 과실을 많이 맺나니 나를 떠나서는 너희가 아무것도 할 수 없음이라.

5.(훈련: 딤전 4:16):

교회 자체를 위한 교회의 중요 기능은 예수 그리스도를 닮는 교육과 훈련이다. 교회에 주어진 중요한 사명은 진리의 기둥과 터로서(딤전 3:15) 말씀을 관리하고 가르치는 일이다. 교회 교육과 훈련은 ① 진리 보수 ② 성장 ③ 진리 계승전달 ④ 지도자 양성을 통해서 이루어진다. 로마의 압제와 이방 종교인들의 핍박 속에서 초대교회는 강하게 성장해 왔다. 그러나 콘스탄틴 대제가 종교의 자유를 선언하고 그리스도인들이 편안하게 신앙생활할 수 있도록 보호해 주자 교회는 급격히 타락하고 쇠퇴하기 시작했다. 교회는 편안히 안주해서는 안 되며 성장하고 변화하고 발전하며 열매를 맺기 위해서 반드시 훈련과 교육의 대가를 지불해야만 한다(벧후 3:18).

오늘날 교회 내의 수많은 문제들은 그리스도인들이 편안히 안주하기를 원하고 성장과 발전을 위한 대가를 지불하려고 하지 않기 때문이다. 한때 왕성했던 예루살렘 교회는 과거에 집착하여 보수적이고 변화를 싫어했기 때문에 소멸되고 말았다. 또한 오늘날 소아시아 교회들이 역사의 전설로 사라져 버리고 유럽 교회들이 쇠퇴하여 관광지가 되어 버렸다. 이것은 무엇보다 자신들의 시대는 열정적으로 신앙생활을 하긴 했어도 변화와 성장의 대가를 지불하지 않고 진리 보수와 2세들의 영적 신앙교육에 실패한 데 그 원인이 있는 것이다(히 5:11-6:3).

교회는 교회교육을 통해 성장하고 진리가 보전 계승될 뿐만 아니라 강력한 그리스도의 군사로 훈련을 받아 바른 영적 지도자가 양성되고 재생산의 제자화가 이루어져야만 한다.

교회교육의 목표는 예수님을 닮는 것이요, 교육의 교재는 오직 성경이며, 교회교육의 주체는 성령님이다. 교회의 부흥이란 사람의 부흥이요, 복음과 능력으로 무장된 강한 그리스도인으로 키워내는 것이다.

초대교회는 사람을 키워내는 일에 실패하여 자신의 열정적인 신앙을 계승하지 못하고 지금은 모두 이슬람 지역으로 변해 버렸다. 영국 교회는 사람을 키워내는 교육에 실패하여 대형 교회들이 관광지로 변해가고 있다. 미국의 교회가 사람을 키워내는 교육에 열정을 쏟지 못해 노령화해 가고 있다.

교회사에 유례를 찾기 힘들 정도로 부흥했던 한국 교회의 현실은 어떠한가? 가르치는 자를 존경하며 좋은 것을 함께 나누고 있는가? 배우고 확신한 일에 거하는가? 교훈을 삶에 적용하기 위해 노력하고 있는가? 다른 사람을 가르쳐 재생산할 준비가 되어 있는가?

1) **신명기 6:4-7** : 이스라엘아 들으라 우리 하나님 여호와는 오직 하나인 여호와시니 너는 마음을 다하고 성품을 다하고 힘을 다하여 네 하나님 여호와를 사랑하라 오늘날 내가 네게 명하는 이 말씀을 너는 마음에 새기고 네 자녀에게 부지런히 가르치며 집에 앉았을 때에든지 길에 행할 때에든지 누웠을 때에든지 일어날 때에든지 이 말씀을 강론할 것이며.
2) **사도행전 2:42** : 저희가 사도의 가르침을 받아 서로 교제하며 떡을 떼며 기도하기를 전혀 힘쓰니라.
3) **디모데전서 4:16** : 네가 네 자신과 가르침을 삼가 이 일을 계속하라 이것을 행함으로 네 자신과 네게 듣는 자를 구원하리라(cf. 벧후 3:18; 엡 4:15).
4) **에베소서 4:11-12** : 그가 혹은 사도로, 혹은 선지자로, 혹은 복음 전하는 자로, 혹은 목사와 교사로 주셨으니 이는 성도를 온전케 하며 봉사의 일을 하게 하며 그리스도의 몸을 세우려 하심이라.
5) **디모데전서 3:15** : 만일 내가 지체하면 너로 하나님의 집에서 어떻게 행하여야 할 것을 알게 하려 함이니 이 집은 살아 계신 하나님의 교회요 진리의 기둥과 터이니라.
7) **히브리서 5:11-6:2** : 멜기세덱에 관하여는 우리가 할 말이 많으나 너희의 듣는 것이 둔하므로 해석하기 어려우니라 때가 오래므로 너희가 마땅히 선생

이 될 터인데 너희가 다시 하나님의 말씀의 초보가 무엇인지 누구에게 가르침을 받아야 할 것이니 젖이나 먹고 단단한 식물을 못 먹을 자가 되었도다 대저 젖을 먹는 자마다 어린아이니 의의 말씀을 경험하지 못한 자요 단단한 식물은 장성한 자의 것이니 저희는 지각을 사용하므로 연단을 받아 선악을 분변하는 자들이니라 그러므로 우리가 그리스도 도의 초보를 버리고 죽은 행실을 회개함과 하나님께 대한 신앙과 세례들과 안수와 죽은 자의 부활과 영원한 심판에 관한 교훈의 터를 다시 닦지 말고 완전한 데 나아갈지니라.

교회 형성의 기본 요건은 그리스도에 대한 신앙고백이기 때문에 교회는 예수님을 그리스도로 믿는 구원받는 그리스도인들의 영적 공동체이고 한 사람, 한 사람의 신앙이 매우 중요하다. 각 성도들은 그리스도의 몸 된 교회를 이루는 지체로 상호의존과 협력 관계에 있다. 아름다운 조화를 이루어 서로 봉사하고 각 기능을 성실히 감당하며 그리스도의 지상 사역을 계승해야 한다.

교회의 지체 신분에는 차이가 없으나 지체 사이의 질서는 필요하며 임무와 그 기능도 다양하다. 그러나 사랑의 띠로 하나가 되어(엡 4:1-6) 그리스도를 섬기는 그 목적은 같은 것이다(고전 12:12-27). 교회는 하나님의 가족이요, 그리스도의 몸이라고 하기에 가족 없는 사람은 고아이다. 개인의 영적 성장은 그가 그리스도의 몸 안에 있는지 그 여부에 달려 있는 것이다. 만약 그리스도의 몸 안에 있지 않다면 하나님의 가족 안에 있을 수가 없다.

교회는 세상과는 달리 구별되지만 세상 속에서 존재한다. 교회가 예수님의 지상 생애와 그 교훈에 기초하지 않고 있다면 디딤돌이 아닌 거침돌로 복음을 방해하고, 책망의 대상이 되는 것이다.

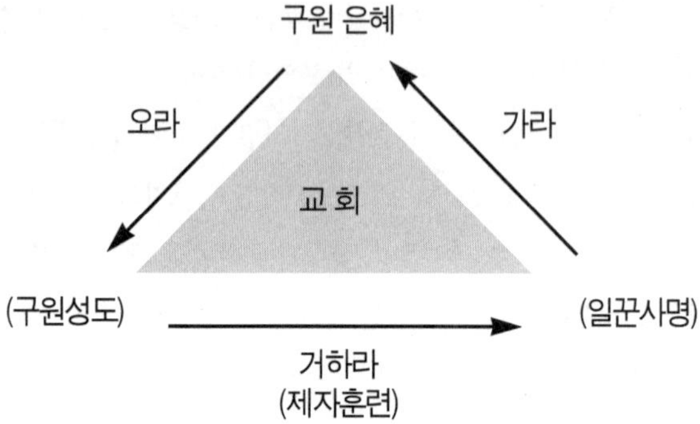

교회는 '오라'고 세상에서 구별하여 부르신 구원받은 성도요, '가라'는 명령에 따라 배우고 훈련받는 제자요, '거하라'고 세상에 보냄을 받은 사명자인 것이다. 세포가 모여 기관이 되고 기관이 모여서 몸을 형성하듯이 교회의 기본단위인 개인 성도가 모여서 개교회를 이루고 또 개교회가 모여서 연합 교회를 이루며 연합 교회가 모여서 세계 교회로 계속 확장되어 간다. 그러므로 교회의 본질과 사명은 우리 구성원 개개인의 교회관에 따라 결정되므로 한 사람의 신앙이 매우 중요하다. 교회가 교회 되게 하는 것은 바로 나 한 사람이 문제인 것이다.

아름다운 교회를 원한다면 자신이 아름다운 성도가 되어야 한다. 지상의 그 어떤 교회도 완전하지 않다. 교회가 교회 되도록 ① 예수 그리스도의 믿음을 굳게 지켜라. ② 신령과 진정으로 예배드리는 일에 집중하라. ③ 그리스도의 사랑으로 봉사하라. ④ 말씀으로 양육받고 훈련받고 성장하라. ⑤ 선교의 열정으로 여러분이 있는 곳을 복음 제시로 전도 현장화하라. ⑥ 사단의 교회 분열 요소를 철저히 배격하라. 오직 주님만 바라보고 평안의 매는 줄로 성령의 하나 되게 하신 것을 힘써서 지켜라(엡 4:3). 특히 교회 안에서 위대한 일, 특별한 일을 하려고 하기보다는 작은 일, 평범한 일에 열심히 충성하기를 힘쓰라. 예수님의 모델을 따라

(요 13:15) 말 없이 섬기는 자들에게 언젠가 주님은 다음과 같이 말씀하실 것이다. "잘하였도다 착하고 충성된 종아 네가 작은 일에 충성하였으매 내가 많은 것으로 네게 맡기리니 네 주인의 즐거움에 참예할지어다 하고"(마 25:23).

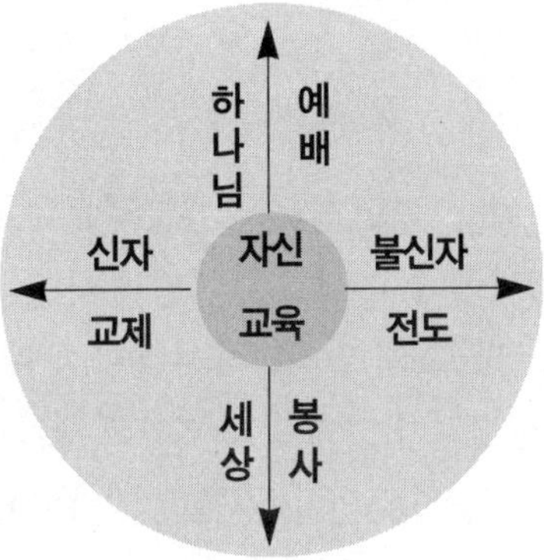

아름다운 성도는 마음에 성령님을 모시고 주 안에서 영적으로 일치하겠다는 결단을 하며 그리스도의 몸 된 교회 안에 뿌리를 내려 안정되게 정착한 성도를 말한다. 이들은 다른 사람들과 완전히 하나 되는 것이 어려울지라도 예수님의 구속 은총과 구주 되심과 주재권뿐만 아니라 교회의 영적 권위와 질서에 순종하는 데 하나가 되려고 노력한다. 이런 사람들은 교회에 어려움이 생기거나, 몇 가지 교리적인 차이가 있다거나 성도간에 의견이 일치되지 않는다고 해서 정기적인 교회 출석을 거부하거나 교회와 성도를 떠나지 않는다. 교회 공동체를 진심으로 사랑하고 서로 존경하며 권위에 순복한다(벧전 5:5). 하나님 나라를 확장하기 위해 함께 일하며 아름다운 교회로 발전시키기 위해 최선을 다해 그 직분을 감당한다. 성도 두세 사람 이상이 예수 그리스도의 이름으로 모이는 교회는 살아 역사하시는 예수를 만나고 환난 때에 위로와 보호를 받으며 성령의 은혜와 기적과 기도 응답을 체험하는 곳이다. 따라서 교회를 떠나서 혼자 신앙생활 한다는 것은 사단에게 문을 열어주어 환난과 시험을 자처하는 매우 위험한 일이다 (마 12:30; 요 13:21-30).

[공동 기도문 : 통성기도]

하나님 아버지,

부족한 저를 선택하시고 그리스도의 몸 된 교회의 일원으로 세워 주심을 감사합니다. 교회 안에서 성장하며 교회의 사명을 잘 감당하게 하셔서 감사합니다. 교회의 개념과 사명을 잘 알지 못해서 바르게 충성하지 못하고 사명 감당하지 못한 것을 용서하여 주옵소서. 교회로 참다운 교회가 되게 하기 위하여 제가 예배, 봉사, 선교, 교육의 사명을 잘 감당하게 하옵소서. 예수님의 이름으로 기도드립니다. 아멘. (통성기도 훈련)

[질문] 교회의 손을 사용하여 교회의 의미와 5대 기능을 설명할 수 있는가?

1. 고린도전서 1:2-3
2. 요한복음 4:23-24
3. 요한복음 13:34-35
4. 고린도전서 1:21
5. 디모데전서 4:16

[나눔] 우리 교회의 좋은 점은 무엇이고 교회의 발전을 위해 내가 할 수 있는 일은 무엇인가? 교회의 영적 지도자가 신바람나게 일할 수 있도록 지원하고 돕는 길은 무엇일까?
① 히브리서 13:17 ② 마태복음10:42 ③ 디모데전서 5:17 ④

골로새서 4:3 ⑤ 빌립보서 4:16-19 ⑥ 베드로전서 5:5 ⑦ 빌레몬서 1:20 ⑧ 디모데후서 4:14 ⑨ 갈라디아서 6:2 ⑩ 디모데후서 1:13-14

[토론] 1. 오늘날 교회의 전통 예배와 열린 예배에 대해 토론하라.

2. 한 세포 안에 한 인간이 있고 한 인간 안에 한 세포가 있듯, 한 그리스도인 안에 교회가 있고 교회 안에 한 그리스도인이 있다. 한 그리스도인의 기능과 교회의 기능을 비교해 보라.

[읽어보기]

집사 직분(행 6:1-7; 딤전 3:8-13)

주님의 몸 된 교회를 세우기 위한 사역의 분담을 직분이라고 한다. 모든 교회의 직분은 계급이나 우열의식이 아니고 그리스도의 지상 명령을 효과적으로 수행하기 위해 주님을 섬기는 종의 직분이다. 교회 직분에는 말씀과 기도와 교육을 전문하는 목사가 있고, 목사와 협력하여 치리 및 행정과 신령상의 감독을 하는 장로가 있으며, 교회의 봉사 업무를 담당하는 집사, 권사가 있다. 교회 직분들을 수행하는 주된 이유는 하나님의 백성을 섬기는 점이라는 것을 명심해야 한다.

계급적 구조를 가진 세상에서 위대한 자들은 종들을 많이 가진 자들이며 종들이 많을수록 더 위대해진다. 그러나 하나님이 보는 위대함이란 섬겨 주는 사람들의 수에 있는 것이 아니고 우리가 섬기는 사람들의 수에 달려 있는 것이다. 그리하여 예수님은 세상 방법과는 정반대로 섬기기 위해서 오셨다(마 20:26-28). 제자의 발을 닦아 모범을 보이시고(요

13:1-11), 십자가에 달려 죽기까지 섬기는 종의 모델이 되셨다(빌 2:5-8). 예수님이 십자가를 지시지 않았다면 세상은 변함 없이 세상의 기준 그대로 남아 있었을 것이다. 좋은 직분자가 되려면 십자가를 바라보며 섬기는 종이 되어야 한다.

초대교회에서 사도에 의해 제정된 첫 번째 직분은 집사직으로서 일곱 집사를 세워 교회 사역을 효과적으로 분담했다. 집사란 헬라어로 '디아코니아'라고 하는데 먼지 속에서 봉사하는 사람이라는 의미이다. 동사형 '봉사하다'의 '디아코네인'이라는 말은 원래 식탁에서 다른 사람이 편안하게 식사하도록 수종들고 심부름한다는 의미이다. 오늘날로 따지면 '웨이터'와 같은 뜻으로, 식탁에서 수종드는 자세로 교회에서 섬기고 봉사하는 사람이 집사의 원래 의미였다. 성경 원칙에 따르는 교회의 지도력과 행정력을 이해하지 못하기 때문에 대부분의 교회들이 직분상의 문제를 안고 있는 것이다.

초대교회의 집사는 다음과 같은 목적과 방법으로 선출되었다.

(1) 선출 목적(행 6:1-4): 집사를 선출하게 된 것은 교회 일의 책임을 분담하여 구제, 봉사, 일을 담당하고 사도들이 말씀 증거사역에 전념하도록 돕는 목적이었다. 그러므로 집사 직분의 기본은 책임 분담의 직분, 섬기는 종의 직분, 도움이 필요한 사람들에게 봉사하는 자비의 직분, 영적 자질을 갖추어야 하는 모범의 직분(갈 6:10), 스데반과 빌립처럼 전도자로 복음을 전하는 전도 직분이다(행 21:8).

(2) 집사의 내적 자격: 4가지 내적 자격의 기준과 10가지 외적 생활의 기준과 인격의 기준이 있다(딤전 3:8-13).

1) 성령 충만(행 6:3) : 성령세례를 받아 중생하여(고전 12:13)

성령이 내재하는 성령 충만한 자여야 한다(요 14:16; 행 6:3; 롬 8:9-11; 고전 3:16-17, 6:19). 봉사의 영적 능력을 채워(행 2:4, 4:8, 13:52) 갖추고 있는 자여야 한다. 특별한 봉사 직무를 행하려 할 때에 성령 충만함과 채우심이 있어야 한다. 교회의 머리는 예수님이고 모든 직분은 섬기는 종의 직분이며 직분의 조건은 은혜 충만이다(롬 1:5).

2) 지혜 충만(행 6:3) : 내적 분별 능력과 대처하는 재치를 지혜라고 하고 지혜의 외적 표현 능력을 총명이라고 말한다. 지식은 세상에서 배워 얻는 것이지만 지혜는 하나님에게서, 위에서 오는(약 3:17) 것으로 비밀한 가운데 있는 하나님의 지혜를 말한다(고전 2:7). 집사를 택할 때 지식 있는 사람보다는 지혜자가 중요하다. 하나님을 알고(고전 1:2) 구원 진리를 알고(엡 1:17-18) 하나님의 뜻을 알고(골 1:9) 헌신 봉사할 때 미련한 세상 지혜가 아니라(고전 3:19) 기도하며 얻은 하늘의 지혜로 한다(약 3:17).

3) 믿음 충만(행 6:5) : 믿음이란 마음을 하나로 묶어 하나님께 고정시키고 신뢰하는 것을 의미한다. 집사의 자격은 세상 지식, 권력, 재물, 명예나 재주가 아니라 하나님을 향한 신실한 믿음이 우선이다.

4) 칭찬 충만(행 6:3) : '마르트르메누스' 라는 헬라어는 칭찬을 의미한다. 이는 증거자, 순교자와 같은 뿌리의 어근을 가진 말로 손색없고 허물 없는 자라는 뜻이다. 순교의 각오로 그리스도의 증거자가 되고 교회 일을 봉사할 때 허물과 손색이 없다는 뜻이다.

(3) 집사의 외적 자격(딤전 3:8-13) : 바울은 디모데에게 집사 선출에 고려해야 할 생활과 인격의 외적 10가지 자격을 제시했다.

1) 단정(3:8) : 이 말은 '두렵다, 존경스럽다, 거룩하다' 의 어근에

서 왔는데 집사의 자격은 외모, 옷차림, 몸가짐의 단정보다 집사직에 두려움과 존경심을 가지고 '주께 하듯' 떨리는 마음으로 봉사하는 마음의 태도를 말한다.

2) **일구이언을 하지 않는 자(3:8)**: 두 말이란 말의 전후가 달라 거짓말, 거짓 증언, 잔꾀를 부리는 사기성을 말하며 믿을 수 없는 것이다(고후 1:18-19).

3) **술에 인 박히지 않은 자(3:8)**: 술은 성령 충만을 방해하여 구원에 장애가 되고(엡 5:18) 하나님 나라를 유업으로 얻지 못하게 한다(전 6:10). 성도는 술을 가까이 하지 말고(딤전 3:3) 술 취한 자와 사귀지도 말라고 했다(고전 5:11).

4) **더러운 이를 탐하지 않는 자(3:8)**: 이 말은 수치라는 의미의 '아이스클로스' 와 돈벌이라는 의미의 '켈도스' 의 합성어로 수치스런 돈벌이나 부끄러운 유익을 구하지 말라는 말이다(딤전 6:10).

5) **깨끗한 양심(3:9)**: 청결한 양심은 청결한 마음, 거짓 없는 믿음의 결과에서 나온다(딤전 1:5).

6) **믿음의 비밀을 간직한 자(3:9)**: 믿음의 비밀이란 그리스도에게 계시되어 나타난 구원의 진리를 말한다(골 2:2; 엡 3:4, 6:9; 마 13:11). 이는 복음의 핵심을 알고 증거할 수 있는 자이다.

7) **책망할 것이 없는 자(3:10)**: 감옥에 가거나 경제상의 범죄가 없는 자를 말한다.

8) **모든 일에 충성된 자(3:11)**: 작은 일, 맡은 일에 죽도록 충성하는 신실한 자이다.

9) **한 아내의 남편 된 자(3:12)**: 이혼을 하지 않고 여러 부인을 거느리지 않은 자로 가정의 거룩성을 지키는 자이다.

10) **가정과 자녀를 잘 다스리는 자(3:12)** : 가정생활과 자녀 교육에 모범적인 자이다.

(4) 니골라 집사(딤전 3:13): 초대교회의 일곱 집사 가운데 마지막에 유대교에 입교한 안디옥 사람 니골라 집사는 제자 중 가룟 유다와 같은 인물이었다. 중생의 체험 없이 형식적이고 인본주의적 집사가 되어 나중에 이단 니골라당이 되었다(유 1:19). 그의 이름은 백성을 지배한다는 의미로 구약에 등장하는 발람의 이름과 같은 의미이다. 뇌물 때문에 이스라엘 백성이 하나님의 진노를 받게 했던 거짓 선지자 발람처럼(민 22:1-25:9, 31:15-16) 니골라도 권력과 물질에 눈이 멀어 성도들을 버가모 신전에서 혼음케 하고 우상제물을 먹게 하여 예수님이 증오하는 집사로 타락했다(계 2:14-15, 유세비우스, 「교회사」, 3:29).

(5) 집사 안수(행 6:1-6): 집사는 예비적 서리 집사(행 6:10)가 있고 안수 집사가 있다. 안수란 "기뻐 받으시고 일을 할 수 있는 능력을 주옵소서" 하고 하나님께서 주신 직분을 택한 자에게 공식적으로 위임하여 맡기는 의식이요, 직분자는 자신을 하나님께 드린다는 헌신과 봉헌의 의미가 있다.

(6) 집사의 상급(딤전 3:13): 집사의 상급으로 아름다운 지위와 믿음의 큰 담력을 얻는다고 했는데 아름다운 지위란 성경에 단 한 번 나오는 '바드온'이라는 말로 천국 시상대의 일등석을 뜻한다. 목사는 교육, 장로는 치리의 직분을 가진다. 또한 집사는 희생하여 섬기는 직분으로 최후에 하나님의 큰 보상이 약속되어 있다. 집사의 대명사는 섬기는 자이며 최초의 집사는 예수님으로(마 20:26-28) 집사의 모범을 보이셨다(요 13:1-11). 집사직은 예수님이 십자가상에서 모델이 되어 주신(요 19:3) 영광스런 직분이라는 것을 명심하라(요 12:26).

장로 직분(벧전 5:1-4)

그리스도인의 삶에 있어 그리스도인이 된다는 자체가 섬기는 봉사의 삶을 요구하기 때문에 지도자들이든지 평신도들이든지 가장 기본적인 자세는 바로 섬김의 삶이다. 이 원리는 주님의 몸 된 교회 일을 분담하여 효과적으로 수행하는 직분에 있어서도 마찬가지이다. 그러나 대부분 교회들은 성경적인 원칙에 따르는 교회의 지도력과 행정을 이해하거나 실천하지 못하고 세속적인 계급의식으로 이해하기 때문에 갈등과 혼란을 경험하게 된다. 세상에서는 종이 많을수록 위대한 사람이지만 하나님 보시기에 위대한 것은 섬기는 사람들의 수에 있는 것이 아니고 그리스도인들이 섬기고 있는 사람의 수에 있다는 사실을 명심하라. 장로 직분에 대한 성경적 이해를 바로 할 때에 주님의 몸 된 교회가 든든히 바로 세워지며 그 사명 또한 바르게 감당할 수 있다.

그러므로 장로 직분에 대한 바른 성경적인 이해를 살펴볼 필요가 있다.

(1) 장로 직분의 모델 : 예수님은 제자들에게 "이방인의 집권자들이 저희를 임의로 주관하고 그 대인들이 저희에게 권세를 부리는 줄을 너희가 알거니와 너희 중에는 그렇지 아니하니 너희 중에 누구든지 크고자 하는 자는 너희를 섬기는 자가 되고 너희 중에 누구든지 으뜸이 되고자 하는 자는 너희 종이 되어야 하리라 인자가 온 것은 섬김을 받으려 함이 아니라 도리어 섬기려 하고 자기 목숨을 많은 사람의 대속물로 주려 함이니라"(마 20:25-28)고 말씀하셨다. 인류 구원을 이루기 위해 오신 예수님의 태도가 종 된 섬김의 모습이었다면 장로 직분의 수행 원칙은 무엇이겠는가? 당연히 섬김의 직분이어야 한다.

(2) 장로 직분 영역의 책임 : 사도 바울은 "너희는 자기를 위하여 또

는 온 양 떼를 위하여 삼가라 성령이 저들 가운데 너희로 감독자를 삼고 하나님이 자기 피로 사신 교회를 치게 하셨느니라"(행 20:28)고 말했다. 여기에서는 집사와 다르게 장로들의 두 가지 영역의 책임이 있다고 한다. 즉, 영적인 감독의 통치와 가르치는 일이다. 장로는 성도의 영적 건강과 성장에 관심을 가지고 신령한 일을 감독하는 책임을 맡고 있기에 감독이라고도 했다(딛 1:7; 딤전 3:1). 방황하는 한 영혼을 찾아 움직이고 그들을 위하여 기도함으로 성도를 섬기는 감독자이다. 장로의 두 번째 책무는 말씀을 가르치는 책무이다. 이것은 대규모 그룹을 공적으로 가르칠 수 있어야 한다는 의미보다 성경을 잘 알아서 신앙적 분별 능력을 가지고 있어야 한다는 뜻이다. 또한 돌보아 주어야 할 사람들에게 특수한 문제가 발생했을 때는 성경적으로 해결해 줄 수 있는 능력이 있어야 한다는 말이다.

(3) 장로의 인격과 권위 : 베드로는 "너희 중 장로들에게 권하노니 나는 함께 장로 된 자요 그리스도의 고난의 증인이요 나타날 영광에 참예할 자로라 너희 중에 있는 하나님의 양무리를 치되 부득이함으로 하지 말고 오직 하나님의 뜻을 좇아 자원함으로 하며 더러운 이를 위하여 하지 말고 오직 즐거운 뜻으로 하며 맡기운 자들에게 주장하는 자세를 하지 말고 오직 양 무리의 본이 되라 그리하면 목자장이 나타나실 때에 시들지 아니하는 영광의 면류관을 얻으리라"(벧전 5:1-4)고 말했다. 장로들에게 주어진 치리권이란 절대적인 권력을 쥐고 뒷전에 물러앉아 어떠한 일이 이루어져야 하는지, 또 누가 그 일을 해야 하며, 누가 그 일을 하지 않고 있는지, 누가 훈련이 필요한지 결정만 하는 것이 아니다. 장로들의 치리권은 하나님의 말씀을 가르치는 일을 근거로 세워진 권위를 가지고 영적인 신령한 일을 감독하는 것이다.

(4) 장로의 영적 자질 : 주님의 몸 된 교회를 세우기 위하여 장로들의 영적 자질을 깊이 생각한 사도 바울은 디모데전서 3장 1-11절, 디도서 1장 5-9절, 목회서신의 두 책에 20여 가지 장로의 덕목을 언급했다.

1) **선한 일을 사모함(딤전 3:1)** : 선은 하나님 중심주의요, 악은 자기 중심주의이다.

2) **책망할 것이 없음(딤전 3:2; 딛 1:6-7)** : 장로들은 교회 내에 중책을 맡고 있으며 세상에 대하여 교회를 대표하는 자들이기 때문에 책망할 것이 없는 자이어야 한다.

3) **한 아내의 남편이 되며 자녀들로 복종케 하는 자(딤전 3:2,4; 딛 1:6;)** : "사람이 자기 집을 잘 다스리지 못하면 어찌 하나님의 교회를 돌보리요"(딤전 3:5)라는 말씀처럼 한 남편으로 성실하고 자녀를 잘 다스리고 가정생활에 충실한 자여야 한다.

4) **절제(딤전 3:2; 딛 1:8)** : 자기를 통제하여 자기관리를 잘 해야 한다.

5) **근신(딤전 3:2; 딛 1:8)** : 신중하여야 한다.

6) **아담(딤전 3:2)** : 장로 직분을 소중히 알고 단정해야 한다.

7) **나그네 대접(딤전 3:2; 딛 1:8)** : 소외되고 어려운 자들을 돌보며 대접하고 봉사하기를 주께 하듯 기쁨으로 하는 자이다(롬 12:13; 벧전 4:9; 히 13:2; 요삼 1:10).

8) **가르치기를 잘함(딤전 3:2)** : 성도를 가르치고 지도할 수 있는 영적 능력이 있어야 한다.

9) **술을 즐기지 아니함(딤전 3:3)** : 술을 가까이 하지 않는다.

10) **구타하지 아니함(딤전 3:3)** : 다른 이를 해하지 않고 폭력을 사용하지 않는다.

11) **관용(딤전 3:3)** : 넓은 마음으로 포용한다.

12) **다투지 않음(딤전 3:3)** : 교회를 혼란에 빠뜨릴 성격적인 결

함을 소유하지 않은 자이다.

13) **돈을 사랑하지 않는 자(딤전 3:3)**: 돈은 사용의 대상일 뿐 사랑의 대상이 아니다. 돈을 사랑하는 것이 일만 악의 뿌리가 된다(딤전 6:9-10). 더러운 이를 탐하지 않는다(딛 1:7).

14) **새로 입교하지 않은 자(딤전 3:6)**: 영적 성숙도를 평가할 겨를도 없이, 새로 입교한 자가 성숙의 시간적 여유도 없이 빨리 성장하기를 기대하며 중책을 맡기면 교만하여 마귀를 정죄하는 그 정죄에 빠질 염려가 있다. 믿음 안에 성장하여 스스로 믿음을 입증하고 신앙을 발전시킬 시간적 여유가 필요하다.

15) **외인에게 선한 증거를 얻은 자(딤전 3:7)**: 비그리스도인들에게도 칭찬을 받아 덕을 세울 수 있는 자여야 한다.

16) **하나님의 청지기로 책망할 것이 없는 자(딛 1:7)**: 모든 것을 하나님의 것으로 관리하는 청지기 의식이 있는 자이다.

17) **고집이 강하지 않은 자(딛 1:7)**: 자기 고집만 내세우지 않는 자이다.

18) **혈기 부리지 않는 자(딛 1:7)**: 혈기는 큰일을 망치기 일쑤이다.

19) **의로우며 거룩한 자(딛 1:8)**: 정의를 사랑하는 자이다.

20) **말씀 가르침에 순종하는 자(딛 1:9)**: 말씀을 따라 바른 권면을 하며 책망할 수 있는 권위를 가진 자이다. 이러한 모든 영적 자질은 성령의 다스림을 받아(갈 5:22-23) 예수님이 하나님을 대하신 것처럼 주님을 항상 가까이 섬기고 따를 때 가능한 영적 지도력인 것이다(요 6:38, 8:29).

(5) 장로의 상급 : "목자장이 나타나실 때에 시들지 아니하는 영광의 면류관을 얻으리라"(벧전 5:4)는 말씀처럼 충성스럽게 장로의 사명을 감당한 사람들에게 하나님의 칭찬과 위로와 영광의 면류

관이 주어진다.

(6) 장로의 대접 : "젊은 자들아 이와 같이 장로들에게 순복하고 다 서로 겸손으로 허리를 동이라"(벧전 5:5), "잘 다스리는 장로들을 배나 존경할 자로 알되 말씀과 가르침에 수고하는 이들을 더 할 것이니라"(딤전 5:17), "가르침을 받는 자는 말씀을 가르치는 자와 모든 좋은 것을 함께하라"(갈 6:6), "너희를 인도하는 자들에게 순종하고 복종하라 저희는 너희 영혼을 위하여 경성하기를 자기가 회계할 자인 것같이 하느니라 저희로 하여금 즐거움으로 이것을 하게 하고 근심으로 하게 말라 그렇지 않으면 너희에게 유익이 없느니라"(히 13:17)는 말씀처럼 성도들은 장로들을 존경하며 겸손하게 순종하고 신앙의 모델을 따라가야 한다.

바울은 디모데에게 "아무에게나 경솔히 안수하지 말고"(딤전 5:22)라고 경고했다. 장로는 계급이 아니라 섬기는 직분이요, 인격과 삶의 모범과 경건생활에서 우러나온 권위로 신령상의 일을 감독하고 말씀으로 지도하는 직분임을 명심하라. 주님의 은혜로 구원받고 특별히 선택받아 섬기는 종으로 쓰임 받는 것은 얼마나 영광스런 일인가?

교회생활 서약

나는 예수 그리스도를 나의 주인이요 구세주로 영접하여 하나님의 자녀 됨을 기뻐하며 교회의 가족으로 다음과 같이 헌신을 약속합니다.

1. 교회의 하나 됨을 굳게 지키겠습니다.
(교회 안에서 화평을 깨는 일보다 더 나쁜 일은 없다. 지도자를 잘 따르고 사랑으로 화평을 도모해야 한다. 롬 14:19;

15:5; 벧전 1:22; 엡 4:29; 히 13:17)

2. 교회의 모든 책임을 나눠지겠습니다.
(교회 성장을 위해 기도하고 전도하며 교회 행사에 적극적으로 참여한다. 살전 1:2; 눅 14:23; 롬 15:7)

3. 교회의 모든 예배 참여에 우선순위를 두겠습니다.
(예배를 소중히 알고 사모하여 참여한다. 히 10:25)

4. 교회 봉사직을 잘 감당하겠습니다.
(은사와 재능을 발견하여 섬기는 훈련을 받고 맡은 직분에 충성한다. 벧전 4:10; 엡 4:11-12)

5. 교회의 명예를 지키겠습니다.
(개인적 경건생활, 섬기는 직분 감당, 사회봉사에 참여하여 덕을 세운다. 마 5:16)

케이르 성경공부 Keir Bible Study (I)
—국제커널선교회 성경연구원—

2006년 10월 25일 인쇄
2006년 10월 30일 발행

지은이 | 박태문
발행인 | 이형규
발행처 | 쿰란출판사

주소 | 서울 종로구 이화동 184-3
TEL | 02-745-1007, 745-1301, 747-1212, 743-1300
영업부 | 02-747-1004, FAX / 02-745-8490
본사평생전화번호 | 0502-756-1004
홈페이지 | http://www.qumran.co.kr
E-mail | qumran@hitel.net
qumran@paran.com
한글인터넷주소 | 쿰란, 쿰란출판사

등록 | 제1~670호(1988.2.27)

책임교열 | 김애정 · 김윤이

값 12,000원

ISBN 89-5922-287-9 94230
89-5922-286-0 (세트)

▪ 본 케이르 성경공부 문제의 해답이 필요하시거나 문의 사항이 있을 경우에 언제라도 국제커널선교회 본부로 연락을 주시기 바랍니다.

Global Kernel Mission Fellowship 1471 North Wales Rd North Wales, PA 19454
Tel) 215-368-3996 / Fax) 215-412-7199
E-mail : onlyjesus012@hotmail.com